教育部人文社会科学研究项目"敦煌文献中的女性角色研究"（13YJAZH077）

敦煌文献中的女性角色研究

邵文实　著

东南大学出版社
·南京·

图书在版编目（CIP）数据

敦煌文献中的女性角色研究 / 邵文实著 . —南京：东南大学出版社，2020.8

ISBN 978-7-5641-9003-3

Ⅰ.①敦… Ⅱ.①邵… Ⅲ.①敦煌学 – 妇女学 – 社会学 – 研究 Ⅳ.① K870.64

中国版本图书馆 CIP 数据核字（2020）第 131063 号

敦煌文献中的女性角色研究
Dunhuang Wenxian Zhong De Nüxing Juese Yanjiu

著　　者：邵文实
出版发行：东南大学出版社
地　　址：南京市四牌楼 2 号　邮编：210096
出 版 人：江建中
网　　址：http : //www.seupress.com
经　　销：全国各地新华书店
印　　刷：兴化印刷有限责任公司
开　　本：700 mm × 1000 mm　1/16
印　　张：24.25
字　　数：462 千字
版　　次：2020 年 8 月第 1 版
印　　次：2020 年 8 月第 1 次印刷
书　　号：ISBN 978-7-5641-9003-3
定　　价：108.00 元

本社图书若有印装质量问题，请直接与营销部联系。电话：025-83791830

目　录

导　论 ……………………………………………………………………001

第一章　官宦妇女、宫人与市井女伎——以《云谣集》为中心……016
　　一、《云谣集》中的征妇词 ……………………………… 017
　　二、《云谣集》中的闺情词 ……………………………… 036
　　三、《云谣集》中的宫人词 ……………………………… 050
　　四、《云谣集》中的女伎词 ……………………………… 057
　　五、《云谣集》中不同女性角色的相同命运 …………… 074

第二章　美女与丑妇——以《云谣集》《金刚丑女因缘》
　　　　　《丑妇赋》为中心 ……………………………………083
　　一、《云谣集》中的女性审美符号及其反映的唐代审美取向 ……… 083
　　二、敦煌文献中的丑妇形象及其反映的丑妇观 ……………… 098

第三章　魔女与神女——以《维摩诘经讲经文》《破魔变》
　　　　　《都河玉女娘子文》为中心 ………………………118
　　一、敦煌文献中的魔女 …………………………………… 118
　　二、民间信仰中的神女形象 ……………………………… 150
　　三、敦煌文献中的魔女与神女形象所反映的佛道女性观 ……… 166

第四章 尼僧教团——以敦煌尼僧的牒状及斋愿文书为中心 ……168
一、从敦煌文献看敦煌尼僧教团的组织结构 ……170
二、敦煌尼僧的世俗生活 ……192
三、敦煌尼僧病患、死亡文书与其所反映的女性自我身份认同……208

第五章 和亲公主们的奉献——以敦煌王昭君题材作品为中心 ……235
一、汉唐时期王昭君故事的流变及昭君诗歌作品概述 ……235
二、敦煌昭君诗歌作品对传统昭君题材的继承与发展 ……246
三、《王昭君变文》及其与唐咸安公主之关系 ……255
四、从敦煌昭君题材作品的共性看唐和亲公主的奉献 ……287

第六章 普通女性的社会经济生活——以敦煌吐鲁番的女人结社文献为中心 ……296
一、女人社的成员构成 ……301
二、女人社的构成特点 ……307
三、女人社的基本功能及其所反映的妇女生活 ……314
四、从女人社与其他社邑的社条对比看敦煌女性的自我意识 ……328

第七章 战乱中的落难女性——以《秦妇吟》为中心 ……339
一、《秦妇吟》的叙述层次 ……343
二、《秦妇吟》主叙述层叙述者身份的确认 ……344
三、《秦妇吟》的女性视角叙事 ……346
四、《秦妇吟》女性视角的延伸及与男性视角的重合 ……350

第八章 遥望边塞的女性——以敦煌征妇题材作品为中心 ……354

一、P.2555 及其他敦煌诗集中的征妇题材作品 ……………… 354
二、敦煌曲子词中的征妇之作 ……………………………… 361
三、敦煌其他文学形式中的征妇怨作品 …………………… 369

敦煌学参考书目……………………………………………374

导 论

敦煌文献中的女性人物形象丰富多彩,从王昭君、孟姜女、浣纱女等中国传统的历史人物或传说人物,到佚名或无名的闺阁佳人、征妇怨女,甚至是歌伎倡女,从具有宗教色彩和神话色彩的魔女、神女,至皇宫深院中的王后、公主,再到生活于民间的普通家庭的贤妻良母,或寺院中的尼僧群体,都以不同的姿态在其中得到了展现。她们或妍或丑,或哭或笑,或深明大义,或一往情深,或助纣为虐,构成了一幅生动鲜明的女性人物图卷。"敦煌文献中的女性角色研究"课题旨在通过对敦煌文献中涉及女性的内容的收集整理来梳理并研究唐五代宋初敦煌地区的女性在家庭、社会、政治、教育、宗教及文学艺术等方面所担负的特殊角色、做出的重要贡献。其研究的动力主要在于目前学术界对敦煌文献中涉及女性的内容重视不足,迄今缺乏有关敦煌女性研究的权威性论著,而且已有的少数有关敦煌女性的研究,涉及的方面较为狭窄,选择的角度较为单一,使用的方法较为传统,从而使女性这一重要的社会角色所应有的价值没有得到充分的认识。本课题的价值在于,运用传统及当代学术理论,对敦煌文献中涉及女性的内容加以关照,这一方面可从一个新的角度对敦煌文献加以整理和研究,从而建立起对唐、五代、宋初的敦煌女性研究的新的体系化构架,另一方面则可能给这一时期的女性印象提供新的参照,丰富或改变某些既有的固化观点,从而使对传统女性观的认知得到必要的更新。

对唐宋女性的专题性研究一直是学术界研究的热点。进入21世纪以来,有关唐代女性的研究专著已有十余部,包括邓小南《唐宋女性与社会》(上海辞书出版社,2003年)、姚平《唐代妇女的生命历程》(上海古籍出版社,2004年)、徐有富《唐代妇女生活与诗》(中华书局,2005年)、张菁《唐代女性形象研究》(甘肃教育出版社,2007年)、杜改俊《传奇文体与中国女性》(三晋出版社,2008年)、陈弱水《隐蔽的观景:唐代的妇女文化与家庭生活》(广西师范大学出版社,2009年)、万军杰《唐代女性的生前与卒后》(天津古籍出版社,2010年)、李晓培《唐代入道女性世界中的性别意识与情欲》(山西教育出版社,2011年)、高世瑜《唐代妇女》(陕西出版集团、三秦出版社,2011年)等。有关唐代女性的研究论文数量更多,如以"唐代女性"为关键词在万方数据库上的搜索结果:截止到2018年8月,共有1 789条结果,其中期刊论文1 335篇,学位论文439篇,会议论文15篇;而从2007年至2017年合计有论文1 423篇,每年的相关论文都在100篇以上,最多的是2010年和2016年,分别为153和152篇。仅从数量上就已充分说明,近十年是唐代女性研究的高潮期。从内容上看,有关唐代女性的研究较注重女性与社会、宗教及文学之间的关联。但这些论著和论文的共同特点是,它们大多将目光投射在中原地区等人口众多、经济文化发达地区的女性身上,投射在处于上层或有一定文化修养的女性身上,而较少关注边塞地区或偏远地区的中下层女性,注重研究的整体性而忽略了研究的特殊性。

  相对于对唐代女性的综合性研究的热潮而言,目前国内外学术界对于唐五代宋初的敦煌女性研究的关注度相对较低。迄今为止,国内外有关敦煌文献中的女性的研究专著只有《八至十世纪敦煌尼僧研究》[①]《唐敦煌壁画女性形象研究》[②]《盛女敦煌》[③]几本;另有一部《唐敦煌壁画女性服饰美学研究》[④],是侧重于女性服饰的研究。国内已发表的与敦煌女性相关的论文数量也相对较少,可以检索到的论文数量仅有百余篇,且它们的研究对象和研究方法相对集中和单一,造成了虽注重特殊性却忽略整体性的问题。现有的关于敦煌女性之研究成果的最大特点是,它们往往更加注重对敦煌女性的婚姻生活及其在家庭中的地位的探讨。如:陈丽《唐代敦煌妇女婚姻生活探微》[⑤]论及唐代敦煌妇女婚姻对象的选择、婚嫁年龄、婚嫁形式、离婚和改嫁等问题;石小英《唐五代宋初敦煌妇女在家庭中的地位研究》[⑥]对敦煌在室女、出嫁女和出家女在家庭中的地位进行了分析研究;陈丽萍《敦煌文书所见唐五代婚变现象初探(一)——以女性为中心的考察》[⑦]利用敦煌文书中所见的写经题记、经济及诉讼类文书,对中古时期敦煌百姓的婚变现象做了分析,并对以女性为

[①] 石小英:《八至十世纪敦煌尼僧研究》,北京:人民出版社,2013年。
[②] 阮立:《唐敦煌壁画女性形象研究》,武汉:武汉大学出版社,2012年。
[③] 胡同庆、王义芝:《盛女敦煌》,北京:中国旅游出版社,2014年。
[④] 阮立:《唐敦煌壁画女性服饰美学研究》,兰州:兰州大学出版社,2015年。
[⑤] 《敦煌研究》2004年第5期。
[⑥] 西北师范大学硕士学位论文,2005年。
[⑦] 《敦煌学辑刊》2005年第2期。

中心的丧偶、守寡及再嫁问题进行了详细考察，认为中古时期的敦煌一般女性在亡夫之后，感情和生活大多陷于困顿，而在这之后不论选择独身还是再婚，她们的行为都能为当时的社会所接受，由此揭示出敦煌百姓的婚姻观念，在女性的守寡或改嫁问题上没有特别的要求和唯一的标准；陈丽萍《理想、女性、习俗——唐宋时期敦煌地区婚姻家庭生活研究》①利用敦煌文献，从理想和习俗之间的重合与错位、女性在婚姻生活中的真实境地这两个角度，对唐宋时期敦煌地区的婚姻家庭生活进行了一些研究；范学军《唐五代敦煌婚姻文化浅议——以敦煌文书为中心的探讨》②以敦煌文书为主要资料，针对敦煌地区婚姻文化中的婚姻年龄、放妻书和多嫡现象进行探讨；赵晓芳、陆庆夫《试论唐西州下层女性的婚姻生活》③考察了西州女性的初婚年龄较晚的现象及其原因，以及女性丧夫后的三种去处——继续留在夫家、归宗和改嫁，从而得出结论，即唐代西州下层女性的婚姻生活既有与中原地区一脉相承的方面，又基于该地自身情势形成了某些特色；马培洁《敦煌特殊婚姻礼俗与妇女社会地位探析》④通过敦煌地区出现的"男到女家成婚""夫从妻居"和"少女选夫"的特殊婚姻礼俗来探究敦煌妇女婚姻生活的独特格局；杨际平《敦煌出土的放妻书琐议》⑤、乜小红《对俄藏敦煌放妻书的研究》⑥、邵郁《敦煌"放妻书"浅议》⑦等论文对敦煌文献中涉及女性的离婚文书进行了研究。这些论文虽各有所长，但通常将妇女的地位局限于家庭内部，未能对敦煌女性作为独立人格的存在予以关注，从而使人们难以获得对于敦煌妇女生活状况的全面了解。燕海雄《敦煌吐鲁番汉文借贷契约文书中的妇女经济地位研究》⑧辑录了几件敦煌吐鲁番汉文借贷契约文书，并对其中涉及妇女经济地位的文书进行了简单的说明，认为这些妇女积极参与社会经济生活，由承担连带责任的"妇儿"到承担连带责任的保人，再到承担连带责任的"同取人"，最后到自身参与经济交往的当事人，经济地位获得了提升。论文虽然角度独特，但结论的获得较

---

① 首都师范大学博士学位论文，2007年。
② 南京师范大学硕士学位论文，2007年。
③ 《敦煌研究》2010年第1期。
④ 《齐齐哈尔师范高等专科学校学报》2008年第6期。
⑤ 《厦门大学学报》1999年第4期。
⑥ 《敦煌研究》2008年第3期。
⑦ 《天水行政学院学报》2009年第3期。
⑧ 《和田师范专科学校学报》2005年第25卷第6期。

为直观和简略,缺乏更为深入的理论探讨。徐晓丽、郑炳林《晚唐五代敦煌吐谷浑与吐蕃移民妇女研究》①和《晚唐五代敦煌地区粟特妇女生活研究》②通过对晚唐五代归义军政权时期的少数民族妇女的婚姻、主要经济活动及宗教信仰等状况的探讨,分析这些少数民族妇女在晚唐五代敦煌社会中所起的历史作用,视野较为开阔,但敦煌的少数民族移民情况极其复杂,且民族众多,故研究仍有相当大的拓展余地。对敦煌妇女的社会生活予以了较为全面的研究的是徐晓丽的《归义军时期敦煌妇女社会生活研究》③,论文以具体的考证为立足点,从归义军时期敦煌妇女的政治生活、归义军时期敦煌妇女的婚姻家庭、敦煌妇女的经济生活、归义军时期敦煌地区的少数民族妇女、归义军时期的敦煌妇女与佛教等几个角度对归义军时期的敦煌妇女社会生活状况进行了梳理和研究。僧海霞《从敦煌文书看唐代下层社会女子家教》④认为,不少敦煌文书资料从女子家教的重要性、母亲在女子家教中的作用、女子家教的内容等方面反映了唐代下层社会平民女子家教遵从封建社会礼教、维持男尊女卑观念、抹杀女性独立人格、限制女性自主权利的本质,从而说明唐代平民女子家教保守禁锢的一面。近年来从文学角度对敦煌女性加以研究的论文仅有马高强《敦煌变文中丑妇形象成因初探》⑤、梁庆华《敦煌变文中的女性形象及其审美意义》⑥和赵波《敦煌曲子词的女性书写》⑦等几篇,它们从敦煌文献中的文学作品入手,讨论敦煌不同文学体裁中的女性形象的塑造,分析女性文学所特有的柔性审美特质。但这几篇对女性文学形象的探讨分别仅限于某一文体内部,所以内容相对比较单薄,敦煌女性丰富的艺术世界没有得到应有的展现。此外,还有数篇根据敦煌壁画研究妇女服饰妆容的论文,较偏于美术史的研究范畴。

由以上的研究综述可以看出,关于唐五代宋初敦煌女性的研究虽然在新世纪逐渐受到学术界的关注,研究方法开始从历史学研究方法向社会学研究方法、文艺学研究方法过渡,呈现出跨学科的研究趋势,但这些研究在很大程

---

① 《敦煌学辑刊》2002年第2期。
② 《新疆师范大学学报(哲学社会科版)》2004年第25卷第2期。
③ 兰州大学博士学位论文,2003年。
④ 《许昌师院学报》2005年第6期。
⑤ 《齐齐哈尔师范高等专科学校学报》2007年第5期。
⑥ 《沧州师范专科学校学报》2011年第2期。
⑦ 东北师范大学硕士学位论文,2010年。

度上忽略了对涉及女性的敦煌文献的综合整理,且研究多使用传统方法,缺乏对于当时女性的现代关照。因而,目前的研究成果尚不足以形成体系化的理论架构,使人们获得对该时期敦煌文献中的女性角色的全方面认知。本书希望以发展的眼光,通过对于敦煌文献中涉及女性的内容进行较为全面的梳理和讨论,进而勾勒出在唐、五代、宋初的历史背景下,在敦煌这一特殊地区,女性在社会、家庭、政治、宗教、教育及文学艺术等方面的生态环境,分析其生存状态,研究女性在家庭以及家庭以外所具有的地位,进而研究女性作为一种社会性别对敦煌地区乃至整个社会发展所起到的不可替代的作用,以及在不同时代和地区其女性角色的不断变化。此外,本书还希望能够从女性审美的角度对敦煌文献中的女性形象予以描摹。

本书共计八章,每章均以某部分特有的涉及女性的敦煌文献为中心展开讨论,其框架大体为:对相关文献的著录和细读(如果是文学作品,则涉及对作品的文学性和审美性的解读),相关文献所涉及的女性角色的总体特色,该女性角色所处的社会环境分析,该女性角色所体现的地方性特征,以及该女性角色对唐五代宋初的女性整体生态环境建构的重要意义等。当然,由于不同文献的特殊性,在具体撰写时,内容会各有侧重。

第一章"官宦妇女、宫人与市井女伎——以《云谣集》为中心"以敦煌词集《云谣集》为研究对象,从《云谣集》中的征妇词、闺情词、宫人词和女伎词入手,通过文本的细读,讨论各类词作的结构特点和文学特性,进而分别对官宦妇女、宫人和市井女伎这几类女性角色的生活环境、生存状态、社会地位、研究价值等予以讨论。

官宦妇女主要指《云谣集》中的征妇词的主人公,之所以会有这种身份认定,是因为"唐代前期的府兵制度是典型的重视身份性兵役制度。府兵包括内府与外府两个部分。内府府兵是'亲卫''勋卫''翊卫',总称为'三卫',外府府兵也各有美名,总称为'卫士'。三卫的遴选对象明确规定是官僚子孙。卫士主要的选拔标准则瞄准了下层官吏和殷实多丁之家"[①]。征妇词具有其独特的结构特征,如就时序而言,作品的背景多在秋天和春日,分别以秋季的征衣、大雁、寒蛩和春季的春花、流莺等为相关物象来加以起兴和赋写。从空间安排上看,作品多咏自闺阁,故床帏、孤枕、绿窗、妆楼、户牖构成了征妇的活动空间,它与千里之外的沙碛之中的征人驰骋其间的天高地阔的空间形成了鲜

---

① 张国刚:《唐代兵制的演与中古社会变迁》,《中国社会科学》2006年第4期,第182页。

明的对比。在这样狭小的空间内,征妇所能做的唯有暗垂泪、制征衣、修书信、勤祝祷而已。但《云谣集》征妇词的一个重要特色就在于,征妇虽然对征夫充满思念之情,甚至直抒怨、恨之情,却对征夫的职责有清楚的认知,所以她们深明大义,将家国的平安放在个人的幸福之前,这使她们成为敦煌文献中一个独特的女性角色群体。通过征妇词及与之相应的征妇身份的确认,我们又可了解到唐朝府兵制的一些相关情况,如从军对于男子获得晋升的重要性、征人久戍这一严重的社会问题、唐代边疆战争的频繁等。由此亦可看出,征妇实际上并非词中所呈现的那种终日无所事事、总是以泪洗面的人,她们必须在征人久戍不归的情况下,承担起家庭乃至社会责任,使征夫能够真正全力以赴地完成自己在军队的职责,实现"国泰时清晏"(《拜新月》其二)的结果。

《云谣集》中的一般性闺情词的主人公以良家妇女为主,在身份上与征妇有重叠处,故闺情词与征妇词有同有异。相同之处在于,闺情词的主人公的活动空间与征妇们一样都限于闺阁之中,虽家境较为富裕,但由于丈夫常年离家,她们往往十分苦闷,常常垂泪祝愿等。但征妇词中的征妇们对自己丈夫"久镇边夷"的去向是肯定的,所以并不怀疑丈夫对自己有不忠之举,寄希望于战事结束后丈夫的回归。而一般闺情词中的丈夫多以"去人""荡子""狂夫"等姿态出现,他们离家也有多种原因,所以闺情词中的女子对他们的离去会抱有怀疑和否定的看法和心情。

《云谣集》中有两首《内家娇》词,是以宫人为吟咏对象。任二北认为两词可能是咏杨贵妃,但本书认为,通过它们,我们可更多地加以了解的是唐代教坊中的内人家的生活。联系《教坊记》的相关记载以及唐诗中有关宫人的吟咏之作,我们发现,正如《内家娇》中的主人公一样,宫人们可能在一时之间凭借自身的美貌和才华获得盛宠,但在年老色衰之后,仍有可能结局惨淡,令人唏嘘。

《云谣集》中的女伎词在空间结构上出现了与其他描写女性的词作所不同的特点:她们开始走到屋外,而非像其他女子那样囿于闺阁之中,这使她们有了更多被男子窥看的可能性,有了更多追寻自由爱情的机会,从而使女伎词带有了另外一些自身的特点,如词中更多对女伎体貌的描写,男性常以"玉郎""潘郎"这样带有明显爱情色彩的身份出现,体现出女伎们对爱情的追求更自由,也使她们对自己选择的爱情对象表达了更真挚的爱慕之情。但由于女伎的爱情更没有保障,所以她们最终仍无法摆脱被抛弃的命运,因而结局更为悲惨。

总之，尽管《云谣集》中的女性有着不同的身份和角色，但她们又有着许多共性，如她们的行止空间都非常狭小。且不论宫人囿于宫中的生活环境，即使唐代官宦人家或平民家庭的妻子较其他朝代拥有相对较多的自由，其家庭职责也决定了她们的活动范围仍在家庭以内；而活动空间看似较大的女伎，实际上却为其身份所困，有着更深意义上的不自由。她们的爱情命运也是相同的：无论是在宫中受到皇帝宠爱的女子，还是官宦之家的贵妇，无论是良家妇女还是歌伎优伶，她们虽都对爱情充满向往，且不顾一切地投身其中，为之付出所有的努力，但似乎都无法摆脱被抛弃的命运。这可能正是《云谣集》的编者将《喜秋天》这首弃妇之词放在全集的结尾处的用意所在。

第二章"美女与丑妇——以《云谣集》《金刚丑女因缘》《丑妇赋》为中心"重点考察敦煌文献中关于美人和丑妇的刻画，以及其所反映的唐五代时期人们的审美观和价值观。《云谣集》多写美女，词集中出现了大量的关于美女的审美符号，其中有关于脸、眉、眼、唇、齿、胸、腕、手等的身体描写，有涉及云髻、罗衫、碧罗冠、石榴裙、高齿屐等装束和饰品的描写，也有关于女性轻俏的笑容、说话的神情、走路的姿势、身体的香味等抽象的女子"娇态"的描写。这些审美符号代表了唐人对于美具有标准性的设定，体现了其对于美的理想追求。不过，从这些审美符号的表层深究下去又不难发现，它们俱是从男性视角出发，为满足男性的审美理想而做的各种描摹。如两首《内家娇》中的宫人，虽然被刻画为不见于人间的"风流第一佳人"，但"除非却应奉君王，时人未可趋颜"之句表明，她也只是"君王"的一时之宠而已。《凤归云》（其三）和《倾杯乐》（其二）中的良家女子，《浣溪沙》（其一、其二）中的女伎，也都被刻画得美貌如花、身姿动人，但词作最终还是要落在"锦衣公子"或"五陵年少"的身上，表明她们完全是男性的猎艳对象，是男权文化的附庸。而无论男性对女性之美有何种预设，最终都离不开他们对女性的道德约束，所以《凤归云》（其三、其四）中那位既具外在容颜之美又能发出"妾身如松柏，守志强过，鲁女坚贞"的誓言的女子，才是男性心中完美的女性形象。

敦煌文献中的丑女刻画见于佛教故事类的《金刚丑女因缘》《破魔变》和民间世俗作品类的《丑妇赋》《龃龉书》等。佛教故事类作品中的丑女中，金刚丑女先因在供奉辟支佛时心生嫌恶而感得丑貌，后因向佛祈祷而变成了美女；《破魔变》中的魔女原本貌美如花，却因试图诱惑佛而变成了丑妇，其后又因向佛忏悔而恢复容貌。所以两篇作品中的丑女刻画虽极尽能事，但丑与美的转化才是重点，崇佛向善与否才是关键所在：虔心信奉、慈悲向善，即可获得端正美貌,不崇佛祖、心怀恶意,则必定丑陋不堪,因果报应,全在一念之间。所以敦煌佛教故事类作品中的美丑,实际上是善恶的外在体现,也是使人弃恶向善的工具。相比于《金刚丑女因缘》和《破魔变》中对外貌之丑的竭力描写,属于民间世俗类作品的《丑妇赋》并没有将丑妇描写为全身比例失调的畸形人,而是重在刻画丑妇之品行。她丑在笨、懒、馋,丑在为人邋遢、举止粗鲁,喜爱说三道四、搬弄是非、骄横无礼,"甚没精神,甚没举止",是"五色鬼之小妇,三家村之大姊"。《齖𪘏书》中公婆口中的"屈期丑物",也并无面貌之丑,而丑在喜欢争论骂詈,脾气倔强暴躁,竟敢跟公婆顶嘴,挑拨丈夫与翁婆之间的关系。很显然,两篇作品中的丑妇的所有这些行为,都违背了古代女子之德、言、容、功四德。所以民间作品中的所谓丑妇之丑,主要是从其道德品行的角度去判断的,与面貌并无直接关系。依照这个标准,一切妒妇,懒妇,巧言利舌、搬弄是非之妇都属于丑妇的范围。此类丑妇似乎并无救赎途径,最终只能与丈夫离婚,遭到人们的唾弃。佛教类作品与世俗类作品中的丑女的结局,体现了佛教和儒教理念的不同。佛教作为一种重救赎、轻伦理的宗教,会为"丑妇"们提供洗心革面的机会和出路,完成从丑到美的转化,但儒教的注重伦理性,使它会以对"丑妇"们的惩戒为其最终结局。但是,敦煌文献中宗教故事类作品中的丑妇与民间世俗类作品中的丑妇固然因其创作主旨的差异而有所区别,但它们的丑妇观又具有一致性:丑妇之丑是绝对的,是美的对立面,同时也是善的对立面,两者不能同时并存。这与此前中国传统的丑妇观其实并不一致。中国传统的丑妇观中,外表的丑不是绝对的,只要有内在的美,就能最终改变命运,甚至获取一般意义上的美女们所无法获取的身份、地位和家庭幸福。外貌之丑与内心之美可以并存,甚至外在的丑更有助于内在美的体现。敦煌作品中的丑妇观与传统的丑妇观不同的原因,一是受到了佛教的影响,二是与民间说唱文学作品对俳谐性的要求有关,三是与唐朝官方主导的审美理想有关。总之,无论是美女还是丑妇,其最终都会与人们的善恶观念联系在一起,无法脱离人们的道德评价而独立存在。同时,涉及美女和丑妇的敦煌作品都因其想象之特异、文字之精妙、内容之推陈出新而确立了其在艺术上的美感,成为敦煌女性审美角色中不可或缺的组成部分。

　　第三章"魔女与神女——以《维摩诘经讲经文》《破魔变》《都河玉女娘子文》为中心"考察了属于佛教性质的《维摩诘经讲经文》(五)和《破魔变》中的魔女形象以及属于道教性质的《都河玉女娘子文》等作品中的神女形象。关于《维摩诘经讲经文》(五),本书首先考证了其创作时间的大致范围,认为根据文中"胡部"乐的记载以及其与龟兹乐对称的情况，可将《维摩诘经讲经文》的创作时间定于胡部与龟兹部开始合奏的天宝十三载（754）之后，创作下限当在晋天福四年（939）前后。随后，笔者通过《维摩诘经讲经文》（五）中的魔女与《云谣集·内家娇》中的内人家的对比，指出《维摩诘经讲经文》中的一万二千天女，一方面，实际上就是唐朝盛时的教坊乐人的写照，另一方面，作为"魔女"，她们体现了佛教的女性观：女人是淫欲、诱惑之源。而这种佛教女性观也是唐五代时期世俗女性观的反映，与唐代流行的"女祸论"密切相关。所以《维摩诘经讲经文》中的魔女们的美丽与才艺，虽然在某种程度上代表了人们对女性美的标准的设定，但又体现出人们对这种美所持的戒心。

与《维摩诘经讲经文》中的一万二千魔女所不同的是，《破魔变》中的三个魔女采取了主动的姿态，意在凭借个人魅力破坏佛的成道进程。笔者通过《破魔变》与佛教经典《受胎经》《观佛三昧经》《杂阿含经》等的比较，发现《破魔变》不是单纯地根据诸佛经中的一种来展开自己的故事的，它综合了各家之说，又加上了自己的演绎，才成就了极富表现力和戏剧性的佛教故事。相比于佛教典籍中破魔故事的魔女原型，《破魔变》中的魔女形象有世俗化、典型化、戏剧化等几个方面的变化。所谓魔女形象的世俗化，是指《破魔变》中的魔女们不似《维摩诘经讲经文》（五）中的魔女们那样，以美丽非凡、才艺出尘、无喜无乐的天女形象示人，而是有着普通人间女子的情感，言谈举止也都带有世俗的印迹。魔女形象的典型性，一体现在对她们作为一个整体的魔女身份的刻画上——既美貌超伦，又神乎其神；二体现在她们各自的形象、言语的刻画上——三个魔女代表了三个不同类型的女子，长女自矜身份、不卑不亢，次女谦卑示人、委曲求全，幺女天真活泼、率性而为。魔女形象的戏剧性在于她们从美女变丑女再变回美女的反复过程，特别是后一转变，完全是变文自创，一方面加强了故事的戏剧性，另一方面也起到了宣传佛教思想的教化功用。最后，本章借助唐、五代、宋初的诗歌、绘画等形式，论及三魔女形象在唐五代宋初的接受状况，指出其在各种艺术形式中的频繁出现，体现了时人对美艳女性既爱又怕的矛盾心理。

关于敦煌民间信仰中的神女，笔者通过P.2814V《后唐天成三年间（928）都头知悬泉镇遏使安进通状稿》中的记载，重点考察了九子母神、张女郎神和都河玉女娘子这三位。她们都属于道教性质的女神，其中九子母神是生育女神，张女郎神是司雨之神，两者都是全国性的神祇，从中原传入敦煌，敦煌虽有祭祀，但相关文献有限；玉女娘子是敦煌地方神祇，相关文献颇多，尤以《都河玉女娘子文》对其形象的刻画最为传神：一方面，她具有湘洛水神般的出世美貌，另一方面，她又是威风八面的龙的化身，具有超自然的影响力。但笔者认为，都河玉女娘子与玉女泉之神不是同一神祇，因为唐代有淫祠之习，几乎每条江河溪流、每个湖泊潭湫都会有各自的龙神，而敦煌的都河和玉女泉并非一地，两者之间存在相当的距离，当不会只被一位龙神兼职共管，这也是《都河玉女娘子文》中特意强调"都河"这一地名的原因。至于都河玉女娘子与玉女泉神的关系，笔者的推测是，都河玉女娘子是玉女泉神的衍生者，两者都具有龙的属性。

敦煌文献中的魔女与神女形象，实际上反映了佛教和道教不同的女性观。佛教将世间的一切色相俱视为达于涅槃的障碍，故作为色相代表的魔女们自然会受到警惕和惩戒；道教强调阴阳平衡，贵阴守雌，故道教中的神女便更具人性色彩，也更具与男神的对等性。

第四章"尼僧教团——以敦煌尼僧的牒状及斋愿文书为中心"，以敦煌尼僧群体作为考察对象。本章首先以P.6005《释门帖诸寺纲管》中所提及的僧职为线索，以敦煌众多的尼僧牒状文件为佐证，逐一考察了敦煌尼僧教团的组织结构：由僧政、法律等构成的都司之职；由上座、寺主、都维那（在敦煌文献中多称都维）构成的尼寺三纲；由典座、直岁等构成的职事之职；由寺户构成的团头、寺卿之职；由僧人担任、负责监督尼寺事务的检校僧官、五尼寺判官等职；无尼寺管理之责的阇梨、临坛大德等称号。总体而言，敦煌尼僧教团的组织结构与敦煌僧官体系的基层结构相当，其与僧人所不同的是，尼僧无法进入敦煌僧官体系的上层管理系统，而其基层组织结构尽管非常完善，遇到有重要事务时，仍需受五尼寺判官或由上层僧官系统指派的"检校"僧官的监督，所以其管理体系的独立性只是相对而言的。

本章接下来通过敦煌尼僧的牒状和其他文献考察了唐五代宋初时敦煌的尼僧生活的世俗面，包括她们对财物的需求、对亲情的依赖、对死亡的重视等。这些看似与佛教教义相悖的做法，反映了敦煌尼僧的实际生存环境与状况。如通过上诉僧统要求拿回自己应得的傣利的尼僧通常年纪都不大，容易受到都司的忽略，而且因为病患或其他，相对比较贫穷，如果没有傣利，连生存都会遭遇困难。在这种情况下的申诉，不能被视为她们对金钱的执着，而是为了维持基本的生存而进行的努力。另外，敦煌尼僧的生活也如世俗大众那样，有时充满家人之间的温情，特别是在失去双亲、同入空门的兄弟姐妹之间，这种情感表达更为充分。敦煌尼僧之间的关系也充满世俗色彩，有相互的欣赏和帮助，有时也会因一些琐事引起同伴之间的矛盾与纷争，如S.542V2《坚意请处分普光寺尼光显状》中的光显便行事粗率，桀骜不驯，不属于典型的尼僧形象。尼僧们对于死亡的重视表现在她们会撰写遗嘱，安排身后的财产分配和丧葬事宜，或作为遗嘱执行人为死去的同伴或亲属争取合理权益，甚至还会加入俗众的以丧葬互助为目的的社邑中，以期死后的丧葬能够得到社人的资助。与敦煌尼僧对死亡的重视相对应，敦煌文献中出现了相当数量的与尼僧的病患、死亡相关的斋愿文书，如尼患文、悔文、邈真赞、祭文、亡尼文、七斋文等，几乎涉及了尼僧从患病祈福到死亡以至死后三年的斋祭等的所有应有程序。这些文书大体格式相同，内容相当，尤其是其在对尼德的称颂方面，有着基本一致的关注点，强调尼僧的女性身份，且常会使用"爱道""八敬""龙女之德"等关键性语言。通过对关于大爱道、八敬法和龙女之德的佛教原典的发掘可知，这些所谓的美德暗含了社会对于尼僧作为低于男子的女性的身份确认，以及尼僧们对这种身份的自我认同。如在不少文书中，敦煌尼僧都将"生居女质"作为一种天生的缺憾，并且认为"女质"是其修成正果之障碍。这说明，敦煌尼僧完全接受了佛教的女性观，视"女质"为垢秽，希望通过修行、写经、施舍、忏悔等方式摆脱女性身份，最终达成佛果。佛教的这种女性观又与中国传统的男尊女卑思想相结合，进一步加重了尼僧的自卑感。但由于佛教提供了女子通过修行而为男身并进而成佛的途径，为尼僧们提供了摆脱女性卑微身份的可能性，这也许正是敦煌出现大量尼僧的原因之一。

第五章"和亲公主们的奉献——以敦煌王昭君题材作品为中心"从敦煌有关王昭君的诗歌、变文入手，一方面查看敦煌王昭君作品的别具特色之处，另一方面试图探讨隐于这些特色背后的社会、政治因素。如本章在追溯了王昭君故事的流变及汉唐时期昭君诗歌的整体特色后，就S.555《唐诗丛钞》中东方虬《昭君怨》四首、P.2748《王照（昭）君怨诸词人连句》对传统昭君题材的继承进行了介绍，然后对《王昭君》（安雅词）予以了重点考察，指出其创作时间至迟应在宝应元年（762）初之前，形式上采用的是昭君与汉元帝之间的五言对话体，从多个角度将王昭君刻画为一个感情丰满、性格坚强的人物形象，尤其是她"顾恩不告劳，为国岂辞死"的铿锵言语，绝非一般诗词中的那个满腹幽怨、自伤自悼的弱女子所能说出的话。这让人联想到了说出"国家事重，死且无恨"之语的宁国公主，她也正是抱着为国分忧的决心走上了和亲的道路的。这首昭君诗是对王昭君形象的全新刻画，实际上代表了作者对唐和亲公主的肯定和赞颂。

当然，在所有昭君题材作品中，《王昭君变文》是重中之重。本章首先就变文的特点予以分析，如它突出了昭君本人对现实的观察与见解，对王昭君的和蕃贡献给予了前所未有的评价和赞颂，对蕃王做了大量一反常态的正面描写，对北地风光及少数民族习俗进行了详细记述等，并由此引出对变文会具有这些特点的原因的思考。随后本章对变文的创作时间提出新见，借助变文中的历史地理的描写，推定其创作于784—866年之间。接着，书中根据变文所涉及的相关部族、变文中昭君出塞的路线、变文中所描写的典礼风俗等，指出变文中的蕃王实际影射的是回纥可汗，并由此将变文中的昭君形象与和亲回纥的咸安公主联系在了一起。书中特别将变文最后出现的汉哀帝哀悼昭君的祭文与白居易《祭咸安公主文》进行了对比，为变文中的昭君形象是以咸安公主为原型的看法提供了有力的佐证。最后，本章分析了唐代的和亲政策，特别是唐与吐蕃和回纥的和亲，指出唐和亲公主们对唐边境的安宁和民族关系的和睦所做的贡献，以此为背景，敦煌昭君题材的作品便不再是单纯地讲述历史上的昭君故事的作品，而是具有一定的时政含义。从这个意义上说，敦煌昭君题材作品也是对唐代女性的政治角色的一种反映。

第六章"普通女性的社会经济生活——以敦煌吐鲁番的女人结社文献为中心"从67TAM74：1/7、1/8、1/10、1/11《众阿婆社条》、S.527《显德六年（959）正月三日女人社社条》、P.3489《戊辰年（968或908?）正月廿四日旌坊巷女人社社条》、北新882《丙申年四月廿日博望坊巷女人社社条稿》入手，就女人社的成员构成及其特点、女人社的基本功能及其所反映的妇女社会经济生活、女人社文献所反映的敦煌女性的女性意识等方面做了较为深入的探讨。在女人社的成员构成方面，本章认为其主要包括优婆夷、尼僧、有一定身份地位的老年妇女、父母已亡的在室女或归宗女，以及丈夫死去且无男性继承人的寡妇。除"众阿婆社"之外，女人社成员大多保留了自己原生家庭的姓名，拥有一定程度上的经济独立性，表明她们是不用过度依靠男性来确定自我身份的群体。这些女人社的特点体现在：其组织结构与其他男性为主的社邑或男女混合的社邑基本相同，并没有因为是女人结社就有所减损或改变。但与一般社邑所不同的是，女人社对于退社之举的处罚较重，这在一定程度上反映了女人社的不稳定性。另女人社的民主氛围较浓，三官和录事虽有管理权，但决策权掌握在社众手中，这与其他社邑一面强调"众议商量"，一面赋予三官"钤辖""获裁"的权力的矛盾之举有所不同。女人社在对退社的惩罚和民主氛围方面的特点，体现了女性在社会中的弱势地位及其应对办法。女人社的基本功能一是举办资费较低的佛事斋会,二是丧葬互助,与其他社邑的基本功能相当。但在规定助葬时的纳赠物品时,女人社似乎有意识地拉开了其与男性为主的社邑的距离。从这个角度看,敦煌女性即使是在有一定经济自主权的情况下,也并没有形成男女平等意识,而是主动遵守了社会约定俗成的行为规范。最后,本章以显德六年女人社的社条与S.6537V6(7)《上祖社条》(文样)进行了对比,证明显德六年女人社社条明显模仿了《上祖社条》,但两件文书有三处较大的不同:《上祖社条》在述及丧葬互助条款时提到的"三驮"和"两驮"等并未在女人社文件中出现;《上祖社条》中的"春秋二局"的内容在女人社社条中未被保留;女人社未采纳《上祖社条》中关于违犯社规要被开除出社的条文,而是将之改为对退社者的处罚。这些不同之处,反映了敦煌及周边地区女性在社会、经济地位上的弱势状态。但从另一个角度看,女人社这种有意识地与同性结为联盟以共同应对不公平社会所带来的各种压力的做法,体现了唐、五代、宋初时期敦煌女性的初始的自我意识。

第七章"战乱中的落难女性——以《秦妇吟》为中心"借用美国学者苏珊·S.兰瑟的"个人声音(personal voice)"这一术语,在确定《秦妇吟》之女性叙述者身份的基础上,分析女性视角和声音对诗歌叙事及审美表现张力的作用,展现女性在战乱中所承受的苦难。书中首先借助赵毅衡的"叙述分层"概念对《秦妇吟》的多重个人型叙述结构予以分析,指出《秦妇吟》以诗歌主叙述人引出第二叙述人"秦妇",又以"秦妇"引出第三叙述人金天神、东畿老翁和金陵客,搭建了三层的叙述层次,超出了杜甫的《石壕吏》、白居易的《琵琶行》和元稹的《连昌宫词》等诗歌的两级叙述分层,提供了多个视角和声音,对战乱进行了全方位的立体观察。通过分析,笔者指出,《秦妇吟》中的"秦妇",在黄巢军队进入长安之前是豪门侍妾,而被黄巢军队俘获之后沦落为军妓,她是战乱中的落难妇女的代表,可谓典型环境中的典型形象,故作为个人型叙述声音的发言者,"秦妇"在某种程度上所讲述的正是其"自身故事"。随着"秦妇"身份的数次转换,其女性叙事视角得以一一展开。书中以两《唐书》列女传中对战乱中的贞妇烈女的刻画与"秦妇"的叙事做对比,指出两《唐书》中的全知视角叙事是男权话语主导下的产物,具有道德说教的色彩;"秦妇"的女性限知视角叙事则以同情为基点,更充分地体现了女性在战乱中的悲惨命运,直观地反映了战乱的恐怖性质。最后,本章也分析了作者为解决女性限知叙事视角的局限性所采取的视角延伸的办法,由"秦妇"引出金天神、东畿老翁和金陵客的男性视角,对战乱给百姓带来的灾难做较为全面的叙事。本章最终的结论是,虽然《秦妇吟》真正的叙事者是作者韦庄,但正因为诗歌采用了女性视角和声音,才更加凸显了女性在战乱中饱受蹂躏的事实,使作品具有了更为打动人心的力量。

第八章"遥望边塞的女性——以敦煌征妇题材作品为中心"意在通过征妇的目光对敦煌边塞文学予以解读。本章首先分析了P.2555敦煌诗集中的征妇怨题材作品,指出集中八首以征妇为主角的闺怨诗被抄写在一处,四十七首七言诗中也有不少涉及征妇题材的闺情诗,另还有敦煌没蕃人所写的《闺情》诗。这种集中抄写征妇怨题材作品的做法表明,P.2555的抄诗者有专门辑集"征妇怨"诗的意识,体现了敦煌人对此类作品的偏爱,也使敦煌边塞诗歌有了新的解读视角。P.3812《唐诗丛钞》中的征妇题材作品以及P.2762V中的《夫字为首尾》等,也是敦煌此类题材诗歌作品的补充。除了诗歌以外,敦煌曲子词中也有不少征妇题材作品,如《云谣集》中的近十首征妇词。本章并未简单重复之前对《云谣集》征妇词的分析,而是结合其他曲子词的内容,将之与敦煌征妇题材诗歌进行对比,分析两者的异同,凸显征妇词的特色。随后,本章介绍了以P.3812号卷首之《十二月调》为代表的"俚曲小调"、讲唱文学中的孟姜女题材作品等,并在结论部分指出,征妇题材作品在敦煌文献中的普遍存在与唐边塞战争频仍的现实密切相关,所以遥望边塞的女性,代表了对边塞战争的控诉之声。

立足于敦煌文献,围绕敦煌女性角色进行探讨,本书力图显示出以下几个特色:

首先,在方法论上,采用跨学科的研究方法。如通常意义上的文史结合的方法,或在对文本做出文学性、审美性解析的基础上展开对相关史实的探讨,或在对文本进行了历史求证的基础上做文学特色的分析。前者如对《云谣集》中的女性的研究,先就词集中的每首相关词作都进行细读,然后借助其整体上的时空结构来探讨唐五代女性在实际生活空间中的活动;后者如对《王昭君》(安雅词)的讨论,在先介绍了汉唐王昭君故事的流变及相关文学创作的基础上,对其从形式到内容予以全面评析。此外,本书还将文本研究与宗教学、社会学研究相结合,将研究对象放置在更开阔的视野之下,凸显其研究价值。如从敦煌魔女、神女形象的研究延伸出的有关佛教和道教女性观的比较,从女人社的成员身份的研究推导出的敦煌地区女性的社会经济地位等,都旨在使女性角色的研究具有更深层次的社会意义。

其次,本书对传统的敦煌学研究的方法予以继承和发展,意欲解决一些有争论的问题。如对《维摩诘经讲经文》(五)的创作时间的考证,是在学界认为没有丝毫线索的情况下,抓住文中关于"太常""胡部""龟兹"等具有时间指向的词语,考证其创作时间在唐天宝十三载(754)至后晋天福四年(939)前后。再如本书根据史书中关于回纥西部边界金山的位置和吐蕃攻陷北庭都护府的时间等线索,将《王昭君变文》的创作时间推定在784—866年之间,又利用史地民俗等资料推定《王昭君变文》中的蕃王是对回纥可汗之影射,从而使变文与唐咸安公主之关系得以彰显。

最后,本书借助西方的文学、社会学理论等对敦煌文献中的女性角色做出现代阐释。如关于《秦妇吟》的女性视角解读借助了美国学者苏珊·S.兰瑟的"个人声音"理论以及华裔学者赵毅衡的"叙述分层"概念,就古代叙事诗歌创作中女性视角及声音的复杂性进行了探讨,开阔了研究视野,丰富了研究层次。再如在对《破魔变》中的魔女角色进行讨论时,采用了西方的接受学理论,就变文中的三个魔女形象在变文、诗歌、绘画等多种艺术形式中的展现,研究其在唐五代时期的接受史,从而揭示了在唐后期"女祸论"的影响下,人们对美丽女性既爱又怕的矛盾心理。当然,本书中运用最多的是西方的女性主义理论,就敦煌文献中的各类女性角色的自我意识和自我身份认同等进行了有意义的探讨。

总之,本书拟从敦煌文献入手来解读中国古代社会的女性角色问题,以期进一步地充实、深化既有的女性问题研究,通过区域性的女性综合研究来建构我们对于古代女性问题的全面认知,并使建构敦煌女性学的研究体系与框架成为可能。

第一章　官宦妇女、宫人与市井女伎
——以《云谣集》为中心

《云谣集》是敦煌词选集，见S.1441和P.2838。S.1441题为《云谣集杂曲子共三十首》，P.2838题为《云谣集曲子》，然而两个写本均为残本，朱孝臧据董康手录S.1441所存之十八首刻入《彊村丛书》，刘复手录P.2838所存之十四首刻入《敦煌掇琐》；朱孝臧见到《敦煌掇琐》后合伦敦与巴黎本并去其重复而得三十首，与S.1441原标"共三十首"之数正好相合，由龙沐勋在其去世后刻入《彊村遗书》。此后研究《云谣集》者众多，较为突出的如王重民《敦煌曲子词集》之《云谣集》校辑、任二北《敦煌曲校录》之《云谣集》校录等。陈人之、颜廷亮所编《云谣集研究汇录》①编选了1985年以前的诸家研究成果。本书所选的《云谣集》词即以此为基础，参照各家校勘成果而录出。

《云谣集》中的内容包括闺怨、相思、征戍等传统题材，作品语言质朴，感情真挚，形象生动，婉转而富于女性情调。但近年来，学术界有关《云谣集》研究的重点多集中在对《云谣集》的校释②、《云谣集》与《花间集》的比较③、《云谣集》的创作时期及其在词史上的地位④、《云谣集》中的个别词作的考释与赏

---

① 陈人之，颜廷亮：《云谣集研究汇录》，上海：上海古籍出版社，1998年。
② 如孙其芳：《〈云谣集杂曲子〉校注》，《社会科学》1981年第1期，第83-86页；魏耕原，魏景波：《敦煌〈云谣集〉词语考释》，《中国语文》2004年第3期，第184-186页；季品锋：《〈全唐五代词〉本〈云谣集杂曲子〉校订献疑》，《兰州学刊》2006年第1期，第47-49页。
③ 如鲍震培：《俗曲流云谣　雅词漾花间——唐五代〈云谣集〉与〈花间集〉之比较》，《文学与文化》2013年第4期，第63-71页。
④ 如吴清：《论〈云谣集〉在词学发展史上的地位》，《乐山师范学院学报》2010年第8期，第12-18页；木斋，娄美华：《从〈云谣集〉看敦煌词产生的时间》，《文艺评论》2012年第12期，第85-88页；王小盾，张长彬：《〈云谣集〉写本斯1441、伯2838新议》，《西北师大学报（社会科学版）》2014年第3期，第55-60页。

析[1]等方面，对《云谣集》整体词作的文学性及审美性研究相对较少[2]，对其社会属性的关注也较为匮乏，故虽然《云谣集》是敦煌最早一批受到学术界关注的敦煌文献之一，但对它的研究仍欠充分。

《云谣集》词作三十首中，除《拜新月》其二是"万家向月下，祝告深深跪，愿皇寿千千岁，登宝位"的祈愿之词外，其余二十九首均以女性为主要叙述者，表现女性在情感关系中的喜怒哀乐，从这个意义上可以说，《云谣集》是一部女性词集。《云谣集》中有征妇词、闺情词、宫人词、女伎词等几类，与之相应，其中的女性角色有征妇或普通人家的少妇、宫人、女伎等。经研究，征妇多为官宦人家的女性，其与闺中少妇在家世背景等方面无疑有重叠处，但基于征妇角色的特殊性，我们还是将征妇词与闺情词分开论述；另《云谣集》中的宫人实为宫伎，但同样基于其特殊的身份，我们也将宫人词与一般的女伎词分开讨论。这种角色分类看似简单普通，却涵盖了唐五代时期女性不同的社会阶层，具有一定的代表性。而且通过文本细读不难发现，在这几种女性角色分类之下的词作，在其人物形象的刻画、时空结构的安排、女性情感的表达等方面，都有着各自的特点，既呈现出不同阶层的女性的差异性，也反映了她们在时代语境下的共同命运。以下拟通过对《云谣集》词作的细读，从其女性角色分类的角度，对《云谣集》的词作的文学性及社会属性进行相对全面且具针对性的论述。

一、《云谣集》中的征妇词

《云谣集》以"征妇"为主要叙述角色的词作有：
《凤归云》（其一、其二）
《洞仙歌》（其一、其二）
《破阵子》（其二、其三、其四）
这些词作中都有非常明确的角色提示语：征夫及与之相关的语汇。如：

---

[1] 如高国藩：《敦煌词〈凤归云〉欣赏》，《古典文学知识》1996年第11期，第25-27页；罗亮：《敦煌〈云谣集·凤归云〉考释》，《西昌学院学报（社会科学版）》2010年第12期，第1-2页。

[2] 孙其芳：《〈云谣集〉概说》（《敦煌学辑刊》1988年第1、2期，第60-69页）是为数不多的综合性研究论文之一。

"征夫数载,萍寄他邦。"(《凤归云》其一)

"征衣裁缝了,远寄边隅。"(《凤归云》其二)

"恨征人久镇边夷,酒醒后多风醋。"(《洞仙歌》其一)

"无计恨征人,争向金风飘荡,捣衣嘹亮。"(《洞仙歌》其二)

"单于迷虏尘。"(《破阵子》其二)

"风送征轩迢递,参差千里余。"(《破阵子》其三)

"少年征夫堪恨,从军千里余。"(《破阵子》其四)

由此可以确定,以上七首词属于非常明确的"征妇"之词,占《云谣集》全部词作的三分之一弱,因而征妇角色也构成了《云谣集》女性角色的主干之一。

(一)征妇词细读

凤归云(其一)

征夫数载,萍寄他邦。去便无消息,累换星霜。月下愁听砧杵,拟塞雁行。孤眠鸾帐里,枉劳魂梦,夜夜飞扬。　　想君薄行,更不思量。谁为传书与,表妾衷肠?倚牖无言垂血泪,暗祝三光。万般无那处,一炉香尽,又更添香。

《凤归云》其一在S.1441和P.2838中都有收录。词以思妇视角,写其对征夫的怨思之情,情深意切,婉转动人。

词的上片写征妇之思。一起句即落在"征夫"二字上,若非整天思念着他,怎么会如此没有遮拦地冲口而出?"数载",写时间之长,"萍寄他邦",写地点的不固定,这既是在怜惜征夫的人如漂萍,也是在叹息自己的无可奈何,因为这位主人公尽管长久思念,却并不知道思念的对象他人在何方,所以连个可以念想的地点都没有。"去便无消息"句,令人有些心惊胆战。征夫没有消息,有几种情况:一是征夫战事频繁,转战无定,没有时间或条件向家中传信;一是征夫薄情,完全忘记了家中的苦苦等待他的妻子,所以想不起来给她送来任何消息;一是征夫已死,根本不可能再传消息回来。这几种情况中,除了第一种,其他两种都会令妻子的思念和等待变得可悲可叹,而它们又是最可能发生的情况。可是,作为妻子,她一定相信是第一种吧,所以前面说他"萍寄他邦",也是在给他的"去便无消息"找借口。可是,这种无消息的情况为时已久,"累换星霜"是在说岁月更替,如白居易《岁晚旅望》诗所云:"朝来暮去星霜换,阴惨阳舒气序牵。"这句"累换星霜"与首句中的"数载"形成呼应,只是多了掰着手指数日子的焦灼感。"月下愁听砧杵,拟塞雁行"仍写时间,只不过将时间具体到了秋天:砧、杵分别是捣衣用的工具,而捣衣多于秋夜进行,为的是给远戍在外的征人赶制冬衣。北朝温子昇《捣衣诗》:"长安城中秋夜长,佳人锦石捣流黄。香杵纹砧知近远,传声递响何凄凉。"李白《子夜吴歌》之三:"长安一片月,万户捣衣声。秋风吹不尽,总是玉关情。"也正是因为如此,"月下愁听砧杵"便意味深长:一方面,听到砧杵之声,知道星霜再次转换,带来了时间上的紧迫感;另一方面,只听不做,坐实了"去便无消息"之说,因为即使制成征衣,都不知该送往何方;更有甚者,作者说"月下愁听",也不知是砧杵声引得人睡不着,还是因为睡不着而听到了砧杵声,可有一点是确定的,即听着听着,哀愁渐深。"拟塞雁行"句历来有不同的解说。潘重规先生在《〈云谣集〉校笺》中说,"'拟'有度义、过义……'拟雁'即'过雁'之意"[1]。孙其芳《〈云谣集杂曲子〉校注》则校"拟"为"凝","谓凝眸、凝伫。原作'拟',为形误字"[2]。笔者认为,此处的"拟"当理解为其本义之揣度、推测意。"拟塞雁行",即推想塞雁飞行的里程与地点,以此来揣度征夫的踪迹,或是寄希望于鸿雁传书之说,盼望它们能带来征夫的消息。"孤眠鸾帐里",诉说孤独之状。独眠已是难耐,更何况是睡在夫妻共用的床帐中,昔日的双宿双飞,对比今日的孤枕难眠,使得寂寞更加深了一倍。"枉劳魂梦,夜夜飞扬。"如果能够入睡,在梦中与征夫相见也是好的,所以魂梦夜夜上天入地地四处寻找,期盼梦中相见的时刻,可词句偏又说"枉劳",也就是连梦中也寻他不到,这真是让人绝望。

下片写征妇的心理活动。"想君薄行,更不思量。"对比征妇夜夜飞扬的魂梦,征夫的"去便无消息"显得那么无情,所以她禁不住地怨恨起来,说他薄情寡义,完全不知想念自己。尽管如此,她还是会"想",揣测,思虑,悬念:他的薄情,也许是因为他不知道我对他的一番深情吧?如果我写信给他,将此番深情向他表白,也许就能唤回他那颗冷漠的心吧?可是,"谁为传书与,表妾衷肠?"这个疑问句实际上是否定句,也就是说:没有人能够为我传书,我的衷肠无以得到表达。收不到征人的音信,得不到他对情感的肯定,已是令人非常

---

[1] 陈人之,颜廷亮:《云谣集研究汇录》,上海:上海古籍出版社,1998年,第197页。
[2] 陈人之,颜廷亮:《云谣集研究汇录》,上海:上海古籍出版社,1998年,第270页。

痛苦的事,但自身的深情也无由得诉,无法使他知道,更是一种残酷的折磨。在这种情况下,思妇只能"倚慵无言垂血泪",倚着窗户,默默无言,暗垂泪滴,三个动作,分别代表了等待、孤独与绝望。可是,征妇并不愿意真的绝望下去,所以她"暗祝三光",悄悄地向日、月、星三光祈祷。她在祈祷什么?第一当然是征人早日归来,夫妻重新团聚。如果这个愿望实现不了,退一步,是希望征人有消息传来,以慰征妇的思念之情。再不济,也希望征夫能护住性命,不要客死异乡。可这祈祷有用吗?似乎没有,因为征妇说:"万般无那处,一炉香尽,又更添香。"她已用尽心思,却对解决现状感到无能为力,这种无奈之感是如此深重,令人愁肠百结,她唯一能够做的,就是徒劳地看着炉香的青烟袅袅而逝,一遍遍地添加香料,不让炉香灭却,就如同守望着那留不住的时光,守望着那令人绝望的希望。

此词的上片将重点放在无法确定的空间和不断变化的时间之上,使思妇的相思既无空间上的限定,也无时间上的终止,是"枉劳"相思,最终只换来一个"愁"字。下片以征夫之"薄行"与征妇之深情加以对比,写了征妇的"万般无那"之举,令人对之生出无限的怜惜之情。

这首词是征妇对征夫的寄语,但又仿佛是对第三人即读者的倾诉,可引发读者强烈的共感。如上片结句:"孤眠鸾帐里,枉劳魂梦,夜夜飞扬。"读者当即进入征妇的梦中,与其梦魂一起上天入地地百般搜寻,希望找到征夫的蛛丝马迹,以告慰征妇的一番深情,与此同时,也感受到她那"枉劳"的痛苦与绝望。当作者最后写出"万般无那处,一炉香尽,又更添香"的词句时,作为读者的我们也生出了极端的无力感,陷入沉默之中,无言地注视着征妇呆呆地凝望炉香和为香炉添香的举动,感受到了等待时那似乎停滞不动的时间的漫长以及蓦然间惊悟到的时间的快速流逝。值得注意的是,作为一首典型的闺怨词,词中并没有直接提及"怨"字,但"枉劳""谁为""无那"等语的使用,准确地捕捉到了征妇的幽怨之情。

凤归云(其二)

绿窗独坐,修得为君书。征衣裁缝了,远寄边隅。想得为君贪苦战,不惮崎岖。终朝沙碛里,只凭三尺,勇战奸愚。 岂知红脸,泪滴如珠。枉把金钗卜,卦卦皆虚。魂梦天涯无暂歇,枕上长嘘。待卿回归日,容颜憔悴,彼此何如?

这首《凤归云》与前一首《凤归云》同时收录于S.1441和P.2838,它肯定了征夫为国征战的英勇行为,但也表达了思妇对征夫的思念之情。但这首《凤归云》又与前一首不同。前一首写征人一去无消息,也无人为寄书信,征妇的思念之情甚至无所寄托。这首词则是有的放矢,可以看作是写给征人的一封家书。

上片以征人为主体而展开。"绿窗独坐"句,勾勒出绿纱窗下的孤独身影,令人想及韦庄《菩萨蛮》中的"劝我早还家,绿窗人似花"的词句。伊人独坐,原来是"修得为君书","为君"二字,表明女子诉说的对象是自己的丈夫。那么她在书信中交代了什么呢?首先,"征衣裁缝了,远寄边隅":我给你的征衣已经缝好了,现在寄给远在边陲的你,希望你不至于忍受寒冷。其次,"想得为君贪苦战,不惮崎岖":我清楚地知道,你在为国家出战,有许多艰苦的战役要打,有许多困难要去战胜,而你在面对这一切时,毫无畏惧之心。"终朝沙碛里,只凭三尺,勇战奸愚":在我的想象中,你镇日驰骋于大漠之中,只凭着一把宝剑,与敌对阵,无论对方是奸是愚,都勇敢面对,一往无前。所以,你是我心目中的英雄,我为你感到骄傲!从词的内容来看,妻子完全理解丈夫在外征战的意义所在,也能设身处地地想象他所面对的一切,显得深明大义,充满自豪,有着一般女子所没有的开阔胸襟。

可是,深明大义就可以不思念了吗?胸襟开阔就可以不怨艾了吗?说到底她还是一个热爱丈夫的女子,怎么会不盼望丈夫能够陪在自己的身边?词的下片是书信的第三部分内容:诉说思念之情。"岂知红脸,泪滴如珠":你在杀敌卫国之时,可曾想到过,我是怎样地思念你,以致泪水如串串珠子般在脸颊上滑落?"枉把金钗卜,卦卦皆虚":你知道吗,我常常用金钗占卜,可即使我卜到好卦也毫无用处,因为它们没有一次应验过,只能徒增我的烦恼。"魂梦天涯无暂歇,枕上长嘘":我的灵魂是自由的,它常在梦里奔向天涯,只为寻找你,不敢有片刻的歇息;可是我的身体是不自由的,它只能躺在床上,发出长吁短叹。前一首《凤归云》也写到相似的场景:"孤眠鸾帐里,枉劳魂梦,夜夜飞扬"——即使梦中相见,也是徒劳的,因为在现实中,我孤单依旧,无人陪伴,梦中愈是欢娱,现实便愈令人痛苦。"待卿回归日,容颜憔悴,彼此何如":也许你终有一天会回来,可到那时,我已年老色衰,青春不再,而你也已鬓发苍苍,面容憔悴,彼此相望之余,我们将发现,我们已不再是记忆中的彼此,那么我们还能想些什么、做些什么呢?"彼此何如",似乎是在询问,但答案早已知晓,这样的明知故问,正是痛楚之所在,青春虚度之遗憾、生命消磨之苦痛,尽在这举重若轻的一问之中了。

总之,这首词就是一封寄给征人的家书,它交代了寄送征衣的事由,表达了对丈夫英勇卫国行为的理解和自豪感,诉说了自己的刻骨相思,但也流露了对未来的迷茫之情。它与上一首《凤归云》既可分开阅读,也可作为联章词作来加以理解。与上一首《凤归云》相比,这首词中的思妇知道自己丈夫的踪迹,可以寄书信给他,而且丈夫的形象也非常具体,是个纵横沙场英勇杀敌的英雄,而不是一个捉摸不定的幻影。但本词中的征人依旧是薄情的,"岂知红脸"句就是证明,因为他完全不知道妻子的痛苦和烦恼。上首词中的思妇曾"暗祝三光",这首词中的思妇则是"枉把金钗卜",两者都寄希望于外力的作用,寄希望于命运的突然转折,但前者的结果是"万般无那",后者的结果是"卦卦皆虚"。两人也都试图在梦中追寻征人,但也不过是枉自嗟叹,徒劳无益,换来的是,一个"倚庯无言垂血泪",一个"泪滴如珠"。前一位最终是守着一炉香,不计结果地等候着;后一位则清楚地把那结果翻出来看:即使征人有一天真的回来了,恐怕一切也都改变了。整首词最终落在"彼此何如"四字之上,此时无声胜有声,有情似无情,与前词的结尾相比,更令人感到绝望。

洞仙歌(其一)

华烛光辉,深下屏帏。恨征人久镇边夷,酒醒后多风醋。少年夫婿,向绿窗下左偎右倚,拟铺鸳被,抱人尤泥。　须索琵琶从理,曲中弹到,想夫怜处,转相爱几多恩义。却再续衷情鸳衾枕,愿长与今宵相似。

这首词有论者说是"写征人归后夫妇之乐"[①],但笔者认为,此词乃征夫离去后,征妇怀念过去的夫妇之乐的作品,也正是因为如此,词作读起来才更令人伤心。

作品从室内环境起笔。"华烛光辉,深下屏帏",见夜深人寂,唯烛光相照,屏帏将征妇与外在空间隔绝,形成一个相对独立的私密语境,为她以下的自我叙述构筑了空间基础。"恨征人久镇边夷"之"恨",点出这首词最强烈的情感表达:怨忧,憾恨,其原因在于征人镇守边夷之"久"。也正是"恨"与"久"这两个字,表明征夫并未归家,故其"夫妇之乐"就只能是在回忆与想象中体现

---

① 孙其芳:《〈云谣集杂曲子〉校注》,载于陈人之、颜廷亮:《云谣集研究汇录》,上海:上海古籍出版社,1998年,第279页。

了。"酒醒后多风醋"当承"恨"字而来。"风醋",任二北注曰:"风醋犹言风流。'醋'与唐人习语'醋大'之'醋'同,亦作'措'。"但后又据李匡乂《资暇录》对"醋大"之意的解释认为:"故释'风醋'为'含娇微妒,不知向谁',为较切。"① 孙其芳认为,风醋"此处似有轻狂、爱抚意。又疑为'风趣'之讹,醋与趣音近致误。风趣,谓情趣之意。"② 揣摩词义,"含娇微妒,不知向谁"似更准确。"恨"者是征妇,从酒醉中醒来的也是征妇,"多风醋"的更是征妇。此句构成了上片词的时空切换点:征妇从酒醉中醒来,看到的是烛光映照下的屏帏,孤独寂寞之感涌上心头,对那长久不归的征人,除了"恨"字外,亦不免含酸,一切令征人不归的事物,都是她嫉妒的对象。而也正是由这"风醋"一词,使词义转向回忆:"少年夫婿,向绿窗下左偎右倚,拟铺鸳被,抱人尤泥。""尤泥"意同云尤雨㴲,指男女间情意缠绵之态。从绿窗下的"左偎右倚",到鸳被下的"抱人尤泥",写出年少男子的痴缠求欢之状,真是千般柔情、万般蜜意,回想起来都忍不住要生出娇羞之意来。可是,这毕竟是回忆中的夫婿,抑或是梦境之中的夫婿,而现实中,却是征妇的形影相吊,则酒醒后的"多风醋",便令人心生同情,且为之惆怅了。敦煌词的情感表达虽较为大胆热烈,但较少涉及男女床笫之欢,本词有所涉及,却全无淫逸之态,而是将年少夫妻的缠绵悱恻刻画得惟妙惟肖,充满美感,实属难得。

下片仍承"酒醒后"而来。"须索琵琶从理","从"当校作"重",谓再次、重新之意。既已酒醒,难再入眠,便取来琵琶,重新弹奏起来。这也说明,征妇弹奏琵琶是常为之举,此时只不过是再次重复而已。李璟《摊破浣溪沙》词云"细雨梦回鸡塞远,小楼吹彻玉笙寒",历来受到人们的推崇,细品其味,与这首《洞仙歌》的"酒醒后""须索琵琶从理"实为异曲同工,都将征妇之思写尽。但李璟词点到即止,《洞仙歌》却延展开来,细细地说起弹奏的曲子及它带给征妇的情绪影响。"曲中弹到,想夫怜处,转相爱几多恩义。"《想夫怜》是古代曲名,乃"相府莲"之讹称。《乐府诗集·近代曲辞二·相府莲》:"《古解题》曰:相府莲者,王俭为南齐相,一时所辟皆才名之士。时人以入俭府为莲花池,谓如红莲映绿水。今号莲幕者,自俭始。其后语讹为'想夫怜'。"白居易《听歌六绝句》中即有《想夫怜》一首,其自注云:"王维右丞词云:秦川一半

---

① 任二北:《敦煌曲初探》,上海:上海文艺联合出版社,1954年,第431页。
② 孙其芳:《〈云谣集杂曲子〉校注》,载于陈人之、颜廷亮:《云谣集研究汇录》,上海:上海古籍出版社,1998年,第279页。

夕阳开。此句尤佳。"当用"相府莲"本事。但"想夫怜"显然在讹传后意思也有了变化,与女子渴盼丈夫怜爱的情感有关。后蜀欧阳炯《春光好》词之三:"曲罢问郎名个甚?想夫怜。"元杨维桢《去妾词》:"万里戎装去,琵琶上锦鞯,传来马上曲,犹唱想夫怜。"《洞仙歌》之琵琶曲《想夫怜》,显然承征妇之思而来,并由此生发出"转相爱几多恩义"的感慨。少年夫妻的"相爱"之情在前片词中已有充分描写,此处再做重申,有务尽其意的作用。结句"却再续衷情鸳衾枕,愿长与今宵相似",看似在叙述现在,实则在畅想将来,"今宵"意为此宵,它既是上片词中过去的"抱人尤泥"的夜晚,也是下片词中未来的"再续衷情鸳衾枕"的夜晚,过去与未来的美好之间,夹着孤独相思的征妇,不免令人为之伤怀不已。

相较于《云谣集》中的其他六首"征妇"之词,此词的特点非常突出。其他词重在刻画思妇的现状,她们多以泪脸示人,六首词中有五首直接出现了"泪"字,哀怨之情溢于言表。此词则重在描写过往的美好,将夫妻间的温柔缱绻之动态描摹得极其动人,以此来反衬现实中的孤独和相思,虽无一"泪"字,其相思之情却有过之而无不及。从这个角度而言,《洞仙歌》能不蹈袭惯例而另辟蹊径,反映了作者别具一格的独创性。

洞仙歌(其二)

悲雁随阳,解引秋光,寒蛩响夜夜堪伤。泪珠串滴,旋流枕上。无计恨征人,争向金风飘荡,捣衣嘹亮。　　懒寄回文先往。战袍待稳,絮重更熏香,殷勤凭驿使追访。愿四塞来朝明帝,令戍客休施流浪。

此词写征妇的秋日闺思。

起句"悲雁随阳",写大雁在秋日逐阳气而南飞的景象,令人想到一年又行将结束,时光无情流逝。"悲雁",并非雁在悲伤,雁的鸣叫声也属自然,只是,看到它们、听到它们的人的心情霎时陷入了悲凉。而大雁尚且"解引秋光",知道追逐温暖,通过迁徙的方式使秋日时光得以延长,可那远去的征人却不像大雁那样能随着季候按时返回,令守候他的人在寒蛩的鸣叫中"夜夜堪伤"。寒蛩指深秋的蟋蟀,《诗经·豳风·七月》:"七月在野,八月在宇,九月在户,十月蟋蟀入我床下。"韦应物《拟古诗》之六:"寒蛩悲洞房,好鸟无遗音。"寒蛩之鸣,代表着秋季的日日加深,而"夜夜"则是反复,意味着征妇夜夜难眠,静听着寒蛩夜夜鸣叫,感受着寒意的夜夜加深,伤感的心情更是夜夜加重起来。

在这样孤独而忧心的夜晚,她忍不住"泪珠串滴",沉浸在哀伤之中,并且那成串的泪水"旋流枕上",说明泪之多、之急,真是悲从中来,令人无法抑制。"无计恨征人",征妇的痛苦分明是由征人的一去不返所带来的,可她却说无法怨恨,因为她知道,征人对此也无能为力,有时个人是无法掌控自身命运的,作为一名战士,征人必须听从国家的调遣,哪里能说回来就回来,所以"无计"。尽管通情达理,可她还是会生出幽怨之情,因为"争向金风飘荡,捣衣嘹亮",秋风又起,无往不至,清晰响亮的捣衣之声随风传入耳中,让人想要回避都回避不得,实是无奈。上片词写出了征妇的矛盾心理:秋天引发愁思和痛苦,却又深知征人之不易,试图为之开脱,不想一味地埋怨,可眼中所见、耳中所闻,又使她无法不怨,于是陷入了情感的反复纠结之中。

下片继上片的"捣衣嘹亮"来叙事。"懒寄回文先往",既然想念,便当寄信给征人,诉说相思,可她却又说"懒寄"。直观地理解这两个字,是说她懒得寄信,但实际上这个"懒"字是征妇精神状态和生活状态的写照。因为夜不能寐,她自然精神萎靡,神情疲惫;因为年年思念,年年得不到回应,她自然对寄信的已知结果抱有不愿接受的怠惰之意;但更主要的是她有其他急事要完成——"战袍待稳,絮重更熏香",她急着为征人赶制战袍,要多加棉絮,好让征衣暖和,要把棉絮用针线固定好,还要拿去熏上香味,一丝都马虎不得。征妇的思念之情,全在这一针一线之中,虽不及"回文"那般心思巧妙,却更多现实的关怀和体恤。征衣做好后,"殷勤凭驿使追访",征妇的一番深情厚意,只能交付驿使传达,而驿使也并不知道征人的具体方位,需要"追访"。"殷勤"二字,既见出征妇在交付征衣时千叮咛万嘱咐的神态,如唐章碣《春别》之"殷勤莫厌貂裘重,恐犯三边五月寒",更见出其一往情深,如《史记·司马相如列传》之"相如乃使人重赐文君侍者通殷勤"。但思妇深知,这些都只是权宜之计,要让征人能够回来,最终的解决办法是"愿四塞来朝明帝,令戍客休施流浪",只有当天下太平、四塞安稳之际,才是征人不用再四处征战、可以放心回归故园之时。这样的结句,与上片中"无计恨征人"相呼应,体现了征妇具有的大局意识。她将个人命运与家国命运联系起来,将国家的太平放在个人幸福之前,显得见识非凡。

这首词在很多方面都如一般的征妇怨思之诗词一样,将相思之情放在秋日这一代表着时间轮转的时序之中加以抒发,借助典型环境描绘典型形象。但它的高超之处在于,词中的思妇不是一味沉浸于个人痛苦中的小女儿形象,而是对造成征人远戍的原因有着清晰认识,对"四塞来朝明帝"的终极结果怀着无限向往的深明大义的成熟女子。殷切相思却又深明大义,深明大义却仍殷切相思,这种回环往复,更突出了征妇秋思之一往情深。

破阵子(其二)

日暖风轻佳景,流莺似问人。正是越溪花捧艳,独隔千山与万津,单于迷虏尘。 雪落亭梅愁地,香檀枉注歌唇。拦径萋萋芳草绿,红脸可知珠泪频,鱼笺岂易呈!

此词写女子伤春,其原因亦与征夫远别有关,是较为典型的"征妇怨"题材作品。

上片写春景及征人离家的原因。"日暖风轻佳景,流莺似问人。"起句勾勒春日物色,语言轻俏,有声有色。"日暖"写阳光和煦温暖,"风轻"写暖风轻拂撩人,"佳景"写景色美丽怡人,更有黄莺婉转啼鸣,令人想起杜牧笔下的江南春色——"千里莺啼绿映红"。更妙的是,作者将黄莺拟人化,说它似在与人共语,向人发出疑问。它也许在问:这春光是否美好动人?你这赏春之人对此有何感慨?可是,为什么只有你一个人赏春?难道在这么美好的春天里,不该夫妻携手同游、共赏佳景么?"正是越溪花捧艳",点明赏春的地点、时间和人物:越溪是西施浣纱处,说明赏春之地在江南一带,而西施之典也暗示了赏春者的美貌,"花捧艳"既写了江南春日繁花似锦、艳丽多彩的时景,也凸显了正当青春年华的女子之美艳动人。但这样一个美人,在这样美好的春天里,却"独隔千山与万津",说明她是孤独的,与丈夫隔着千山万水,一个"独"字,与春日的热闹喧哗形成了鲜明的对比,使她的孤独显得与环境格格不入起来。造成这种不和谐的,是外族的入侵:"单于迷虏尘。""迷"字既实写外族骑兵行进时腾起的滚滚烟尘令人迷失了方向,也虚写了外族的频繁入侵。所以上片可以反向来理解:因为单于率兵入侵,致使征夫、征妇隔绝千山万水,这种痛苦在美好春光的映衬下显得更加深重,也使征妇难以回答流莺之问。

下片写相思之枉然。"雪落亭梅愁地",亭边梅花像雪花一样飘落,令大地也为之惆怅起来。"愁地"用了移情手法,即将人的主观感情移到客观的事物上,反过来又用被感染了的客观事物衬托主观情绪,使物人一体,从而更集中地表达强烈感情。此处愁的是人,作者却偏说是地在愁,地愁是因为梅落如雪,而人愁是因为落花所代表的时光的无情流逝,两者相合,将一种无奈无助之感推出。与之相应的是"香檀枉注歌唇":女子精心梳妆打扮,全是枉费心机,她的婉转歌喉,亦无人倾听和欣赏。《诗经·卫风·伯兮》云:"自伯之东,首如飞蓬。岂无膏沐,谁适为容?"诗中妇人主动放弃梳妆,因为自知无人欣赏。但本词中女子却不甘心,虽然明知枉然,却依旧以香檀注歌唇,显示出其对自己青春容貌的爱惜,也就更让人为其孤芳自赏感到叹息了。此句的"枉"与上句的"愁"相对,是因为这"枉"才有了那"愁"。"拦径萋萋芳草绿"是外景:芳草绿意盎然,生长茂盛,居然横过道路,让人无法通过。此句既写了春天芳草青青的典型景象,也写出草深却无人打理的孤独寂寞,更让人生出愁如春草、人心束缚于其中的感觉。"红脸可知珠泪频"写内景:房中女子青春正好,美丽无比,但面对大好春光,她却终日以泪洗面,春光愈美好,她的痛苦便愈深重。"鱼笺岂易呈"的结句,令人生出更深的忧虑:如果只是伤春思人也就罢了,可是,那被思念的人的命运才更令人担忧,因为想要给他寄信都不是易事:一不知他身在何方,二不知他是否还活在人世。这才是思妇的痛苦之源。下片也可反过来理解:因为无法传递书信,思妇只能终日忧思垂泪,而面对春光,不由生出青春虚度的枉然之感。

此词构思颇为巧妙。上片以莺啼花开的热闹春景与相爱之人远隔千山万水的孤独身影做对比,揭示"单于迷虏尘"这一罪魁祸首;下片以梅落如雪的暮春景象来衬托"香檀枉注歌唇"的寂寞凄凉,以"芳草绿"与"珠泪频"相类比,道出思妇哀愁的真正源头:"鱼笺岂易呈。"上、下片的结句都起到了点题之用。词对春色的描写高度概括,但动态十足,对思妇的描写主要落在"歌唇"之上,却令人想见其动人的美貌,而两者的对比,更使春日的愁思得到了深刻的呈现。

破阵子(其三)

风送征轩迢递,参差千里余。目断妆楼相忆苦,鱼雁游水鳞迹疏,和愁封去书。　春色可堪孤枕,心焦梦断初。早晚三边无事了,香被重眠比目鱼,双眉应自舒。

与上一首《破阵子》的"鱼笺岂易呈"相对,这一首《破阵子》的"和愁封去书"是知其不可为而为之,以这种方式来表现征妇之思。

与大多数征妇词相同,这首词也是以征人的离去为开端:"风送征轩迢递,参差千里余。""征轩"指远行的车马,"迢递"是渐行渐远貌,而这种远去,还有一个外力在发挥作用——风,它的"送",实际上是一种推力,让你不得不走,且停不下来,就这样,一走就是大约上千里的路程。"参差"在此处的意思是大约、几乎。类似的例子还可见于唐白居易《长恨歌》:"中有一人字太真,雪肤花貌参差是。"宋辛弃疾《水龙吟》:"老来曾识渊明,梦中一见参差是。"但此处的"参差"用来表示对数字的猜测,游移于肯定与不确定之间,可知非远征之人自述,一定有个目送的身影在行人的背后。果然接下来的句子便是:"目断妆楼相忆苦。"从"妆楼"可知词作叙述者的女性身份,她无法追随行人而去,而只能裹足于妆楼之上,以目相送,哪怕早已看不见行人,仍殷切地凝望着远方,而支撑她这么做的,是"相忆苦"三个字。相忆是痛苦的,如果有书信来报平安,互诉衷肠,则聊可缓解,但现实却是"鱼雁游水鳞迹疏"。鱼、雁均为古代书信符号,其行迹之"疏",代表着书信的匮乏、问候的缺失,这更加深了相忆之苦。但你无信来,"我"却要给你去信,要让你知道"我"对你的思念之情,也要让你知道"我"的痛苦愁闷,所以是"和愁封去书"。"去"是有的放矢的,相比于不知征人死活与行迹,这已经算是一种安慰了,可是,明知人在哪里却得不到一丝音信,不免会加重猜测的焦虑。

下片可视为征妇寄书之后的日常,也可视为书信中的内容。"春色可堪孤枕",以春日的美好对应孤枕之上的思妇,两者岂能相配? 故曰"可堪",亦即"岂堪",它带来的结果必然是"心焦梦断初"。春色撩人亦恼人,因为它不断地提醒着思妇,她是孤独的,她没有享受那份美好的条件和权利,可她又是多么热切地盼望能有这样的条件和权利啊。"心焦"二字,写得心烦意乱,焦虑万般,尤其是在刚刚梦醒之时,人还沉浸在梦境的美好之中,却被硬生生地拉扯到现实里来,而外面的大好春光又让这现实变得更加残酷。思妇便居于这两种虚幻的美好的中间位置,哪一个都抓不到或留不住,真是备受折磨。能够解决这一切问题的当然是征人的归来,而其前提是边境的太平,征妇深知这一点,所以提出美好的祝愿:"早晚三边无事了,香被重眠比目鱼,双眉应自舒。""三边"古指幽州、并州和凉州,后泛指边塞地区,由此可知那位远行者的目的地是边塞。三边无事,自然天下太平,无外敌入寇,夫妻终得团聚。这几句需要理解的是"早晚"的意思。有注者认为当作迟早解,若如此,则征妇的精神就显得非常乐观,对战事怀有必胜的信心,那么征夫的归来也就是迟早的事情,"双眉自舒"也是顺理成章。但这样一来,前面的"心焦"便未免没了意义,显得不够通情达理似的。笔者以为,此处的"早晚"当解为"何时"。唐李商隐《重有感诗》云:"昼号夜哭兼幽显,早晚星关雪涕收。"宋苏轼《次韵会子开从驾二首之二》:"道旁倘有山中旧,问我收身早晚回。"这其中的"早晚"

都作"何时"解。在本词中,"早晚三边无事了",显然带有伴随"心焦"的疑问:什么时候才能天下太平,让征人征妇能够重新同床共枕,恩爱度日?到那时,征妇紧蹙的眉头才会舒展开来吧?所以这个"早晚"带有祝愿之意,既祝愿国家的太平,也祝愿夫妇的团聚,将国家的安危与个人的幸福联系在了一起。这样的解释,完全无损于征妇对事理的明达,而又给"心焦"找到了合理的出口。这样的结句与《洞仙歌》其一的"却再续衷情鸳衾枕"和其二的"愿四塞来朝明帝,令戍客休施流浪"的结句相类似,说明这几首词的作者有着同样的见识,或者有可能它们是同一位作者的不同作品。

这首词的遣词造句较为典雅,有较强的文学表现力,很容易让人联想到欧阳修和秦观的两首《踏莎行》。欧阳修词中的"草薰风暖摇征辔""离愁渐远渐无穷,迢迢不断如春水"以及"平芜尽处是春山,行人更在春山外"等词句,都能在本词中的"风送征轩迢递""目断妆楼相忆苦"中找到对应的表达;而秦观词中的"可堪孤馆闭春寒"亦可在本词中的"春色可堪孤枕"的句子中略见前影。可见这首词在艺术造诣上自有其独到之处。王国维先生在《人间词话》中称:"少游词境最为凄婉,至'可堪孤馆闭春寒,杜鹃声里斜阳暮',则变而凄厉矣。"本词中的情绪谈不上"凄厉",但当得了"凄婉"二字,可谓凄而有度,足见古人温柔敦厚处。

破阵子(其四)

少年征夫堪恨,从军千里余。为爱功名千里去,携剑弯弓沙碛边,抛人如断弦。 迢递可知闺阁,吞声忍泪孤眠?春去春来庭树老,早晚王师归却还,免教心怨天。

此词开门见山,道出怨恨之情:那青春年少的征人啊真是令人怨艾,他从军离家,一去千里。在征夫心中,功名更重于夫妻之情,所以不惜奔赴千里之外,挥剑弯弓,征战沙场,而将妻子抛下,如同抛弃一根断了的琴弦。这段文字中,虽写了征夫"抛人如断弦"的决绝无情,却又刻画了其"携剑弯弓沙碛边"的勇武之姿,隐含着一种骄傲之情,所以是爱恨交加、因爱生恨的矛盾心情。征妇忍不住要质问夫婿:你在那遥远的边地,可知闺阁中的我每天要强忍着眼泪,不让自己哭出声来,夜夜孤眠,无人为伴?就这样度过了一个又一个春天,在不知不觉之中,庭中之树已经老去,而庭中之人也青春不再。唐诗人岑参《山房春事》其二云:"庭树不知人去尽,春来还发旧时花。"写庭树不老,只是物是人非。而本词中"春去春来庭树老",却是眼睁睁地看着庭树老去,完全无能为力,借咏时光无情,青春易逝。结句"早晚王师归却还,免教心怨天",与前一首《破阵子》一样,也是祝愿王师凯旋,夫妻团聚,明达事理之中寄托着对个人幸福的期盼。

相较于前一首《破阵子》,此首词似乎更具民间叙事风格,直截了当,情感直露,对文字的讲究程度则没那么高。如起句"少年征夫堪恨,从军千里余"之后,紧接着又说他"为爱功名千里去",只求说明事由,不惮重复。"早晚王师归却还,免教心怨天"的结句,也完全是口语化叙述,虽不精致,却不失传情达意之效。

(二)《云谣集》征妇词的时空结构及特点

通过以上细读可以发现,征妇词的结构特征十分明显:

就时序而言,作品的背景多在秋天和春日。如:

"月下愁听砧杵,拟塞雁行。"(《凤归云》其一)

"征衣裁缝了,远寄边隅。"(《凤归云》其二)

"悲雁随阳,解引秋光,寒蛩响夜夜堪伤。""无计恨征人,争向金风飘荡,捣衣嘹亮。"(《洞仙歌》其二)

"日暖风轻佳景,流莺似问人。正是越溪花捧艳……雪落亭梅愁地……"(《破阵子》其二)

"春色可堪孤枕,心焦梦断初。"(《破阵子》其三)

"春去春来庭树老。"(《破阵子》其四)

从《云谣集》中的几首征妇类作品看去,秋与春的时序大约各占一半。与秋天这一时序相关联的物象是征衣、大雁、寒蛩等,而与春天相关的物象为春花、流莺等,其中以秋季的征衣、大雁物象最为典型。

唐代在高宗、武后以前,实行府兵制,士兵"人具弓一,矢三十,胡禄、横刀、砺石、大觿、毡帽、毡装、行藤皆一,麦饭九斗,米二斗,皆自备"[①],征衣是其中最重要的组成部分。《敦煌掇琐》中集卷七十提道:"频遭凶年,人不堪命;今幸小稔,俗犹困穷,更属征差,何以供办!既闻顷年防者,必扰亲邻,或一室供办单衣,或数人共出裌服,此乃无中相恤,岂谓有而赖济?"[②] 说明为征人置

---

① [宋]欧阳修,[宋]宋祁:《新唐书》卷五十,北京:中华书局,1975年,第1325页。
② 谷霁光:《府兵制度考释》,上海:上海人民出版社,1962年,第229页。

办征衣是普通百姓的日常负担,更是征妇的职责所在,而她们也借助征衣寄托相思,故"征衣裁缝了,远寄边隅"(《凤归云》其二)、"战袍待稳,絮重更熏香,殷勤凭驿使追访"(《洞仙歌》其二)等词句,都代表了征妇对征夫的关爱与忧思之情。

大雁是常见于征妇类作品的另一物象。这是因为,大雁春北秋南,行动有时,尤其是秋日定会从北方回来,与征夫的一去不返形成对比。"悲雁随阳,解引秋光"(《洞仙歌》其二),连大雁都知道逐阳而行,可征夫却没有归期,因此征妇只能"月下愁听砧杵,拟塞雁行"(《凤归云》其一),望着秋雁,推拟着征夫的行程,怨、爱之情交织在一起。此外,鸿雁在中国古代是传书的象征,代表着征人寄信归来的希望。但就如大雁实际不可能传书一样,征人也是音信杳杳,是"鱼雁游水鳞迹疏"(《破阵子》其三),让征妇的希望一次次地落空。在《云谣集》的全部三十首词中,雁意象只出现在三首征妇词中,足见其独特的关联性。

从空间安排上看,作品多咏自闺阁,故床帏、孤枕、绿窗、妆楼、户牖构成了征妇的活动空间:

"孤眠鸾帐里……倚牖无言垂血泪。"(《凤归云》其一)

"绿窗独坐……枕上长嘘。"(《凤归云》其二)

"华烛光辉,深下屏帏。恨征人久镇边夷……少年夫婿,向绿窗下左偎右倚。"(《洞仙歌》其一)

"泪珠串滴,旋流枕上。"(《洞仙歌》其二)

"正是越溪花捧艳,独隔千山与万津。"(《破阵子》其二)

"目断妆楼相忆苦。"(《破阵子》其三)

"为爱功名千里去,携剑弯弓沙碛边……迢递可知闺阁,吞声忍泪孤眠?"(《破阵子》其四)

征妇的生活空间是如此窄小有限,与千里之外的沙碛之中的征人驰骋其间的天高地阔的空间截然不同。即使是在这样狭小的地方,征妇也不能恣意地流露自己的情感,需要"吞声忍泪",不让别人听到。在这样的语境之下,征妇除了赶制征衣外,能够做的只有几件事:暗垂泪,修书信,勤祝祷。

"倚牖无言垂血泪。"(《凤归云》其一)

"岂知红脸,泪滴如珠。"(《凤归云》其二)

"泪珠串滴,旋流枕上。"(《洞仙歌》其二)

"红脸可知珠泪频。"(《破阵子》其二)

"迢递可知闺阁,吞声忍泪孤眠?"(《破阵子》其四)

全部七首征妇词中,只有两首未出现"泪"字,却又被愁绪塞满。眼泪代表了征妇内心的痛苦和委屈,更代表了深切的思念,也是对被压抑的情感的发泄。在狭小空间内的无声垂泪,将征妇的孤独感推向了极致。

在征妇与征夫的时空相隔中,只有一件事情可以将他们联系起来,那就是书信。但是征人往往一去不返,杳无音信,而征妇却坚持不懈,修书传书,遥寄相思:

"谁为传书与,表妾衷肠?"(《凤归云》其一)

"绿窗独坐,修得为君书。"(《凤归云》其二)

"懒寄回文先往……殷勤凭驿使追访。"(《洞仙歌》其二)

"鱼笺岂易呈!"(《破阵子》其二)

"鱼雁游水鳞迹疏,和愁封去书。"(《破阵子》其三)

从词句来看,征妇对修书一事十分执着,分明有"鱼笺岂易呈""谁为传书与"的疑虑,却仍旧未停下"修得为君书""和愁封去书"的动作,虽然使说出"懒寄回文先往"的气话,却是为了赶制征衣,将征人的冷暖系于心间。征妇的书信,显然主要是为了"表妾衷肠",与征人"抛人如断弦"的无情形成了鲜明对比。敦煌书仪中有妻子写给离家在外的丈夫的书信范本:

> 拜别已久,驰慕增深,不奉示问,无慰下情。时候,伏惟某郎(如有官位,呼之官位亦得)动止万福。即此某蒙推免,家内大小并得平帖,不审远地得理如何?
> 愿善自保摄,事了早归,深所望也。未由拜伏,但增驰恋,谨奉状不宣。某氏儿状上某郎或呼官位。①

"拜别已久",言丈夫外出时间长久;"不奉示问,无慰下情",言丈夫无书信寄送;"事了早归"言其所愿;而"驰慕增深""但增驰恋",则表达了深切的相思之情。虽然这只是一篇书仪作品,却可见出夫妻睽违、妻子寄书表达思念的情况在当时是种常态。这样看来,《云谣集》中征妇们的寄书都是有现实生活之基础的。

---

① [唐]张敖:《新集吉凶书仪》(P.2646),载于赵和平:《敦煌写本书仪研究》,台北:新文丰出版公司,1993年,第536页。

征妇在闺阁这一窄小空间里所能做的另一件事是祈祷。

"倚牖无言垂血泪,暗祝三光。"(《凤归云》其一)

"枉把金钗卜,卦卦皆虚。"(《凤归云》其二)

"却再续衷情鸳衾枕,愿长与今宵相似。"(《洞仙歌》其一)

"愿四塞来朝明帝,令戍客休施流浪。"(《洞仙歌》其二)

"早晚三边无事了,香被重眠比目鱼,双眉应自舒。"(《破阵子》其三)

"早晚王师归却还,免教心怨天。"(《破阵子》其四)

七首征妇词中,除了《破阵子》(其二)外,其他各首都有祈祷或与之相关的活动,足见征妇在伤心无奈中仍不放弃希望的执着。《凤归云》(其一)中的"暗祝三光"句,虽没有明确说明"祝"的是什么,但正如前文对文本的细读分析所言,里面蕴含了祝愿征人安全归来的美好愿望。《凤归云》(其二)中的卜金钗之举,看似只是在打相思卦而已,但"卦卦皆虚"之句表明,她心中暗含祝愿与希望,当卦象无法应验时,她就反复再三,一心想得到自己想要的结果。唐刘采春《啰唝曲》六首中的第三首云:"莫作商人妇,金钗当卜钱。"①可见以金钗占卜在唐代甚为流行。郑阿财认为,"'金钗卜'是当时民间流行的'金钱卜'的洐化,是闺中少妇思念征人情切下,权宜变通的产物"②。无论怎样,这种卜金钗的方式都是征妇暗中祝祷的形式之一,构成了闺阁中独特的行为方式。当然,《云谣集》征妇词的一个重要特色就在于,征妇虽然对征夫充满思念之情,甚至直抒怨、恨之情,但她们却对征夫的职责有清楚的认知:"想得为君贪苦战,不惮崎岖。终朝沙碛里,只凭三尺,勇战奸愚。"(《凤归云》其二)所以她们的共同结论是,想要征人归来,一定得以边境清晏、举国太平为前提。也正是因为这种认知,她们的祝愿大多将边事的安宁放在第一位——"愿四塞来朝明帝""早晚三边无事了""早晚王师归却还",然后才是"令戍客休施流浪""香被重眠比目鱼""免教心怨天"。深明大义,将家国的平安放在个人的幸福之前,这是敦煌词中的征妇们的共同特点,也是她们作为敦煌文献中一个独特的女性角色群体的标志之一。

---

① [清]彭定求等:《全唐诗》卷八百零二,上海:上海古籍出版社,1986年,第1967页。

② 郑阿财:《〈云谣集·凤归云〉中"金钗卜"民俗初探》,载于项楚:《中国俗文化研究》第一辑,成都:巴蜀书社,2003年,第161页。

(三)征妇的身份认定及其所反映的唐代府兵制的相关问题

《云谣集》征妇词中大量征衣意象表明,它们的创作年代在唐代实行府兵制之时,因为在府兵制下,才需要士兵自备衣装等。《新唐书·兵志》记载,府兵卫士"人具弓一,矢三十,胡禄、横刀、砺石、大觿、毡帽、毡装、行藤皆一,麦饭九斗,米二斗,皆自备"①。府兵制兴起于西魏、北周,在初唐时达于鼎盛,至天宝八载(749),府兵制名存实亡。《云谣集》征妇词既创作于唐代府兵制实施期间,则我们可以通过它们,了解到唐朝相关的一些军事情况。

从征妇词的内容来看,征妇之叹往往在于征夫的远行所带来的孤独状态,而没有抱怨征夫离家后产生的经济负担。这与府兵制下投身军队的士兵身份有关。"唐代前期的府兵制度是典型的重视身份性兵役制度。府兵包括内府与外府两个部分。内府府兵是'亲卫''勋卫''翊卫',总称为'三卫',外府府兵也各有美名,总称为'卫士'。三卫的遴选对象明确规定是官僚子孙。卫士主要的选拔标准则瞄准了下层官吏和殷实多丁之家。"②就连普通卫士按照规定也是选取六品以下官员的子弟或者白丁即平民子弟,贫穷的贱民连当兵的资格都没有。选拔府兵的标准是"财均者取强,力均者取富,财力又均,先取多丁"③。"也就是说,家境富裕、身体强壮、丁口多寡,是挑选府兵的三个因素序列。首先看经济条件,因为当兵不是为了养家糊口,而是为国家尽义务,当兵需要花钱,没有较好的家庭条件不行。"④所以从府兵的家庭背景看,一般不存在生存压力,这也是征妇词中很少抱怨穷困的一个原因。反过来,我们基本可以确定征妇的阶层身份:她们大多数为官宦或富裕家庭的妇女,即使她们的丈夫暂无官职,也将会通过军功而获取功名。

《破阵子》其四云:"少年征夫堪恨,从军千里余。为爱功名千里去,携剑弯弓沙碛边,抛人如断弦。"为功名而从军,将爱情置于脑后,这往往是征妇的主要抱怨。而事实上,在唐代府兵制下,从军确实是男子获得晋升的重要途径。

---

① [宋]欧阳修,[宋]宋祁:《新唐书》卷五十,北京:中华书局,1975年,第1325页。
② 张国刚:《唐代兵制的演变与中古社会变迁》,《中国社会科学》2006年第4期,第182页。
③ [唐]长孙无忌等:《故唐律疏议(第二册)》卷十六,《擅兴》"检点卫士征人"条,四部丛刊本,上海:上海书店出版社,1935年,第12页。
④ 张国刚:《唐代兵制的演变与中古社会变迁》,《中国社会科学》2006年第4期,第182页。

虽然府兵的家世出身往往较优,但要获得进身之阶,往往需要通过服兵役的方式来实现。《旧唐书》卷四十二《职官一》提到唐代出身入仕的几种方式:科考及流外等之外,还有门资,"若以门资入仕,则先授亲、勋、翊卫,六番随文武简入选例"。也就是说"三卫"是门资入仕的重要途径之一。"府兵得到的报酬主要是获得勋官,这对于富裕人家是有吸引力的……在这种情况下,百姓服兵役主要不是出于经济原因,而是为了获得勋赏。建功立业是唐代前期许多知识分子的梦想和追求,'宁为百夫长,胜作一书生'就是这种心态的写照。"①

征妇词中经常提起的另一内容是征人征戍之久。"征夫数载,萍寄他邦。去便无消息,累换星霜"(《凤归云》其一),"恨征人久镇边夷"(《洞仙歌》其一),都是讲述征夫离家时间之久。张国刚推算了府兵服役时间。"唐代的色役大都按照番役来计算。而且多数情况下都采取500里内5番,500里外至1000里内7番,1000里外至1500里内8番。我们的推算结果是5番役要服役72天,路途48天,合计120天。7番役服役51天,路途90天,全年服役119天。8番役服役45天,路途90天,全年合计135天。10番役服役36天,路途96天,全年合计132天。12番役服役30天,路途100天,全年合计130天。总之,府兵服役时间一般在120天左右,上下差别不超过10%。与普通白丁服役情况相比似乎稍重些。考虑到府兵一般在所在地附近服役,如宿卫的卫士多来自京畿周边地区,边防地区如西州卫士也只是去附近的镇戍番上,因此府兵实际的服役地区大都在方圆500里以内,路途里程不用计算,所以其实际服役天数当为72天。"② 如果按此计算,虽然府兵每年服兵役的时间较长,但至少有固定的番休期限。可显然《云谣集》征妇词中所反映的情况是,这种番休规定并未得到严格执行。造成征夫久戍不归这一情况的原因,一种可能是兵源不足,士兵遭到强行延留,另一可能是战事爆发,士兵必须留在战场上杀敌。前者实际上是造成府兵制衰落的原因之一,而后者则表明唐边境战争频繁的情况。所以征妇对征夫征戍之久的抱怨,实际上是一个极大的社会问题。《太平广记》卷二百七十一"张瞆妻"条记:

---

① 张国刚:《唐代兵制的演变与中古社会变迁》,《中国社会科学》2006年第4期,第184页。

② 张国刚:《唐代兵制的演变与中古社会变迁》,《中国社会科学》2006年第4期,第183页。按:文中所说"7翻役服役51天,路途90天,全年服役119天",存在计算错误,当为全年服役141天。

会昌中，边将张睽防戍十有余年。其妻侯氏，绣回文作龟形诗，诣阙进上。诗曰："睽离已是十秋强，对镜哪堪重理妆。闻雁几回修尺素，见霜先为制衣裳。开箱叠练先垂泪，拂杵调砧更断肠。绣作龟形献天子，愿教征客早还乡。"敕赐绢三百匹，以彰才美。（出《抒情诗》）[1]

这位张睽的妻子可谓征妇中才识兼备者，竟能将征妇心声上达天子，但其结局也不过是得到了三百匹绢的赏赐，而未提及让她的丈夫还乡，足见征人久戍问题的严重性。

由《云谣集》征妇词所反映的唐代府兵制的情况可以看出，征妇实际上并不是词中表面上所呈现的那种终日无所事事、总是以泪洗面的人，她们必须在征人久戍不归的情况下，承担起家庭责任，并为征夫准备在军中所需要自备的东西，尤其是征衣。然而征妇角色的一个更为重要的社会意义在于，她们对征夫保家卫国之职责的肯定。正如上文所分析的那样，征妇虽然在个人生活中期盼征夫的陪伴，以致对其迟迟不归频加抱怨，但她们知道征夫不归的原因可能更多的是"单于迷虏尘"（《破阵子》其二），"想得为君贪苦战，不惮崎岖。终朝沙碛里，只凭三尺，勇战奸愚"（《凤归云》其二）。在这种认知之下，她们深明大义地寄希望于"愿四塞来朝明帝，令戍客休施流浪""早晚三边无事了，香被重眠比目鱼，双眉应自舒""早晚王师归却还，免教心怨天"。正是有了这样将个人幸福置于家国平安之后的征妇，才使得征夫能够真正全力以赴地完成自己在军队的职责，实现"国泰时清晏"（《拜新月》其二）的结果。

二、《云谣集》中的闺情词

良家女子尤其是闺中少妇是《云谣集》中的另一女性角色群，她们的识别符号为闺、阁、屏帏等，有的会涉及对其家世、身份的介绍。闺中少妇与"征妇"角色的区别在于，征妇的夫婿是征夫，而其他闺情词的少妇的丈夫则游历之处不明，出游的原因和目的也各自有别。《云谣集》中的这类作品包括：

《凤归云》（其三、其四）

《竹枝子》（其一）

---

[1] [宋]李昉等：《太平广记（第六册）》卷二百七十一，北京：中华书局，1961年，第2133页。

《破阵子》(其一)
《倾杯乐》(其一、其二)
《拜新月》(其一)
《鱼歌子》(其一、其二)

其中《凤归云》(其三)、《倾杯乐》(其二)和《鱼歌子》(其一),写的是男子眼中的美女或男子的相思之情,后两首词中的女子显然还是待嫁之身,且词的主人公显然是好人家的女儿,而她们的未来可加预期地见于《倾杯乐》(其一)中那位女子的婚后生活,所以我们将它们也放在闺情类作品中来分析。

(一)闺情词细读

凤归云(其三、其四)

　　幸因今日,得睹娇娥。眉如初月,目引横波。酥胸未消残雪,透轻罗。朱含碎玉,云髻婆娑。 东邻有女,相料实难过。罗衣掩袂,行步逶迤,逢人问语羞无力,娇态多。锦衣公子见,垂鞭立马,肠断知么?

　　儿家本是,累代簪缨,父兄皆是,佐国良臣。幼年生于闺阁,洞房深。训习礼仪足,三从四德,针指分明。 聘得良人,为国远长征。争名定难,未有归程。徒劳公子肝肠断,谩生心。妾身如松柏,守志强过,鲁女坚贞。

这两首《凤归云》写的是同一个美人,前一首写她的外在之美,后一首写她的内在之美,两者相合,成就了一个理想的女性审美形象。

《凤归云》其三以第一叙述人的角度描画了一位美"娇娥",从中可见唐代女性之审美标准。第一个标准是"眉如初月"。眉毛的涂饰是唐代妇女特别注重的化妆术。唐玄宗的画工画有《十眉图》,述及盛唐流行的眉样:"一曰鸳鸯眉,又名八字眉;二曰小山眉,又名远山眉;三曰五岳眉;四曰三峰眉;五曰垂珠眉;六曰月棱眉,又曰却月眉;七曰分梢眉;八曰涵烟眉;九曰拂云眉,又名横烟眉;十曰倒晕眉。"这其中,月棱眉或却月眉,即本词中"眉如初月"之状。却月眉在初唐时期最为流行,骆宾王就有"水下看妆影,眉头画月新"的诗句。与后来流行的阔眉相比,却月眉更能突出女性妩媚柔美的特征,所以盛唐时期仍为十样眉妆之一,而且到了晚唐又重新流行起来,如李贺《昌谷诗》:"泉樽陶宰酒,月眉谢郎妓。"杜牧《闺情》:"娟娟却月眉,新鬓学鸦飞。"罗虬

《比红儿诗》之十:"诏下人间选好花,月眉云鬓尽名家。"词中之"娇娥""眉如初月",完全符合唐代眉妆标准。

唐代美人的第二个标准:"目引横波",即女子的美目要如水波般流转生动。《文选》之傅毅《舞赋》:"眉连娟以增绕兮,目流睇而横波。"李善注:"横波,言目邪视,如水之横流也。"韩偓《偶见背面是夕兼梦》诗:"眼波向我无端艳,心火因君特地燃。"可见,女子眼睛之美在可以眉目传情,而非目光呆滞如死水一潭。

唐代美人的第三个标准:"酥胸未消残雪,透轻罗。"胸部的肌肤洁白如雪,在轻薄的织物之下若隐若现。从唐诗的描述来看,唐朝的贵族女性、歌妓确实流行这种半遮半掩的低胸装束。中晚唐诗人方干《赠美人》之一:"粉胸半掩疑晴雪,醉眼斜回小样刀。"李群玉《同郑相并歌姬小饮戏赠》:"胸前瑞雪灯斜照,眼底桃花酒半醺。"周濆《逢邻女》:"日高邻女笑相逢,慢束罗裙半露胸。"欧阳炯《浣溪沙》:"绮罗纤缕见肌肤。"这些诗句都反映了唐代女子装束之大胆。我们在周昉的《簪花仕女图》中也可以直观地看到这种流行装扮。由此可知,《凤归云》中的这位女子,在穿衣打扮方面是十分时尚的。

唐代美人的第四个标准:"朱含碎玉",即朱唇明艳,牙齿细密整齐,洁白如玉。唐代女子非常看重唇妆,喜用胭脂等化妆品点抹嘴唇,称为点唇。唐末点唇名目繁多,宇文士及所辑《妆台记》载:"唐末点唇,有胭脂晕品、石榴娇、大红春、小红春、嫩吴香、半边娇、万金红、圣檀心、露珠儿、内家圆、天宫巧、恪儿殷、淡红心、猩猩晕、小朱龙、格双唐、眉花奴。"①想象一下,经过精心装点的红唇微启,露出洁白牙齿的巧笑倩兮的模样,该是多么迷人。

唐代美人的第五个标准:"云鬓婆娑。"云鬓是种高耸的发式,曹植《洛神赋》:"云髻峨峨,修眉联娟。"李善注:"峨峨,高如云也。"唐代十分流行高髻。《妆台记》:"唐武德中,宫中梳半翻髻,又梳反绾髻、乐游髻。""开元中,梳双鬟、望仙髻及回鹘髻。"②这几种发髻大多属于高髻。元稹《李娃行》中有云:"城中皆一尺,非妾髻鬟高。"李贺也曾以"峨髻愁暮云"等来形容当时高髻之高度。由此可见,云鬓在唐代是多么流行。但单纯地高显然不行,还必须"婆娑"。"婆娑"本义为盘旋舞动的样子,具有飘逸的美感,此处用来形容"云鬓",令人想见美人之高髻在头上轻轻颤动、将堕未堕的动感之美。

---

① [清]虫天子:《中国香艳全书(第1册)》,北京:团结出版社,2005年,第260页。
② 同上,第259页。

总之,这首《凤归云》上片所勾勒的这位女子是位标准美人,也就是说,有关其身体各部分的描写皆可一一对应唐代流行式样,浑身上下都符合唐代特定时期的审美标准。符合标准的美是静态的,是易于描述的,但还有一些无标准可言的美该怎么来形容呢?词的下片便描写了女子那动态的、抽象的美。

"东邻有女,相料实难过。"宋玉在《登徒子好色赋》中说:"东家之子,增之一分则太长,减之一分则太短;著粉则太白,施朱则太赤;眉如翠羽,肌如白雪;腰如束素,齿如含贝;嫣然一笑,惑阳城,迷下蔡。"而词中女子与之相比,却有过之而无不及。如此,词作者不费笔墨,便将女子之美、之魅道出。以下"罗衣掩袂,行步逶迤",写女子步态。曹植《美女篇》云:"罗衣何飘飘,轻裾随风还。"以罗衣写女子轻盈的身姿。白居易《琵琶行》写女子"犹抱琵琶半遮面",以朦胧之状写女子魅态。"罗衣掩袂"则兼而有之,写了罗衣飘飘的她以衣袖遮面而行的模样。上片写女子时说"酥胸未消残雪,透轻罗",是露,此番"罗衣掩袂"则是遮,两相对照,女子的妩媚娇羞之态呼之欲出。"行步逶迤"写女子走动时摇曳生姿的婀娜之态。"逢人问语羞无力,娇态多",写其娇羞的样子。此前词句写美人酥胸半透,行步风流,颇具成熟风韵,这里却说,当有人向她问话时,她竟羞得抬不起头来,完全是副少女模样。这种看似有冲突的描写,更加深了其特有的魅力。"娇态多"之"多"字,令人想见其各种不同的娇美神态,真是怎么看也看不够。最后一句"锦衣公子见,垂鞭立马,肠断知么?"从另一个侧面突出了女子之美。《陌上桑》中写罗敷:"行者见罗敷,下担捋髭须。少年见罗敷,脱帽著帩头。耕者忘其犁,锄者忘其锄。来归相怨怒,但坐观罗敷。"借观者的行动来写罗敷之美。此处也一样,借着锦衣公子看到女子时垂鞭立马的呆痴模样,更衬出她那令人忘乎所以的惊人美丽。"断肠知么"的问句似乎透露出描写这位美女的叙述者的身份:一位青春年少的富家子弟,也表明他实际上做出了大胆求爱之举。但词至此,却戛然而止,让人十分好奇锦衣公子的故事结局。

总之,这首《凤归云》就是在写一个女子的美:上片是静态描写,如画上美人;下片是动态描写,栩栩如在目前。词句最后以"肠断知么"的问句留下一个悬念:锦衣公子与绝世佳人似乎是天造地设的配置,那么若是女子知道了他的心思,会做何反应呢?

《凤归云》其四是女子自述,可看作是对上一首结句"肠断知么"的回应。

上片写其世家出身以及自身教养。"儿家本是,累代簪缨,父兄皆是,佐国良臣。"说明女子出身高贵,是位大家闺秀。唐代世家大族通婚讲究门第,甚至不把皇室放在眼里。唐文宗曾希望为太子娶郑覃的孙女,但郑覃宁可把孙女嫁给时为九品官的崔某,也不接受皇帝的请托。为此文宗感叹道:"民间修婚姻,不计官品而上阀阅。我家二百年天子,顾不及崔、卢耶?"① 词中女子骄傲地称说自家"累代簪缨",可知其在家世这一点上是颇为自矜的。但高贵的出身并未使其变得骄横无理,反而家教森严。"幼年生于闺阁,洞房深",说明其从小足不出户,养在深闺。"训习礼仪足,三从四德,针指分明。"平日里,她学习礼仪,深谙女子"三从四德"之教,而且女红非常出色。由此来看,女子的家世、品行都无可挑剔。

下片中,女子揭示其已婚身份,表其忠贞之意。"聘得良人",说明她已名花有主;"为国长征",既写明丈夫不在自己身边的原因,也写出她对丈夫"为国"之举的理解,并对此充满骄傲之情;"争名定难",写出丈夫出征的目的,既是为自己获取功名,也是为国家平定灾患;"未有归程",写丈夫不知何时回来,也暗示了她独守空房、难免寂寞凄凉的状态。可即使如此,对于锦衣公子的爱慕,她给出的是郑重的告诫:"徒劳公子肝肠断,谩生心。"上一首《凤归云》说锦衣公子"肠断知么?"此处显然给出了答案:她知道,但明确地表示了拒绝,并表示:"妾身如松柏,守志强过,鲁女坚贞。"语气铿锵,掷地有声,与上词中那位"人问语羞无力,娇态多"的女子判若两人。张籍《节妇吟》中的女子与此词中的女子有同样的遭际:"妾家高楼连苑起,良人执戟明光里。知君用心如日月,事夫誓拟同生死。还君明珠双泪垂,恨不相逢未嫁时。"这位"节妇",虽然也守身如玉,但"恨不相逢未嫁时"的委婉,相较于"妾身如松柏"的决绝,便显得没那么坚决自信了。

出身高贵,家教良好,善解人意,忠贞不渝,家有这样的妻子,对于一个男子而言,夫复何求?

这两首《凤归云》若分开来读,总有欠缺。上一首不过写女子之美,下一首不过写女子之坚贞,各自将貌之美与德之美推向极致,但读起来也不过如此,并无太多吸引人之处。然而,若将两词放在一起来读,则波澜顿生,兀地出现了故事性和戏剧性,对于女子形象的刻画也变得丰满生动起来。而且两词连读,也会出现叙述者的转换,具有一定的舞台表演效果,这对于相对较短的曲子词而言是十分难得的。

---

① [宋]欧阳修,[宋]宋祁:《新唐书》卷一百七十二《杜羔传》,北京:中华书局,1975年,第5206页。

竹枝子（其一）

　　罗幌尘生，屏帏悄悄。笙簧无绪理，恨小郎游荡经年。不施红粉镜台前，只是焚香祷祝天。　　垂珠泪，滴点点，滴成斑。待伊来，敬共伊言，须改往来段却颠。

　　这首词写闺中怨情。"罗幌尘生，屏帏悄悄"，写居室环境。罗幌指丝罗制成的床帐，如《乐府诗集·清商曲辞一·子夜四时歌秋歌八》："中宵无人语，罗幌有双笑。"唐权德舆《玉台体》诗之八："空闺灭烛后，罗幌独眠时。"一写罗幌中的欢笑，一写罗幌中的孤眠。"屏帏"此处指以屏帐相隔的内室，如南唐冯延巳《酒泉子》词："屏帏深，更漏永，梦魂迷。"本词中的罗幌之上已经落满了灰尘，可见它的主人无心整饬它，甚或不去这张床上休息。相对应地，女子的卧房之内静悄悄的，完全是没有生气的感觉。"笙簧无绪理"，说明女子有演奏笙簧的才艺，这本是打发时间的好办法，女子却说"无绪"，这与《洞仙歌》（其一）中的"须索琵琶从理"不同，也与李璟词中的"小楼吹彻玉笙寒"不同，应该是伤情至深时的正常反应，因为她"恨小郎游荡经年"。"小郎"指年少的夫婿，那么女子的年龄也不会大，当正值青春年华。"经年"指一年或更长的时间。这样看来，女子的这种孤独寂寞的生活不是只有一时，而是一种长久的状态，难怪连罗幌都生尘了。女子无心收拾的不只是床帐，也包括她自己。"不施红粉镜台前"，说明无心装扮自己，正如《诗经·卫风·伯兮》中所言："自伯之东，首如飞蓬。"既然丈夫都不在身边，那么打扮了又能给谁看呢？女子之所以如此不是因为懒，而是因为她将所有的气力都花在了一件事上："只是焚香祷祝天。"同在《云谣集》中的《凤归云》其一也说："倚牖无言垂血泪，暗祝三光。万般无那处，一炉香尽，又更添香。"焚香祷告，希望游子早日归来，似乎成了少妇们不约而同的行为。但显然祷告并没有什么结果，女子"垂珠泪，滴点点，滴成斑"。此句用了娥皇、女英在舜死后抚竹而泣、泪珠洒于竹上而化为累累斑痕的典故，说明悲伤之至。在哭泣之余，她能想到的是"待伊来，敬共伊言，须改往来段却颠"。最后一句中的"段却颠"难解，可能文字有误，故具体意思不详，但从文义可推知，这几句是说，女子想等游子归来后告诉他，一定要改掉过去的行径，认真地与她共同生活在一起。

　　这首词重点写女子心绪，在遣词造句方面似乎并无多少新意，但与其他闺情词有所不同的是，其他闺情词中的少妇的倾诉对象往往是夫婿本人，而本词中的"小郎""伊"等字眼,似乎都将男子放在了第三方的位置上。另外,相对于那位"小郎",女子显得心性更为成熟,所以她尽管思念对方,盼望对方能够早日归来,却没忘了要告诫对方需要改变自己的行为。这样来看,女子并未将那个小郎放在最重要的位置上,而是非常注重自己的内心感受,这一点在当时的时代背景下是颇为难得的。

破阵子(其一)

莲脸柳眉休韵,青丝罢拢云。暖日和风花戴媚,画阁雕梁燕语新,卷帘恨去人。 寂寞长垂珠泪,焚香祷尽灵神。应是潇湘红粉绊,不念当初罗帐恩,抛儿虚度春。

与上一首《竹枝子》词相同,这首词也是写游子去后闺中少妇的慵倦哀怨之情。但相对于上一首词,本词更注重春日的描写,以此来衬托女子的惆怅心绪。

"莲脸柳眉休韵",表明女子容颜美丽,面如莲花,眉如细柳,天生丽质,但"休韵"却把这美貌抛掷在了一边而不顾。"韵"本意为风韵、韵味,此处作者巧妙地将其用作动词,指不梳妆打扮以使自己具有女性魅力,这放在普通女性身上是不可理解的,但放在一个丈夫不在身边的女子的身上却显得合理而深情。同样,"青丝罢拢云"指不梳理如云的乌发,其中"拢"指梳拢,"云"指云鬓。这两句令人想起了温庭筠《菩萨蛮》中的那位"鬓云欲度香腮雪"的女子,她"懒起画蛾眉,弄妆梳洗迟",也是因为爱人不在身边,一切都变得百无聊赖。勾起温庭筠词中女子的惆怅的是"新帖绣罗襦,双双金鹧鸪",而在本词中,让女子伤怀的则是"暖日和风花戴媚,画阁雕梁燕语新",鲜花在春风里盛放,显得那么妩媚动人,成双成对的燕子在梁间呢喃,似乎有言之不尽意的甜言蜜语,可是像花儿一样美丽的女子在这样美好的春日里却是形单影只,心情无人可诉,白白地浪费了大好年华,所以她说:"卷帘恨去人。"女子如果镇日闭门不出,不知道外面春天的烂漫美好便也罢了,可她卷起帘子时,春意扑面而来,怎能让她不受到心理的冲击?这正是王昌龄《闺怨》所云:"忽见陌头杨柳色,悔教夫婿觅封侯。"也是汤显祖《牡丹亭》里杜丽娘的感叹:"原来姹紫嫣红开遍,似这般都付与断井颓垣。"那个离去的人,怎知这留在家中的人内心中的百转千折。

"寂寞长垂珠泪,焚香祷尽灵神。"在寂寞中终日以泪洗面,一有机会便焚香祈祷,这是在闺情词中常见的描写,但句中的"祷尽灵神"却因一个"尽"字而具有了自己的独特性。这个"尽"字说明女子不是仅仅如《凤归云》其一中的女子那样"暗祝三光",也不是仅仅如《竹枝子》其一中的女子"只是焚香祷祝天",而是向天上地下凡能想到的神灵都祈祷了一遍,可见其心情的迫切。可是就算这样,那位"去人"也未归来,她左思右想,得出的结论是:"应是潇湘红粉绊,不念当初罗帐恩,抛儿虚度春。"潇湘指今湖南的湘水流域,古代常代指遥远之地,同时湘水又是娥皇、女英哭舜而投水自尽处,代表了多情与伤情之地。"去人"在这样一个地方却不肯归来,想必是有红粉佳人的牵绊,让他忘记了家中的妻子,可当年他们也是那样恩爱,罗帐内也曾留下他们的鱼水之欢,现在他却弃她而去,只有女子一人虚度青春了。"抛"字用得无情,"儿"字是年轻女子自谓,带有娇嗔的语气,但越是如此,就越显得那"抛"字的残酷了。

这首词运用了由近及远、由表及里的手法,先刻画室内不思梳妆的女子,再将空间延展至卷起帘栊后的满目春色,从女子外在的疏懒,写到她寂寞的内心,以及她细腻的心理活动。词在遣词造句方面也颇巧妙,如"莲脸柳眉休韵"的"韵"字,"暖日和风花戴媚"的"戴"字,"焚香祷尽灵神"的"尽"字,都于一字后藏有深切而丰厚的意蕴,说明作者当为有相当文字功底的文士。但此词又能结合民间词的用语和叙事风格,如结尾三句明白如话,将女子的猜测、无奈和幽怨之情传达得十分到位。

倾杯乐(其一)

忆昔笄年,未省离合,生长深闺苑。闲凭着绣床,时拈金针,拟貌舞凤飞鸾。对妆台重整娇姿面,自身儿算料,岂教人见。又被良媒,苦出言词相诱诳。每道说水际鸳鸯,惟指梁间双燕。被父母将儿匹配,便认多生宿姻眷。一旦娉得狂夫,攻书业抛妾求名宦。纵然选得,一时朝要,荣华争稳便?

中国古代闺怨诗词较多,但多诉说女子与丈夫别后的相思幽怨之情,像此词这样追忆出嫁前对婚姻生活的憧憬,以此来对比现状的,则十分少见。

起句便从回忆开始:"忆昔笄年,未省离合,生长深闺苑。"这说明女子从小养在深闺,从未与外人有过接触,也便从未体味过离别之苦,心性单纯,有很好的教养。"闲凭着绣床,时拈金针,拟貌舞凤飞鸾。"她在空闲的时候,总是靠着绣床,拿起绣花针,绣些飞舞的凤凰、鸾鸟之类的东西。鸾是古代中国神话传说中凤凰一类的鸟,又名青鸟、青鸾等,人们通常用鸾凤来比喻夫妇。此处少女绣花针下的舞凤飞鸾,既表明其女红娴熟,可以将凤、鸾之姿精确地绣出,也暗指女子对鸾凤和鸣的爱情充满向往之情,希望自己能够遇到良人,与之双宿双飞。除了刺绣,少女还"对妆台重整娇姿面","娇姿面",说明少女容貌娇好,身姿娉婷,而"重整",意味着反复不断地整理,说明女子对自己容貌十分爱惜,且不断地加以修饰,意在使之变得更加完美。"自身儿算料",是自己在私下里盘算,说明前面所做的一切都是女子在为未来的生活做着充分的准备,并对出嫁后的生活充满期待。"岂教人见",是在辩白说精心修饰自己并不是为了让别人看到,但从她的"算料"来看,被他人看见则是再正常不过的事。词至此,都是从回忆中的少女自身出发着笔,将一个养在深闺人未识的天真烂漫、对爱情生活充满向往的少女形象勾勒得十分鲜活。"又被良媒,苦出言词相诱訑。"既然前文说到被人所见,自然会引来不少追求者,于是媒人纷纷出动,巧舌如簧地劝说少女出嫁。"良媒"之"诱訑",分明有种矛盾在,但也正是对媒人之"良"的信任,才使媒人的哄骗能够得以成功。媒人的诱骗指的是什么?是"每道说水际鸳鸯,惟指梁间双燕"。鸳鸯和燕子都是少女身边可见之物,一在水畔,一在梁间,而它们又都象征着忠贞的爱情,用它们的相亲相爱来暗示婚后生活的甜蜜美满真是再合适不过了。再加上父母之命,女子"便认多生宿姻眷",觉得自己是命中注定要嫁给那个人了。过程至此,一切都是那么美好。可是,婚后的现实却给了女子当头棒喝:她嫁的那个男子,为了求取功名,只知刻苦读书,之后更离家而去,踏上了求宦之途,完全不顾及她的任何感受。女子对丈夫求官之举的疑问是:"纵然选得,一时朝要,荣华争稳便?"由此我们可知,女子对现实有着清楚的认知:富贵荣华不过是过眼云烟,即使一时到手,也未必能保证它的长久不变,为了这点外在的虚荣而牺牲青春年华和美好的爱情生活,是值得的吗?这一疑问表明,词中女子不是一个爱慕虚荣的人,她对精神生活有着极高的要求,但她的丈夫并不能理解这一点,这成了她的孤独与痛苦之源。

诗歌采用了倒叙手法,以回忆的方式讲述一个女子从及笄至嫁为人妇的过程,也讲述了她从对婚姻生活充满期待到逐渐失望的过程,带有现身说法的意味。整首词以叙事为主,但叙事中蕴含了强烈的抒情色彩。如"闲凭着绣床,时拈金针,拟貌舞凤飞鸾"句,看似是对女子闲适生活的描写,实则抒发了她对爱情生活的热烈向往。"被父母将儿匹配,便认多生宿姻眷",看似在平淡地讲述遵照父母嫁人的过程,实则抒发了对未来丈夫的爱恋与忠贞之情。"一旦娉得狂夫,攻书业抛妾求名宦",看似是在讲述丈夫刻苦读书以求取功名之事,实则抒发了自己寂寞孤独的幽怨之情。重要的是,词中还加入了议论:"纵然选得,一时朝要,荣华争稳便?"对功名富贵做出了淡然的否定。由此看来,此词无论是在创作手法上还是思想意识上,都具有自身的独到之处,反映了敦煌词的鲜活特性。

倾杯乐(其二)

窈窕逶迤,貌超倾国应难比。浑身挂绮罗装束,未省从天得至。脸如花自然多娇媚,翠柳画娥眉,横波如同秋水,裙生石榴,血染罗衫子。观艳质语软言轻,玉钗坠素绾乌云髻。年二八久锁香闺,爱引猧儿鹦鹉戏。十指如玉如葱,银酥体雪透罗裳里。堰娉与公子王孙,五陵年少风流婿。

这首词似乎是前一首词中的女子在未嫁之前的容貌的传神写照。"窈窕逶迤",让人想到《诗经·关雎》中的"窈窕淑女,君子好逑",她娴静美丽,柔婉自得,动静皆宜,"貌超倾国应难比"。"倾国"已是美色之极,所谓"北方有佳人,绝世而独立。一顾倾人城,再顾倾人国。宁不知倾城与倾国,佳人难再得"(《乐府诗集·李延年歌》),可是,词中的这位女子的美艳更超过了"倾国"的程度,让人好奇,她到底会是什么样的美人。"浑身挂绮罗装束,未省从天得至",仍未直接去写她的美貌,而是说她穿着华美,让人好奇她是不是从天上降临人间的仙子。"貌超倾国"和"未省从天得至",都是抽象描写,以下过渡到具体的细节描写:"脸如花自然多娇媚",写面容之美。以花喻人是俗典,但词句强调其"自然",显出作者的审美态度。"翠柳画娥眉",指眉毛画得如柳叶般纤细而弯曲;"横波如同秋水",指眼睛如秋水之波那样顾盼生辉,流溢动人,《文选》中有傅毅的《舞赋》:"眉连娟以增绕兮,目流睇而横波",可以为此做注。"裙生石榴,血染罗衫子",写女子衣着。她的裙子上绣着石榴花,轻薄的罗衫鲜红如血色,可见装扮之艳丽。"观艳质语软言轻",写其说起话来轻言软语、温柔娴静之态;"玉钗坠素绾乌云髻"写其乌发如云,用玉钗简单地绾起来,显示出不经意的美来。"年二八久锁香闺,爱引猧儿鹦鹉戏"两句,写出少女的活泼性格与封闭的居住环境。十六岁刚过笄年,是女子最美好的年华,但"久锁香闺",说明她尚未婚配,颇有惋惜和不忿的情绪。"猧儿"指小狗,具有活泼好动的天性;鹦鹉善学舌,也是富贵人家惯养的宠物。爱与小狗和鹦鹉嬉戏,一说明女子生活环境的封闭与寂寞,一说明女子天真娇憨的心性,着实让人爱怜。"十指如玉如葱,银酥体雪透罗裳里"两句将前两句给人的天真小女孩的印象打破,指出她实际上已是成熟的女子,十指纤细洁白,如白玉,如葱根,轻薄的罗裳下,她酥胸如雪,若隐若现,有着体态上的诱人魅力。她的最好归宿是:"堰娉与公子王孙,五陵年少风流婿。"此句中的"堰娉"当为"延娉",即她足以与公子王孙婚配,嫁给风流倜傥的五陵少年。

从以上分析来看,此词就是在写一个十六岁的美人,她生长在富贵人家,浑身"绮罗装束",虽"久锁香闺",但生性活泼,不失少女的天真,却又体态妖娆,具有成熟女性的魅力,是"貌超倾国应难比"。词作者予以了她美好的祝愿,安排她嫁与富家公子,只是联想到前一首《倾杯乐》中的女子,让人不由为这首词中的女子的未来感到一些担忧。

拜新月(其一)

荡子他州去,已经新岁还未归。堪恨情如水,到处辄狂迷,不思家国。花下遥指祝神祇,直至于今,抛妾独守空闺。　上有穹苍在,三光也合遥知。倚屏怅坐,泪流点滴,金粟罗衣。自嗟薄命,缘业至于斯。乞求待见面,誓不辜伊。

这首词写了闺中少妇的一腔怨情,与其他闺情词不同的是,它将笔墨更多地放在了"荡子"的无情之上。"荡子他州去,已经新岁还未归",开门见山地指出怨情所由。"荡子"形象频繁出现在古代诗歌之中,如《古诗十九首·青青河畔草》:"昔为倡家女,今为荡子妇。荡子行不归,空床难独守。"再如杜甫《冬晚送长孙渐舍人归州》:"参卿休坐幄,荡子不还乡。"荡子之不归,是由种种原因构成的,如杜甫诗中的不归,完全是因为世事弄人,身不由己,但本词中的荡子的不归,是因为其薄情寡义:"堪恨情如水,到处辄狂迷,不思家国。""情如水",指情感如流水般无有定态,他所到之处,总喜欢拈花惹草,陷入对新人的迷狂之中,完全忘记了家中的妻子。"花下遥指祝神祇",指荡子也曾在花前月下,向天地神明起誓,要与自己相爱终身,可"直至于今,抛妾独守空闺",过去的海誓山盟俱成云烟,只剩被抛弃在家的女子独守空闺。由此来看,上片内容完全是女子对荡子的控诉,指责他忘记了曾有的誓言,流连于异地的花丛之中,乐不思蜀,而令她沦于被抛弃的境地。下片内容回到女子本人身上。"上有穹苍在,三光也合遥知",接上片的"花下遥指祝神祇"而来,指出荡子的行径与女子的孤苦,都有神明的见证,这种指天画地之举,更衬托出女子对现状的无能为力来。"倚屏帏坐,泪流点滴,金粟罗衣。"抱怨之余,女子也只能是靠在床帐边上坐下来,默默流泪,泪水一滴一滴地浸湿了有着金粟(即桂花)图案的罗衣。从前面的似乎声嘶力竭的控诉,到现在的无言垂泪,女子似乎已用尽了全身的气力,最终只能放弃挣扎。"自嗟薄命,缘业至于斯。""缘业"即业缘,是佛教用语,指善恶果报的因缘。《妙法莲华经》卷一云:"诸世界中,六道众生,生死所趣,善恶业缘,受报好丑,于此悉见。"从"薄命"到"缘业",女子将一切都归于命运和宿世的因缘,显示出听天由命的心态。但她也未放弃个人的努力,所以又说:"乞求待见面,誓不辜伊。"这句话说得令人费解,因为从前文看,辜负夫妻情分的是荡子,而非闺中少妇,但这句话却像是女子的道歉,表示了绝不辜负荡子的决心,似乎不合逻辑。但联想到女子自叹薄命的句子,也就可以读出其中的妥协:只要上天让我们再次相见,亦即只要荡子回转心意,重新归来,那么我一定好好待他,决不辜负他的心意。再恨,再怨,也抵不过一腔的思念,这就是陷于爱情中的女子低至尘埃里的姿态。再说在当时的背景之下,女子除了等待荡子的回心转意外,还能有什么其他的作为呢?

  这首词是《云谣集》诸闺情词中写得最忿郁的一首,对"荡子"的控诉着墨最多,也最是犀利,甚至到了要苍穹和三光来为自己作证的地步,但结果也最无奈:女子自叹薄命,将一切都归于"缘业"二字,只好被动地接受这一切,忍受这一切,还要自誓说"誓不辜伊",从中见出了古代女子无法逃脱的悲剧命运。

鱼歌子(其一)

  睹颜多,思梦误,花枝一见恨无路。心哽噎,泪如雨,见便不能移步。
  五陵儿,恋娇态女,莫阻来情从过与。畅平生,两凤醋,若得丘山不负。

  这首词写男子相思之情。"睹颜多",指男子曾阅人无数,并无令其留情之人;"思梦误",指情思为梦所误,当指男子有理想中的情人,故不会轻易爱上别人。可这一切都因为一个人而改变了:"花枝一见恨无路",他偶然遇到了一个如花的女子,对其一见钟情,只恨无法与她取得联系,表达情意。"心哽噎,泪如雨",是男子见不到女子的反应:心里难过,眼中流泪。"见便不能移步"则是男子远远地看到女子时的表现:看到她,连路都走不动了。所以见与不见,都让他充满惆怅。下片写男子内心的希望。"五陵儿,恋娇态女",说明男子是五陵少年,出身富贵,风流倜傥,他爱上姿容娇媚的女子是人之常情,双方也非常匹配,所以希望他的爱情能够被女子所接受,而不会受到阻碍。一旦两人相爱,定然是"畅平生,两风醋",似乎是平生之志都得到了满足,两相欢爱,相互欣赏彼此的美好风韵,尽情享受爱情的美好。《云谣集》中另有《洞仙歌》其一云,"酒醒后多风醋。少年夫婿,向绿窗下左偎右倚",写了年轻夫妻之间的欢爱之情,本词中的"两风醋"之语,应该正是对这样的情景的一种畅想。"若得丘山不负",写海誓山盟:如若相爱,定将情义视如丘山,永生不负。

这首词可与前《凤归云》其三对读。两首都写了男子眼中的女子,但《凤归云》其三更多的是写女子之美,对男子的反应只以"锦衣公子见,垂鞭立马,肠断知么?"做结,主人公还是女子,而本词完全是写男子对爱情的痴迷和畅想。与一般以女性为爱情主人公的词作所不同的是,那些词作中的女性完全处于被动的等待状态,心中充满幽怨之情,但此词的男子虽然也为爱情流泪,但他并不被动,而是说"莫阻来情从过与",表明他想方设法传情达意的主动之举,并且他对爱情结局的畅想也是积极而乐观的。从中可以看出在时代语境之下,男子与女子在对待爱情时的不同态度和举动。

鱼歌子(其二)

洞房深,空悄悄,虚抱身心寂寞。待来时,须祈祷,休恋狂花年少。

淡匀妆,周旋少,只为五陵正渺渺。胸上雪,从君咬,恐把千金买笑。

此词写闺情。"洞房深",指居室幽深,如司马相如《长门赋》之"悬明月以自照兮,徂清夜于洞房",沈佺期《古歌》之"落叶流风向玉台,夜寒秋思洞房开"。居室愈是幽深空旷,愈是需要欢声笑语来将之填满,可事实上,它却是"空悄悄",没有一丝生气,只有女子一人"虚抱身心寂寞"。"身心"二字,表明女子追求的是身体和心灵的共同满足,但这样的愿望已完全落空,成为"虚抱"。"待来时",写女子不放弃希望,依旧在等待丈夫归来,并希望到时候能告诉他,"休恋狂花年少",不要贪恋外面的年轻轻狂之女。很显然,女子知道丈夫是因为外面的"狂花年少"而不肯回来,却深感无能为力,所以说"须祈祷",带着求告之心说出这样的话来。而她在等待之中,"淡匀妆,周旋少",较少装扮自己,"只为五陵正渺渺",全因为那个五陵公子音信全无。"胸上雪,从君咬,恐把千金买笑。"这似乎也是上片"须祈祷"的内容,即告诉丈夫:我美丽的身体任你折腾,只求你不要在外一掷千金地寻欢作乐。明知丈夫在外寻花问柳,却仍然苦苦等待,并用哀求的口吻说出自己的几乎不可能实现的愿望,这真是女性最大的悲剧。

(二)闺情词所呈现出的女性悲剧

通过细读以上作品,我们可以对《云谣集》闺情类词作中的女性角色的共性有所认知。首先,她们的活动空间都限于闺阁之中:

"幼年生于闺阁,洞房深。"(《凤归云》其四)

"罗幌尘生,屏帏悄悄。"(《竹枝子》其一)

"画阁雕梁燕语新,卷帘恨去人。"(《破阵子》其一)

"忆昔笄年,未省离合,生长深闺苑。"(《倾杯乐》其一)

"年二八久锁香闺。"(《倾杯乐》其二)

"抛妾独守空闺。"(《拜新月》其一)

"洞房深,空悄悄。"(《鱼歌子》其二)

这其中虽然有三首提到的是未嫁之时的闺阁环境,目的是描写其家教的森严与对妇道的恪守,但也从另一方面写出了其盼望在出嫁之后不再寂寞独守的愿望。但显然在嫁为人妇后,其闺阁的环境不但并未改变,其孤独寂寞之情却因曾经的欢爱而愈加深刻,幽怨之情也便更为强烈了。

她们的生活条件都较为富贵,娘家是"累代簪缨"之族,"堰娉与公子王孙,五陵年少风流婿",婚后住在"画阁雕梁"的建筑之中,"浑身挂绮罗装束",但是由于精神需求得不到满足,她们往往十分苦闷,这其中的一种行为表现是懒于梳妆:

"不施红粉镜台前。"(《竹枝子》其一)

"莲脸柳眉休韵,青丝罢拢云。"(《破阵子》其一)

"淡匀妆,周旋少,只为五陵正渺渺。"(《鱼歌子》其二)

这与她们婚前"对妆台重整娇姿面"(《倾杯乐》其一)的表现完全相反。婚前虽然也是拘限于闺阁之中,但出于对未来婚姻生活的希望,女子往往会积极地修饰自己,不会有丝毫的懈怠。嫁为人妇之后,在丈夫离家远行的情况下,在狭小幽闭的空间里的梳妆打扮便失去了全部的意义,既无旁人欣赏,也无心自赏,虽然言下也有女为悦己者容的忠贞表达,但更多的是孤独生活导致的悲观厌倦,与"笙簧无绪理"(《竹枝子》其一)同理。

闺中少妇们的另一种行为是垂泪祝愿:

"只是焚香祷祝天。垂珠泪,滴点点,滴成斑。"(《竹枝子》其一)

"寂寞长垂珠泪,焚香祷尽灵神。"(《破阵子》其一)

"花下遥指祝神祇……上有穹苍在,三光也合遥知。"(《拜新月》其一)

"待来时,须祈祷。"(《鱼歌子》其二)

类似的行为举止与征妇词中的征妇们如出一辙,都是囿于闺中的女子在无奈之下诉诸神灵之举,体现了她们对于现实的无能为力。值得注意的是,征妇词中的征妇对自己丈夫"久镇边夷"的去向是肯定的,所以并不怀疑丈夫对自己是否有不忠之举,寄希望于战事结束后丈夫的回归。但闺情词中的丈夫多以"去人""荡子""狂夫"等姿态出现,他们离家也有多种原因,所以闺情词中的女子对他们的离去会抱有不同的看法和心情。《凤归云》其四中的女子是满怀骄傲的:"聘得良人,为国远长征。争名定难,未有归程。"所以她没有流露出伤心难过的心情,而是一味地表明决心:"妾身如松柏,守志强过,鲁女坚贞。"《竹枝子》其一中没有明确写明那位"游荡经年"的小郎离家的原因,但结句说:"待伊来,敬共伊言,须改往来段却颠。"显然这位郎君并不是"为国远长征",而是有不良的行径,所以"须改"。《破阵子》其一中的"去人""应是潇湘红粉绊,不念当初罗帐恩,抛儿虚度春";《拜新月》其一中的"荡子""堪恨情如水,到处辄狂迷,不思家国",《鱼歌子》其二中的五陵公子"恋狂花年少""把千金买笑",都表明女子遇人不淑,嫁与了处处留情的薄情之人。可她们对于这样的浪子,仍然念念不忘,说"自嗟薄命,缘业至于斯。乞求待见面,誓不辜伊"。只有《倾杯乐》其一中的女子颇有见识,表现出了相对独立的思考:"一旦娉得狂夫,攻书业抛妾求名宦。纵然选得,一时朝要,荣华争稳便?"

虽然并不是所有闺情词中的女子都如《凤归云》其四中的女子那样"儿家本是,累代簪缨,父兄皆是,佐国良臣",但显然大都"幼年生于闺阁,洞房深。训习礼仪足,三从四德,针指分明"。这就决定了她们婚后对妇道的恪守,面对丈夫的离去,只能终日以泪洗面,祈祷祝愿,虽心怀怨恨却只能自叹薄命,无奈地接受现实。可以说,这是古代女性共同的悲剧。

三、《云谣集》中的宫人词

《云谣集》中有两首《内家娇》词,以宫女为吟咏对象。《内家娇》词名不见于《教坊记》,《云谣集》中所收两首字数有所不同。第二首又载于P.3251,题作《御制林钟商内家娇》。所谓内家,唐崔令钦《教坊记》云:"妓女入宜春院,谓之'内人',亦曰'前头人'。常在上前头也。其家犹在教坊,谓之'内人家',四季给米。"① 任二北认为两词可能是咏杨贵妃,事在杨贵妃为女道士后、册封为贵妃之前。

(一)宫人词细读

内家娇(二首)

　　丝碧罗冠,搔头坠髻鬟,宝装玉凤金蝉。轻轻敷粉,深深长画眉绿,雪散胸前。嫩脸红唇,眼如刀割,口似朱丹。浑身挂异种罗裳,更熏龙脑香烟。　展子齿高,慵移步两足恐行难。天然有灵性,不娉凡间。教招事无不会,解烹水银、炼玉烧金,别尽歌篇。除非却应奉君王,时人未可趋颜。

　　两眼如刀,浑身似玉,风流第一佳人。及时衣着,梳头京样,素质艳丽青春。善别宫商,能调丝竹,歌令尖新。任从说洛浦阳台,谩将比并无因。　半含娇态,逶迤缓步出闺门。搔头重慵慵不插,只把同心,千遍捻弄。来往中庭,应是降王母仙宫,凡间略现容真。

《内家娇》两首吟咏的都是宫中美人,重点描画其容貌装扮及炼丹和音乐方面的技能。

第一首词重在刻画人物形貌。"丝碧罗冠"一句,写冠饰之华丽,碧罗冠子是唐五代时期非常流行的妇女装饰。"搔头坠髻鬟,宝装玉凤金蝉",可谓盛饰而出,仪态雍容。她注重自我的修饰:"轻轻敷粉,深深长画眉绿,雪散胸前。"从此句来看,她与一般女子并无二致,非常在意梳妆打扮,而且穿的是唐代流行的服饰,将洁白如雪的胸部裸露出来。唐薛能《吴姬》十首之九"冠剪黄绡帔紫罗,薄施铅粉画青娥。因将素手夸纤巧,从此椒房宠更多",可与此对读。"嫩脸红唇,眼如刀割,口似朱丹",描写其面部特征,虽大多不出古人描写美人之窠臼,但"眼如刀割"之句却对其明亮传神的眼睛进行了非同寻常的刻画,说明其在词人心中留下了鲜明印迹。唐方干《赠美人》有"醉眼斜回小样刀"句,薛逢《夜宴观妓》有"笑回丹脸利双刀"句,均与之相类。"浑身挂

---

① [唐]崔令钦,[唐]孙棨,[元]夏伯和:《教坊记　北里志　青楼集》,上海:古典文学出版社,1957年,第5页。

异种罗裳,更熏龙脑香烟",写其穿戴,再次凸显其富贵:她的衣裳是用极其特别的丝罗制成,非常人所能见,足见其名贵,另外还要用龙脑的烟气熏出香味,可谓考究之极。"屐子齿高,慵移步两足恐行难。"唐人穿木屐主要是为了旅行,但此处的女子穿着安装着高齿的木屐,却仿佛只为装饰,就好比后来的女子之穿高跟鞋,可以显出其身材的高挑,步态的优美,只是无法快走,所以是"慵移步",且"两足恐行难"。词至此,对女子从头到脚地描绘了一番,突出了其美丽与富贵。接下来几句写女子的聪慧能干,说她炼丹、点金无所不通,这让人联想到女道士的身份,只是"别尽歌篇"句突出了其音乐才干,似不是女道士的日常功课。也就是说,这位"天然有灵性,不媲凡间"的女子,兼具女道士和歌者的才能,非寻常女子可比。"除非却应奉君王,时人未可趋颜",说明女子只侍奉皇帝,平常人连一睹其芳容的可能性都没有。也正是这样一句,会令人联想到于开元二十八年(740)十月出家为女道士、道号"太真"的杨贵妃。《旧唐书·列传第一》记,杨贵妃"姿质丰艳,善歌舞,通音律,智算过人",与词中所描写的女子十分相似。如果此词确实是在吟咏杨贵妃的话,则词的创作时间当在安史之乱后唐人可以较为自由地论及唐玄宗与杨贵妃之关系时。

第二首词重在刻画人物神态。"两眼如刀",与上一首词"眼如刀割"类似,足见该女子明眸善睐,令人印象深刻。"浑身似玉",写其皮肤洁白细腻,令人想及前一首之"雪散胸前",也类似白居易《长恨歌》中的"温泉水滑洗凝脂"句。"风流第一佳人",概括了其颠倒众生的魅力,可谓"六宫粉黛无颜色",亦可谓"除非却应奉君王,时人未可趋颜"。"及时衣着,梳头京样,素质艳丽青春",说明佳人正值青春年华,姿容明艳,穿着打扮时尚。"善别宫商,能调丝竹,歌令尖新",表明女子特别具有音乐才能,同上一首中的"别尽歌篇"。值得注意的是"歌令尖新"句。崔令钦《教坊记》记述了唐代教坊制度,其"曲名"部分,列出二百七十八个常见曲名,但《内家娇》并不在其中,这足以说明这首词本身就具有"歌令尖新"之特点,也说明了唐人对音乐创新之追求。"任从说洛浦阳台,谩将比并无因。"洛浦指洛水神女,曹植《洛神赋》写其姿态:"翩若惊鸿,婉若游龙。荣曜秋菊,华茂春松。仿佛兮若轻云之蔽月,飘飖兮若流风之回雪。远而望之,皎若太阳升朝霞;迫而察之,灼若芙蓉出渌波。"阳台指巫山神女,宋玉《神女赋》记其神采:"茂矣美矣,诸好备矣。盛矣丽矣,难测究矣。上古既无,世所未见,瑰姿玮态,不可胜赞。其始来也,耀乎若白日初出照屋梁;其少进也,皎若明月舒其光。须臾之间,美貌横生。晔兮如华,温乎如莹。五色并驰,不可弹形。详而视之,夺人目精。"但即使是这样的美女,与词中美人相比,也只能徒然自叹。这种以美誉美之法,有事半功倍之效。"半含娇态,透迤缓步出闺门",与上词"屦子齿高,慵移步两足恐行难"相对应,只不过未强调其"慵移步"的客观原因,而重在写其步态的妩媚动人。"搔头重慵懒不插",与上词中"搔头坠髻鬟,宝装玉凤金蝉"的盛装不同,有种素面朝天的随意感,却更能衬托出其天然去雕饰之美。她既心意懒怠,嫌簪子沉重而不插,也说明她预期不会见到自己的心上人,"只把同心,千遍捻弄",无限心思,都尽在"捻弄"这一动作之中。由这几句词来看,女子是因思人而"慵懒",从而为此词注入了情感色彩。"来往中庭,应是降王母仙宫,凡间略现容真",再次描述其非凡的仙姿,与洛浦、阳台难与之相比并之说形成呼应,突出了其绝尘之美。

从两首《内家娇》的内容来看,两词描绘的当是同一位女子,她容颜盖世,肌肤如玉,身姿美妙,仪态动人,衣着时尚,珠光宝气。更重要的是,她既会炼丹、点金,又能歌善舞,既聪慧绝伦,又富于深情,是"风流第一佳人","除非却应奉君王,时人未可趋颜"。两词都以旁观者的视角对女子加以描绘,极尽溢美之能事,唯"只把同心,千遍捻弄"一句暗示了其情感的缺失,可谓两词的点睛之笔。

(二)《内家娇》与内人家

《内家娇》两首以唐宫伎"内人家"为吟咏对象。有关内人家的记录,在唐崔令钦的《教坊记》中记录最详,历代有关"内人家"的解释都出自《教坊记》:

> 妓女入宜春院,谓之"内人",亦曰"前头人",常在上前头也。其家犹在教坊,谓之"内人家",四季给米。其得幸者,谓之"十家",给第宅赐无异等。初特承恩宠者有十家,后继进者,敕有司给赐同十家。虽数十家,犹故以十家呼之。每月二日、十六日,内人母得以女对,无母则姊妹若姑一人对。十家就本落,余内人并坐内教坊对。内人生日,则许其母、姑、姊妹皆来对,其对所如式。[①]

也就是说,"内人"的身份是妓女。任中敏《教坊记笺订》以为《教坊记》

---

① [唐]崔令钦,[唐]孙棨,[元]夏伯和:《教坊记 北里志 青楼集》,上海:古典文学出版社,1957年,第5页。

中的"妓女"并非后世意义上的妓女,而是"内教坊以女伎为主,其色艺兼优者,方入宜春院,院材又精于坊"①。"内人之事,除'十家'外,一般在献伎,不在献身,与妓女更不等同。"②《通典》卷三十五《职官十七》记:"每岁通计,文武正员、员外官及内侍省、闲厩、五坊、南北衙宿卫并教坊内人家粮等凡给米七十万石。"可见确如《教坊记》所言,内人家"四季给米",有固定的俸禄。另外,教坊中还会有一些额外的赏赐,如长庆四年(824),唐穆宗"赐内教坊钱万缗,以备行幸"③。而内人家中得到皇帝临幸的,被称为"十家",但实际上"十家"只是统称,其数目远不止十家,但其得到的赏赐并没有比其他人多。《内家娇》其一云"除非却应奉君王,时人未可趋颜",可知这位主人公当属"十家"。这些女子的一个特权是每月二日、十六日以及过生日时可得到母亲或姊妹、姑母的探望,这对于宫禁中的女子而言已是莫大的恩赐了。唐敬宗甚至还在宣和殿亲自接见"内人亲属一千二百人,并于教坊赐食,各颁锦彩"④,这也从一个侧面说明内人家所受宠遇。唐大中五年(851)进士郑嵎《津阳门诗》云:

上皇宽容易承事,十家三国争光辉。绕床呼卢恣樗博,张灯达昼相谩欺。……堂中特设夜明枕,银烛不张光鉴帷。瑶光楼南皆紫禁,梨园仙宴临花枝。迎娘歌喉玉窈窕,蛮儿舞带金葳蕤。三郎紫笛弄烟月,怨如别鹤呼羁雌。玉奴琵琶龙香拨,倚歌促酒声娇悲。⑤

诗中的"十家三国",即指得到皇帝宠幸的内人家和韩国、虢国、秦国夫人。"迎娘""蛮儿""玉奴"等,当为十家中的翘楚,而三郎即为唐玄宗,说明皇帝与诸宫伎及贵宠杂相取乐之事。

除了内人家之外,教坊又有"宫人"和"挡弹家"。《教坊记》云:

楼下戏出队,宜春院人少,即以云韶添之。云韶谓之"宫人",盖贱隶也,非直美恶殊貌,居然易辨明:内人带鱼,宫人则否。平人女以容色选

---

① 任中敏:《教坊记笺订》,南京:凤凰出版社,2013年10月,第42页。
② 任中敏:《教坊记笺订》,南京:凤凰出版社,2013年10月,第44页。
③ [宋]司马光:《资治通鉴》卷二百四十三,上海:上海古籍出版社,1987年,第1670页。
④ [后晋]刘昫等:《旧唐书》卷十七《敬宗本纪》,北京:中华书局,1975年,第519页。
⑤ [清]彭定求等:《全唐诗》卷五百六十七,上海:上海古籍出版社,1986年,第1447页。

入内者,教习琵琶、三弦、筚篥、筝等者,谓"挡弹家"。①

"云韶"指云韶院,其中的女伎称"宫人",她们的身份要低于内人,也没有内人长得美,可通过是否带有鱼形佩饰来区别二者。还有一些平民女子靠姿色被选入教坊,入教坊后才开始学习各种乐器,被称为"挡弹家"。这三等宫伎显然在歌舞技艺方面存在明显的差异,《教坊记》记载:

> 开元十一年,制圣寿乐。令诸女衣五方色衣歌舞之。宜春院女,教一日便堪上场。惟挡弹家弥月不成,至戏日,上令宜春院人为首尾,挡弹家在行间,令学其举手也。宜春院亦有工拙,必择尤者为首尾。首既引队,众所属目,故须能者。乐将阕,稍稍失队,余二十许人。舞曲终谓之"合杀",尤要快健,所以更须能者也。②

宜春院的内人在学习《圣寿乐》之歌舞时,一日便能上场表演,但挡弹家一个月也学不会。而内人家中也有高低之分,能力强的会在舞队的首尾,尤以尾部最为重要。《内家娇》其一中的女主人公"天然有灵性,不娉凡间。教招事无不会,解烹水银,炼玉烧金,别尽歌篇",显然属于宜春院之佼佼者。

内人与一般宫伎的表演曲目也不同。《教坊记》:

> 凡欲出戏,所司先进曲名,上以墨点者即舞,不点者即否,谓之"进点戏"。日内伎出舞。教坊人惟得舞伊州、五天。重来叠去,不离此两曲,余尽让内人也。垂手罗、回波乐、兰陵王、春莺啭、半社渠、借席、乌夜啼之属,谓之"软舞"。阿辽、柘枝、黄獐、拂林、大渭州、达摩之属,谓之"健舞"。③

也就是说,一般的宫伎只能表演《伊州》《五天》两首曲子,而内人则可表

---

① [唐]崔令钦,[唐]孙棨,[元]夏伯和:《教坊记 北里志 青楼集》,上海:古典文学出版社,1957年,第5页。
② [唐]崔令钦,[唐]孙棨,[元]夏伯和:《教坊记 北里志 青楼集》,上海:古典文学出版社,1957年,第5-6页。
③ [唐]崔令钦,[唐]孙棨,[元]夏伯和:《教坊记 北里志 青楼集》,上海:古典文学出版社,1957年,第6页。

演软舞、健舞的各种曲子,足见其受重视程度。《内家娇》其一的"别尽歌篇"和其二的"歌令尖新"应当都是指内人家在歌舞表演方面的特殊才干,她们可以表演最新的曲目,得到可期许的赞美。

但是这看似的恩遇之盛只是暂时的。《内家娇》其二写道:"半含娇态,透迤缓步出闺门。搔头重慵慵不插,只把同心,千遍捻弄。"这样的词句令人联想到《天仙子》其二中的"休把同心千遍弄"和《柳青娘》其一中的"出门斜捻同心弄",似乎有爱情得不到对等的回应的沉重。唐薛能在《吴姬》十首①中夸耀地说:"身是三千第一名,内家丛里独分明。芙蓉殿上中元日,水拍银台弄化生。"(其十)这分明有杨贵妃"后宫佳丽三千人,三千宠爱在一身"的隆重恩遇。她因此受到君王宠爱:"钿合重盛绣结深,昭阳初幸赐同心。君知一夜恩多少,明日宣教放德音。"(其四)得到君王的同心结之赐,似乎可以安下心来,享受爱情的快乐,期盼永世的幸福了。可转眼间,"退红香汗湿轻纱,高卷蚊厨独卧斜。娇泪半垂珠不破,恨君瞋折后庭花"(其五)。君王之爱转瞬即逝,她们的结局难免悲惨,能在年老色衰之后被放出宫去,已是幸事。唐肃宗《放宫人诏》曾下令"宜放内人三千人,各任其嫁。其年老及疾患,如无近亲收养,散配诸寺安置,待有去处,一任东西。仍各与一房资财,以充粮用,并委府县官勾当,勿使侵凌,以成朕无为之化也"②。虽则看似安排周全,但显然并不是每个出宫的内人都能得到好的归宿,那些没有近亲收养的"年老及疾患"者,"散配诸寺安置",被迫出家。白居易《吹笙内人出家》③:

> 雨露难忘君念重,电泡易灭妾身轻。
> 金刀已剃头然发,玉管休吹肠断声。
> 新戒珠从衣里得,初心莲向火中生。
> 道场夜半香花冷,犹在灯前礼佛名。

诗人许浑也在《赠萧炼师》中写了因"曾试昭阳曲,瑶斋帝自临"而得到唐德宗赏识的内伎萧炼师"云车辞凤辇,羽帔别鸳衾"的入道之举。其他描写宫伎的惨淡结局的诗如张祜《退宫人》:"歌喉渐退出宫闱,泣话伶官上许归。

---

① [清]彭定求等:《全唐诗》卷五百六十一,上海:上海古籍出版社,1986年,第1438页。
② [清]董诰等:《全唐文》卷四十二,上海:上海古籍出版社,1990年,第201页。
③ [清]彭定求等:《全唐诗》卷四百六十二,上海:上海古籍出版社,1986年,第1174页。

犹说入时欢圣寿,内人初著五方衣。"廖融《退宫妓》诗:"神仙风格本难俦,曾从前皇翠辇游。红踯躅繁金殿暖,碧芙蓉笑水宫秋。宝筝钿剥阴尘覆,锦帐香消画烛幽。一旦色衰归故里,月明犹梦按梁州。"由此看来,《云谣集》中的两首《内家娇》,只是描写了宫伎在青春极盛时的状况,至于其日后的结局,我们从其他文献中倒也不难猜测得到。

四、《云谣集》中的女伎词

在《云谣集》中,所占比例最多的女性角色当是女伎,此类词作包括:

《天仙子》(其一、其二)

《竹枝子》(其二)

《浣溪沙》(其一、其二)

《柳青娘》(其一、其二)

《抛球乐》(其一、其二)

《喜秋天》(其一)

(一)女伎词细读

天仙子(其一)

燕语莺啼三月半,烟蘸柳条金线乱。五陵原上有仙娥,携歌扇,香烂漫,留住九华云一片。 犀玉满头花满面,负妾一双偷泪眼。泪珠若得似真珠,拈不散,知何限?串向红丝应百万。

三月刚半,正是春光大好之时,燕子呢喃,黄莺婉转,千丝万缕的柳条在迷蒙的雨雾之中飘拂着,因为刚刚从寒冬复苏,枝条还泛着黄色,如同散乱的缕缕金线。这是《天仙子》起笔两句为我们描述的春天的画面,有声,有色,宜静,宜动。"烟蘸柳条金线乱"句中,"蘸"字用语巧妙。"蘸"的本义是用物体沾染液体,而烟分明是气体,此处说"烟蘸",则烟之密厚可知,所以它也不是真正的烟,而是云烟细雨,如雾如霭。"蘸"的施事者当为固体,所以"烟蘸柳条"是倒装,正确的语序当为柳条蘸烟,但如果这么写,便有些平铺直叙了,不如"烟蘸柳条"来得新巧而有韵致。"金丝"写出柳条刚刚泛黄时的颜色,"乱"

字则写出它们在风中飘拂的动态。这样一个如诗如画的春日,若是无人欣赏岂不可惜?为了给这样的景致锦上添花,词的下句推出一个妙人:"五陵原上有仙娥。""仙娥"既与词牌"天仙子"相呼应,又描写了女子飘飘欲仙的风姿,更点明了女子的身份。陈寅恪先生《元白诗笺证稿》第四章云:"唐代仙(女性)之一名,遂多用作妖艳妇人,或风流放诞之女道士之代称,亦竟有以之目娼妓者。"① 而这位"仙娥"所在之五陵原,正是许多风流公子的出没之地。李白《少年行》:"五陵年少金市东,银鞍白马度春风。落花踏尽游何处,笑入胡姬酒肆中。"崔颢《渭城少年行》:"贵里豪家白马骄,五陵年少不相饶。双双挟弹来金市,两两鸣鞭上渭桥。渭城桥头酒新熟,金鞍白马谁家宿。可怜锦瑟筝琵琶,玉台清酒就倡家。小妇春来不解羞,娇歌一曲杨柳花。"白居易《琵琶行》:"五陵年少争缠头,一曲红绡不知数。"可见,词中的这位"仙娥",正是"倡家"女子。下文的描述更揭示了她的这一身份:"携歌扇,香烂漫,留住九华云一片。""歌扇"是歌者歌舞时所用扇子,如庾信《春赋》之"月入歌扇,花承节鼓"句。既是携着歌扇,说明这位"仙娥"如《琵琶行》中的琵琶女一样,是位歌伎。她舞起扇子,送出浓郁的香气,她的歌声优美动听,连驾云路过的九华山上的仙人听到了都不由驻足倾听。词以"烂漫"来形容香气,是借用了通感的手法。烂漫通常用以形容流光溢彩、绚丽多姿状,如汉王延寿《鲁灵光殿赋》:"丹彩之饰,徒何为乎,澔澔汗汗,流离烂漫。"杜甫《追酬故高蜀州人日见寄》诗:"锦里春光空烂漫。"此处说"香"之烂漫,显然是以视觉感受来写嗅觉感受,写香气弥漫带给人的如沐春风的体验。"留住九华云一片",可理解为其歌声美好,使天上的仙人也驻足倾听。九华山原名九子山,唐天宝十三载(754)冬,李白应友人、当时的青阳县县令韦仲堪和高霁的邀请,聚会于九子山西麓,作《改九子山为九华山联句》。诗序曰:"青阳县南有九子山,山高数千丈,上有九峰如莲华。按图征名,无所依据。太史公南游,略而不书。事绝古老之口,复阙名贤之纪,虽灵仙往复,而赋咏罕闻。予乃削其旧号,加以九华之目。"诗云:"妙有分二气,灵山开九华。……青莹玉树色,缥缈羽人家。"② 可见九华山之得名在天宝十三载冬之后,这也意味着,这首词的创作时间当在此之后。九华山在李白笔下既是"羽人家"之所在,自然传为仙山,"九华云",实际指驾云出行的仙人。"仙娥"的歌能令仙人驻足倾听,足见其美妙动听。当

---

① 陈寅恪:《元白诗笺证稿》,上海:上海古籍出版社,1978年,第107页。
② [清]彭定求等:《全唐诗》卷七百八十八,上海:上海古籍出版社,1986年,第1936页。

然,此"九华云"也可以指游乐的男子,他为她的美貌所倾倒,为她的歌声所吸引,盘桓不去。

词的上片,写春光融融,美人翩翩,香气弥漫,歌声嘹亮,给人留下明快喜悦的印象。下片则情绪陡转,叙述者也换了个人。"犀玉满头花满面,负妾一双偷泪眼。""妾"字乃女子自谓,所以叙述者从那个看女子的人转向了女子本人,似乎是女子在向这个人倾诉自己的心绪:你看我,头上插满用犀角和美玉等宝物制作而成的头饰,脸上也精心贴着美丽的花黄,打扮得如此美丽,可是,我一双偷偷垂泪的眼眸却使这一切外在的装饰都枉费了。"负"字一语双关,看似在实写泪眼辜负了华妆,却是在虚写男子辜负了女子。"偷泪",是不敢当众流泪,因为作为歌伎,她还要以歌舞取悦人,给他人带来欢乐享受,可她的痛苦却无人知晓,只能背地里暗自垂泪。她为了这个人流过多少泪?历来人们形容泪多,常用泪流成河来形容,已成俗套。此词则另辟蹊径,假设将"泪珠"固化,令人想象"泪珠若得似真珠,拈不散"后,"知何限?"泪珠晶莹圆润,状似珍珠,但若用手去捏,自然便散了,是捏不起来的,所以你根本不可能去计算眼泪的多少。可假如它是珍珠,捏着不会散,岂不是就可以数数了吗?作者此句,真是奇思妙想,非常人所能为,却又天真烂漫,极其自然,凸显了一颗充满爱意的赤子之心。"串向红丝应百万",把那些像珍珠般的眼泪串在红色丝线上,数量应该超过了百万吧?若是珍珠散乱着,还是不好数,把它们串起来就一目了然了,词中的女子竟如此认真地想着数眼泪这件事,似是在倾诉,也是在撒娇,显得娇憨而痴情。词的最后这几句可说是全词的点睛之笔,全无用典,也不似上片那样讲究斟字酌句,而是用直白的话语来表现一往情深,浅而不俗,直而不野,是极难达到的艺术高度。

《天仙子》词,上片写乐,下片写哀,以乐衬哀,更使哀伤倍增。王国维先生在《唐写本〈云谣集杂曲子〉跋》中说:"《天仙子》词特深峭隐秀,堪与飞卿、端己抗行。"[1]后又在《敦煌发见唐朝之通俗诗及通俗小说》中说:"此一首情词宛转深刻,不让温飞卿、韦端己,当是文人之笔。"[2]"深峭隐秀",是说词用意深邃,特出不凡,文字雅隽,情意婉转,这都是一般民间词所不具备的特点。温庭筠与韦庄是晚唐、五代之花间词派的两个各具风格的代表人物,王国维在《人间词话》中指出:"'画屏金鹧鸪',飞卿语也,其词品似之。'弦上黄莺语',

---

[1] 陈人之,颜廷亮:《云谣集研究汇录》,上海:上海古籍出版社,1998年,第1页。
[2] 陈人之,颜廷亮:《云谣集研究汇录》,上海:上海古籍出版社,1998年,第4页。

端己语也,其词品亦似之。"此处,王国维认为《天仙子》一词可与温、韦抗行,足见其评价之高。

天仙子(其二)

燕语莺啼惊觉梦,羞见鸾台双舞凤。天仙别后信难通,无人问,花满洞,休把同心千遍弄。 叵耐不知何处去,正是花开谁是主?满楼明月夜三更,无人语,泪如雨,便是思君肠断处。

任半塘先生在其《敦煌歌辞总编》中,将这首词拆为两首,认为"此二首韵别而事同,意小异而格悉同,宜订为单片体之联章"①,但后来校本都将之作为一首词的上下两片来看待,认为这样更为合理。从词作的内容上看,这首词仍写的是女子的情思。

"燕语莺啼惊觉梦",写人在莺燕的啼鸣声中从睡梦中醒来之状,令人想及孟浩然的"春眠不觉晓,处处闻啼鸟"的诗句,但与孟诗沉浸于对春天的遐思中所不同的是,本词的主人公从梦中醒来后的第一反应是"羞见鸾台双舞凤"。鸾台此处指梳妆台,上面有双飞的凤凰图案,有琴瑟和合之喻,但诗歌的主人公却说"羞见",显然是害怕对比,害怕由此勾起的落寞心事。下句给出解释:"天仙别后信难通",自从那天仙一般的人走后,便再也没了他的消息。"天仙"虽通常可理解为貌美如仙的美女,但此处显然指男子,因为在古代语境下,前文提及的梳妆台是女子专属,既然是女子羞见妆台上的双凤,则离去的自当为男子。"无人问,花满洞"当是倒装句,正常的语序是"花满洞,无人问",指幽深的居室之中鲜花盛开,却无人欣赏,与前文的"羞见"句相对应,见出词作主人公的心灰意懒之态。"休把同心千遍弄",似是禁止语,实际却描画了这位主人公一遍遍地把玩着同心结不放的举止,说明此前两人非常相爱,故有互赠同心结之举,从此女子便心有所系,沉溺其中而难以自拔。

下片写女子心理。"叵耐不知何处去",接上片的"天仙别后信难通",男子一去不返,让人更加难耐的是,连他去了哪里也不知道,思念也无从寄送,着实恼人。张相《诗词曲语辞汇释》记曰:"又有叵耐一辞,叵为不可之切音,耐即奈也。本为不可奈何之义,引申之而成为詈辞,一如今所云可恶。"②但此处

---

① 任半塘:《敦煌歌辞总编》卷一,上海:上海古籍出版社,2006年,第128页。
② 张相:《诗词曲语辞汇释》,北京:中华书局,1997年,第289页。

的"叵耐"仍有无可奈何意,这是前片的"把同心千遍弄"的痴缠不放的心理所决定的。"正是花开谁是主",承上片的"无人问,花满洞"而来,有陆游《卜算子·咏梅》中的"寂寞开无主"之况,花盛开而无人欣赏,人正值美好青春却虚度年华,没有人可以成为她的主心骨,亦即成为她可依靠信任的丈夫,这意味着女子虽仍然一往情深,心里却清楚地知道男子不可能再回来的现实,痛苦也因此变得更加深刻。"满楼明月夜三更",时间从清晨变为深夜,完成了一天的周期轮回,但女子的状态依旧,"无人语,泪如雨",没有体贴的慰藉和问候,只有挥泪如雨的痛苦,可即使如此,她也难以放下那个负心的男子,仍向其表白:"便是思君肠断处",我为你日思夜想,肝肠寸断,只希望你能明白我的这份心,至于这份表白是否能够被接受,则成了一个众所周知的悬念了。

词作在结构安排上颇具匠心。上片写清晨梦醒,下片写夜半难寐;上片写"天仙别后信难通",下片写"叵耐不知何处去";上片写"无人问,花满洞",下片写"正是花开谁是主";上片写"休把同心千遍弄",下片写"便是思君肠断处"。上下片从时间上形成一个完整的轮转,在情感上则一以贯之,写出身为女伎的女子无人为主的苦闷与哀愁。相比于前一首《天仙子》的妙言绮思,这一首《天仙子》相对平实,直抒胸臆,但仍不负王国维先生所谓"宛转深刻"之评价。

竹枝子(其二)

高卷珠帘垂玉牖,公子王孙女。倾容二八小娘,满头珠翠影争光,百步惟闻兰麝香。 口含红豆相思语,几度遥相许。修书传与萧娘,倘若有意嫁潘郎,休遣潘郎争断肠。

历来爱情词作,多以女子口吻诉说相思,以男子身份出现诉说对女子的思慕之情的,并不多见,这首《竹枝子》正是这为数不多的词作之一。它描述了男子见到女子所产生的爱慕之情并向之传书求爱的过程。

上片写男子眼中的女子。"高卷珠帘垂玉牖,公子王孙女"句,写男子透过窗户,窥见一个样貌高贵的女子。"珠帘""玉牖",令人想见屋宇之华美,"公子王孙女",则仿佛女子出身高贵,亦有高不可攀之意。但实际上,若真是高门大户,家中的女儿是不可能让一般人轻易见到的,所以此处只是夸饰,目的是抬高女子的身价。下句即交代女子的真实身份:"倾容二八小娘",原来她是个十六岁的倡家女子。唐人常以"小娘"称娼妓或歌伎,如李贺《洛姝真珠》:

"真珠小娘下青廓,洛苑香风飞绰绰。"元稹《筝》:"急挥舞破催飞燕,慢逐歌词弄小娘。"虽然如此,词中对"小娘"并未以轻佻之语相亵,而是继"公子王孙女"的身份,说她"满头珠翠影争光",十六岁的年纪,倾国倾城的容貌,又有珍珠翡翠的装饰,真是就连影子都能与日月争辉呢。《诗经·国风·月出》有诗曰"月出皎兮,佼人僚兮",形容女子如明月般美丽。宋玉《神女赋》"其少进也,皎若明月舒其光",亦写女子美如明月相照。此词之中,女子之"满头珠翠影争光",既俗亦雅,很适合这位青春年少的娼家女子的形象。"影"字亦表明,男子因为是偷窥,并未能真切地一睹女子的芳容,只望见她的身影,但已经为之倾倒,"百步惟闻兰麝香"句更说明了这一点,女子在百步之外,实在看不真切,只闻到她浑身散发的兰麝香气,但这已足以令男子意乱情迷,思慕不已。

下片写男子追求女子的过程。"口含红豆相思语",写女子对男子之爱的回应。"口含红豆",是说女子口如红豆,既写了其口小,又写了其唇艳,更说明了其爱浓。有关红豆的诗词,最著名的莫过于王维的《相思》:"红豆生南国,春来发几枝。劝君多采撷,此物最相思。"另温庭筠《新添声杨柳枝词二首》其二云:"玲珑骰子安红豆,入骨相思知不知。"红豆虽美但有毒,此处写"口含红豆",自然不是真的将红豆含在嘴里,而是写其唇之美艳,也是口吐相思语之意,说明男子的深情得到了女子相同的回应,而且她还曾"几度遥相许"。"几度",说明男子曾屡次求证,也屡次得到了"相许"的回答,但"遥"字增加了不确定之感。从整首词来看,女子一直处于令男子可望而不可即的位置,连愿托付终身的许诺都不是她面对面地向男子亲口说出的,难怪男子心中不安。所以他写信给女子,指出"倘若有意嫁潘郎,休遣潘郎争断肠"。"倘若"是种假定,实际上是有所怀疑,因为他不确定女子是否真的"有意"。"休遣",带着恳求的口吻,说是不要让"潘郎争断肠",实际上潘郎已断肠。李白《清平调》其二云:"一枝红艳露凝香,云雨巫山枉断肠",似乎写的正是这样的情境。由此看来,女子对男子的相许也许是假意应承,而男子的刻骨相思则是真情实感,面对这几乎无望的爱情,男子显得卑微且无奈,只能寄希望于女子的"相许"。

中国古语说"痴情女子负心汉",但痴情男子也不乏其人,词中的这位男子便是一见钟情后刻骨相思的典型。"修书传与萧娘,倘若有意嫁潘郎,休遣潘郎争断肠"的诗句,通俗若白话,有民歌之风。刘禹锡作有《竹枝词》数首,其序云:"四方之歌,异音而同乐。岁正月,余来建平,里中儿联歌《竹枝》,吹短笛,击鼓以赴节。歌者扬袂睢舞,以曲多为贤。聆其音,中黄钟之羽。卒章激讦如吴声,虽伧佇不可分,而含思宛转,有《淇澳》之艳。昔屈原居沅湘间,其民迎神,词多鄙陋,乃为作《九歌》。到于今,荆楚歌舞之。故余亦作《竹枝词》九篇,俾善歌者飏之,附于末。后之聆巴歈,知变风之自焉。"① 可见《竹枝词》的创作基础即为民歌。虽《竹枝子》体式与《竹枝词》有所不同,被视为别调,但它们在出自民歌这一点上是一致的,这在本词中得到了很好的印证。

浣溪沙(其一)

丽影红颜越中稀,酥胸莲脸柳眉低。凝笑千花羞不坼,懒芳菲。。偏引五陵思恳切,要君知。

此词写女子之美。"丽影红颜越中稀",指女子身姿轻盈,面貌美丽,在出产西施这样的美人的吴越之地,也极为少见。"酥胸莲脸柳眉低",将焦点放在女子的三个引人注目之处:洁白如酥的胸脯,如莲花般俏丽的面容,细如柳叶的眉毛低敛着,虽美到极致,却不事张扬,更见媚态。"凝笑千花羞不坼"句中的"凝笑",指始终面含笑容,令人愉悦,而当她笑意盈盈之时,众多的花儿也自感羞愧,不愿开放了。这显然是用了闭月羞花这样的熟典,却能通过"不坼"和"懒"这样的动态词汇,使人感受到一些新意。下片前两句残缺,后两句言及女子之美逗引得五陵少年相思情切,从男子的反应来衬托女子的魅力,可谓蹈袭了《陌上桑》中对罗敷的描写方式。

浣溪沙(其二)

髻绾湘云淡淡妆,早春花向脸边芳。玉腕慢从罗袖出,捧杯觞。 纤手令行匀翠柳,素咽歌发绕雕梁。但是五陵争忍得,不疏狂?

这首词与上首《浣溪沙》同写女子之美,只是前者偏于静态,而此词偏于动态。"髻绾湘云淡淡妆",写女子将乌发绾起,如湘水之上的云朵,暗喻其如湘水女神,妆容淡雅,却别有一番神韵。"早春花向脸边芳",既是写她在鬓边插有早春的花朵作为装饰,也写她的面容就如早春的花朵一样美丽,而且散发出芳香。"玉腕慢从罗袖出,捧杯觞",指女子向人敬酒时,不经意间露出洁白

---

① [清]彭定求等:《全唐诗》卷三百六十五,上海:上海古籍出版社,1986年,第910页。
* 下片残,应缺14字,所缺之字用"□"代替。下同,不另注。

的手腕,显得那么自然而闲适,却分外勾魂夺魄。这句词令人联想到韦庄的《菩萨蛮》词中对江南卖酒女子的描写:"垆边人似月,皓腕凝霜雪",都由女子的手腕影射其身体之美。不过,本词中的"慢"和"出"两个字,将女子不疾不徐地伸出手来捧杯递盏的仪态写出,别有一番情韵。下片接写这位女子在酒宴之上的表现。"纤手令行匀翠柳"与"素咽歌发绕雕梁"组成对偶句,当指女子伸出手来行酒令时,其体态如翠柳般摇曳多姿,在没有伴奏的情况下唱起歌来,也是余音绕梁,袅袅不绝。这样的女子,只要是五陵少年,哪一个能忍得住不对她朝思暮想,心意痴狂?这首词与上首《浣溪沙》一样,以五陵少年对女子的态度作结,反衬出女子的无穷魅力。这种结构上的相似性也令人怀疑,两首《浣溪沙》为同一作者在同一时期对同一歌伎的吟咏,也许作者正是那为女子疏狂的五陵少年之一,从而得以就各个细节对女子之美做出准确的捕捉和描写。

柳青娘(其一)

青丝髻绾脸边芳,淡红衫子掩酥胸,出门斜捻同心弄。意恒惶,故使横波认玉郎。 叵耐不知何处去,教人几度挂罗裳。待得归来须共语,情转伤,断却妆楼伴小娘。

此词写了一位歌伎对一位男子的思慕之情,用笔十分细腻。

上片起句写女子为见男子而精心梳妆打扮:将细滑如丝的黑发绾起,让它松松地堆在面颊旁,衬出雪白的面容,更散发出诱人的芳香。随后她又穿起淡红色的罗衫,让它虚虚地遮掩住雪白的胸部,以此来凸显女性所特有的魅力。"青丝髻绾脸边芳",令人联想到温庭筠《菩萨蛮》中的那位"鬓云欲度香腮雪"的女子,只是那一位是"懒起画蛾眉,弄妆梳洗迟",这一位却显得有些迫切,一番打扮过后,便"出门斜捻同心弄":她急急忙忙地出了门,可又不见她去见什么人,而只是站在门外,斜倚着身子,手中捻弄着衣服上的同心结。这副神态,既可理解为她意在向外人呈现自己的风姿,又可理解为她想吸引恋人目光时所呈现出的娇羞之态。此句有较深的含义,因为女子把玩的是同心结,而同心结在旧时象征着坚贞的爱情,说明此女子当与某位男子相爱,有与之永结同心之意,此处把玩同心结,意在向对方表明心迹,亦是在暗示对方前来与自己相会。多少心意,都藏在了那一个捻弄同心结的动作之中。可是,她的暗示并没有得到预期的回应,所以她"意恒惶",马上变得不安起来,于是

"故使横波认玉郎"。"横波"写出眼神流盼的生动模样,令人想见其神采,"故"字,说明特意和刻意,"认"字,说明心有所属,只是要将那人找出来罢了。至此,词作借助一系列动作写出了女子不断变化的内心情愫:最开始十分笃定能与情人相见,故而精心梳妆打扮,以期在情人面前展现最富魅力的自己。然后她走出门去,装作漫不经心地以手捻起衣带上的同心结把玩着,一副任人欣赏的模样,满心希望情人见到自己后立即前来相会。可是她的举动并未得到情人的回应,于是她马上变得惶恐不安起来,也就顾不得娇羞,抬眼去寻找自己所钟情的那个人。在这个过程中,她的心绪也从最开始的自信满满,最终变为心神不宁起来。短短几句话,将女子的几番心理变化写得淋漓尽致。

下片写女子见不到情人时的表现。她想在人群中寻找自己的情郎,可他"叵耐不知何处去",没有任何交代地消失不见了,让她前面的梳妆与暗示等一番作为都变得枉然。"叵耐"写得最为无奈,因为歌伎是不自由的,而与之交往的男子却来去自由,这使得他有了种天然的傲娇感,即使离去,也可以不做任何解释和交代,任由女子去猜测和担忧。那边男子一去无踪,这边女子相思难耐,怪他"教人几度挂罗裳"。挂罗裳,指将罗裳挂起,而几度挂罗裳,就意味着要几度穿起罗裳。为什么会如此?自然是女子一直在等待情人的归来,只要外面一有动静,便急忙穿起衣服,出门探看,只是每次都失望而归,只好将罗裳重新挂起。如此反复,既可见出女子想见到情人的迫切心情,也使其被动等待的无奈感愈加深重。"待得归来须共语",好容易等得男子出现了,本当与之好好说说话,向他倾诉自己一天的相思,可这个"须"字,却将理所当然的事变得不确定起来。果然,下句"情转伤"三字,写出情绪的逐渐变化:由男子归来的欣喜,变为发现事实后的哀伤,因为男子"断却妆楼伴小娘",并没有来到女子的住处与之相会,而是去陪伴另一位年轻美貌的歌伎去了。"断却"二字显得不由分说,毫无牵挂,见出男子之薄情寡义,更使女子的"情转伤"显得那么不值。女子一天的等待,就这样在男子"伴小娘"的举动中结束了,女子的"情转伤"后面,不知埋藏着多少痛苦和幽怨,却似乎都无从申说了。

此词写了一个身为歌伎的女子的一天:白日的深情等待,夜晚的数番探看,换来的是薄情郎的决绝抛弃。词的最显著特点是动词的使用:上片罗衫"掩"酥胸之魅惑,"捻""弄"同心结之姿态,"认"玉郎之专注,都可见出女子心思之巧密与情绪之变化,与下片男子"断却妆楼伴小娘"中的"断却"和"伴"这两个相反动作形成了截然的对比。此外,"故使""叵耐"和"须"等虚词的使用,也极为充分地反映了女子的心理。所以这首主人公为歌伎的女伎词虽不像《云谣集》中写夫妻间的相思的"征妇怨"题材作品那样占有道德的制高点,却能将一个爱而不得的女子的心思表现得极为细腻,因而依旧是首十分打动人心的佳作。

柳青娘(其二)

碧罗冠子结初成,肉红衫子石榴裙。故着胭脂轻轻染,淡施檀色注歌唇。含情唤小莺。　只问玉郎何处去,才言不觉到朱门。扶入锦□□□□,□殷勤,因何辜负少年人?

这首词写女子之美及其与"玉郎"间的情事。

"碧罗冠子结初成",指女子戴着新制成的绿色罗冠。五代马缟《中华古今注·冠子》:"冠子者,秦始皇之制也。令三妃九嫔当暑戴芙蓉冠子,以碧罗为之。"五代和凝《临江仙》词之三:"碧罗冠子稳犀簪,凤皇双飐步摇金。"可见碧罗冠子是唐五代时期非常流行的妇女装饰。"肉红衫子石榴裙",指女子身穿肉红色的短上衣和石榴红的裙子。马缟《中华古今注·衫子背心》:"衫子,自黄帝无衣裳,而女人有尊一之义,故衣裳相连。始皇元年,诏宫人及近侍宫人,皆服衫子,亦曰半衣,盖取便于侍奉。"宋高承《事物纪原·衣裘带服·衫子》:"[《实录》]曰:'女子之衣与裳连,如披衫,短长与裙相似,秦始皇方令短作衫子,长袖犹至于膝。'宜衫裙之分自秦始也。"唐元稹《白衣裳》诗之二"藕丝衫子柳花裙,空着沉香慢火熏",也是衫裙相分而相配。石榴裙指石榴红色的裙子,在南北朝至唐五代一直非常流行。梁元帝《乌栖曲》"芙蓉为带石榴裙";杜审言《戏赠赵使君美人》"桃花马上石榴裙";武则天《如意娘》"不信比来长下泪,开箱验取石榴裙";万楚《五日观妓》"眉黛夺将萱草色,红裙妒杀石榴花";白居易《官宅》"移舟木兰棹,行酒石榴裙"。这些诗句表明,唐代上至宫廷贵妇,下至民间妓女,无不以穿石榴裙为美。本词中以肉红衫子配鲜红的石榴裙,是同色系搭配,十分精致讲究,又与碧罗冠子相配,形成一种撞色之美,十分大胆醒目。如此着装的女子想来也是热情似火、明艳动人的。与衣装的艳丽招摇相反,女子的妆容却没那么浓重,是"故着胭脂轻轻染,淡施檀色注歌唇"。她有意地只在脸上略施胭脂,用以歌唱的嘴上也只是淡淡地涂了一层绛红色的唇膏,这样做的目的,一是突出了她的天生丽质,二是体现了她充分的自信:哪怕是轻染淡注,其美艳也足以压得住身上鲜艳的衣服,让人为她的容貌倾倒。两句之前的一个"故"字,充分说明了女子的心机。"含情唤小莺"中的小莺显然是侍女的名字,所以其"含情"并不针对小莺,而是心中满含着对爱人的深情,叫来侍女问话。"含情"说明前面的精心装扮是女为悦己者容,是用心良苦,是一往情深。"只问玉郎何处去"是她向"小莺"问话的全部内容。"玉郎"是女子对自己珍爱的情郎的称呼,如前蜀牛峤《菩萨蛮》词:"门外柳花飞,玉郎犹未归。"此处女子问"玉郎何处去",显然与男子有约,却不见其到来,不免心焦,忍不住要问其行踪,好在"才言不觉到朱门",话音刚落,玉郎便已来到门前。可是,玉郎虽至,却已沉醉,需被"扶入锦□□□□",虽然这句词缺了几个字,但从"扶入"即可知道男子已经醉到自己无法行走的地步了。敦煌另有曲子词《鱼歌子》云:"雅奴卜,玉郎至,扶不(下)骓骝沉醉"[①],正可补此缺漏的细节。男子在何处喝醉了酒?酒醉之后前来,如何欣赏得了女子为他而进行的精心装扮,又如何与她软语温存,共赴鱼水之欢?所以女子对他真是又爱又恨,一面"□殷勤",极力温存服侍,一面又忍不住要嗔怪他说:"如何辜负少年人?""少年人"是女子自称,说明她明白青春易逝的道理,有想要享受大好年华的迫切需求,只是那男子似乎满不在乎,与她的焦虑心情形成了鲜明的对比。

这首词看似在描写女伎的美,实则在描写女伎的良苦用心。她的穿戴打扮的心机所在通过一个"故"字透露无遗,又借"含情"二字表明她做这一切的原因,将一个一往情深的女伎的形象烘托而出。而女子的有意而为与男子的无意之举形成了对比:玉郎虽至,却已大醉,辜负了女子的一片苦心,而在可以预见的将来,男子终将连来也不来了,那时便是彻底辜负了"少年人"。由此来看,词中女子用心良苦,而词的作者更是费尽心机,在看似轻描淡写的调笑中,蕴藏了对日后生活危机的警告。

抛球乐(其一)

> 珠泪纷纷湿绮罗,少年公子负恩多。当初姊姊分明道:莫把真心过与他。子细思量着,淡薄知闻解好么?

此词以第一叙事者的口吻写女子心理。首句"珠泪纷纷湿绮罗",推出哀伤落泪的女子形象,下句解释原因:"少年公子负恩多。"那年轻的公子原来是个薄情之人,轻易地便变了心。"多"字说明,男子的"负恩"之举屡屡发生,已

---

① 王重民:《敦煌曲子词集(修订本)》,北京:商务印书馆,1956年,第55页。

到了令人无法忍耐的地步,也说明女子的伤心日积月累,层层加重。"当初姊姊分明道:莫把真心过与他。""姊姊"是同行姊妹中的年长者,显然是有经验的人,能够洞察男子的真实想法,所以曾发出清楚的警告,让女子不要对那位少年公子交付真心。但沉溺在爱情之中的女子显然并没有接受她的警告,而是一味地付出了真心。两句词中写了三个人,记叙了一段反复纠结的过程,体现了女子对当初自己不听劝告的懊悔之情,反衬出词中女子曾经的天真无邪和用情至深。"子细思量着,淡薄知闻解好么?"写女子的反思:结交薄情之人,不会有任何好处。不难知道,词中的这个曾经执着地付出真心的女子,也将成长为"姊姊"那样的成熟女子,对"少年公子"或"淡薄知闻"保持警惕,不再轻易付出真情。然而,这种成长故事是多么令人伤心!

此词用语通俗,但意味深长。如"当初姊姊分明道:莫把真心过与他"句,几乎是以平常话入词,却写尽过去、现在和未来故事。这种以不加修饰的直白语言表现真情的写作方式,要么是因为作者技巧高超,要么是出自真情实感的流露。从词的内容来看,显然后者更具可能性,是遭受背叛的女伎的真实心理写照。

抛球乐(其二)

宝髻钗横坠鬟斜,殊容绝胜上阳家。蛾眉不扫天生绿,蝉脸能匀似朝霞。无端略入后园看,羞煞亭中数树花。

此词咏美人,虽美人具体身份不明,但联系上一首词以及词作本身"殊容绝胜上阳家"的内容,也当是吟咏女伎之作。

"宝髻钗横坠鬟斜",写女子头饰:发髻上宝钗横插,似不经意,却别具魅力,倭坠髻斜斜地垂于脸边,有种慵懒之美。"坠鬟"当指倭坠髻,又作倭堕髻。晋崔豹《古今注》云:"坠马髻今无复作者,唯倭坠髻,一云坠马之余形也。"其梳结方式是总发于顶,在头顶正中挽一发髻,并使之一侧偏斜,再用发簪将其固定。《陌上桑》:"头上倭堕髻,耳中明月珠。"唐许景先《折柳篇》:"宝钗新梳倭堕髻,锦带交垂连理襦。"温庭筠《南歌子》:"倭堕低梳髻,连娟细扫眉。"可见这种发式从魏晋直至隋唐五代都十分流行。本词中的女子梳着时样发式,说明其装扮之精细。"殊容绝胜上阳家",写女子容貌殊美,远远胜过了宫中的美人。"上阳家"指上阳宫中的内家美人。唐崔令钦《教坊记》记云:"妓女入宜春院,谓之'内人',亦曰'前头人',常在上前头也。其家犹在教坊,谓之'内人家',四季给米。其得幸者,谓之'十家',给第宅赐无异等。"①可见能入上阳宫的内人家一定多才多艺,美貌超群。而此处拿女子与上阳家相比,说其远胜她们,一则点明女子的身份亦为歌伎,二则赞赏其容貌之殊丽。"蛾眉不扫天生绿,婵脸能匀似朝霞",写女子的天生丽质。蛾眉之"绿",是因为古代流行以青黛画眉,眉色青翠。《文选》卷十九宋玉《登徒子好色赋》:"眉如翠羽。"吕向注:"眉色如翡翠之羽。""婵脸",指面如满月,光彩照人。《诗经·陈风·月出》言"月出皎兮,佼人僚兮",即以月喻人。"匀"指将脂粉在脸上均匀地涂抹开来,"似朝霞"指脂粉色如朝霞。故这两句词,都以自然之物喻人之美,说明其天然去雕饰的本质。"无端略入后园看,羞煞亭中数树花",也是以自然界的美丽物体来反衬其美丽:她无意间走入后园游览,结果令那里的花树都"羞煞"。

此词写美人颇具匠心,有层层推进之机:先拿她与人间美女相比,说她"殊容绝胜上阳家";然后以自然界的美物来铺垫她的天然韵致:"蛾眉不扫天生绿,婵脸能匀似朝霞";最后更说她容貌让后园树上的花朵"羞煞",将她的美推向极致。这种描写手法在《云谣集》咏美人的词作中堪称别具一格。

喜秋天(其一)

潘郎妄语多,夜夜道来过。赚妾更深独弄琴,弹尽相思破。 寂寞更深坐,泪滴浓烟翠。何处贪欢醉不归?羞向鸳衾睡。

此词表达的是一位女伎的寂寞怨情。

"潘郎妄语多,夜夜道来过",明知是"妄语",而且说了一遍又一遍,可这位痴情女子就是心甘情愿地相信他的话。"赚妾更深独弄琴",既然潘郎的妄语是"夜夜道来过",则女子更深弄琴之事也是夜夜发生,"弹尽相思破",语带双关,一指弹奏相思曲至结束,一指心意破碎。由此我们分明看出,词中人物,女子一往情深,男子却薄情寡义,女子天真单纯,男子却是情场高手。女子并非不知道男子在说谎,却抱着侥幸的态度,心甘情愿地夜夜等待,其陷入情感而不能自拔之状,都在"弹尽相思破"一句中。弹尽相思曲,男子仍未前来,女子仍在等候,"寂寞更深坐,泪滴浓烟翠",夜深人静之时,女子终于绝望地流

---

① [唐]崔令钦,[唐]孙棨,[元]夏伯和:《教坊记 北里志 青楼集》,上海:古典文学出版社,1957年,第5页。

下眼泪，泪水落在熏香之上，激起一缕绿色的浓烟。可就连香也能领略人情，对女子之泪有所回应，而那薄情的男子又在哪里呢？"何处贪欢醉不归？"说明女子清楚地知道，他是在外寻欢，饮酒作乐，只不过说不清地点罢了，可她仍是"羞向鸳衾睡"，因为锦被上的鸳鸯鸟成双成对，双栖双宿，对比自身的形单影只，只能让她更觉寂寞，怕也更加难以成眠。

《云谣集》中有多首表现女伎情感的词作。《柳青娘》其一中"叵耐不知何处去，教人几度挂罗裳"中的"玉郎"，与此词中"何处贪欢醉不归"的"潘郎"，都如《抛球乐》其一中的"少年公子"那样，"负恩多"。然而，诸词中的女子都是那么一往情深，虽珠泪扑簌，却依旧痴痴等待，让人深感感情世界中的不平等所带来的痛苦。这些词的语言都相对朴素，较为口语化，其取胜之处，全在于真情实意的自然流露。

（二）女伎身份所决定的女伎词的特点

女伎的角色身份，使女伎词在空间结构上出现了与其他描写女性的词作所不同的特点：她们开始走至屋外，而非像其他女子那样囿于闺阁之中。如《天仙子》其一中的女子便出现在五陵原上："五陵原上有仙娥，携歌扇，香烂漫，留住九华云一片。"五陵原是五陵少年出没的大本营，没曾想会有一女子出现，这定然会引起轰动。《柳青娘》其一中的女子打扮好自己后，"出门斜捻同心弄"，目的是引起情人的关注。即使在室内，空间也不是那么封闭，而有可能"高卷珠帘垂玉牖"（《竹枝子》其二），敞开的窗子构成了与外界的连通渠道，使居于室内的女子较易于与男子沟通，可以"几度遥相许"。而且她们也有了与男子的交际，如"玉腕慢从罗袖出，捧杯觞。纤手令行匀翠柳，素咽歌发绕雕梁"。所有这些，都使她们有了更多被男子窥看的可能性，有了更多追寻自由爱情的机会，这也就使女伎词带有了另外一些自身的特点。

由于女伎的特殊身份，我们发现，女伎词对女子容貌的描写词句要远远多于征妇词和闺情词。征妇词中几乎没有对征妇容貌的描写，闺情词对女子外貌的描写也仅限于个别描写未嫁少女的词中，而更多的是描写女子不事梳妆的慵懒心态。但女伎词中，除了个别直抒相思的词作外，几乎所有的词都会涉及体貌描写：

"犀玉满头花满面。"（《天仙子》其一）

"倾容二八小娘，满头珠翠影争光，百步惟闻兰麝香。"（《竹枝子》其二）

"丽影红颜越中稀，酥胸莲脸柳眉低。凝笑千花羞不坼，懒芳菲。"（《浣溪

沙》其一）

"鬟绾湘云淡淡妆，早春花向脸边芳。"（《浣溪沙》其二）

"青丝鬟绾脸边芳，淡红衫子掩酥胸。"（《柳青娘》其一）

"碧罗冠子结初成，肉红衫子石榴裙。故着胭脂轻轻染，淡施檀色注歌唇。"（《柳青娘》其二）

"宝髻钗横坠鬓斜，殊容绝胜上阳家。蛾眉不扫天生绿，婵脸能匀似朝霞。无端略入后园看，羞煞亭中数树花。"（《抛球乐》其二）

词的描绘重点在于脸（莲脸、婵脸等）、眉（柳眉、蛾眉等）、歌唇、酥胸、玉腕、纤手等，十分强调其肉体之美。另外，外部的修饰装扮也是描绘重点："犀玉满头花满面""满头珠翠影争光""鬟绾湘云淡淡妆""青丝鬟绾脸边芳，淡红衫子掩酥胸""碧罗冠子结初成，肉红衫子石榴裙""宝髻钗横坠鬓斜"，莫不从头饰、着装等方面凸显女子的华贵和艳丽。可以说，女伎的这些外貌描写多出自男人的眼睛，或者是女伎透过男性的眼睛看到的自己，所以对其外貌的描写多反映了男性的审美关注。

在女伎词中，男人也是女性关注的对象。在征妇词和一般闺情词中，女子要么是不带褒贬地指出丈夫的身份，称其为"征夫""良人"等，要么则略带贬义地称其为"荡子""去人"，较少用带有褒义或爱意的词汇来称呼情人。但女伎词中男子常以五陵少年、少年公子、"玉郎""潘郎"这样的身份出现，如：

"天仙别后信难通。"（《天仙子》其二）

"倘若有意嫁潘郎，休遣潘郎争断肠。"（《竹枝子》其二）

"偏引五陵思恳切，要君知。"（《浣溪沙》其一）

"但是五陵争忍得，不疏狂？"（《浣溪沙》其二）

"故使横波认玉郎。"（《柳青娘》其一）

"只问玉郎何处去。"（《柳青娘》其二）

"少年公子负恩多。"（《抛球乐》其一）

"潘郎妄语多，夜夜道来过。"（《喜秋天》其一）

五陵少年、少年公子，多指风流倜傥的富家子弟。"五陵"为汉代帝王陵墓所在地，《汉书·原涉传》颜师古注："谓长陵、安陵、阳陵、茂陵、平陵也。"汉代被迁到五陵原的多为富商大贾或六国时期的贵族，无论是在经济上还是政治上都有比较深厚的基础，因而以五陵原为家世背景的少年公子往往具有一定的优越感。到了唐代，唐人往往会对五陵少年进行理想化的刻画。"在唐诗中，'五陵少年'是一个极具光辉的群体形象。他们既是一群有青春活力的游侠少年,又是一群放浪不羁的纨绔子弟。众多的诗人带着颇为欣赏的眼光,通过对这一群体形象的描绘,热切表达了一种崇高的功业理想、一种浪漫的生活情趣、一种真实的人性诉求,为唐代诗坛增添了一道绚丽的色彩。"[1]而五陵少年放浪不羁的生活,往往与歌楼伎馆联系在一起。李白《少年行》:"五陵年少金市东,银鞍白马度春风。落花踏尽游何处,笑入胡姬酒肆中。"张碧《游春引三首》之一:"五陵年少轻薄客,蛮锦花多春袖窄。"白居易《琵琶行》:"五陵年少争缠头,一曲红绡不知数。"韦庄《少年行》:"五陵豪客多,买酒黄金盏。醉下酒家楼,美人双翠幰。"这些诗词都刻画了五陵少年出入酒楼歌肆、与女伎交游的场景。虽然他们中有不少为人轻薄的纨绔子弟,但在女伎的心目中,他们是较为理想的交往对象——可以一掷千金,又不失浪漫风趣,甚至有托付终身的可能性。也正是因为如此,在《云谣集》中,五陵少年成为女伎们爱慕的对象,也成为她们伤情的主因之一。反过来,"五陵少年"的爱慕与称赞也成了女子魅力的衡量标准,"偏引五陵思恳切,要君知"(《浣溪沙》其一)、"但是五陵争忍得,不疏狂?"(《浣溪沙》其二)都是用五陵少年的相思或疏狂来衬托女性之美。

  潘郎原指西晋潘岳,以长相俊美、举止优雅著称。《世说新语·容止》:"潘岳妙有姿容,好神情。少时挟弹出洛阳道,妇人遇者,莫不连手共萦之。"《晋书》卷五十五《潘岳列传》:"岳美姿仪,辞藻绝丽,尤善为哀诔之文。少时常挟弹出洛阳道,妇人遇之者,皆连手萦绕,投之以果,遂满车而归。"后"潘郎"成为被女子所爱慕的男子的泛称,亦以代指貌美的情郎,如司空图《冯燕歌》:"掷果潘郎谁不慕,朱门别见红妆露。"在《竹枝子》其二中,潘郎是男子自谓:"修书传与萧娘,倘若有意嫁潘郎,休遣潘郎争断肠。"从中可以看出男子的自矜之状。《喜秋天》其一中的"潘郎妄语多,夜夜道来过"则是女子对男子的爱称。

  玉郎在古代亦是对男子的美称。元稹《送王十一郎游剡中》诗:"想得玉郎乘画舸,几回明月坠云间。"在牛峤《菩萨蛮》的"门外柳花飞,玉郎犹未归"的词句中,玉郎是女子对丈夫或情人的爱称。在敦煌词中亦是如此。《云谣集》的两首《柳青娘》中,分别出现了"故使横波认玉郎"和"只问玉郎何处去"的句子,称呼中都体现了女子对情人的爱意。

---

[1] 刘飞滨:《唐诗中的"五陵少年"》,《四川师范大学学报(社会科学版)》2013年第2期,第86页。

对比征妇词和闺情词中的男子称谓,我们发现女伎词中对男子的称呼多具爱意,这表明,与那些嫁为人夫而无从选择、只能接受夫婿离家远行之现实的良家妇女相比,女伎们对爱情的追求更自由,这也使她们对自己选择的爱情对象表达了更真挚的爱慕之情。

可能也正是因为女伎的爱情至少在一段时间里是与男子的相互爱恋,所以《云谣集》中出现了爱情信物"同心结"的三首词,其中两首是女伎词,另一首是描写宫伎的《内家娇》。女伎词中的两处,一是《天仙子》其二中的"休把同心千遍弄",一是《柳青娘》其一中的"出门斜捻同心弄"。虽然两首词都写的是女子在苦苦等待男子到来时把弄同心结的情景,但至少说明他们曾经相爱过,这与征妇词和闺情词中的那些在不幸的婚姻中孤独一生的女子还是有所区别的。

当然,无论是处于什么阶层和角色的女子,似乎最终都逃不脱被抛弃的命运。在女伎词中,虽然我们看得到女性对真正爱情的追求,但更多的是男子对她们的欺骗和辜负:

"潘郎妄语多,夜夜道来过。赚妾更深独弄琴,弹尽相思破。"(《喜秋天》其一)

"负妾一双偷泪眼。"(《天仙子》其一)

"因何辜负少年人?"(《柳青娘》其二)

"少年公子负恩多。"(《抛球乐》其一)

她们想要追寻男子的消息,结果却是"叵耐不知何处去"(《天仙子》其二、《柳青娘》其一),所以她们的结局也不过是以泪洗面,孤独等候:

"泪珠若得似真珠,拈不散,知何限?串向红丝应百万。"(《天仙子》其一)

"满楼明月夜三更,无人语,泪如雨,便是思君肠断处。"(《天仙子》其二)

"珠泪纷纷湿绮罗,少年公子负恩多。"(《抛球乐》其一)

"寂寞更深坐,泪滴浓烟翠。"(《喜秋天》其一)

即使男子归来,似乎也已经将她忘却,"待得归来须共语,情转伤,断却妆楼伴小娘"(《柳青娘》其一)。对此,她们也有反思:"当初姊姊分明道:莫把真心过与他。子细思量着,淡薄知闻解好么?"(《抛球乐》其一)可见,尽管女伎在追求爱情方面较征妇和良家女子更自由大胆,也有可能使五陵少年一时为之"断肠""思恩切"和"疏狂",并与他们相亲相爱,互赠同心结,可到头来,她们一样会被抛弃,而且因为她们的身份地位,在被抛弃后还没有资格去论争,眼睁睁地看着男子"断却妆楼伴小娘"却无能为力。从这一点上看,女伎的爱情更没有保障,所以她们的命运反而更为悲惨。

五、《云谣集》中不同女性角色的相同命运

高世瑜在《唐代妇女》第二章《妇女群体状况》中,将唐代妇女分为宫廷妇女、皇族妇女(公主、郡主、县主)、贵族及宦门妇女、平民妇女、娼妓和优伶、姬妾和家妓、奴婢、宗教职业妇女几个群体。[①]从这种分类中,可以看到宫廷、皇族和贵族妇女之间,娼妓、优伶、姬妾和家妓之间,以及以上群体与宗教职业妇女群体之间的交叠处。如果更加笼统地加以分类的话,唐代妇女的阶层可划分为宫廷暨贵族妇女、平民妇女、娼妓和奴婢几大类。从这个角度出发,《云谣集》中的词作,除奴婢一类群体外,其他几类女子都或多或少地有所涉及。其中《内家娇》虽咏宫伎,但有研究者认为其主人公实为杨贵妃,所以她的身份兼具宫廷妇女和宫伎两者,这看似复杂但实际可以理解。征妇词中的征妇是唐府兵制下的产物,如上文所言,唐代初期的府兵多出身贵胄之家,最不济的卫士至少也是家境殷实人家的子弟,而且他们出征更多的是为了求取功名,故征妇可成为宦门女子的代表。闺情词中的少女、少妇中,既有出身望族者,也有出身平民家庭者,总体上她们可被视为平民妇女之代表。女伎词中的女伎,显然歌伎所占比例较大,但也不排除其他类别的娼妓。所以《云谣集》中的这些女性角色,基本上呈现了唐代妇女的主要构成群体,具有相当的代表性。

虽然这几个群体的女性在家世、地位、生活方式、行为规范等方面存在差异,但不难发现她们的共性:审美标准基本一致,活动范围都受到一定的限制,她们都对爱情充满渴望,在爱情生活中都处于被动等待的境地,畏惧被男子抛弃的未来。有关审美,我们将在专门的一章中加以分析,下文仅从行止空间和爱情命运两方面对其共性加以探讨。

如前所述,征妇词的空间构成符号多为床帏、孤枕、绿窗、户牖、妆楼,这其中除了《破阵子》其三中的"目断妆楼相忆苦"是相对开阔的空间外,其他都

---

① 高世瑜:《唐代妇女》,西安:三秦出版社,2011年,第9-111页。

仅限于卧房之内,甚至是床帏之间。这与征夫于千里之外的沙碛之中纵横驰骋的空间描写形成了鲜明对比。与此类似,闺情词中的平民妇女在出嫁之前,是"幼年生于闺阁,洞房深"(《凤归云》其四),是"忆昔笄年,未省离合,生长深闺苑"(《倾杯乐》其一),是"年二八久锁香闺"(《倾杯乐》其二),而出嫁之后,是"抛妾独守空闺"(《拜新月》其一),是"洞房深,空悄悄"(《鱼歌子》其二),是"罗幌尘生,屏帏悄悄"(《竹枝子》其一),不仅空间有限,而且连声音都没有,因而连出嫁前"爱引猧儿鹦鹉戏"的活泼也消失了。《内家娇》中的宫伎"除非却应奉君王,时人未可趋颜",或是"来往中庭",行动似更加不自由。女伎词中的女子虽然可以走出户外,但她们似乎并未能充分利用这种自由。除《天仙子》其一的女子出现在了五陵原上外,《天仙子》其二中的女子感叹的是"无人问,花满洞",是"满楼明月夜三更",《竹枝子》其二中的女子所在的环境是"高卷珠帘垂玉牖",《柳青娘》其一中的女子虽已"出门",却只是"斜捻同心弄",仅仅出到卧室门外而已,《柳青娘》其二中的女子是在"朱门"之内"含情唤小莺",需将"玉郎""扶入",《抛球乐》其二中的女子走得较远,是"无端略入后园看,羞煞亭中数树花"。唐代女子相较于其他朝代的女子,地位和自由度都较高,所以按说她们的活动范围应当更大些,但为什么《云谣集》词的空间构成大都在屋宇之内,不让这些女子去感受更广阔空间的自由生活呢?其主因之一是词作想要表现女性对丈夫或情人的爱恋和思念,而这种爱恋具有私密性,除了能封入书信之中带出屋外,也只能在内部空间得以呈现了,而且这种情感还不足为外人道,以致只能更缩小到床帏之内了。另一个原因则是,唐代女性并不如人们所以为的那样自由。

《全唐文》卷九十四有唐哀帝发布的《禁宫人擅出内门敕》:"宫嫔女职,本备内任,近年以来,稍失仪制。宫人出内宣命,采御参随视朝,乃失旧规,须为永制。今后每遇延英坐朝日,只令小黄门祗候引从,宫人不得擅出内门,庶循典仪,免致纷杂。"[①]内门即宫门,是隔绝皇宫与外界的屏障。虽然唐末这道屏障似乎不再那么森严,但敕文中的"近年以来,稍失仪制""乃失旧规"等语,都表明按照规定,"宫嫔女职"本都不得擅出内门,而且之前的宫廷也是严格遵守这一规定的。也正因为如此,我们才可以看到张祜《赠内人》中"禁门宫树月痕过,媚眼惟看宿鹭窠。斜拔玉钗灯影畔,剔开红焰救飞蛾"[②]的孤独寂

---

① [清]董诰等:《全唐文》卷九十四,上海:上海古籍出版社,1990年,第427页。
② [清]彭定求等:《全唐诗》卷五百一十一,上海:上海古籍出版社,1986年,第1296页。

寞中的推己及蛾,以及白居易《上阳白发人》中"绿衣监使守宫门,一闭上阳多少春。……唯向深宫望明月,东西四五百回圆"①的深宫老去。虽然《教坊记》中记录了内人家得宠,每月都可有母亲或姑姊探望的事,但也并未记录她们可以出宫去访亲。所以《内家娇》中的女子虽美,也只能成为外人的悬想,只有君王才能目睹她的风姿了。

有论者认为,"唐代社会开放,作为家庭主妇的'为人妻'女性,并未被封建礼教那套烦琐的行为规范束缚其手脚,如她们不甘于生活在家庭狭小的圈子,在丈夫外出时,时常走出家门与男子交往"②,实际情况似乎并非如此。且不说持论者举出的人妻与外人交的诸例出自《太平广记》的传闻,而且传闻本身也只是在讲述梦境,不可作为实例来论,即使是其举出的唐代墓志材料,也只能说明墓主生前兴趣爱好,而不能因"夫人习礼言诗,……洞知声律,……笔札雅琴,皆所尽善"就得出其与其他男子交往的结论。

在唐代居住建筑中,中门是个非常重要的组成部分。有学者根据敦煌壁画指出:"壁画中所见较多也更典型的四合院住宅以廊庑分为前后二院(如晚唐第85窟,五代第98窟、第5窟,宋代第61窟等)……在前廊和中廊正中分设大门和中门","其前院和主院之间的门也就是……中门。"③虽然并非所有住宅都有这样的体式,但基本的建筑结构即当如此。中门不但是一道在物理上分隔内外的界限,而且也是分隔男女之限的重要界限,在唐人的思想中,有"妇女居于中门内的观念"④。如孟郊《征妇怨》有"渔阳千里道,近如中门限。中门逾有时,渔阳长在眼"⑤的诗句,明确点明唐代妇女行止之处——"中门限"。另张潮《江风行》中的商贾之妻亦云:"妾本富家女,与君为偶匹。惠好一何深,中门不曾出。"⑥固然这些诗中描述的多是作为理想形象的贞妇,在现实生活中,唐代官宦人家或平民家庭的妻子较其他朝代拥有相对较多的自由,在有严格保护措施的情况下,偶尔可以出门赏玩,但其家庭职责决定了她们的活动范围仍在家庭以内。王维《唐故潞州刺史王府君夫人荣国夫人墓志铭》:

---

① [清]彭定求等:《全唐诗》卷四百二十六,上海:上海古籍出版社,1986年,第1045页。
② 段丽塔:《唐代女性家庭角色及其地位》,《中国文化研究》2002年第2期,第146页。
③ 萧默:《敦煌建筑研究》,北京:机械工业出版社,2003年,第176、178页。
④ 李志生:《中门和中堂:唐代住宅建筑中的妇女生活空间》,载于常建华:《中国社会历史评论》第十四卷,天津:天津古籍出版社,2013年,第202页。
⑤ [清]彭定求等:《全唐诗》卷三百七十三,上海:上海古籍出版社,1986年,第927页。
⑥ [清]彭定求等:《全唐诗》卷一百一十四,上海:上海古籍出版社,1986年,第269页。

"夫人姓卢氏,范阳人也……积累世之德,锺二门之美。仪表秀整,进止详闲,不咨保傅,动由诗礼。既以士族冠时,遂归齐大之偶。入持门户,内事舅姑,枕席温清于堂上,环佩逶迤于堂下。不脱簪珥,亲当浣濯……众妇于是修容,夫人专之以礼。克赞君子,累至大官;雅政清德,实多左右。潞州早世,深秉义方;母仪可则,庭训不替。女史之学,多赞大家之书;众妇之仪,尽禀夫人之法。"①《唐故冀州枣强县令赠随州刺史裴公墓志铭并序》称赞夫人段氏云:"夫人令淑天资,敏懿家范,始乃亲于织纴,用就厥功,女则昭矣;次乃务于浣濯,施诸条枚,妇道成矣;终乃勤于训立,皆以忠信,母仪备矣。"② 陈羽《古意》诗中的女子,"十三学绣罗衣裳,自怜红袖闻馨香。人言此是嫁时服,含笑不刺双鸳鸯。郎年十九髭未生,拜官天下闻郎名。车马骈阗贺门馆,自然不失为公卿。是时妾家犹未贫,兄弟出入双车轮。繁华全盛两相敌,与郎年少为婚姻。郎家居近御沟水,豪门客尽蹑珠履。雕盘酒器常不干,晓入中厨妾先起。姑嫜严肃有规矩,小姑娇憨意难取。朝参暮拜白玉堂,绣衣著尽黄金缕"③。可见,即使是门当户对的官宦人家的女性,在家庭内都得遵守严格的规矩,侍奉公婆、内睦亲戚、教育子女都是女子的家庭职责,有的甚至还得亲自织纴、洗涤、下厨。在这样的情况下,随意外出游玩显然不是常态。即使是无家务之劳的贵妇们,也会因困于家中的孤独寂寞而发出叹息之声。刘禹锡《和乐天春词》云:"新妆宜面下朱楼,深锁春光一院愁。行到中庭数花朵,蜻蜓飞上玉搔头。"④ 打扮得再艳丽,生活得再闲适,却依旧是"深锁春光"罢了,除了庭院中的蜻蜓,似乎也无人来欣赏她的美丽。《云谣集》征妇词和闺情词中的女子因主要表现其对丈夫的相思之情,除缝制征衣外,并未对其家庭职责予以描述,但很显然,她们的生活圈子非常狭小,也并没有通常所想象的那么自由。

唐代的娼妓群体除宫伎、教坊伎外,又有官伎、私营伎和家伎之分。家伎之不自由可以想象,而其余两种身份的女伎的活动范围也是有限的。"官妓一般集中居住于乐营,没有人身自由,不能随意外走。由官府供给衣粮,随时准备承应官差。"⑤ 她们固然可以陪同长官外出游玩,但一旦事毕,还是得回到自己的住处,就连命运也掌握在他人手中。孟棨《本事诗》记:

---

① [清]董诰等:《全唐文》卷三百二十七,上海:上海古籍出版社,1990年,第1467页。
② 周绍良:《唐代墓志汇编》,上海:上海古籍出版社,1992年,第1423—1424页。
③ [清]彭定求等:《全唐诗》卷三百四十八,上海:上海古籍出版社,1986年,第860页。
④ [清]彭定求等:《全唐诗》卷三百六十五,上海:上海古籍出版社,1986年,第913页。
⑤ 高世瑜:《唐代妇女》,西安:三秦出版社,2011年,第64页。

> 韩晋公镇浙西,戎昱为部内刺史。郡有酒妓,善歌,色亦媚妙,昱情属甚厚。浙西乐将闻其能,白晋公,召置籍中。昱不敢留,饯于湖上,为歌词以赠之,且曰:"至彼令歌,必首唱是词。"既至,韩为开筵,自持杯,命歌送之。遂唱戎词。曲既终,韩问曰:"戎使君于汝寄情邪?"悚然起立曰:"然。"言随泪下。韩令更衣待命,席上为之忧危。韩召乐将责曰:"戎使君名士,留情郡妓,何故不知而召置之,成余之过!"乃笞之。命与妓百缣,即时归之。其词曰:"好去春风湖上亭,柳条藤蔓系离情。黄莺久住浑相识,欲别频啼四五声。"①

戎昱为部内刺史,爱郡伎而尚不敢留,官伎自身更没有能力掌握自己的命运了。除非有韩晋公这样重名士的官员,否则官伎即使与人相爱,也只能含泪伺人了。

相较于官伎,私营伎虽亦名隶官府伎籍,受官府管辖,却可自行开业,可自由居住和经营。她们中有的由"假母"管制,有的即以自家为营业之所。但即使是她们,也没有人身自由。《北里志序》言:"京中饮妓,籍属教坊,凡朝士宴聚,须假诸曹署行牒,然后能致于他处。"这说明"朝士"招饮,得有曹署的批文才行,"惟新进士设筵顾吏,故便可行牒,追其所赠之资,则倍于常数"。又言:"诸妓以出里艰难,每南街保唐寺有讲席,多以月之八日,相牵率听焉。皆纳其假母一缗,然后能出于里。其于他处,必因人而游,或约人与同行,则为下婢,而纳资于假母。"②这说明她们处处受到假母挟制,并无人身自由,即使是每月八日去南街保唐寺听僧人讲经,也要向假母交纳一缗钱才可出行。南曲张住住,"其母之腹女也,少而敏慧,能辨音律",分明是自立门户,母亲是亲生之母,但她也不自由。她自幼与邻居佛奴相爱,"及住住将笄,其家拘管甚切,佛奴稀得见之,又力窘不能致聘",足见其受管束之甚。

所以无论是官伎还是私营伎,都非来去自由之人,受到各种牵制。也正因为如此,我们才会看到《云谣集》中的女伎词在空间上也多囿于室内,相对逼

---

① [唐]孟棨等:《本事诗 续本事诗 本事词》,李学颖标点,上海:上海古籍出版社,1991年,第9-10页。
② [唐]崔令钦,[唐]孙棨,[元]夏伯和:《教坊记 北里志 青楼集》,上海:古典文学出版社,1957年,第26页。

仄,并不比宫伎、贵妇等多出多少自由。

总之,《云谣集》诸词的空间结构说明,虽然诸词的女主人公们身份地位各不相同,但她们在缺乏行动自由、活动范围多囿于室内这一方面,有着极大的相似性。这是中国古代女性一以贯之的生活环境,即使在相对开放的唐代也并没有多少改观。与此相对应,《云谣集》中的女性群体的行为也大抵相同:诉说思念,抱怨孤独,暗自垂泪,祈祷祝愿,默默等待。可是,所有这一切的结果可能都将化为一场空,她们往往无法摆脱被抛弃的命运。

唐朝宫伎人数之多令人咋舌。唐代教坊在唐玄宗时得到极大的扩展。他除了在宫中蓬莱宫侧设置内教坊外,又在宫外延政坊、光宅坊分别增设左、右教坊,还于东京(洛阳)明义坊两侧也附设左、右教坊,最盛时,内外教坊的男女人数多达万余。杜甫《观公孙大娘弟子舞剑器行》说"先帝侍女八千人",白居易《长恨歌》说玄宗"后宫佳丽三千人",都比实际数目要少。玄宗后虽然教坊人数有所裁减,但依旧维持了相当的规模。宪宗时,"教坊忽称密旨,取良家士女及衣冠别第妓人,京师嚣然"[①],以致宪宗不得不出来辟谣。敬宗曾于长庆四年(824)、宝历二年(826)多次游幸教坊,甚至还在宣和殿亲自接见"内人亲属一千二百人,并于教坊赐食,各颁锦彩"[②]。文宗时,教坊一次献进霓裳羽衣舞女就有三百人之多。"宣宗妙于音律,每赐宴前,必制新曲,俾宫婢习之。至日,出数百人,衣以珠翠缇绣,分行列队,连袂而歌,其声清怨,殆不类人间。"[③] 所有这些宫伎中,能够得到皇帝临幸的内人家数量有限,不过数十人,而在这数十人中,真正得到宠爱的也寥寥无几。在此情况下,宫伎虽渴望爱情,但无时无刻不为自己的未来担忧,即使如薛能《吴姬》诗中那样"钿合重盛绣结深,昭阳初幸赐同心",恐怕也难以持久,这也正是《内家娇》其二中的女子"只把同心,千遍捻弄"的心思所在。

官宦及平民家庭中的女子,虽然在丈夫外出时对之日夜思念不止,幻想着丈夫归来后的各种恩爱,但实际上,被困于家中的她们清楚地知道丈夫在外的可能行径。《破阵子》其一中的"去人""应是潇湘红粉绊,不念当初罗帐恩,抛儿虚度春",《拜新月》其一中的"荡子""堪恨情如水,到处辄狂迷,不思家

---

① [后晋]刘昫等:《旧唐书》卷一百六十四《李绛传》,北京:中华书局,1975年,第4289页。
② [后晋]刘昫等:《旧唐书》卷十七《敬宗本纪》,北京:中华书局,1975年,第519页。
③ [宋]王谠:《唐语林》卷七,上海:古典文学出版社,1957年,第250页。

国",《鱼歌子》其二中的五陵公子"恋狂花年少""把千金买笑",哪一个在寻欢作乐时曾想起家中的妻子?即使丈夫最终归来,"待卿回归日,容颜憔悴,彼此何如?"(《凤归云》其二)

《太平广记》卷二百七十一《妇人二》引《玉堂闲话》:

> 兖州有民家妇姓贺氏,里人谓之织女。父母以农为业。其丈夫则负担贩卖,往来于郡。贺初为妇,未浃旬,其夫出外。每出,数年方至,至则数日复出。其所获利,蓄别妇于他所,不以一钱济家。贺知之,每夫还,欣然奉事,未尝形于颜色。夫惭愧不自得,更非理殴骂之,妇亦不之酬对。其姑已老且病,凛馁切骨。妇佣织以资之,所得佣值,尽归其姑,己则寒馁。姑又不慈,日有凌虐。妇益加恭敬,下气怡声,以悦其意,终无怨叹。夫尝挈所爱至家,贺以女弟呼之,略无愠色。贺为妇二十余年,其夫无半年在家,而能勤力奉养,始终无怨,可谓贤孝矣。①

这个女子虽得到了"贤孝"的名声,但她的一生何曾体味过爱情的欢乐?她嫁为人妇二十多年,有一多半的时间丈夫都不在家,而且丈夫"不以一钱济家",全靠她苦苦支撑。她为家庭的辛苦付出虽然令"夫惭愧",却也让他"不自得",以致"更非理殴骂之",还将外面的女人带回家来羞辱她。她维系了家庭,实际却遭到了明目张胆的背叛和抛弃,其命运令人扼腕叹息。普通人家如此,官宦之家也并无分别。陈羽《古意》中的女子,在繁杂的家事的负累中渐渐老去:"妾貌渐衰郎渐薄,时时强笑意索寞。知郎本来无岁寒,几回掩泪看花落。妾年四十丝满头,郎年五十封公侯。男儿全盛日忘旧,银床羽帐空飕飗。庭花红遍蝴蝶飞,看郎佩玉下朝时。归来略略不相顾,却令侍婢生光辉。"②白居易的《母别子》写得更为辛酸:

> 母别子,子别母,白日无光哭声苦。
> 关西骠骑大将军,去年破虏新策勋。
> 敕赐金钱二百万,洛阳迎得如花人。

---

① [宋]李昉等:《太平广记(第六册)》卷二百七十一,北京:中华书局,1961年,第2131-2132页。

② [清]彭定求等:《全唐诗》卷三百四十八,上海:上海古籍出版社,1986年,第860页。

> 新人迎来旧人弃,掌上莲花眼中刺。
> 迎新弃旧未足悲,悲在君家留两儿。
> 一始扶行一初坐,坐啼行哭牵人衣。
> 以汝夫妇新燕婉,使我母子生别离。
> 不如林中乌与鹊,母不失雏雄伴雌。
> 应似园中桃李树,花落随风子在枝。
> 新人新人听我语,洛阳无限红楼女。
> 但愿将军重立功,更有新人胜于汝。①

这些虽然都是诗歌中的吟唱,但俱以现实生活为基础。女子被抛弃的命运,似乎不会因为门第的高贵就能够避免。

一般女伎们在风月场中寻求爱情,遇到的往往都是薄情之人。敦煌词《望江南》言,"莫攀我,攀我太心偏。我是曲江临池柳,这人折了那人攀。恩爱一时间!"②道尽女伎的辛酸。故《抛球乐》其一中的女子会感叹:"珠泪纷纷湿绮罗,少年公子负恩多。当初姊姊分明道:莫把真心过与他。子细思量着,淡薄知闻解好么?"唐传奇《霍小玉传》中,霍小玉虽与李益相爱,但十分清楚自己的未来。"中宵之夜,玉忽流涕观生曰:'妾本倡家,自知非匹。今以色爱,托其仁贤。但虑一旦色衰,恩移情替,使女萝无托,秋扇见捐。极欢之际,不觉悲至。'"李益虽写下盟约,"引谕山河,指诚日月,句句恳切,闻之动人",最终却连与霍小玉的相爱八年之约也未实现。孙棨《北里志》记,假母杨团儿手下有女福娘,字宜之:

> 宜之每宴洽之际,常惨然郁悲,如不胜任,合坐为之改容,久而不已。静询之,答曰:"此踪迹安可迷而不返耶?又何计以返?每思之,不能不悲也。"遂呜咽久之。他日忽以红笺授予,泣且拜。视之诗曰:"日日悲伤未有图,懒将心事话凡夫。非同覆水应收得,只问仙郎有意无。"余因谢之曰:"甚知幽旨,但非举子所宜,何如?"又泣曰:"某幸未系教坊籍,君子倘有意,一二百金之费尔。"未及答,因授予笔,请和其诗。予题其笺后曰:"韶妙如何有远图,未能相为信非夫。泥中莲子虽无染,移入家园未

---

① [清]彭定求等:《全唐诗》卷四百二十七,上海:上海古籍出版社,1986年,第1048页。
② 王重民:《敦煌曲子词集(修订本)》,北京:商务印书馆,1956年,第44页。

得无。"览之因泣,不复言,自是情意顿薄。①

宜之不隶属教坊籍,所以想要从良相对容易,只需以一二百金赎身即可,但她爱上的男子却百般推托,称娶女伎"非举子所宜",还说她虽出淤泥而不染,但"移入家园未得无",真是无情至极。《云谣集》中的女伎词可谓真实地描写出了她们被欺骗、辜负的命运,"潘郎妄语多,夜夜道来过。赚妾更深独弄琴,弹尽相思破"(《喜秋天》其一),等到终于盼来男子,"待得归来须共语,情转伤,断却妆楼伴小娘"(《柳青娘》其一)。

由此来看,无论是在宫中受到皇帝宠爱的女子,还是官宦之家的贵妇,无论是良家妇女,还是歌伎优伶,她们虽都对爱情充满向往,且不顾一切地投身其中,为之付出所有的努力,但结果仍难免悲惨。故《云谣集》的最后一首词——《喜秋天》其二,仿佛是在为词集中所有女子的命运做结:

芳林玉露摧,花蕊金风触。永夜严霜万草衰,捣练千声促。 谁家台榭曲,嘹亮宫商足? 暮恨朝愁不忍闻,早晚离尘土!

词将时序放在严酷的秋日:冷露摧残了曾经鲜花盛开、芳香馥郁的树丛,美丽的花蕊在秋风的吹拂下渐渐衰萎,小草也在寒霜的终夜蹂躏下枯死,一切都是那么肃杀凄凉,而这时,耳中传来的是捣练之声,那是家有征人的人家在为他们赶制征衣。词至此,给人以严酷、紧张之感,氛围凝重。但在这样的氛围之下,也有些异样的声音。"谁家台榭曲,嘹亮宫商足?"竟还有人在舞榭歌台上起舞高歌,似乎要抓住这最后的时刻寻欢作乐。这对于一个"暮恨朝愁"的弃妇来说,是多么具有讽刺意味的声音,所以她"不忍闻"。也许,这一切她都曾经历过,只是现实终将露出它无情的真实面目。"早晚离尘土"句,既写了女子迟早将会死去的悲惨命运,也是对所有沉浸在爱情喜悦中的女子的警告:所有的这一切,都将化为乌有,不复存在!

这首词中的女主人公到底是什么身份,单从词句来讲很难说清楚,只能笼统地将之称作"弃妇",故前文诸角色分类分析中并未收入此词,但它实际上代表了所有女性的悲剧命运。《云谣集》将它作为整部词集的收尾之作,也许编者自有其良苦用心。

---

① [唐]崔令钦,[唐]孙棨,[元]夏伯和:《教坊记 北里志 青楼集》,上海:古典文学出版社,1957年,第33-34页。

第二章 美女与丑妇
——以《云谣集》《金刚丑女因缘》《丑妇赋》为中心

关于美,不同时代、不同社会环境中的人们会有不同的取向和标准,这主要取决于审美主体的生活经验、审美趣味的不同。尽管如此,由于主体的审美活动总是在一定的社会历史条件中进行,所以难免会受到社会环境和文化的制约,从而形成相对一致的审美取向,如:在秦汉时期,人们崇尚端庄纤柔之美;隋唐五代时期,人们似乎更喜爱丰肥秾丽之美;宋元时期,人们则倾向于瘦弱清秀之美。这种相对一致的审美取向,往往见诸那个时代的文学作品。《云谣集》作为一部以美丽女性为主要表现对象的词集,十分密集地呈现了唐代的一些女性审美符号,并由此反映了唐人关于女性的审美趣味。而丑作为美的对立面,也会被人们关注,就如同文学作品会对美女做极致的描述一样,它们也会竭力地刻画丑妇,务使之达到人人见而恶之的地步,敦煌《金刚丑女因缘》《丑妇赋》《齖䶞书》等都是这类作品的代表。相对于美,人们对丑的评价似乎更具复杂性,这来自人们受到的道德观、宗教观等的影响。所以对于敦煌文献中的美女和丑女的考察,将有助于我们了解唐五代时期人们对于美丑的看法,以及藏于其背后的社会文化因素。

一、《云谣集》中的女性审美符号及其反映的唐代审美取向

《云谣集》绝大部分词作的主人公是女性,这就决定了作为一个整体,其对唐五代时期的女性审美必然有所体现。《云谣集》中的有些词只是将女性

的美作为一种辅助性的内容加以描写,但也有些词将女性之美作为了其表现的重点,如《凤归云》(其三)、《倾杯乐》(其二)、《竹枝子》(其二)之上片、《浣溪沙》(其一)之上片、《浣溪沙》(其二)、《柳青娘》(其一、其二)、《抛球乐》(其二)、《内家娇》(其一、其二)等。这些词作中,有描写贵妇的,有写普通人家的女儿的,有描写市井女伎的,也有描写受到皇帝宠爱的宫人的,她们身份不同,家世地位也各不相同,但有关她们的美的描写却十分类似,集中在其长相、装扮、仪态和才艺等几个方面,标准较为统一。所以我们可从中寻找当时的女性审美符号,并借此了解唐五代时期人们的女性审美取向。

最显著的女性审美符号出现在对女子相貌的描写中,《云谣集》词作对女性的脸、眉、眼、唇齿、胸、腕、手等的描写十分密集。

《云谣集》诸词对女性脸的描写非常单一:红脸如花、如月。

"岂知红脸,泪滴如珠。"(《凤归云》其二)

"对妆台重整娇姿面。"(《倾杯乐》其一)

"脸如花自然多娇媚。"(《倾杯乐》其二)

"莲脸柳眉休韵。"(《破阵子》其一)

"红脸可知珠泪频。"(《破阵子》其二)

"丽影红颜越中稀,酥胸莲脸柳眉低。"(《浣溪沙》其一)

"早春花向脸边芳。"(《浣溪沙》其二)

"婵脸能匀似朝霞。"(《抛球乐》其二)

"红脸""红颜""娇姿面"等都是对施有胭脂的美丽容颜的概写,以花比人则是历来俗喻,所以此处不做过多讨论,唯"婵脸"一词,需做考量。敦煌原卷中,《抛球乐》其二中的"婵脸"之"婵"写作"蝉",朱孝臧、任二北等均校作"莲",孙其芳校作"蟾"。① 遍搜古籍,历来并无"蝉脸"一说,且以"蝉"字描绘美人面容似不当,故"蝉"字当误。朱、任等校作"莲",无论从读音还是字形上都有些牵强。校作"蟾",虽在语义上可与月关联,但欠缺字形上的关联度,也缺乏直观意义上的美感。笔者以为"蝉"若校作"婵",则从音、形上都较合理。"婵"字较少单独使用,常与"娟"合用为"婵娟",若此,则既可取"婵娟"之美好貌,也可取其月意,人脸如月,意味着面容的丰圆饱满。虽然唐代以丰腴为美的审美取向近来受到了较多的质疑,但从敦煌仕女画像、雕塑及周昉的《簪花仕女图》《挥扇仕女图》、张萱的《虢国夫人游春图》《捣练图》等来看,画中

---

① 陈人之,颜廷亮:《云谣集研究汇录》,上海:上海古籍出版社,1998年,第297页。

女子形象均是脸颊饱满、身形丰腴。北宋董逌《广川画跋·书伯时藏周昉画》云："龙眠居士知……尝得周昉画《按筝图》……尝持以问曰：'人物丰浓,肌胜于骨,盖画者自有所好哉？'余曰：此固唐世所尚。尝见诸说'太真妃丰肌秀骨',今见于画亦肥胜于骨。昔韩公言,曲眉丰颊,便知唐人所尚,以丰肥为美,昉于此时知所好而图之矣。"① 元夏文彦《图绘宝鉴》谓周昉"作仕女多为秾丽丰肥之态,盖其所见然也"②。元汤垕《古今画鉴》云：周昉善画贵游人物,又善写真；作仕女多秾丽丰肌,有富贵气。③ 当然,"婵脸"除了形容女子面容饱满外,也可指面容如明月般光彩照人。

《云谣集》中女子的眉毛,多被描述为蛾眉、柳眉、月眉、翠眉。

"莲脸柳眉休韵。"（《破阵子》其一）

"酥胸莲脸柳眉低。"（《浣溪沙》其一）

"翠柳画娥眉。"（《倾杯乐》其二）

"深深长画眉绿。"（《内家娇》其一）

"蛾眉不扫天生绿。"（《抛球乐》其二）

"眉如初月"（《凤归云》其三）

唐人重眉妆,唐诗中涉及美人眉毛的描写颇多。明王世贞《增补艺苑卮言》卷十三载："唐明皇令画工画十眉图。一曰鸳鸯眉,又名八字眉；二曰小山眉,又名远山眉；三曰五岳眉；四曰三峰眉；五曰垂珠眉之；六曰月棱眉；又名却月眉；七曰分梢眉；八曰涵烟眉；九曰拂云眉；又名横烟眉；十曰倒晕眉。"苏东坡《眉子石砚歌赠胡誾》："君不见成都画手开十眉,横云却月争新奇。"《奁史》引《东坡诗注》云："蛾眉、翠黛、卧蚕、捧心、偃月、复月、箸点、柳叶、远山、八字,是为十眉。"④ 可见仅在唐玄宗时代,就有十数种眉型流行。《云谣集》中所涉及的几种眉型,都以细长弯曲为特点。

蛾眉亦称娥眉,是自古以来的传统眉式,几乎已经成为美眉之代称。《诗

---

① 中国书画全书编纂委员会：《中国书画全书（第一册）》,上海：上海书画出版社,1993年,第842页。

② 中国书画全书编纂委员会：《中国书画全书（第一册）》,上海：上海书画出版社,1993年,第853页。

③ 中国书画全书编纂委员会：《中国书画全书（第一册）》,上海：上海书画出版社,1993年,第859页。

④ ［清］王初桐：《奁史》卷七十三《梳妆门》三,北京：全国图书馆缩微文献复制中心,2010年。

经·卫风·硕人》中的美女："螓首蛾眉,巧笑倩兮,美目盼兮。"《楚辞·离骚》亦云:"众女嫉余之蛾眉兮,谣诼谓余以善淫。"这表明自春秋战国以来,"蛾眉"或"娥眉"都是女性眉毛之美的标准。《奁史》引《隋遗录》云:"炀帝爱殿脚女吴绛仙,擢为龙舟首楫,号曰崆峒夫人。绛仙善画长蛾眉,由是殿脚女争效为长眉。"由此可见蛾眉较长。唐曹邺《四怨三愁五情诗十二首》之《三怨》云:"短鬓一如螓,长眉一如蛾。"这也说明蛾眉细长之状。《增补艺苑卮言》所记唐玄宗画工的《十眉图》中并无"蛾眉"一款,可能是因为在多数时候,蛾眉是一切美眉的统称。《云谣集》中的"蛾眉",更多的应该是这种统称意义上的泛指。

柳眉,柳叶形状的眉毛,特点是弯而长。唐平康妓赵鸾鸾有诗曰《柳眉》:"弯弯柳叶愁边戏,湛湛菱花照处频。妩媚不烦螺子黛,春山画出自精神。"①自初唐直至五代,柳眉都经常出现在诗人们的笔下。唐太宗妃子徐贤妃《赋得北方有佳人》:"柳叶眉间发,桃花脸上生。"②白居易《长恨歌》:"芙蓉如面柳如眉,对此如何不泪垂。"③韩偓《复偶见三绝》:"桃花脸薄难藏泪,柳叶眉长易觉愁。"④韦庄《女冠子》:"依旧桃花面,频低柳叶眉。"⑤可见与《十眉图》中许多流行一时的眉样不同,柳眉同蛾眉一样,一直处于流行之中,或已成为美眉的代称。《云谣集》之"莲脸柳眉休韵""酥胸莲脸柳眉低""翠柳画娥眉"等诗句,都有这种倾向,尤其是"翠柳画娥眉"句,将柳眉和娥眉并置,说明两者有一定的相似性。

月眉,即《凤归云》其三中的"眉如初月"之状。王褒《咏月赠人》中"初魄似蛾眉",王涯《秋思赠远二首》中"不见乡书传雁足,唯看新月吐蛾眉",刘方平《京兆眉》中"新作蛾眉样,谁将月里同。有来凡几日,相效满城中",都说明月眉与蛾眉类似。月眉在初唐时期即已流行,骆宾王就有"水下看妆影,眉头画月新"的诗句。盛唐时期月眉更受追捧,《十眉图》中即有月棱眉,又名却月眉,又有偃月、复月等的叫法。晚唐李贺《昌谷诗》言"泉樽陶宰酒,月眉谢郎妓",又《河南府试十二月乐词》之《十月》言"长眉对月斗弯环";杜牧的《闺

---

① [清]彭定求等:《全唐诗》卷八百零三,上海:上海古籍出版社,1986年,第1968页。
② [清]彭定求等:《全唐诗》卷五,上海:上海古籍出版社,1986年,第33页。
③ [清]彭定求等:《全唐诗》卷四百三十五,上海:上海古籍出版社,1986年,第1075页。
④ [清]彭定求等:《全唐诗》卷六百八十三,上海:上海古籍出版社,1986年,第1721页。
⑤ 曹光甫等:《唐宋词鉴赏辞典(唐·五代·北宋)》,上海:上海辞书出版社,1988年,第186页。

情》言"明娟却月眉,新鬓学鸦飞";罗虬《比红儿诗》之十言"诏下人间选好花,月眉云髻尽名家"。这些都说明月眉至晚唐仍很流行。

《云谣集》中提到的几种眉样有一个共同特点,就是其翠、绿的颜色,如"翠柳画娥眉""深深长画眉绿"和"蛾眉不扫天生绿"。翠眉之说并不起于唐代。《奁史》卷七十三《梳妆门》三引《事物纪原》云:"秦始皇宫中悉红妆翠眉,此妇人画眉之始也。"宋玉《登徒子好色赋》中描写"东邻之子"之美的一个标准是"眉如翠羽",也将眉与翠色联系在一起。但所谓"翠""绿"并非真的指眉色是绿色。韩偓《余作探使以缭绫手帛子寄贺因而有诗》"黛眉印在微微绿,檀口消来薄薄红",陈陶《西川座上听金五云唱歌》"旧样钗篦浅淡衣,元和梳洗青黛眉",都将青、绿之色与"黛"联系在一起。这主要是因为古人画眉用黛。《楚辞·大招》:"粉白黛黑,施芳泽只。"王逸注:"黛画眉鬓,黑而光净。""黛"是黑中带绿的矿石,使用时放在黛砚中研磨并用水调和后用类似毛笔的化妆工具沾染描眉,因此画眉又称扫眉。① "由于石黛的颜色是黑中带绿,绿色提升其亮度,所以画出来的眉毛极有光泽,'黑而光净'犹如翠鸟的羽毛熠熠生辉,因此眉黛又称翠羽、翠眉,此处为比喻,并非实指代眉毛为翠绿之色,而是指其润泽光亮。"② 所以诗词中的翠、绿之色实际上都指泛有暗绿色光泽的黑色,而非真正的绿色。

综上所述,眉妆在唐代十分讲究,而《云谣集》中出现的蛾眉、柳眉、月眉都具有弯曲细长的共性,且呈有光泽的黑色,是在唐五代都一直十分流行的经典眉样。《云谣集》中并未出现《十眉图》中的其他诸多眉式,这一方面是因为每个时代有每个时代不同的妆容时尚,《云谣集》因其创作朝代所限,不可能都有描绘,另一方面则说明传统或经典的妆容会长久流传,而且会成为美的符号,《云谣集》中的眉式,可以说更多的是作为美人的符号出现的,而不是太过具象的实指。值得注意的是,《云谣集》中的眉多是单纯地写美人,只有《破阵子》其三中有"早晚三边无事了,香被重眠比目鱼,双眉应自舒"的句子,是将紧蹙的眉头与满腹的愁情联系在一起,使眉的书写具有了情感意义。

眉下为目。《云谣集》中写到眼睛之美的词句有:

"目引横波。"(《凤归云》其三)

---

① 李芽:《中国历代妆饰》,北京:中国纺织出版社,2004年,第32页。
② 刘金勤:《楚人眉妆考释——释"蛾眉"与"青色直眉"》,《长江大学学报(社会科学版)》2010年第6期,第3页。

"故使横波认玉郎。"(《柳青娘》其一)

"横波如同秋水。"(《倾杯乐》其二)

"眼如刀割。"(《内家娇》其一)

"两眼如刀。"(《内家娇》其二)

由以上引言可知,《云谣集》写眼睛之美有两种形容方式:一为"横波",一则"如刀"。它们都不是写眼睛的形状,而是写眼神顾盼生辉、明亮传神的特点。以横波喻人眼始于《文选》卷十七傅毅《舞赋》:"眉连娟以增绕兮,目流睇而横波。"李善注:"横波,言目邪视,如水之横流也。"其后以横波喻目或眼神的诗歌层出不穷。如《玉台新咏》卷八王筠《秋夜》"愁萦翠羽眉,泪满横波目";唐李群玉《和人赠别》"嚬黛低红别怨多,深亭芳恨满横波",又《醉后赠冯姬》"二寸横波回慢水,一双纤手语香弦";李白《长相思》之二"昔时横波目,今作流泪泉";温庭筠《江南曲》"横波巧能笑,弯蛾不识愁"。《凤归云》其三中的"目引横波",以"引"字牵动如水流光的美目,十分动人;《倾杯乐》其二之"横波如同秋水",直接以"横波"代目,将之比作秋水,盈盈可期;《柳青娘》其一的"故使横波认玉郎",也是以"横波"代目,将女子偷眼顾盼的媚态描画得淋漓尽致。

如果说以"横波"代目或指代眼神的话,那么"如刀"则似乎更多地写出了受者的体验。"刀"字犀利冰冷,用来形容美人的眼神有些过于凌厉,但设想当一位美丽绝伦的女子将明亮的眼光投向一位男子时,那男子如被雷电震慑住而动弹不得的样子,从男子的角度而言,岂不是会觉得女子"两眼如刀"?唐方干《赠美人》有"粉胸半掩疑晴雪,醉眼斜回小样刀"句,薛逢《夜宴观妓》有"笑回丹脸利双刀"句,均与之相类。

由此可知,唐人写美女的眼睛,不是注重其大小形状,而注重其明眸善睐、含情顾盼之态。

《云谣集》中写到唇齿的词句有:

"朱含碎玉。"(《凤归云》其三)

"口含红豆相思语。"(《竹枝子》其二)

"香檀枉注歌唇。"(《破阵子》其二)

"淡施檀色注歌唇。"(《柳青娘》其二)

"嫩脸红唇……口似朱丹。"(《内家娇》其一)

以朱、丹写唇,与唇脂的制作原料有关。古代女子以唇脂涂染嘴唇,被称为"点唇"。从文献记载来看,汉代女性就有了点唇的习俗。王先谦《释名疏证补》引汉刘熙《释名·释首饰》曰："唇脂，以丹作之，象唇赤也。"① 这其中的"丹"即朱砂，故《凤云归》其三直接以"朱"称唇，说"朱含碎玉"，而《内家娇》其一则说"口似朱丹"。当然，随着时代的变迁，唇脂的制作方法会变得日趋复杂，不复是只用朱丹这么简单了，但朱、丹等却像"蛾眉"等词汇一样，已成为美人的符号。

《破阵子》其二的"香檀枉注歌唇"和《柳青娘》其二中的"淡施檀色注歌唇"，都将檀色之唇推到了焦点。唐末点唇名目繁多，《玉芝堂谈荟》引宋陶谷《清异录》云："唐末有胭脂晕，盖所以点唇，曰石榴娇、小红春、大红春、嫩吴香、半边娇、万金红、圣檀心、露珠儿、内家圆、天宫巧、洛儿殷、淡红心、猩猩晕、小珠龙、格双唐、眉花奴之目……大约注颊膏唇之饰。"这其中的"圣檀心"，估计即与此两首词中的"香檀"和"檀色"有关。《才调集》注吉师老《看蜀女转昭君变》之"檀口解知千载事"云："檀口，《清异录》：僖昭时倡家妆唇，其名字有圣檀心等。"②

有关檀色，史上有不同的记录。《论语义疏》卷九："改火之木，随五行之色而变也……槐檀色黑，冬是水，水色黑，故冬用槐檀也。"此处槐檀色当为黑色。《华严经疏》卷二十八："然膏色白，然漆色赤，然油色黄，然檀色绿，如是种种……"则檀色当为绿色。但这些作为点唇色未免怪异。明徐应秋《玉芝堂谈荟》卷二十九："《画谱》七十二色有檀色，浅赪色也。《花间集》：檀画荔枝红，金蔓蜻蜓软。又：烧春酽美小檀霞。又：翠钿檀注助容光。又：细香檀粉泪纵横。又：斜分八字浅檀蛾。又：臂留檀印齿痕香。又：香檀细画侵桃脸。又：浅眉微敛注檀轻。李后主：沈檀轻注些儿个。毛熙震：歌声慢发开檀点。罗虬《比红儿》：脸檀眉黛一时新。"《孔丛子·广诂》："彤、梓、赪、缊，赤也。"《广韵·栓》："赪：赤色，俗作赪。"另唐韩偓《余作探使以缭绫手帛子寄贺因而有诗》有"黛眉印在微微绿，檀口消来薄薄红"的诗句。从这些例子都可看出，唐代用以点唇的檀色当为淡红色。平康妓赵鸾鸾《檀口》："衔杯微动樱桃颗，咳唾轻飘茉莉香。曾见白家樊素口，瓠犀颗颗缀榴芳。"将红唇之诱惑写得十分到位。

---

① ［清］王先谦：《释名疏证补》卷一，上海：上海古籍出版社，1984年，据上海图书馆藏清光绪二十二年本影印，第243页。
② ［明］徐应秋：《玉芝堂谈荟》卷二十九，载于《文渊阁四库全书》第883册，上海：上海古籍出版社，1987年。

《云谣集》中关于胸的描写频率几乎与其他审美符号一样高,如:

"酥胸未消残雪。"(《凤归云》其三)

"酥胸莲脸柳眉低。"(《浣溪沙》其一)

"淡红衫子掩酥胸。"(《柳青娘》其一)

"雪散胸前。"(《内家娇》其一)

"胸上雪,从君咬。"(《鱼歌子》其二)

"银酥体雪透罗裳里。"(《倾杯乐》其二)

《云谣集》诸词写到胸的次数几乎与写到眉、唇等的次数相当,可见漂亮的胸部也是唐代美人的标准之一。上引诸词句中,三次写到"酥胸",三次将胸与雪联系在一起,可见唐代的美胸的标准是白嫩柔腻。赵鸾鸾《酥乳》"粉香汗湿瑶琴轸,春逗酥融绵雨膏",写得十分香艳。从唐诗的描述来看,唐朝的贵族女性、歌伎都流行这种半遮半掩的低胸装束。中晚唐诗人方干《赠美人》之一:"粉胸半掩疑晴雪,醉眼斜回小样刀。"李群玉《同郑相并歌姬小饮戏赠》:"胸前瑞雪灯斜照,眼底桃花酒半醺。"周濆《逢邻女》:"日高邻女笑相逢,慢束罗裙半露胸。"欧阳炯《浣溪沙》:"绮罗纤缕见肌肤。"毛熙震《浣溪沙》其四:"绣罗红嫩抹酥胸。"这些诗句都反映了唐五代时期女子以胸美为骄傲的常态。

除此之外,女子的皓腕、纤手也受到关注。《浣溪沙》其二写女伎"玉腕慢从罗袖出,捧杯觞。纤手令行匀翠柳,素咽歌发绕雕梁"。《倾杯乐》其二写女子"十指如玉如葱",足见纤长洁白的双手也是唐五代女性审美的对象之一。赵鸾鸾《纤指》诗曰:"纤纤软玉削春葱,长在香罗翠袖中。昨日琵琶弦索上,分明满甲染猩红。"可见平时藏于袖中的双手对男性也是极具诱惑力的。

除了身体描写外,《云谣集》中有关美人的描写还多涉及其装束和饰品,极尽华丽之能事。这其中,发式似乎最受关注。

"云髻婆娑。"(《凤归云》其三)

"犀玉满头花满面。"(《天仙子》其一)

"满头珠翠影争光。"(《竹枝子》其二)

"青丝罢拢云。"(《破阵子》其一)

"髻绾湘云淡淡妆。"(《浣溪沙》其二)

"青丝髻绾脸边芳。"(《柳青娘》其一)

"玉钗坠素绾乌云髻。"(《倾杯乐》其二)

"丝碧罗冠,搔头坠髻鬓,宝装玉凤金蝉。"(《内家娇》其一)

"及时衣着,梳头京样……搔头重慵慵不插。"(《内家娇》其二)

"宝髻钗横坠鬓斜,殊容绝胜上阳家。"(《抛球乐》其二)

从以上词句看,在《云谣集》的创作时代,女性将黑发绾为云髻是最常见的做法。《文选·曹植〈洛神赋〉》:"云髻峨峨,修眉联娟。"李善注:"峨峨,高如云也。"但《云谣集》中的云髻似无确指。《说郛》卷七十七下录段成式《髻鬟品》记:"髻始自燧人氏,以发相缠而无系缚。周文王加珠翠翘花,名曰凤髻,又名步摇髻。秦始皇有望仙髻、参鸾髻、凌云髻。汉有迎春髻、垂云髻。……陈宫有随云髻。……炀帝宫有迎唐八寰髻,又梳翻荷髻、坐愁髻。高祖宫有半翻髻、反绾乐游髻。明皇帝宫中双镮望仙髻、回鹘髻。贵妃作愁来髻。贞元中有归顺髻,又有闹扫妆髻。汉梁冀妻作堕马髻。长安城中有盘桓髻、惊鹄髻,又抛家髻及倭髻。王宪亦作解散髻,斜插簪。周弘文少时著锦绞髻。"也就是说,在秦汉以及六朝时期,都有以"云"相称的发式,如凌云髻、垂云髻、随云髻等。但在唐代的诸多髻式中,并没有一种以"云"为名。这说明《云谣集》中的云髻只是泛称,而非特指,它涵盖了各种将乌发高高盘起、堆于脸边的发式。罗虬《比红儿诗》之十:"诏下人间选好花,月眉云髻尽名家",将月眉、云髻与"名家"联系在一起,说明梳这类发式的女子,往往出身会比较高贵。

《抛球乐》其二中有"宝髻钗横坠鬓斜"的词句,提到宝髻和坠鬓。唐诗中常见宝髻之谓。如:李白《宫中行乐词》八首其一:"山花插宝髻,石竹绣罗衣。"韦庄《怨王孙》:"锦里,蚕市,满街珠翠。千万红妆,玉蝉金雀,宝髻花簇鸣珰。"而所谓宝髻,是指在发髻上插玉簪(搔头)、宝钗、珠翠、步摇、花钿、玉蝉、金雀等饰物。从这个意义上说,《云谣集》中所谓的"犀玉满头""满头珠翠""玉钗坠素绾乌云髻""搔头坠髻鬓,宝装玉凤金蝉"等,都可视为宝髻。

"坠鬓"当指倭坠髻,又作倭堕髻。晋崔豹《古今注》云:"坠马髻今无复作者,唯倭坠髻,一云坠马之余形也。"其梳结方式是总发于顶,在头顶正中挽一发髻,并使之一侧偏斜,再用发簪将其固定。《陌上桑》:"头上倭堕髻,耳中明月珠。"唐开元诗人许景先《折柳篇》:"宝钗新梳倭堕髻,锦带交垂连理襦。"顾况《宜城放琴客歌》:"头髻鬌鬌手爪长,善抚琴瑟有文章。"李贺《美人梳头歌》:"西施晓梦绡帐寒,香鬟堕髻半沉檀。"温庭筠《南歌子》:"倭堕低梳髻,连娟细扫眉。"可见这种发式从魏晋直至隋唐五代都十分流行。

正如《云谣集》所体现的那样,精心梳理头发、打理妆容的女子,要么是待嫁的少女,要么是需要讨异性欢心的女伎,像嫁给征夫的征妇或丈夫远行的普通妇女,则更可能是"青丝罢拢云"的状态,因为装扮对她们来说已经失去了

"女为悦己者容"的意义。正如李白《久别离》诗中所云:"至此肠断彼心绝,云鬟绿鬓罢梳结。"

《云谣集》中有关衣饰的描写有:

"罗衣掩袂。"(《凤归云》其三)

"玉腕慢从罗袖出。"(《浣溪沙》其二)

"淡红衫子掩酥胸……教人几度挂罗裳。"(《柳青娘》其一)

"碧罗冠子结初成,肉红衫子石榴裙。"(《柳青娘》其二)

"浑身挂绮罗装束……裙生石榴,血染罗衫子……银酥体雪透罗裳里。"(《倾杯乐》其二)

"丝碧罗冠……浑身挂异种罗裳……屐子齿高,慵移步两足恐行难。"(《内家娇》其一)

"及时衣着。"(《内家娇》其二)

"倚屏帏坐,泪流点滴,金粟罗衣。"(《拜新月》其一)

"珠泪纷纷湿绮罗。"(《抛球乐》其一)

从这些词句里,我们看到审美符号是碧罗冠、绮罗衫、石榴裙、异种罗裳、高齿屐子等。

碧罗冠当是唐五代时期流行的妇女冠饰之一种。五代马缟《中华古今注·冠子》:"冠子者,秦始皇之制也。令三妃九嫔当暑戴芙蓉冠子,以碧罗为之。"五代和凝《临江仙》词之三"碧罗冠子稳犀簪,凤皇双飐步摇金",又其《宫词》"碧罗冠子簇香莲,结胜双衔利市钱",也述及了碧罗冠。其实除了碧罗冠外,唐五代时期还有花冠(白居易《长恨歌》"云鬓半偏新睡觉,花冠不整下堂来";张泌《浣溪沙》"偏戴花冠白玉簪,睡容新起意沉吟")、金冠(清江《七夕》"映水金冠动,当风玉佩摇";和凝《宫词》"结金冠子学梳蝉,碾玉蜻蜓缀鬓偏")、玉叶冠(李群玉《玉真观》"高情帝女慕乘鸾,绀发初簪玉叶冠",自注:"公主玉叶冠,时人莫计其价")、碧玉冠(毛熙震《浣溪沙》"碧玉冠轻袅燕钗,捧心无语步香阶,缓移弓底绣罗鞋")、芙蓉冠(王梵志《观内有妇人》"各各能梳略,悉戴芙蓉冠")、缕金冠(尹鹗《拨棹子》"丹脸腻,双靥媚,冠子缕金装翡翠")、银结条冠子(徐夤《银结条冠子》"日下征良匠,宫中赠阿娇。瑞莲开二孕,琼缕织千条。蝉翼轻轻结,花纹细细挑。舞时红袖举,纤影透龙绡")、浮动冠(白居易《渭村退居寄礼部崔侍郎翰林钱舍人诗一百韵》"贵主冠浮动,亲王辔闹装")等。《杜阳杂编》记,"舞女飞鸾、轻凤戴轻金之冠,以金丝结之为鸾鹤状,仍饰以五彩细珠,玲珑相续,可高一尺,称之无二三分"①,说明冠的制作方式十分精细,而且以高、轻为要。《云谣集》中戴碧罗冠的女子,一为女伎,一为内人家,身份有所不同,却戴着类似的冠子,说明碧罗冠在唐代花样众多的冠饰中更具流行性和普遍性。

  罗衫当是唐五代女子的常服。在《云谣集》中,"罗衣""罗袖""绮罗"都指衣衫的材质是薄如蝉翼的丝罗,而"淡红衫子""肉红衫子""血染罗衫子"则表明,红色的罗衫在当时最为流行。《中华古今注》卷中"衫子背子"条记云:"衫子,自黄帝垂衣裳而女人有尊一之义,故衣裳相连。始皇元年诏宫人及近侍宫人皆服衫子,亦曰半衣,盖取便于侍奉。背子,隋大业末,炀帝宫人、百官母妻等绯罗蹙金飞凤背子,以为朝服及礼见宾客舅姑之长服也。天宝年中,西川贡五色织成背子。玄宗诏曰:观此一服,费用百金,其往金玉珍异并不许贡。"这说明衫子为半衣,背子为长衣,衫子为便装,背子为礼服。衫子多为单衣,如《玉台新咏·古诗为焦仲卿妻作》云:"左手持刀尺,右手执绫罗。朝成绣夹裙,晚成单罗衫。"唐代的罗衫颜色各不相同。白居易《燕子楼》三首其二:"钿晕罗衫色似烟,几回欲著即潸然。自从不舞霓裳曲,叠在空箱十一年。"《柘枝妓》:"红蜡烛移桃叶起,紫罗衫动柘枝来。"张祐《柘枝》:"鸳鸯钿带抛何处,孔雀罗衫属阿谁。"又《李家柘枝》:"红铅拂脸细腰人,金绣罗衫软著身。"王建《宫词》之十七:"罗衫叶叶绣重重,金凤银鹅各一丛。"韦应物《白沙亭逢吴叟歌》:"龙池宫里上皇时,罗衫宝带香风吹。"章孝标《柘枝》诗:"柘枝初出鼓声招,花钿罗衫耸细腰。"《拜新月》其一中也提到了"金粟罗衣"。可见罗衫有烟色、紫色、五彩色,上面可以绣以金线,熏以香气。无论是皇帝身边的嫔妃,还是大臣的家伎,或是柘枝妓,都喜着罗衫。另外,由于罗衫的纤薄特性,以其半掩酥胸,一定别有风韵,这也是罗衫如此受欢迎的原因。

  《云谣集》词中提及的石榴裙指的是一种正红色裙裳,因有资料显示其色为茜草所染,故又称为"茜裙"或"蓓裙"。②白居易《和春深二十首》其二十"眉欺杨柳叶,裙妒石榴花",万楚《五日观妓》"眉黛夺将萱草色,红裙妒杀石榴花",都表明其裙色是比石榴花还要鲜艳的大红色。石榴裙始于梁元帝时期,

---

① [清]王初桐:《奁史》卷六十五《冠带门》一,北京:全国图书馆缩微文献复制中心,2010年。
② 廖军,许星:《中国设计全集》第五卷"服饰类编衣裳篇",北京:商务印书,2012年,第244页。

梁元帝有《乌栖曲》云"芙蓉为带石榴裙",梁何思澄《南苑逢美人》亦言"风卷蒲萄带,日照石榴裙"。石榴裙在唐代尤其受到欢迎,唐传奇《李娃传》及《霍小玉传》中的主人公都曾穿石榴裙。《全唐诗》中提及"石榴裙"的诗歌多达二十余首,著名的如:杜审言《戏赠赵使君美人》"红粉青娥映楚云,桃花马上石榴裙";李白《宫宅》"移舟木兰棹,行酒石榴裙";白居易《谕妓》"烛泪夜粘桃叶袖,酒痕春污石榴裙";刘禹锡《乐天寄忆旧游,因作报白君以答》"其奈钱塘苏小小,忆君泪点石榴裙";常建《古兴》"石榴裙裾蛱蝶飞,见人不语颦蛾眉";罗虬《比红儿诗》其六"青丝高绾石榴裙,肠断当筵酒半醺"。当然,在唐代所有提及石榴裙的诗句中,最有名的是武则天《如意娘》中的"不信比来长下泪,开箱验取石榴裙",将一番深情,都寄予石榴裙中,言语古朴而诗韵盎然。清宋长白《柳亭诗话》:"李白尝作《长相思》乐府一章,末曰:'不信妾肠断,归来看取明镜前。'其妇从旁观之曰:'君不闻武后诗乎?不信比来长下泪,开箱验取石榴裙。'太白爽然自失。"连李白这样的诗人在读到这样的诗作时,都自愧弗如,足见石榴裙的表现力。

在《云谣集》中,引人注目的是石榴裙的搭配:"碧罗冠子结初成,肉红衫子石榴裙。"红色与绿色是互补色,如果正红正绿地配在一起,难免形成太过强烈的视觉冲击。但从碧罗冠至石榴裙之间有肉红衫子的过渡,从而降低了红色的饱和度,反而可增加美感。石榴裙之红,正可反映唐人张扬的个性,这也解释了石榴裙在唐代特别流行的原因。

除了罗衣和石榴裙,在《内家娇》中又有"浑身挂异种罗裳"之语。异种罗裳是什么样的,词作并无进一步的说明,但我们可以从唐人佚事中找到一点线索。《杜阳编》记载:元载的宠姬薛瑶英"能诗书,善歌舞,仙姿玉质,肌香体轻,虽旋波移光、飞燕、绿珠,不能过也","及载纳为姬,处金丝之帐、却尘之褥。其褥出自勾骊国,一云是却尘之兽毛所为也,其色殷鲜,光软无比。衣龙绡之衣,一袭无一二两,抟之不盈一握。载以瑶英体轻,不胜重衣,故于异国以求是服也。唯贾至、杨炎与载友善,故往往得见歌舞。至因赠诗曰:舞怯铢衣重,笑疑桃脸开。方知汉武帝,虚筑避风台。炎亦作长歌褒美,其略曰:雪面淡娥天上女,凤箫鸾翅欲飞去。玉钗碧翠步无尘,楚腰如柳不胜春。"①从异国得到的龙绡衣堪称异种罗裳了。薛瑶英是元载的宠姬,尚能获得这种别致的衣服,

---

① [宋]李昉等:《太平广记(第五册)》卷二百三十七,北京:中华书局,1961年,第1823页。

第二章 美女与丑妇——以《云谣集》《金刚丑女因缘》《丑妇赋》为中心

那么《云谣集》中的那位"除非却应奉君王,时人未可趋颜"的内人家,想来应当拥有与之相当或更加华美的异种罗裳吧。

《内家娇》其一中的美人的鞋子也颇别致:"屐子齿高,慵移步两足恐行难。"屐是用木头做鞋底的鞋,雨雪时,可当套鞋使用,以防打湿鞋袜。汉刘熙《释名·释衣服》:"屐,搘也。为两足搘,以践泥也。"唐颜师古《急就章注》:"屐者,以木为之而施两齿,所以践泥。"《说略》卷二十一:

> 屧,履中荐也,曰步屧,曰舞屧,吴王宫中有响屧廊,以楩梓板藉地,西子行则有声,故名响屧,是妇女通服之。韩偓《屐子》诗:"六寸肤圆光致致,白罗绣屧红托里。南朝天子事风流,却重金莲轻绿齿。"唐尺虽短,谓之六寸肤圆,想亦不缠足也。梁诗:"画屧重高墙",画之者当是绘以五彩,高墙者想是阔颊也。今之高底鞋类,履底曰舄,以皮为之舄,以木置履下,干湿不畏,古者祭服用之。屐以木为之,即今之木屐,古妇女亦著之。李白《浣纱石上女》诗:"一双金齿屐,两足白如霜。"①

很显然,在唐代,屐子已从其早期的做雨鞋用的实用功能转为具有审美功能的女性鞋履,且十分流行。它多为木底,装有两齿,齿的高度有时可能非常高,以致会影响到女子的行走。屐子除木制外,也有草制的。《太平广记》卷四百六十三《禽鸟》四"韦氏子"条记:"沔阳郡有张女郎庙,上元中,有韦氏子客于沔阳,途至其庙,遂解鞍以憩。忽见庙宇中有二屐子在地上,生视之,乃结草成者,文理甚细,色白,而制度极妙。"②屐子还有皮制的。崔涯《嘲妓》:"布袍披袄火烧毡,纸补筌篾麻接弦。更著一双皮屐子,纥梯纥榻出门前。"齿高的屐子虽然使女性行动不便,但也会使女性具有妖娆的步态,《内家娇》其二中所说"半含娇态,逶迤缓步出闺门",可能即穿了高齿屐子的结果。

除了具象的外在审美符号外,《云谣集》也强调抽象的女子"娇态",即女性特有的妩媚姿态,这其中包括了女性美丽的笑容、说话的神情、走路的姿势、身体的香味等。

---

① [明]顾起元:《说略》卷二十一,载于《文渊阁四库全书》第964册,上海:上海古籍出版社,1987年,第729页。
② [宋]李昉等:《太平广记(第十册)》卷四百六十三,北京:中华书局,1961年,第3809页。

"罗衣掩袂,行步逶迤,逢人问语羞无力,娇态多。"(《凤归云》其三）

"携歌扇,香烂漫。"(《天仙子》其一）

"百步惟闻兰麝香。"(《竹枝子》其二）

"凝笑千花羞不坼,懒芳菲。"(《浣溪沙》其一）

"窈窕逶迤,貌超倾国应难比……观艳质语软言轻。"(《倾杯乐》其二）

"浑身挂异种罗裳,更熏龙脑香烟。屐子齿高,慵移步两足恐行难。"(《内家娇》其一）

"半含娇态,逶迤缓步出闺门。"(《内家娇》其二）

"五陵儿,恋娇态女。"(《鱼歌子》其一）

"行步逶迤""窈窕逶迤""慵移步两足恐难行""逶迤缓步出闺门"等词句,都写了女子行走时的妖娆步态。这样的行止再伴以"凝笑千花羞不坼"的盈盈笑容、"逢人问语羞无力"的羞涩之态和"百步惟闻兰麝香"的袭人香气,试问有哪个男子会不为之倾倒呢？

《云谣集》中描写女性时,也会注重其才艺。

"笙簧无绪理,恨小郎游荡经年。"(《竹枝子》其一）

"五陵原上有仙娥,携歌扇,香烂漫,留住九华云一片。"(《天仙子》其一）

"须索琵琶从理,曲中弹到,想夫怜处,转相爱几多恩义。"(《洞仙歌》其一）

"香檀枉注歌唇。"(《破阵子》其二）

"纤手令行匀翠柳,素咽歌发绕雕梁。"(《浣溪沙》其二）

"淡施檀色注歌唇。"(《柳青娘》其二）

"天然有灵性,不娉凡间。教招事无不会,解烹水银,炼玉烧金,别尽歌篇。"(《内家娇》其一）

"善别宫商,能调丝竹,歌令尖新。"(《内家娇》其二）

"赚妾更深独弄琴,弹尽相思破。"(《喜秋天》其一）

这些词句中的女性都能歌善舞,会理琵琶、调丝竹、独弄琴,有的还会行酒令、烹水银、炼玉烧金。虽然词作多以女伎为描写对象,歌舞乃其基本技能,但也不乏征妇、思妇深夜抚琴的身影,这表明女子的才艺也极受时人的推崇,构成了当时女性审美取向的一部分。

至此,我们分析了《云谣集》中较为典型的女性审美符号,它们从女性的相貌、衣着、装扮到女性的言笑举止等不一而足,而从这些审美符号的表层深究下去，不难发现，它们俱是从男性视角出发，为满足男性的审美理想而做的各种描摹。如两首《内家娇》中的宫人，虽然被说成是"风流第一佳人"，"应是降王母仙宫，凡间略现容真"，但"除非却应奉君王，时人未可趋颜"之句表明，她的如仙之姿、她的多才多艺，不过都是为了迎合男性"君王"的喜好而已。词集中集中描写良家女子之美的作品，一为《凤归云》其三："幸因今日，得睹娇娥。眉如初月，目引横波。酥胸未消残雪，透轻罗。朱含碎玉，云髻婆娑。东邻有女，相料实难过。罗衣掩袂，行步逶迤，逢人问语羞无力，娇态多。锦衣公子见，垂鞭立马，肠断知么？"一为《倾杯乐》（其二）："窈窕逶迤，貌超倾国应难比。浑身挂绮罗装束，未省从天得至。脸如花自然多娇媚，翠柳画娥眉，横波如同秋水，裙生石榴，血染罗衫子。观艳质语软言轻，玉钗坠素绾乌云髻。年二八久锁香闺，爱引猢儿鹦鹉戏。十指如玉如葱，银酥体雪透罗裳里。堰娉与公子王孙，五陵年少风流婿。"集中写女伎之美的作品数量更多，如《浣溪沙》其一："丽影红颜越中稀，酥胸莲脸柳眉低。凝笑千花羞不坼，懒芳菲。……偏引五陵思恳切，要君知。"《浣溪沙》其二："髻绾湘云淡淡妆，早春花向脸边芳。玉腕慢从罗袖出，捧杯觞。纤手令行匀翠柳，素咽歌发绕雕梁。但是五陵争忍得，不疏狂？"可见无论女子的身份地位如何，也不论她们被描画得多么美艳动人，其最终还是要落在"锦衣公子"或"五陵年少"的身上，表明她们完全是男性的猎艳对象。也因此，虽然集中女性个个相貌如花，身姿动人，多才多艺，甚至衣着在后人看来都十分大胆，但基于时代所限，她们依旧是男权文化的附庸。尽管《倾杯乐》其一中的女子对丈夫抛下自己去求取功名之举表示不忿，提出过"纵然选得，一时朝要，荣华争稳便"的质疑，表现出女性少有的独立思考意识，但真正受到推崇的还是《凤归云》其三、其四中的女子，一方面，她是男人心目中的美女，另一方面，她是女人的道德榜样：在婚前以同为"佐国良臣"的父兄为傲，强调的是"训习礼仪足，三从四德，针指分明"，婚后则以"为国远长征"却"未有归程"的夫婿为重，强调的是"妾身如松柏，守志强过，鲁女坚贞"。从这个角度看，唐五代时期的女性审美是无法摆脱时代语境而独立存在的，只是这不应该成为影响我们对当时女性之美的探索的羁绊，而是要从这些束缚与限制中，体察女性为美而付出的努力，并欣赏她们因此所散发出的美的光辉。

二、敦煌文献中的丑妇形象及其反映的丑妇观

翁贝托·艾柯在其编著的《丑的历史》中说:"中世纪到巴洛克时期之间,对女人寻疵摘瑕——女人之丑透露她们内在的恶毒和邪门的诱惑力量——是个极为讨好的主题。在此之前,古典文学的贺拉斯、卡图卢斯(Catullus)和马提雅尔(Martialis)就已刻画女人之可憎,朱文纳(Juvenal)的《第六讽刺》(Sixth Satire)更是凶狠仇恨女人之作。"① 相较之下,同一时期的中国古代文学作品里,也不乏描写丑女之作。从刘向《列女传》中的钟离春、宿瘤女、孤逐女,到刘思真的《丑妇赋》,再到敦煌遗书中的《丑妇赋》《金刚丑女因缘》等,不一而足。虽然西方的文学艺术作品有时也会将丑与美德相对立,但这更多的是出于类比,如罗森克兰茨(Karl Rosenkranz)在其《丑的美学》(Aesthetic of Ugliness)中所言,"正如恶与罪是善的反面,代表地狱,丑则是'美的地狱'"②。与西方的丑是"美的地狱"的观念不同,中国古代文学作品中有关丑女的描写要更为复杂,它有时是"美"的反义词,但更多的时候与"德"和"善"有关。在此,我们以敦煌文献中的丑妇形象为中心,辅之以其与在此之前的丑妇形象的对比,来探讨敦煌文学作品中的丑妇观及其形成原因。

敦煌文献中集中描写丑女的作品有四件,其中直接以丑妇、丑女为主题的有二:P.3716和S.5752两个写卷的赵洽《丑妇赋》;P.2945、P.3048、P.3592、S.2114、S.4511五个写卷的《金刚丑女因缘》;虽不以丑女为主题,但在文中有对丑妇的集中描写的有二:P.2187和S.3491两个写卷的《破魔变》,P.2564、P.2633、S.4129三个写卷的《齖䶗书》。其余还有零散涉及丑妇描写的,如王梵志诗和白行简的《天地阴阳交欢大乐赋》等。就其内容而言,我们又可将这些作品分为两类:佛教故事类的《金刚丑女因缘》和《破魔变》,民间世俗作品类的《丑妇赋》《齖䶗书》及其他。下面我们分别来看看这两类作品中有关丑妇的描写。

---

① [意]翁贝托·艾柯:《丑的历史》,彭淮栋译,北京:中央编译出版社,2010年,第161页。
② 转引自翁贝托·艾柯:《丑的历史》,彭淮栋译,北京:中央编译出版社,2010年,第16页。

(一)敦煌佛教故事类作品中的丑妇形象

《金刚丑女因缘》在《敦煌变文集》中题为"丑女缘起"①,在《敦煌变文校注》中题为"金刚丑女因缘"②,本书的题、文均从后者。本篇在敦煌遗书中共有五个写本:甲卷(S.4511)、乙卷(P.3048)、丙卷(S.2114)、丁卷(P.3592)、戊卷(P.2945)。王重民校云:"右五卷中,甲、乙两卷最为完备,然文字互有详略。因此,选取两卷中较详和较好的部分,拼成一个底本,一般异同,不一一校出。开端部分用乙卷作底本。""按此故事在佛经中颇流行。《百缘经》有'波斯匿王丑女缘',《杂宝藏经》中有'丑女赖提缘',《贤愚经》亦有'波斯匿王女金刚品第八'。"黄征、张涌泉《敦煌变文校注》按云:"考元魏慧觉译《贤愚经》卷二《波斯匿王女金刚品第八》云:'波斯匿王之大夫人摩利,生一女,字波阇罗(原注:晋言金刚),极丑,肌体粗涩,犹如驼皮;头发粗强,犹如马尾。'根据本篇内容及文中多次提到'金刚丑女'等语,可知本篇系据《贤愚经》演绎而来,因据甲卷改定今题。"③

《金刚丑女因缘》说的是波斯匿王的女儿前世因供养辟支佛,故得托生国王家,但因供奉之时嘲笑辟支佛貌丑,所以生下来面目丑陋。长大后,国王派人以欺骗手段为其招贫穷的王郎为婿,王郎因其貌丑而多有嫌弃。丑女向佛祖告祝,佛施法力,将其变得貌美如花,且为众人讲述前后因缘。所以,《金刚丑女因缘》是典型的讲述因果报应的故事。其录文如下④:

> 我佛因地,旷劫修行,投崖饲虎,救鸽尸毗,为求半偈,心地不趍(移)。剜身然灯,供养辟支。善友求珠,贫迷父王有病,取眼献之。
>
> 大圣慈悲因地,旷劫修行坚志。
>
> 也曾供养辟支,帝释天来[□]试。
>
> 割肉祭于父王,山内长时伏气。
>
> 去世因[□]修行,三界大师便是。
>
> 世尊当日度行坛,为救众生业障缠。

---

① 王重民等:《敦煌变文集》,北京:人民文学出版社,1957年,第787-806页。
② 黄征、张涌泉:《敦煌变文校注》,北京:中华书局,1997年,第1102-1130页。
③ 黄征、张涌泉:《敦煌变文校注》,北京:中华书局,1997年,第1109页。
④ 录文据黄征、张涌泉:《敦煌变文校注》,北京:中华书局,1997年,第1102-1108页。

也解求珠于大海，尸毗救鸽结良缘。

三徒(途)地狱来往走，六道轮回作舟船。

为度门徒生善相，感贺如来圣力潜。

我佛当日为救门徒六道轮回，犹如舟船，般[运]众生，达于彼岸。此时总得见佛，今世足衣足食，修行时至，勤须发愿。有余供养佛僧，得数结绍见。此时更若修行，来世胜相定现。

我佛慈悲世莫夸，救度众生遍河沙。

总得到于无为处，今生富贵足娇闱。

人身不久如灯炎，世事浮空似云遮。

供养佛僧消灭障，来生必定礼龙花。

来如(如来)长说诱劝门徒，焚香发愿，勤念弥陀，修斋造善。布施有多[种]功德，一一不及广赞。设斋欢喜，果报圆满。若人些些攒眉，来世必当丑面。

佛在之日，有一善女，也曾供养罗汉，虽有布施之缘，心里便生轻贱。不得三五日间，身死有何灵验？此女当时身死，向何处托生？于波斯匿王宫内托生。此是布施因缘，得生于国王之家。轻慢贤圣之业，感得果报，元在于我大王夫人。

才生三日，进与大王。[大王]才见之[时]，非常惊讶。世间丑陋，生于贫下。前生修甚因缘，今世形容转差？大王道：

"只首思量也大奇，朕今王种岂如斯？

丑陋世间人总有，未见今朝恶相仪。

穹崇局蹐如龟鳖，浑身又似野猪皮。

饶你丹青心里巧，彩色千般画不成。

兽头浑是可憎貌，国内计应无比并。

[若论此女形貌相]，长大将身娉阿谁？"

大王羞耻，叹讶非常。遂处分宫人，不得唱说，便遣送至深宫，更莫将来，休交(教)朕见。

女缘丑陋世间希，浑身一似黑靿皮。

双脚跟头皴又僻，发如驴尾一枝枝。

看人左右和身转，举步何曾会礼仪。

十指纤纤如露柱，一双眼子似木槌离。

大王再三形相，嗟叹数声："何事敢招，如斯丑陋！"

公主全无窈窕,差事非常不小。
上唇半斤有余,鼻孔竹筒浑小。
生来未省喜欢,见说三年一笑。
觅他行步风流,却是赵士袜礻蔑。
大王见女丑形骸,常与夫人手拓[腮]。
忧念没心求驸马,惭惶谁更觅良媒。
虽然富贵居楼殿,耻辱缘无倾国财。
敕下令交(教)便锁闭,深宫门户不交(教)开。
尔时波斯匿王自念世(女)丑,由不如人,遂遣在深宫,更不令频出。[于是金刚丑女,]日来月往,年渐长成。夫人宿夜[忧]愁,恐大王不肯发遣。后因游戏之次,夫人敛容进步,[向前咨白大王云云]。

"贱妾常惭丑质身,虚沾宫宅与王亲。
日日眼前多富贵,朝朝惟是用珠珍。
宫人侍婢常随后,使唤东西是大臣。
惭耻这身无德解,大王宠念赴乾坤。
妾今有事须亲奏,愿王欢喜莫生嗔。
金刚丑女年成长,争忍令交(教)不事人!"
于是大王[闻奏],良久沉吟,未容发言,夫人又奏云云
"姊妹三人总一般,端正丑陋结因缘。
并是大王亲骨肉,愿王一纳赐恩怜。
向今成长深宫内,发遣令交(教)使向前。
十指虽然长与短,各各从头试咬看。"
大王见夫人奏劝再三,不免咨告夫人云云。
"我缘一国帝王身,眷属由来宿业因。
争那就中容貌差,交(教)奴耻见国朝臣。
心知是朕亲生女,丑差都来不似人。
说着上由(尚犹)皆惊怕,如何嘱娉向他门。"

[夫人又告大王]:"大王若无意发遣,妾也不敢再言。有心令遣事人,听妾今朝一计。私地诏一宰相,交觅薄落儿郎,官职金玉与伊,祝娉充为夫妇。"于是大王取其夫人之计,即诏一臣,交(教)作良媒,便即私地发遣。臣下[蒙诏],速赴内厅,面对处分天敕,受王进旨。王告臣曰:

"卿今听朕语,子细说来处:

缘是国夫人,有一亲生女。
天生貌不强,只要且睐眙。
觅取一儿郎,娉与为夫妇。"
[大王又向臣下道:]
"卿为臣下我为君,今日商量只两人。
朝暮切须看稳审,惆怅莫交(教)外人闻。
相当莫厌无才艺,莽路何嫌彻骨贫。
万计事须相就取,倍些房卧莫争论。"
于是宰相[受教],拜辞出内,便即私行坊市。[巡历]诸州,处处问人,朝朝寻觅。后忽经行街巷,[见一]贫生子,姓王,施问再三,当时便肯。领到内门,[先入见王,言奏]寻得。皇帝[闻说],大悦龙颜,遂诏宰相,速令引到。

皇帝座于宝殿,宰相曲躬来见:
"前时奉敕觅人,今日得依王愿。
门前有一儿郎,性行不妨慈善。
出来好个面貌,只是有些些舌短。"云云
大王闻说喜徘徊,卷上珠帘御帐开。
既强圣人心里事,也兼皇后乐咳咳。
嫔妃彩女令诏入,内监忙忙迤逦催,
便把被衫揩拭面,打扮精神强入来。
王郎登时见皇帝,道何言语:
于是贫仕蒙诏,跪拜大王已了。
叉手又说寒温,直下令人失笑。
更道下情无任,得事丈母阿嫂,
起居进步向前,下情不胜怜好。
其时大王处分:排备燕会,屈请[王]郎。既到座筵,遣宫人引其公主[见]对王郎。当尔之时,道何言语?
新妇出来见[王]郎,都缘面貌多不强。
彩女嫔妃左右拥,前头掌扇闹芬芳。
金钗玉钏满头妆,锦绣罗衣馥鼻香。
王郎才见公主面,諕来魂魄转飞扬。
于是王郎既被諕倒,左右宫人,一时扶接,以水洒面,良久乃苏。宫人道何言语?

女缘前生貌不敷,每看恰似兽头牟。

天然既没红桃色,遮莫七宝叫身铺。

夫主睨来身已倒,宫人侍婢一时扶。

多少内人喷水救,须臾得活却醒苏。

于是两个阿姊,恐被王郎耻嫌丑陋不肯,左右宫人,合皆总急。阿姊无计,思寸(忖)且著卑辞,报答王郎云云。

"王郎不用怪笑,只缘新妇幼小。

妹子虽不端严,手头裁缝最巧。

官职王郎莫愁,从此富贵到老。

些些丑陋不嫌,新妇正当年少。"

王郎道苦:"彼媒人误我将来,今日目前,见这个弱事。乃可不要富贵,亦不藉你官职。然相合之时,争忍见其丑貌。"思寸再三,沉疑不语。阿姊又道:

"不要称怨道苦,早晚得这个新妇?

虽则容貌不强,且是国王之女。

向今正值年少,又索得当朝公主。

鬼神大晒喽啰,不敢偎门傍户。"

于是王郎耻嫌不得,两个相合,作为夫妇。阿姊见成亲,心里喜欢非常,到于宫中,拜贺父母。当时甚道云云。

"小娘子如今娉了,免得父娘烦恼,

推得精怪出门,任他到舍相抄(吵)。"

王郎咨申大姊:"万事今朝总了。

且须遣妻不出,恐怕朋友怪笑。

小娘子莫颠莫强,不要出头出恼(脑)。

王郎心里不嫌,前世业遇须要。"

[妻语夫曰:

"王郎心里莫野,出去早些归舍。

莫抛我一去不来,交(教)我共谁人语话。

争肯出门出户,如今时徒转差,

门前过往人多,恐怕惊他驴[□]。"]

于是贫士既蒙驸马,与高品知闻,书题往来,以相邀会。遂赴朝官之宴,同拜玉阶,侍御郎中,共相出入。州官县宰,相伴驸马之筵,[仆射]尚书,同欢一座。已前诸官,密计相宜,要[看]公主。递互传局,流行屈到家中,事须妻出劝酒。既无形迹,例皆见女出妻,尽接座筵[同欢]。日日不备欢乐,次第渐到王郎,排备酒馔。唯忧妻貌不强,思虑耻于往还。遂乃精神不安,宿夜忧愁。妻见儿婿怨烦,不免再三盘问。王郎被问,遂乃于实咨告妻曰:

"每日将身赴会筵,家家妻女作周旋。

玉貌细看花一朵,蝉鬓窈窕似神仙。

朝官次第相邀会,饮食朝朝数千般。

后日我家备酒馔,也须娘子见朝官。"

王郎遂向公主,具说根由:"我到他家中,尽见妻妾,数巡劝酒,对坐欢娱。若诸朝官赴我筵会,小娘子事须出来相见。我耻此事,所以忧愁,怨恨自身,寻相不乐。"王郎道云云。

"我无怨恨亦无嗔,自嗟前生恶业因。

只为思君多丑貌,我今耻辱会诸宾。

来朝若也朝官至,还须娘子劝酒巡。

出到坐延相见了,交(教)我耻辱没精神。"

公主既闻此事,哽噎不可发言,惭见丑质,咽气泪落:"前世种何因果,今生之中,感得丑陋?"

公主才闻泪数行,声中哽咽转悲伤。

怨恨前生何罪业,今生丑陋异寻常。

再三自家嗟叹,[□](叹)了无计,遂罪(罢)妆台,心中亿(忆)佛,乞垂加护:

懊恼今生貌不强,紧盘云髻罢红妆。

岂料我无端正相,致令暗里苦商量。

胭脂合子捻抛却,钗朵珑璁调一傍。

雨泪焚香思法会,遥告灵山大法王。

于是娥媚(眉)不扫,云鬓罢梳,遥[□]灵山,便告世尊:

"珠泪连连怨复嗟,一种为人面貌差。

玉叶不生端正相,金藤结朵野田花。

见说牟尼长丈六,八十随形号释迦。

惟愿世尊加被我,三十二相与些些。"

佛以他心通，遥知金刚丑女焚香发愿。遂于丑女居处[阶]前，从地踊出，亲垂加被。丑女忽见大圣世尊，矶身阶前，浑掷自扑，起来礼拜，哽咽悲涕，[恰似四鸟而分离，思念自身，恨不减没而入地。]启告世尊，乞垂加护。丑女告世尊：

"自叹前生恶业因，置（致）令丑陋不如人。

毁谤圣贤多造罪，敢昭容貌似烟薰。

生身父母多嫌弃，姊妹朝朝一似嗔。

夫主入来无喜色，亲罗未看见殷勤。

时时懊恼流双泪，往往咨嗟怨此身。

闻道灵山三界主，所以焚香告世尊。"

佛有他心道眼，当时遂遥观见。

现身公主前头，交（教）令忏悔发愿。

丑女佛前忏罪愆，所为宿业自招然。

忏悔才终兼发愿，当时果报福周圆。

丑女见佛现身，欢喜倍常，遂赞叹如来："愿我身与佛无异！"

公主见佛至，颜容世无比。

发绀旋螺文，眉如初月翠。

口似频婆果，四十二牙齿。

两目海澄澄，胸前题万字。

[金刚丑女叹佛已了，右绕三匝，退座（坐）一面。佛已（以）慈悲之力，垂金色臂，指丑女身，丑女形容，当时变改云云。]

叹佛了，求加被，低头礼拜心专志。

容颜顿改旧时仪，百丑变作千般媚。

丑女既得世尊加被，[换旧时之丑质，作今日之面（周）旋；丑陋形躯，变端严之相好。]敢（感）得貌若春花，夫主入来不识。

公主轻盈世不过，还同越女及娘（嫦）娥。

红花脸似轻轻坼，玉质如棉白雪和。

比来丑陋前生种，今日端严遇释迦。

夫主入来全不识，却觅前头丑阿婆。

妻云道："识我否？"夫云"不识。""我是你妻，[如何不识？]"夫主云："唬人！"

"娘子比来似兽头，交（教）我人前满面羞。

今日因何端正相,请君与我说来由。"

妻语夫曰:"自君前时,忧我身丑陋,羞见他朝官。妾懊恼再三,遂乃焚香祷祝灵山[世]尊。蒙佛慈悲,便垂加佑,换却丑陋之形躯,变作端严之相好。"公主自道:

"我今天生貌不强,深惭日夜辱王郎。

遥想释迦三界主,不舍慈悲降此方。

便礼拜,更添香,不觉形容顿改张。

我得今朝端正相,感贺灵山大法王。"

王郎见妻端正,拍手喜欢,道数声"可曾(憎)!可曾(憎)!"走入内里,奏上大王。

王郎拍手欢喜,走报大王宫里:

"丈人丈母不知,今日浑成差事!

小娘子如今变也,不是旧时精魅。

欲识公主此时容,一似佛前菩萨子。"

大王闻说喜盈怀,火急忙然觅女来。

夫人队仗离宫内,大王御辇到长街。

才见女,喜徘徊,灼灼桃花满面开。

大王夫人喜欢晒,因兹特地送资财。

"公主因佛端正,事须惭谢大圣。

明朝速往祇园,礼拜至心恭敬。"

于是枪旗耀日,皂纛隐映,[七宝珍财,奉献其佛]。百寮从驾[如行],千官咸命[从后],同赴祇园,谢女端正。[经于一宿,已届祇园,谢佛重恩,再三请问:]

"下御辇,礼金人,更将珍宝献慈尊。

我女前生何罪过?一场丑陋卒难陈。

赖为如来亲加被,还同枯木再生春。

惟愿如来慈念力,为说前生修底因。"

[佛告波斯匿王:"谛听谛听,汝当有事悟汝,与说宿世因缘。"佛道此女前生,曾供养辟支佛。虽然供养,唯道面丑。供养因缘生王家,轻慢圣贤之业,感得面貌丑陋。信心布施,直须欢喜,若人些些皴眉,则知果报不遂。]

前生为谤辟支迦,感得形容面貌差。

第二章 美女与丑妇——以《云谣集》《金刚丑女因缘》《丑妇赋》为中心

> 为缘不识阿罗汉,百般笑劾苦芬菹。
> 将为恶言发便了,他家业报更不差。
> 得见牟尼身忏悔,当时却似一团花。
> 只为前生发恶言,今招果报不虚然。
> 诽谤阿罗汉果业,致令人貌不周旋。
> 两脚出来如露柱,一双可膊似粗椽。
> 才礼世尊三五拜,当时白净软如绵。

《金刚丑女因缘》中有多处描写其丑貌,其中最为集中的是通过国王之眼所做的描述:"穹崇局蹐如龟鳖,浑身又似野猪皮。饶你丹青心里巧,彩色千般画不成。兽头浑是可憎貌,国内计应无比并。[若论此女形貌相],长大将身娉阿谁?""女缘丑陋世间希,浑身一似黑靴皮。双脚跟头皱又僻,发如驴尾一枝枝。看人左右和身转,举步何曾会礼仪。十指纤纤如露柱,一双眼子似木槌离。""公主全无窈窕,差事非常不小。上唇半斤有余,鼻孔竹筒浑小。生来未省喜欢,见说三年一笑。觅他行步风流,却是赵士袜襈。"① 被骗入王宫迎娶丑女的王郎初见丑女时发现:"女缘前生貌不敷,每看恰似兽头牟。"② 此文最后,佛为说因缘,再次提及其丑态:"只为前生发恶言,今招果报不虚然。诽谤阿罗汉果业,致令人貌不周旋。两脚出来如露柱,一双可膊似粗椽。"③

据此,可知金刚丑女之丑在于:相貌堪比兽类("穹崇局蹐如龟鳖""兽头浑是可憎貌""每看恰似兽头牟"),面部和身体比例不对("十指纤纤如露柱,一双眼子似木槌离""上唇半斤有余,鼻孔竹筒浑小""两脚出来如露柱,一双可膊似粗椽"),头发硬而凌乱("发如驴尾一枝枝"),皮肤粗糙而黑("浑身又似野猪皮""浑身一似黑靴皮""双脚跟头皱又僻"),缺乏美妙的仪态("看人左右和身转,举步何曾会礼仪""觅他行步风流,却是赵士袜襈"),性格乖戾("生来未省喜欢,见说三年一笑")。将阴郁性格也列入"丑"的范围,说明古人对健康人格的关注。

《破魔变》中的丑女实为三个魔女,她们是魔王波旬之女,因波旬的魔军败在即将悟道的释迦牟尼手下,便打算以美女之姿行色诱之效,结果被释迦牟

---

① 黄征,张涌泉:《敦煌变文校注》,北京:中华书局,1997年,第1102-1103页。
② 黄征,张涌泉:《敦煌变文校注》,北京:中华书局,1997年,第1105页。
③ 黄征,张涌泉:《敦煌变文校注》,北京:中华书局,1997年,第1108页。

尼变为丑妇：

> 魔女不信世尊之言，谩发强词，轻恼于佛。于是世尊垂金色臂，指魔女身，三个一时化作老母。且眼如朱盏，面似火曹（糟），额阔头尖，胸高鼻曲，发黄齿黑，眉白口青，面皱如皮裹髑髅，项长一似箸头馄子。浑身锦绣，变成两幅布裙；头上梳钗，变作一团乱蛇。身膀项缩，恰似害冻老鸱；腰曲脚长，一似过秋鹘（鹘）鹧。浑身笑具，是甚尸骸？三个相看，面无颜色。心中不分，把镜照看：空留百丑之形，不见千娇之貌。姊妹三个，道何言语：
>
> 不是天为尊，都缘自作灾。娇容何处去？丑陋此时来。
> 眼里清如火，胸前瘿似魁。欲归天上去，羞见丑头腮。①

这里的魔女之丑在于：面部特征夸张、不成比例（"眼如朱盏，面似火曹（糟），额阔头尖，胸高鼻曲""眼里清如火"），各部位颜色不健康（"发黄齿黑，眉白口青"），身体畸形，躬腰驼背，脖子长、脚长 ["项长一似箸头馄子""身膀项缩，恰似害冻老鸱，腰曲脚长，一似过秋鹘（鹘）鹧"]，胸前长瘤（"胸前瘿似魁"），皮肤皱缩（"面皱如皮裹髑髅"），衣衫褴褛，缺乏修饰（"浑身锦绣，变成两幅布裙；头上梳钗，变作一团乱蛇"）。

两相对比，不难看出，在不同作者的眼中，丑有诸多相似之处：五官扭曲，身体畸形，皮肤粗黑，姿态笨拙，衰老且缺乏修饰。这在之前的文学作品中也有过类似的描绘，如刘思真的《丑妇赋》：

> 才质陋且俭，姿容剧嫫母；鹿头猕猴面，椎额复出口。折颊屬楼鼻，两眼颡如臼；肤如老桑皮，耳如侧两手。头如研米槌，发如掘扫帚；恶观丑仪容，不媚似铺首。②

巴赫金在《拉伯雷的作品与通俗文化》中指出："在人类脸孔的所有特征里，只有嘴巴和鼻子（后者是阳具的替代物）在身体的丑怖意象中扮演着一个

---

① 黄征，张涌泉：《敦煌变文校注》，北京：中华书局，1997年，第535页。
② [唐]徐坚等：《初学记》卷十九《人部下·丑人第三》，北京：中华书局，1962年，第459-460页。

主要角色。……以及所有从身体冒出、突出或浮出的部位,也就是所有意图脱离身体轮廓的部位。在丑怪的刻画里,凡是瘤、疣之类赘生物和骈枝,凡是加长身体、使身体和其他身体或非肉体世界结合的东西,都特别受重视。"① 如此看来,无论古今中外,对于丑的总体看法和描述都是一致的。

值得注意的是,在敦煌本宗教故事类的丑妇描绘中,美与丑是可以相互转换的:金刚丑女经过祈拜佛祖,一变而为美女:

> 丑女既得世尊加被,[换旧时之丑质,作今日之面(周)旋;丑陋形躯,变端严之相好。]敢(感)得貌若春花,夫主入来不识。
> 公主轻盈世不过,还同越女及娘(嫦)娥。
> 红花脸似轻轻坼,玉质如棉白雪和。
> 比来丑陋前生种,今日端严遇释迦。
> 夫主入来全不识,却觅前头丑阿婆。②

轻盈如越女、嫦娥的体态,娇艳如花的面貌,洁白如棉花如白雪的肤质,与之前的丑陋形成了鲜明的对比。《破魔变》中的魔女则是从美女变为丑女,之前的美貌,"东邻美女,实是不如;南国婐人,酌(灼)然不及。玉貌似雪,徒夸落浦之容;朱脸如花,谩(漫)说巫山之貌。行风行雨,倾国倾城。人漂(飘)五色之衣,日照三珠(铢)之服"。"论情实是绮罗人,若说容仪独超春。身挂天宫三珠(铢)服,足蹑巫山一片云。"③在被佛变成丑女之后,三魔女不得不向佛屈服求情,于是"我佛慈悲广大愿,为法分形普流转。魔女三人骋姿容,变却当初端正面。殷勤礼拜告如来,暂弃魔宫心敬善。丑女却获端正身,口过忏除得解免"④。所以她们经过佛的点化,再次由丑女变回美女。

可见《金刚丑女因缘》和《破魔变》中的丑女是与美女相对的,也就是说,对于她们丑的刻画,更多着墨于外形,而较少内在或行为描写,似乎较为纯粹。但丑与美的转化才是文之重点,而无论是丑女变美女,还是美女变丑女,崇佛向善与否都是其中的关键所在。正如《金刚丑女因缘》中的"感得面貌丑

---

① 转引自[意]翁贝托·艾柯:《丑的历史》,彭淮栋译,北京:中央编译出版社,2010年,第147页。
② 黄征,张涌泉:《敦煌变文校注》,北京:中华书局,1997年,第1107页。
③ 黄征,张涌泉:《敦煌变文校注》,北京:中华书局,1997年,第534页。
④ 黄征,张涌泉:《敦煌变文校注》,北京:中华书局,1997年,第536页。

陋""敢(感)得貌若春花"之言,人的相貌端正与否,其实与其日常作为有关。虔心信奉、慈悲向善,即可获得端正美貌,不崇佛祖、心怀恶意,则必定丑陋不堪,因果报应,全在一念之间。所以敦煌佛教故事类作品中的美丑,实际上是善恶的外在体现,也是使人弃恶向善的工具。

(二)民间世俗类作品中的丑妇形象

民间世俗类的《丑妇赋》和《齟齬书》同为描写丑妇,但侧重点有所不同。《丑妇赋》云:

> 畜眼已来丑数,则有此一人。慆飞蓬兮成鬓,涂嫩甚兮为唇。无兮利之伎量,有妒毒之精神。天生面上没媚,鼻头足津。闲则如能穷舌,饶则佯推有娠。耽眠嗜睡,爱釜憎薪。有笑兮如哭,有戏兮如嗔。眉间有千般碎皱,项底有百道粗筋。贮多年之垢污,停累月之重靴。严平未卜悬知恶,许负遥看早道贫。
>
> 或人忽然而叹曰:可羞可耻,难生难死。甚没精神,甚没举止。结束则前褰后跺,披掩则藏头出齿。以狭速兮为行,以屈淬兮为跪。五色鬼之小妇,三家村之大姊。豪豪横横,或恐马而惊驴;咋咋邹邹,即喧邻兮聒里。仡脂磨逻之面,恶努膀肛之嘴。尔乃只爱说非,何曾道是。闻人行兮撼战,见客过兮自捶。打女而高声怒气,何忍更涂香相貌,摆敷妆眉。只是丑上添丑,衰中道衰。告冤屈者胡粉,称苦痛者烟脂。唯学嫉中出行,当十恶里矜持。厌蛊家问法,符书上趁师。
>
> 人家有此怪疹,亦实柱食柱衣。须则糠火发遣,不得稽迟。勿客死外,宁可生离。所有男女总收取,所有资藉任将随。好去好往,信住信依。各自皆得努力,苦兮乐兮焉知。①

从内容上看,题目虽为"丑妇赋",但实际描写丑妇外貌的文字并不多,主要集中在第一段,说她飞蓬成鬓,嫩甚为唇,天生缺乏魅力,鼻子上挂着大串的鼻涕,声音暗哑难听,笑起来像哭,戏闹时如嗔。眉间布满皱纹,脖下粗筋纵横。满脸横肉("仡脂磨逻之面"),嘴唇肥大("恶努膀肛之嘴")。相比于《金刚丑女因缘》和《破魔变》中对外貌之丑的描写,《丑妇赋》似乎要收敛得多,没有

---

① 伏俊琏:《敦煌本〈丑妇赋〉与丑妇文学》,《敦煌研究》2001年第2期,第123页。

第二章 美女与丑妇——以《云谣集》《金刚丑女因缘》《丑妇赋》为中心

太过分的夸张,也没有将丑妇描写为全身比例失调的畸形人。可见外貌之丑并非此文的重点。《丑妇赋》中,丑妇之丑在其品行,她丑在笨("无兮利之伎量")、妒("有妒毒之精神""唯学嫉中出行")、懒("耽眠嗜睡")、馋("馋则佯推有娠""爱釜憎薪");丑在"甚没精神,甚没举止":为人邋遢("结束则前褰后跦,披掩则藏头出齿""贮多年之垢污,停累月之重鞁"),举止粗鲁("豪豪横横,或恐马而惊驴"),喜爱说三道四("闲则如能穷舌""咋咋邹邹,即喧邻兮聒里"),搬弄是非("尔乃只爱说非,何曾道是"),骄横无礼("闻人行兮撼战,见客过兮自捶。打女而高声怒气"),是"五色鬼之小妇,三家村之大姊"。

同样,《齚齮书》也描写了一位丑妇:

夫齚齮新妇者,本自天生,斗唇合舌,务在喧争。欺儿踏婿,骂詈高声,翁婆共语,殊总不听。入厨恶发,翻粥扑羹,轰盆打甑,雹釜打铛。嗔似水牛斜斗,笑似辘轳作声。若说轩裙拨尾,直是世间无比。斗乱亲情,欺邻逐里。阿婆嗔着,终不合觜。将头自搕,竹天竹地,莫著卧床,佯病不起。见婿入来,满眼流泪。夫问来由,有何事意。没可分疏,口称是事:"翁婆骂我,作奴作婢之相,只是担眠夜睡,莫与饭吃,饿急自起。"阿婆向儿言说:"索得个屈期丑物入来,与我作底!"新妇闻之,从床忽起:"当初缘甚不嫌,便即下财下礼?色我将来,道我是底?未许之时,求神拜鬼。及至入来,说我如此。"新妇乃索离书:"[废我别嫁可曾(憎)夫婿。"翁婆闻道色离书],忻忻喜喜:"且与缘房衣物,更别造一床毡被。乞求趁却,愿更莫逢相值。"新妇道辞便去,口里咄咄骂詈:"不徒钱财产业,且离怨家老鬼。"新妇惯向村中自由自在,礼宜(仪)不学,女翁不爱,只是手提竹笼,恰似傍田拾菜。如此之流,须为监解。看是名家之流,不交(教)自解。本性齚齮,打煞也不改。已后见儿索妇,大须隐审趁逐,莫取媒人之配。
阿家诗曰:
　齚齮新妇甚典砚,直得亲情不许见。
　千约万束不取语,恼得老人肠肚烂。
新妇诗曰:
　本性齚齮处处知,阿婆何用事悲悲。
　若觅下官行妇礼,更须换却百重皮。①

---

① 黄征,张涌泉:《敦煌变文校注》,北京:中华书局,1997年,第1216页。

这个公婆口中的"屈期丑物",并无面貌之丑,而丑在喜欢争论骂詈,脾气倔强暴躁,不但将邻里亲戚关系搞得乱七八糟,还敢跟公婆顶嘴,挑拨丈夫与翁婆之间的关系。

两篇作品中的丑妇的所有这些行为,都违背了古代女子之德、言、容、功四德。《后汉书》卷八十四《列女传》引班昭《女诫》:"妇行第四。女有四行,一曰妇德,二曰妇言,三曰妇容,四曰妇功。……清闲贞静,守节整齐,行己有耻,动静有法,是谓妇德。择辞而说,不道恶语,时然后言,不厌于人,是谓妇言。盥浣尘秽,服饰鲜洁,沐浴以时,身不垢辱,是谓妇容。专心纺绩,不好戏笑,洁齐酒食,以奉宾客,是谓妇功。此四者,女人之大德,而不可乏之者也。"①古人所谓三从四德,无非要求女性恭顺贞静、言语谨慎、勤劳能干、清洁自爱,凡事处以卑微曲从,以家庭和睦为要务。而《丑妇赋》和《齖䶗书》中的女子,都完全违背了这些要求,而是反其道而行之,不但达不到德、言、功的要求,就连妇容,也因过于懒惰或不会修饰而失去,"贮多年之垢污,停累月之重靫"。"何忍更涂香相貌,摆敷妆眉。只是丑上添丑,衰中道衰。"东施之态,可笑而可憎。由此可知,民间作品中的所谓丑妇之丑,主要是从其道德品行的角度去判断的,其实与面貌并无直接关系。依照这个标准,一切妒妇、懒妇、巧言利舌之妇、搬弄是非之妇都属于丑妇的范围。所以王梵志诗《谗臣乱人国》中的妒妇("谗臣乱人国,妒妇破人家。客到双眉肿,夫来两手拿。丑皮不忧敌,面面却憎花。亲姻共欢乐,夫妇作荣花。前身有何罪,色得鸠盘茶!"②)、《家中渐渐贫》中的好吃懒做、挑拨是非之妇("家中渐渐贫,良由慵懒妇。长头爱床坐,饱吃没娑肚。频年勤生儿,不肯收家具。饮酒五夫敌,不解缝衫裤。事当好衣裳,得便走出去。不要男为伴,心里恒攀慕。东家能涅舌,西家好合斗。两家既不合,角眼相蛆妒。别觅好时对,趁却莫交住"③),都无疑可归入这个意义上的丑妇范围。

佛教故事类作品中的丑女可通过拜佛修道而改变面貌,得到救赎,与之不同的是,民间作品中的丑妇似乎只有一条路:与丈夫离异。《丑妇赋》说:"须则糠火发遣,不得稽迟。勿客死外,宁可生离。"《齖䶗书》中,新妇主动求

---

① [南朝]范晔:《后汉书》卷八十四《列女传》,北京:中华书局,1965年,第2789页。
② 项楚:《王梵志诗校注》,上海:上海古籍出版社,1991年,第352页。
③ 项楚:《王梵志诗校注》,上海:上海古籍出版社,1991年,第155页。

去:"新妇乃索离书:'[废我别嫁可曾(憎)夫婿.'翁婆闻道色离书],忻忻喜喜:'且与缘房衣物,更别造一床毡被。乞求趁却,愿更莫逢相值。'"《家中渐渐贫》中也说:"别觅好时对,趁却莫交往。"这样的区别来自儒释之间的差异。民间作品中对于妇德的强调,显然属于儒教范围,而儒教作为一种"知识分子伦理","严格拒斥任何救赎宗教的社会上流阶层对立于一般大众的民间救世论"①。与儒教相区别,"严格地说,佛教并不是一个以伦理或道德生活为主旨的宗教,这可以说佛教与儒教之间的最本质的区别,而这是由入世或出世的基本面向所决定的。由此,佛教对于伦理的要求是比较宽松的"②。佛教作为一种重救赎、轻伦理的宗教,会为"丑妇"们提供洗心革面的机会和出路,完成从丑到美的转化,但儒教的注重伦理性,使它会以惩戒"丑妇"们为其最终结果。

(三)敦煌作品中的丑妇观与中国传统丑妇观之比较

敦煌文献中宗教故事类作品中的丑妇与民间世俗类作品中的丑妇固然因其创作主旨的差异而有所区别,但它们的丑妇观又具有一致性:丑妇之丑是绝对的,是美的对立面,同时也是善的对立面,两者不能并存。这与此前中国传统的丑妇观其实并不一致。

敦煌 P.2539 白行简之《天地阴阳交欢大乐赋》中也写到了丑妇:

> 更有恶者,丑黑短肥,臀高面㩻,或口大而齞□,或鼻曲而累垂,髻不梳而散乱,衣不敛而离披。或即惊天之笑,吐棒地之词,笑嫫母之美姬,呼敦洽为妖姬。遭宿瘤骂,被无盐欺。梁鸿妻见之极哂,许允妇遇之而嗤。③

"丑黑短肥,臀高面㩻"等是直观描写,是现实中的丑,但其遭嫫母、敦洽、宿瘤、无盐、梁鸿妻以及许允妇的嘲笑,则要假借读者的想象了,因为这些人都是历史上的丑妇之典型,若是甚至被她们嘲骂为丑,那会丑到什么地步?白行简之赋是摒弃了对这些丑妇的道德评判而只取其"丑"之特点而言,但若我们细究起来,这些女子之所以有名,却并非只因其丑,而是因其丑而有德。

---

① [德]马克斯·韦伯:《韦伯作品集》第10卷《印度的宗教——印度教与佛教》,桂林:广西师范大学出版社,2005年,第461页。
② 吾敬东:《道教、儒教与佛教异同之辨析》,《探索与争鸣》2008年第3期,第60页。
③ 伏俊连:《敦煌赋校注》,兰州:甘肃人民出版社,1994年,第250页。

据唐代的《琱玉集·丑人篇》中的描述，嫫母"锤额颦頞，形粗色黑"；王褒《四子讲德论》："故毛嫱西施，善毁者不能蔽其好；嫫姆倭傀，善誉者不能掩其丑。"①但她却是黄帝的第四妃，是"貌丑德充"之典范。《吕氏春秋》："故嫫母执乎黄帝，黄帝曰：'厉女德而弗忘，与女正而弗衰，虽恶奚伤？'"②《淮南子》云："尧有遗道，嫫母有所美，西施有所丑。故亡国之法有可随者，治国之俗有可非者。"③嫫母之所美，自然是其淑德与才干。

《吕氏春秋》："陈有恶人焉，曰敦洽雠麋，雄颡广颜，色如漆赪，垂眼临鼻，长肘而盭。陈侯见而甚说之，外使治其国，内使制其身。"④此女虽貌丑，却因其敦厚和合、与人无仇隙而获得陈侯的欣赏。

刘向《列女传》："宿瘤女者，齐东郭采桑之女，闵王之后也。项有大瘤，故号曰宿瘤。""颂曰：齐女宿瘤，东郭采桑，闵王出游，不为变常，王召与语，谏辞甚明，卒升后位，名声光荣。"她有关"饰与不饰"的辩言，充分反映了其卓越的见识，"于是诸夫人皆大惭，闵王大感，立瘤女以为后。出令卑宫室，填池泽，损膳减乐，后宫不得重采。期月之间，化行邻国，诸侯朝之，侵三晋，惧秦楚，立帝号。闵王至于此也，宿瘤女有力焉"⑤。宿瘤女的兴国之功可谓大矣！

同样有兴国之功的还有无盐。刘向《列女传》："钟离春者，齐无盐邑之女，宣王之正后也。其为人极丑无双，臼头，深目，长壮，大节，卬鼻，结喉，肥项，少发，折腰，出胸，皮肤若漆。行年四十，无所容入，衒嫁不仇，流弃莫执。"她自己前往拜见齐宣王，要求入宫，指出齐有四殆，"于是宣王喟然而叹曰：'痛乎无盐君之言！乃今一闻。'于是拆渐台，罢女乐，退谄谀，去雕琢，选兵马，实府库，四辟公门，招进直言，延及侧陋。卜择吉日，立太子，进慈母，拜无盐君为后。而齐国大安者，丑女之力也"⑥。

梁鸿妻即孟光。《后汉书·梁鸿传》："势家慕其高节，多欲女之，鸿并绝不娶。同县孟氏有女，状肥丑而黑，力举石臼，择对不嫁，至年三十。父母问其故。女曰：'欲得贤如梁伯鸾者。'鸿闻而娉之。"嫁于梁鸿后，她劝梁鸿隐居避患，

---

① [南朝]萧统：《文选》卷五十一，北京：中华书局，1977年，第712页。
② 陈奇猷：《吕氏春秋校释》卷十四《遇合》，上海：学林出版社，1984年，第816页。
③ 何宁：《淮南子集释》卷十六《说山训》，北京：中华书局，1998年，第1149页。
④ 陈奇猷：《吕氏春秋校释》卷十四《遇合》，上海：学林出版社，1984年，第816页。
⑤ [清]王照圆：《列女传补注》卷六《辩通传》，上海：上海古籍出版社，2004年，第724页。
⑥ [清]王照圆：《列女传补注》卷六《辩通传》，上海：上海古籍出版社，2004年，第723页。

"鸿曰：'诺。'乃共入霸陵山中，以耕织为业，咏《诗》《书》，弹琴以自娱"①。为世人所称道的举案齐眉的故事也出自她。

许允妇的故事也流传甚广。《初学记》卷十九："郭子曰：许允妇是阮德如妹，奇丑，交礼竟，许永无复入理。桓范劝之曰：'阮嫁丑女与卿，故当有意，宣察之。'许便入见，妇即出提裙裾待之。许谓妇曰：'妇有四德，卿有几？'答曰：'新妇所乏唯容；士有百行，君有其几？'许曰：'皆备。'妇曰：'君好色不好德，何谓皆备？'许有惭色，遂雅相重。"②

综上来看，所有那些丑妇，都因其才德而嫁给了君王或贤者，受到后人之艳羡。所以在中国传统的丑妇观中，外表的丑不是绝对的，只要有内在的美，就能最终改变命运，甚至获取一般意义上的美女们所无法获取的身份、地位和家庭幸福。外貌之丑与内心之美可以并存，甚至外在的丑更有助于内在美的体现。可以说，这在唐以前已是一种普遍的认知。但白行简在描绘丑妇时，只单纯地借用了这些人的外在特征，注重外在丑的绝对性，这倒是与敦煌其他描写丑妇之作存在一致性。那么为什么敦煌作品中的丑妇观会与前朝有所不同？

其一当然是佛教的影响。《金刚丑女因缘》和《破魔变》中美丑转变的故事都各有所本：前者的故事见于《百缘经》之"波斯匿王丑女缘"、《杂宝藏经》之"丑女赖提缘"、《贤愚经》卷二之"波斯匿王女金刚品第八"等；后者的故事可见于佛经《方广大庄严经》第十《商人蒙记品》第廿四及《普暇经降魔品》。佛教注重对佛、菩萨等的外在之美的表现，素来有佛具"三十二大人相""八十种随形好"之说。但所有这些"相"与"好"，都是通过修行得来。西晋竺法护译《宝女所问经》中，宝女问及世尊三十二大人相的来历：

> 于是宝女问世尊曰："唯然大圣，今所可谓如来至真三十有二大人之相，前世宿命行何功德，而致逮得三十有二大人之相，遍布在体？"佛告宝女："吾往古世行无量德合集众行。如来由是逮得三十有二大人之相遍布于体，今粗举要。如来之相，足安平立大人之相者，乃往古世坚固劝助而不退转，未曾覆蔽他人功故。如来手足而有法轮大人相者，乃往古世

---

① ［南朝］范晔：《后汉书》卷八十三《逸民传》，北京：中华书局，1965年，第2766页。
② ［唐］徐坚等：《初学记》卷十九《人部下·丑人第三》，北京：中华书局，1962年，第459页。

兴设若干种种施故。如来至真指纤长好大人相者,乃往古世则说经义救护众生令无患故。如来手足生网幔理大人相者,乃往古世未曾破坏他人眷属故。如来手足柔软微妙大人相者,乃往古世而以惠施若干种衣细软服故……①

所以在佛教看来,外貌的丑,都是因为行修的不到位,只有改变自己的修为,才可换取美好的容颜。当然,佛经中有关佛之美相仪的描写,其主旨还在于劝人向善,使众生"睹形象而曲躬""闻法音而称善"②。在这种情况下,美与丑便是绝对对立的,完全不可相容,而且各具极致性。也正是因为如此,我们在《金刚丑女因缘》中,既可看到丑女之丑,也可看到佛之美:"公主见佛至,颜容世无比。发绀旋螺文,眉如初月翠。口似频婆果,四十二牙齿。两目海澄澄,胸前题万字。"③而丑女的愿望则是"惟愿世尊加被我,三十二相与些些","愿我身与佛无异!"

敦煌作品中的丑妇观与前朝有所不同的第二个原因,当与民间说唱文学作品对俳谐性的要求有关。"俳谐来源于俳优传统,天然地具有娱乐游戏与讽喻谲谏两层含义。刘勰在《文心雕龙·谐隐》篇中谓'嗤戏形貌,内怨为俳也''谐之言皆也,辞浅会俗,皆悦笑也',即是对俳谐这两层意思的揭示。"④《金刚丑女因缘》《破魔变》都属于变文在不同阶段的表现形式,是典型的说唱类文学作品,《嬾䏻书》亦有韵散结合的性质,而《丑妇赋》显然属于通俗赋类。这决定了它们在民间流传时对俳谐性的要求。而对丑的夸张描绘,本身就带有一定的滑稽性质,且与之相关的情节安排,势必会带来"悦笑"的效果。如《金刚丑女因缘》中,王郎被骗入宫中娶亲,与丑女相见的场景:"新妇出来见[王]郎,都缘面貌多不强。彩女嫔妃左右拥,前头掌扇闹芬芳。金钗玉钏满头妆,锦绣罗衣馥鼻香。王郎才见公主面,諕来魂魄转飞扬。""女缘前生貌不敷,每看恰似兽头牟。天然既没红桃色,遮莫七宝叫身铺。夫主諕来身已倒,宫人侍婢一时扶。多少内人喷水救,须臾得活却醒苏。"⑤前呼后拥的阵仗、金

---

① 《宝女所问经》卷四《三十二相品第九》,[西晋]竺法护译,载于《大正新修大藏经》第13册,台北:新文丰出版公司,1992年,第468-469页。
② [南朝]释僧祐:《弘明集》卷十一《重答李交册书》,四部丛刊本(第四册),1929年。
③ 黄征,张涌泉:《敦煌变文校注》,北京:中华书局,1997年,第1107页。
④ 王毅:《"俳谐"考论——以诗词为中心》,《文艺理论研究》2012年第4期,第50页。
⑤ 黄征,张涌泉:《敦煌变文校注》,北京:中华书局,1997年,第1105页。

玉锦绣的修饰,最终推出一个兽头丑物来,将王郎吓得魂飞魄散,既凸显了公主之丑,也极富喜剧性。《丑妇赋》中,丑妇偏要打扮:"何忍更涂香相貌,摆敷妆眉。只是丑上添丑,衰中道衰。告冤屈者胡粉,称苦痛者烟脂。"丑妇丑到连胡粉、胭脂都叫屈称痛,着实令人忍俊不禁。如果丑妇们的丑不是绝对的,而是加入了伦理道德上的善,那么其俳谐性必然会受到影响,无法实现为民众所喜闻乐见的喜剧效果。

敦煌作品中的丑妇观与前朝有所不同的第三个原因,应当与唐朝官方主导的审美理想有关。《新唐书·选举志下》:"凡择人之法有四:一曰身,体貌丰伟;二曰言,言辞辩正;三曰书,楷法遒美;四曰判,文理优长。"[①]也就是说,唐朝在选官时,非常注重人的端正样貌。虽然在选官的实际操作上未必严格按照"身"法原则来进行,但朝廷的这种对男性体貌丰伟的理想要求,肯定也会投射在民间对女子相貌的要求上,达不到要求的女性,便会成为审美理想之反面形象而受到嘲讽乃至唾弃。

翁贝托·艾柯在《丑的历史》中说:"谈艺术上的丑,我们要记住:至少从古希腊到近代,几乎所有美学理论都说,任何一种丑都能经由艺术上忠实、效果充分的呈现而化为神奇。亚里士多德的《诗学》中说:模仿可憎的事物,如果功夫精到,就能创造美。普鲁塔克的《诗的研究》中说:在艺术的呈现上,模仿出来的丑还是丑,但由于艺术家功夫精到而有一种与美相呼应的境界。"[②]同样,敦煌作品中的丑妇形象虽将丑作为描摹之重点,但因其想象之特异、文字之精妙、内容之推陈出新而确立了这些作品在艺术上的美感,使其成为敦煌女性审美角色中的不可或缺的组成部分。

---

① [宋]欧阳修,[宋]宋祁:《新唐书》卷四十五《选举志下》,北京:中华书局,1975年,第1171页。

② [意]翁贝托·艾柯:《丑的历史》,彭淮栋译,北京:中央编译出版社,2010年,第19页。

第三章 魔女与神女
——以《维摩诘经讲经文》《破魔变》《都河玉女娘子文》为中心

如果说《云谣集》中的女性是人间美女之理想形象,那么具有佛教性质的《维摩诘经讲经文》《破魔变》和具有道教性质的《都河玉女娘子文》等作品中的女性则是超自然的存在,只不过佛教作品中刻画的是魔女,而道教作品中刻画的是神女,隐藏于她们背后的,是佛教和道教不同的女性观,以及它们对唐五代宋初社会关于女性评价的潜移默化的影响。

一、敦煌文献中的魔女

敦煌文献中的"魔女",主要见于两个文本:《维摩诘经讲经文》(五)"《持世菩萨》第二"和《破魔变》。前者讲述魔王波旬亲自带领一万二千个魔女试图破坏持世菩萨的修行的故事,后者描绘佛成道之前魔王波旬的三个女儿对佛的引诱。以两篇作品与其原型做对比,可看出敦煌民间作品在将佛经故事化的过程中的各种努力,以及由此反映出的佛教女性观和世俗女性观。

(一)《维摩诘经讲经文》(五)与唐五代宋初的女性观

《维摩诘经讲经文》(五)见于多个校本。《敦煌变文集》向达原校:"原凡两本,均无标题,据P.2292号补。原卷:北京光字九四号,甲卷:P.3079。"[①]黄征、张涌泉《敦煌变文校注》校言:"根据对这两个写卷的比较研究,我们认为北图本源于伯本……今兹校录,改取伯本为底本(仍称甲卷),而以北图本为乙卷,

---

① 王重民等:《敦煌变文集》,北京:人民文学出版社,1957年,第633页。

第三章　魔女与神女——以《维摩诘经讲经文》《破魔变》《都河玉女娘子文》为中心　119

以资比勘。"① 现参照两本录文如下：

《持世菩萨》弟二

经云："时魔波旬从万二千天女，状[如]帝释，鼓乐弦歌，来诣我所。"

是时也，波旬设计，多排彩女嫔妃，欲恼圣人。剩烈（列）奢化（华），艳质希奇，魔女一万二千，最异珍珠，千般结果。出尘菩萨，不易恼他；持世上人如何得退。莫不剩装美貌，无非多着婵娟。若见时交（教）巧出言词，税调着必生退败。其魔女者，一个个如花菡萏，一人人似玉无殊。身柔软兮新下巫山，貌娉停兮才离仙洞。尽带桃花之脸，皆分柳叶之眉。徐行时若风飒芙蓉，缓步处似水摇莲亚。朱唇旖旎，能赤能红；雪齿齐平，能白能净。轻罗拭体，吐异种之馨香；薄縠挂身，曳殊常之翠彩。排于坐右，立在宫中。青天之五色云舒，碧沼之千般花发。罕有罕有，奇哉奇哉。空将魔女娆他，亦恐不能惊动。更请分为数队，各逞逶迤，擎鲜花者殷勤献上，焚异香者倍切虔心。合玉指而礼拜重重，出巧语而诈言切切。或擎乐器，或即吟哦，或施窈窕，或即唱歌。休夸越女，莫说曹娥。任伊持世坚心，见了也须退败。大好大好，希哉希哉。如此丽质婵娟，争不妄生动念。自家见了，尚自魂迷；他人睹之，定当乱意。任伊修行紧切，税调着必见回头；任伊铁作心肝，见了也须粉碎。魔王道："我只没去，定是菩萨识我。不如作帝释队仗，问谇伊持[□]（世）菩萨。"于是魔王大作奢花（华），欲出宫城，从天降下。周回捧拥，百匝千遭，乐韵弦歌，分为二十四队。步步出天门之界，遥遥别本住宫中。波旬自乃前行，魔女一时从后。擎乐器者喧喧奏曲，向（响）聒清霄；爇香火者澹澹烟飞，氤氲碧落。竞作奢花（华）美貌，各申窈窕仪容。擎鲜花者共花色无殊，捧珠珍者共珠珍不异。琵琶弦上，韵合春莺；箫笛管中，声吟鸣凤。杖敲揭（羯）鼓，如抛碎玉于盘中；手弄秦筝，似排雁行于弦上。轻轻丝竹，太常之美韵莫偕；浩浩唱歌，胡部之岂能比对。妖容转盛，艳质更丰。一群群若四色花敷，一队队似五云秀丽。盘旋碧落，菀（宛）转清霄；远看时意散心惊，近睹者魂飞自断。从天降下，若天花乱雨于乾坤；初出魔宫，似仙娥芬霏于宇宙。天女咸生喜跃，魔王自已欣欢。此时计较得成，持世修行必退。容貌恰如帝释，威仪一似梵王。圣人必定无疑，持世多应不怪。天女各施于六律，人人调弄[于]五音。唱歌者诈作道心，供养者假为虔敬。莫遣圣人省悟，

---

① 黄征，张涌泉：《敦煌变文校注》，北京：中华书局，1997年，第890-891页。

莫交(教)菩萨觉知。发言时直要停膝,稅调处直须稳审。各请擎鲜花于掌内,为吾烧沉麝于炉中。呈珠颜而剩逞妖容,展玉貌而更添艳丽。浩浩箫韶前引,喧喧乐韵齐声。一时皆下于云中,尽入修禅之室内。

[吟]魔王队杖利(离)天宫,欲恼圣人来下界。
广设香花申供养,更将音乐及弦歌。
清冷空界韵嘈嘈,影乱云中声响亮。
胡乱(部)莫能相比并,龟慈(兹)不易对量他。
遥遥乐引出魔宫,隐隐排于霄汉内。
香蕴烟飞和湍(瑞)气,花擎寮(缭)乱动祥云。
琵琶弦上弄春莺,箫笛管中鸣锦凤。
揭鼓杖头敲碎玉,秦筝丝上落珠珍。
各装美貌逞逶迤,尽出玉颜夸艳态。
个个尽如花乱发,人人皆似月娥飞。
从天降下闭乾坤,出彼宫中遮宇宙。
乍见人人魂胆碎,初观个个尽心惊。
[韵]波旬是日出天来,乐乱清霄碧落排。
玉女貌如花艳坼,仙娥体似月空开。
妖桃强逞魔菩萨,美质徒夸恼圣怀。
鼓乐弦歌千万队,相随捧拥竞徘徊。
夸艳质,逞身才,窈窕如花向日开。
十指纤纤如削玉,双眉隐隐似刀裁。
擎乐器,又吹唯,菀(宛)转云头渐下来。
箫笛音中声远远,琵琶弦上韵哀哀。
歌沥沥,笑哈哈,围绕波旬匝匝排。
队杖恰如帝释下,威仪直似梵王来。
须稳审,莫教猜,诈作虔诚礼法台。
问谇莫教生惊觉,殷勤勿遣有遗乖。
沉与麝,手中台,供养权时尽意怀。
直待圣人心错乱,随伊动处娆将来。
须记当,领心怀,莫遣修行法眼开;
持世若教成道后,魔家眷属定须摧。
巧税调,好安排,强着言词说意怀;

第三章 魔女与神女——以《维摩诘经讲经文》《破魔变》《都河玉女娘子文》为中心

着相见时心堕落,随情顺处诱将回。

歌与乐,竞吹唯,合杂喧哗溢路排。

魔女魔王入室也,作生娆恼处唱将来。

经云:"与其眷属启首我足,合掌恭敬",及至"而修坚法"。

时波旬有偈:

[诗]为重修禅向此居,我今时囧下云衢。

钦依戒行如蟾净,忆想清高似岳孤。

入定不知功行久,坐禅未委法何如。

今将眷属来瞻礼,不审师兄万福无?

[白]尔时波旬语持世曰:"上人修行日久,禅定时多。劳法德以栖持,继心神如守志。茅堂阒静,石室幽虚。想知辰夜寂寥(寥),伏计日常劳倦。禅门深远,空法难明。不知所证浅深,未委有何功行。我辞空界,来下天宫。为思德行无殊,为忆孤高有异。今朝欣逢,伏望大圣慈悲,与我小谈法味。"

魔王又偈:

[平诗]暂抛五欲下天来,要礼师兄禅坐台。

鼓乐弦歌申供养,香花珍果表心怀。

欣瞻大士欣千度,喜礼高人喜百回。

伏望慈悲宣妙法,我今总望灭尘埃。

尔时持世不识魔王,将为娇尸迦,错认作帝释,所以经言:"我言为是帝释,而语之言:善来,娇尸迦",乃至"与修坚法"。

[白]当日持世菩萨告言帝释曰:"天宫寿福有期,莫将富贵奢花(华),便作长时久远。起坐有自然音乐,顺意笙歌。所以多异种香花,随心自在。天男天女,捧拥无休;宝树宝林,巡游未歇。随心到处,便是楼台;逐意行时,自成宝香。花开便为白日,花合即是黄昏。思衣即罗绮千重,要饭即珍羞百味。如斯富贵,实即奢花(华)。皆为未久之因缘,尽是不坚之福力。帝释帝释,要知要知。休于五欲留心,莫向天宫恣意。虽即寿年长远,还无究竟之多;虽然富贵骄奢,岂有坚牢之处。寿夭力尽,终归地狱三途;福德才无,却入轮回之路。如火然盛,木尽而变作尘埃;似煎(箭)射空,势尽而终归堕地。未逃生死,不出无常。速指内外之珍财,证取无为之妙果。勤于佛法,悟取真如。少恋荣华,了知是患。深劳帝释,将谢道从。与君略出甚深,悟取超于生死。"

[古吟上下]天宫未免得无常,福德才微却堕落。
富贵骄奢终不久,笙歌恣意未为坚。
任夸玉女貌婵娟,任逞月娥多艳态,
任你奢花(华)多自在,终归不免却无常。
任夸锦绣几千重,任你珍羞餐百味,
任是所须皆总对,终归难免却无常。
任教福德相严身,任你眷属长围绕,
任你随情多快乐,终归难免却无常。
任教清乐奏弦歌,任使楼台随处有,
任遣嫔妃随后拥,终归难免也无常。
任伊美貌最希奇,任使天宫多富贵,
任有花开香满路,终归难免却无常。
莫于上界恣身心,莫向天中五欲深,
莫把娇奢为究竟,莫耽富贵不修行。
还知彼处有倾摧,如煎(箭)射空遂志(至)地。
多命财中能知了,修行他不出无常。
索将劳帝释下天来,深谢弦歌鼓乐排。
玉女尽皆觉悟取,婵娟各要出尘埃。
天宫富贵何时了,地狱煎遨(熬)几万回。
身命财中能悟解,使能久远出三灾。
须记取,领心怀,上界天宫却请回。
五欲业山随日灭,耽迷障岳逐时摧。
身中使得坚牢藏,心上还除染患胎。
帝释敢(感)师兄说法力,着何酬答唱将来。
经:"即语我言,正士受是万二千天女,可备扫洒。"

[白]尔时魔王告持世曰:"我暂别欲界,来下天宫,喜瞻菩萨威仪,得到修禅室内。幸蒙慈念,迴赐宣扬,深知五欲不坚,稍会天中未久。多边障染,从今应是去除;心上尘埃,自此多应屏迹。蒙沾法雨,洗汤(荡)尘劳;得饮醍醐,顿消热恼。以感千生之便,得惭万善之恩。我今无异宝珠珍报答,用酬尊德,唯将天女一万二千,奉上师兄,可酬说法。幸望慈悲鉴纳,乞垂大士容留。且令逐日祗供,可备辰昏驱使。禅堂幽静,空室寂寥,令伊旦夕添香,日夜禅堂暖热,莫生忧虑,不请疑猜。师兄便望收留,

第三章　魔女与神女——以《维摩诘经讲经文》《破魔变》《都河玉女娘子文》为中心

弟子今朝布施。"

假帝释有一偈告持世菩萨：

为钦德行利(离)天宫，得礼慈悲大圣容。

喜饮醍醐消热恼，倾沾法雨荡尘蒙。

来时不奉诸珍宝，报答何酬说法功。

一万二千天上女，师兄收取且祗恭。

持世告假帝释曰："我是修行菩萨，我是出世高人。一身尚自有余，何要你许多天女！我以(已)离于染欲，不住世情，知喧哗为生死之因，悟艳质[轮]洄(回)之本，况此之天女，尽是娇奢恣意染欲之身，耽迷者定入生死，趣向者必沉地狱。我以(已)修于佛果，证取真乘，不居尘世之中，不寻世情之内。修禅观行，宜合寂静省缘，练意澄心，何要尔多人众！帝释帝释，要知要知，何将艳丽之人，便向吾前布施，但望自家收耳！却请回归，速还本住天宫，早利(离)修禅室内。莫使凡情惊怪，莫教浅促疑猜，道吾禅定不坚，道我修行退败。林间寂静，早请回还；室内幽闲，不宜久住。我要修于佛果，汝须速上天宫；莫将诸女献陈，我家当知不受。"持世有偈：

深劳帝释下天涯，侍从亲来问我耶。

室内箫(萧)疏谈法久，天宫迟滞路歧赊。

山间欲晚清林暗，峰上光移红月(日)斜。

帝释此时莫久住，领诸天女早归家。

魔王道云云：我闻修行之者，不逆人情；菩萨之人，巧随根器。欲发萌芽之种，须洒春膏；欲开蛰户之门，应时雷震。我今发意，余定回心，愿酬说法之功，布施何当不要！况此天女，一个个形如白玉，一个个貌似鲜花。妖桃而乃越妲娥，艳质而休夸妲妃。能歌律吕，行云而不竟(禁)低垂；解奏宫商，织女而忽然亭(停)罢。绣成盘凤，对芙蓉而争不嚬羞；刺出鸳鸯，并芍药而岂无惭耻。翠钗斜坠，须凤髻而如花倚药栏；玉貌频舒，索娥眉而似风吹莲叶。亦能侍奉，偏解祗承，低眉而便会人情，动目而早知心事。四时汤药，亦解调和，逐日斋餐，深知冷暖。禅堂扫洒，清风而不起埃尘；幽室铺陈，满座而旋成瑞气。前件天女，粗知佛法，深有道心，他家愿郊(效)殷勤，亦望慈悲驱使。菩萨菩萨，师兄师兄！如今勿更迟疑，此际望垂收取。闷即交(教)伊合曲，闲来即遣唱歌。禅堂里莫使寂寥，幽家内莫交(教)冷落。我居上界，来下天宫，深忧大德无人，只恐师兄寂窠。一万二千天女,人人尽有道心,我今定以舍之,天上不能将去。收取,收取!莫疑,莫疑!誓为菩萨之门人,愿作师兄之弟子。"帝释告曰:

[侧]菩萨慈悲莫疑虑,禅堂寂静无依怙。

修行直感动天宫,入定伏得龙兼虎。

我今来,蒙法雨,尘劳已灭心开悟,

报答何酬说法恩,师兄收取天宫女。

出天门,下云路,来时不捧法珍宝,

得礼慈悲大法王,师兄收取天宫女。

解歌音,能律吕,箫韶直得阴云布,

日夜交(教)伊暖法堂,师兄收取天宫女。

巧裁缝,能绣补,刺成盘凤须甘雨,

个个能装百纳衣,师兄收取天宫女。

会人心,巧言语,争忍空交(教)却回去,

禅堂驱使好祗承,师兄收取天宫女。

貌如花,体如素,似雪如花花又语,

堪作禅堂学法人,师兄收取天宫女。

我今时固下天来,为见师兄禅坐开,

得礼高人忻百度,喜瞻菩萨喜千回。

蒙宣法味令斋解,又沐谈扬决我怀。

酬答并无诸异物,惟将天女作齐排。

与我受,莫疑猜,上界从今不愿回。

誓与师兄为弟子,永充菩萨绕花台。

我道力,乞慈哀,赴我情成(诚)察我怀。

有愿施时须与受,无乖见处定无乖。

禅堂内,没支排,寂寞应知不易偕。

日夜交(教)伊歌浩浩,晨昏须遣乐哈哈。

有斜指,巧难裁,供养祗承顺意怀。

不禅补坊兼刺绣,更能逐日辩(办)香斋。

陈百种,献千回,为感师兄说法开。

一万二千天上女,莫辞收取唱将来。

经云:"我言娇尸迦,无已(以)此非法之物,邀我沙门释子,此非我宜。"

[白语]尔时持世菩萨语帝释曰:"我闻当空月暗,为有浮云;宝镜无光,皆因尘坌;未成佛道,为有贪嗔;不出轮回,尽因染欲。况此天女,尽是贪嗔之本,地狱余殃,未合菩萨之仪,不是沙门见解。夫修行者,专心苦行,志意澄神,念浮华为石火之光,想人世似风中[□](之)烛。"持世告假帝释曰:"我修行日久,悟法分明,不可取你人情,交(教)我再沉恶道。况此之女等,三从备体,五障缠身。他把身为究竟身,便把体为究竟体。我所以弃如灰土,自力修行,如今看即证菩提,不可交(教)却堕落。"持世不肯受天女,有偈:

[断]三从五障在身边,十恶萦仍被徽缠。

佛性昏迷于此退,真我差错为他牵。

修行菩萨心能舍,出世高僧意不看。

多少往来沉溺者,皆因染欲失根源。

[白]尔时持世语帝释曰:"我三途不出,皆因贪爱所迷;佛果未成,尽是欲之颠坠。我以(已)修于禅观,不染尘心,愿出世间,希求利(离)乐。帝释勿言惑我,娇尸迦不用恼人。莫将天女施沙门,休把娇姿与菩萨。不是我之所爱,非当持世恋之。我今若受时与,必是曹(遭)人毁谤。帝释帝释,要知要知!眷属便望却收,天女我当不要。禅堂迮(窄)隘,实即难留;幽家非宽,无门受纳。况又修行之路,不假人多;出世之门,宜须寂静。我以(已)超于生死,不住爱何(河);向出尘劳,抛居障海。垢染之纤瑕不污,尘蒙之小(少)许难沾。智圆与看证菩提,漏尽何欲明法眼。此时若受,如红(鸿)雁再入于网罗;今日若收,似白鹿重遭于继(系)绊。不敢,不敢,何当,何当!交(教)吾失却两程,令我修持退败。谢来于小室,劳君别却天宫。山林中无可支恭(祗供),幽室内惭亏看侍。天门极远,上界程遥,白云岭上渐生,红日看将欲没。不情室中久住,速望回归;莫于此处留心,虚劳气力。千万,千万,速归,速归!帝释莫发狂言,天女我今不受。"

[吟上下]莫将天女与沙门,休把眷属恼菩萨。

我以(已)修行求出世,不于染欲挂身心。

天宫去此路程赊,上界却回归又远。

红日看将山上没,白云又向岭头生。

汝今帝释早须归,领取眷属却回去。

莫向室中为久住,休于林内发狂言。

修行之者不合疑，菩萨之人总不要。
幽室岂堪留眷属，禅堂不假众人多。
我闻贪爱走轮回，欲染眷属没生死。
我以（已）修行成道果，此诸天女却将伽。
[平]室中不请更迟疑，上界程遥去是时。
天女奢华不是事，笙歌音乐亦非宜。
白云岭上微微出，红日山头渐渐垂。
不要此中为久住，领诸天女早须归。
我不要，却将回，不愿笙歌乱意怀。
安坐只宜寂默默，修禅须是没人来。
谢布施，感心怀，幽室天人不易排。
扫洒尽应人定怪，祗承必恐众宜猜。
立室内，绕禅台，为汝宣扬法义开。
莫把娇姿染污我，休将天女恼人来。
修行久，出尘埃，已见真如道路开。
取受人情应堕落，收君天女定轮回。
莫久住，速须回，千万今朝察我怀。
天女当时不肯去，阿谁与解救唱将来。

《持世菩萨》第二卷

据此录文可知，该讲经文首尾基本完整，前后均有卷题，是对《维摩诘经》中持世菩萨讲述与维摩诘交集过程的前半部分故事的展开：魔王波旬担心持世菩萨成道后"魔家眷属定须摧"的后果，于是设下诡计，自身化作帝释，带领一万二千个魔女来到持世菩萨的禅室，试图以魔女破其法力，持世菩萨未识破波旬诡计，但法性坚定，拒绝了诱惑。《维摩诘经》此后述及维摩诘识破波旬，并度一万二千个魔女皈依之事。讲经文中演绎的前半部的原经文如下：

佛告持世菩萨："汝行。诣维摩诘问疾。"
持世白佛言："世尊！我不堪任，诣彼问疾。所以者何？忆念我昔，住于静室。时魔波旬，从万二千天女，状如帝释，鼓乐弦歌，来诣我所。与其眷属，稽首我足，合掌恭敬，于一面立。我意谓是帝释，而语之言：'善来憍尸迦！虽福应有，不当自恣。当观五欲无常，以求善本，于身命财，

第三章　魔女与神女——以《维摩诘经讲经文》《破魔变》《都河玉女娘子文》为中心　　127

而修坚法。'即语我言：'正士！受是万二千天女，可备扫洒。'我言：'憍尸迦！无以此非法之物，要我沙门释子，此非我宜。'"①

讲经文将此约二百字的经文拆成五个部分，分别予以大肆铺陈，使之成为洋洋洒洒几千言的文学作品，颇富想象力和创造力。这里我们从以下几个方面对此讲经文进行考察。

《维摩诘经讲经文》（五）创作时间考释

有关《维摩诘经讲经文》（五），历来研究者较少，因为一则文本较清晰完整，需校释处不多，二则可利用的其他方面的研究线索也较少，有些专门讨论《维摩诘经讲经文》的撰写年代的文章，也将此两卷忽略了过去②，甚至有人断言，"本卷无任何创作者、抄写者、创作时间、抄写时间的线索"③。但仔细查看该文本的内容，里面还是有一些线索可以帮助我们划定本文献的大致创作时间的。

文本在述及由波旬带领的一万二千个魔女的音乐技能时说："琵琶弦上，韵合春莺；箫笛管中，声吟鸣凤。杖敲揭（羯）鼓，如抛碎玉于盘中；手弄秦筝，似排雁行于弦上。轻轻丝竹，太常之美韵莫偕；浩浩唱歌，胡部之岂能比对。"随后的韵文中又有"胡乱（部）莫能相比并，龟慈（兹）不易对量他"的句子。这里面提到的"太常""胡部""龟兹"等，均具有一定的时间指向。

太常寺是唐代的礼乐管理机构，规模庞大，乐工众多。"唐之盛时，凡乐人、音声人、太常杂户子弟，隶太常及鼓吹署，皆番上，总号音声人，至数万人。"④《唐会要》卷三十三《清乐》亦曰："自唐、虞迄三代，舞用国子，乐用瞽师……国家每岁，阅司农户容仪端正者，归之太乐，与前代乐户，总名音声人，历代滋多，至于万数。"⑤《新唐书》卷四十八《百官志》云："唐改太乐为乐正，有府三人，史六人，典事八人，掌固六人，文武二舞郎一百四十人，散乐三百八十二人，

---

① 《维摩诘经》，[东晋]鸠摩罗什译，长春：古林人民出版社，2003年，第90-91页。
② 何剑平：《〈维摩诘经讲经文〉的撰写年代》，《敦煌研究》2003年第4期，第64-68页。
③ 杜维茜：《敦煌文献中的〈维摩诘经讲经文〉研究》，四川师范大学硕士学位论文，2017年，第20页。
④ [宋]欧阳修，[宋]宋祁：《新唐书》卷二十二《礼乐志》，北京：中华书局，1975年，第477页。
⑤ [宋]王溥：《唐会要》，北京：中华书局，1955年，第611页。

仗内散乐一千人,音声人一万二十七人。"① 这一统计数字基本上可与讲经文中一万二千天女的数字相对应。但太常寺在整个唐代有过几次更名的时段。唐高宗龙朔二年(662)改太常寺为奉常寺,高宗咸亨元年(670)复称太常寺。武后光宅元年(684)又改称司礼寺,中宗神龙元年(705)复称太常寺。所以讲经文中提到太常,就排除了以上太常寺更名的时间段。

讲经文两次提到胡部,只是第二处写作"胡乱"。黄征、张涌泉校云:

> 徐校:"'乱'疑当作'部'。上文'胡部之岂能比对'可证。"按:"乱"甲、乙卷皆作简体"乱",盖与"部"形近而误。"胡部"与"龟兹"对偶,指西域乐曲而言。隋时有所谓"九部乐",即清乐、西凉、龟兹、天竺、康国、疏勒、安国、高丽、礼毕,见《隋书·音乐志》,"胡部"当取义于此。《新唐书·礼乐志一二》:"倍四本属清乐,形类雅音,而曲出于胡部。"同书《南蛮传》下《骠》:"乐用龟兹,鼓、笛各四部,与胡部等合作。"

此校文已注意到了"胡部"一词,且引用了非常重要的相关材料,惜对胡部的理解不十分准确,也未对之做进一步的挖掘。

胡部乐是唐代新乐部,在西凉乐基础上发展而来。《新唐书·礼乐志》记:"开元二十四年,升胡部于堂上。而天宝乐曲,皆以边地名,若《凉州》《伊州》《甘州》之类。后又诏道调、法曲与胡部新声合作。"② 也就是说,唐于开元二十四年(736)将胡部乐升至与其他乐部共同演奏的地位。亓娟莉对唐代的胡部乐进行过考察,指出"胡部"一词最早出现在王昌龄的诗中:"王是开元、天宝间著名诗人,其诗中所谓'胡部''新声'等与史籍所载盛行于这一时期的'胡部新声'应当是密切相关的,这些作品从文学角度为唐胡部乐的存在和盛行提供了证明。"③ 就此而言,《维摩诘经讲经文》中出现"胡部"一词,亦当在"胡部新声"已经流行之际,所以讲经文当作于开元二十四年以后。

胡部出现后,常与龟兹乐对称,这是"道调、法曲与胡部新声合作"的结

---

① [宋]欧阳修,[宋]宋祁:《新唐书》卷四十八《百官志》,北京:中华书局,1975年,第1244页。

② [宋]欧阳修,[宋]宋祁:《新唐书》卷二十二《礼乐志》,北京:中华书局,1975年,第476-477页。

③ 亓娟莉:《唐"胡部"乐考——兼及胡部与词体的关系》,《敦煌学辑刊》2009年第1期,第105页。

第三章 魔女与神女——以《维摩诘经讲经文》《破魔变》《都河玉女娘子文》为中心　129

果,因为龟兹部是唐五代法曲演奏的重要组成部分,如《新五代史》记载后晋宫中某次朝会活动时说:"然礼乐废久,而制作简缪,又继以龟兹部《霓裳》法曲,参乱雅音,其乐工舞郎,多教坊伶人、百工商贾、州县避役之人,又无老师良工教习。"①沈括《梦溪笔谈》卷五:"自唐天宝十三载,始诏法曲与胡部合奏,自此乐奏全失古法,以先王之乐为雅乐,前世新声为清乐,合胡部者为宴乐。"②这表明,胡部与法曲开始合奏的具体时间是天宝十三载(754)。在此之后,胡部越来越受到重视,成为可与龟兹部分庭抗礼的乐部。

《新唐书》卷二百二十二上《南蛮传》记载,贞元十年(794),唐德宗以袁滋为节领使,出使南诏,封异牟寻为南诏王,册封完毕后,异牟寻"因大会其下,享使者,出银平脱马头盘二,谓滋曰:'此天宝时先君以鸿胪少卿宿卫,皇帝所赐也。'有笛工、歌女,皆垂白,示滋曰:'此先君归国时,皇帝赐胡部、龟兹音声二列,今丧亡略尽,唯二人故在。'"可知玄宗在异牟寻的父亲归国时所赐乐工分属胡部和龟兹部。

又《新唐书》卷二百二十二下《南蛮传》之骠国记:贞元年间,南诏王异牟寻通过剑南西川节度使韦皋向唐献《南诏奉圣乐》,"且令骠国进乐人"。"凡乐三十,工百九十六人,分四部:一、龟兹部,二、大鼓部,三、胡部,四、军乐部。龟兹部,有羯鼓、揩鼓、腰鼓、鸡娄鼓、短笛、大小觱篥、拍板,皆八;长短箫、横笛、方响、大铜钹、贝,皆四。凡工八十八人,分四列,属舞筵四隅,以合节鼓。……胡部,有筝、大小箜篌、五弦琵琶、笙、横笛、短笛、拍板,皆八;大小觱篥,皆四。工七十二人,分四列,属舞筵之隅,以导歌咏。""皋以五宫异用,独唱殊音,复述《五均谱》,分金石之节奏:一曰黄钟……乐用龟兹、胡部……二曰太蔟……乐用龟兹、鼓、笛各四部,与胡部等合作……三曰姑洗……乐用龟兹、胡部……"③这是目前可以看到的龟兹部与胡部合作情况的最详细的记载了。

以上胡部与龟兹并出的方式非常引人注目,而《维摩诘经讲经文》中的"胡乱(部)莫能相比并,龟慈(兹)不易对量他",似乎正是这种并出方式的一个例证。顺着这个思路,则可将《维摩诘经讲经文》的创作时间进一步定于胡

---

① [宋]欧阳修:《新五代史》卷五十五《崔棁传》,北京:中华书局,1999年,第418页。
② [宋]沈括:《梦溪笔谈》卷五,长沙:岳麓书社,2002年,第33页。
③ [宋]欧阳修、[宋]宋祁:《新唐书》卷二百二十二上《南蛮传上·南诏传》,北京:中华书局,1975年,第6275页;卷二百二十二下《南蛮传下·骠传》,第6309-6311页。

部与龟兹部开始合奏的天宝十三载之后。

胡部与龟兹部等并置的情况一直持续至唐末五代时期。成书于唐大中（847—860）初的《羯鼓录》载录玄宗所制曲名时注曰："其余徵羽调曲，皆与胡部同。故不载。"①成书于乾宁元年（894）以前的《乐府杂录》所列九乐部中，龟兹部与胡部依然并在。②亓娟莉通过对敦煌唐五代洞窟之壁画的观察发现，"晚唐第145窟南壁东起第二幅壁画《观无量寿经变》、五代第98窟南壁东起第三幅《西方净土变》、第100窟南壁东起第一幅《弥勒经变》等中所绘伎乐图中乐器与文献所载胡部完全相同"，其余"较胡部多出或缺少一件乐器的管弦乐队在中晚唐以及五代壁画中颇为常见，而且在五代的壁画中出现频率更高一些，似乎胡部乐在晚唐五代已成为社会主流音乐"③。《五代会要》卷七《杂录》载：后晋开运二年（945）十一月，"太常丞刘涣奏：'当寺全少乐工，或正、冬朝会，郊庙行礼，旋差京府衙门首乐官权充。虽曾教习，未免生疏。兼又各业胡部音声，不闲太常歌曲。伏乞宣下所司，量支请给，据见阙乐师添召，令在寺习学"④。这印证了亓娟莉的看法。但此时太常歌曲式微，不再符合《维摩诘经讲经文》中"轻轻丝竹，太常之美韵莫偕；浩浩唱歌，胡部之岂能比对"的盛大景象。又《五代会要》卷五《受朝贺》：后晋天福四年（939）十二月，太常礼院申："二舞鼓吹、熊罴之乐，工师乐器等事，因久废不可卒备，且设九部乐，用教坊伶人。"⑤这是有关九部乐的最后一次记载。由此我们可以推断，《维摩诘经讲经文》的创作下限当在此前后。

《维摩诘经讲经文》特别注重对魔女们的音乐素养的描写，除上文已引用的外，文中又有多处提及这一点，如："天女各施于六律，人人调弄［于］五音"；"琵琶弦上弄春莺，箫笛管中鸣锦凤。揭鼓杖头敲碎玉，秦筝丝上落珠珍"；"鼓乐弦歌千万队，相随捧拥竞徘徊。……擎乐器，又吹嗺，菀（宛）转云头渐下来。箫笛音中声远远，琵琶弦上韵哀哀。歌沥沥，笑哈哈，围绕波旬匼匝排"；"鼓乐弦歌申供养，香花珍果表心怀"；"能歌律吕，行云而不竞（禁）低垂；解奏宫商，织女而忽然亭（停）罢"；"解歌音，能律吕，箫韶直得阴云布"；等等。这很

---

① ［唐］南卓：《羯鼓录》，沈阳：辽宁教育出版社，1998年，第13页。
② ［唐］段安节：《乐府杂录》，上海：上海古籍出版社，1988年，第42页。
③ 亓娟莉：《唐"胡部"乐考——兼及胡部与词体的关系》，《敦煌学辑刊》2009年第1期，第112页。
④ ［宋］王溥：《五代会要》，上海：上海古籍出版社，2012年，第124页。
⑤ ［宋］王溥：《五代会要》，上海：上海古籍出版社，2012年，第85页。

第三章　魔女与神女——以《维摩诘经讲经文》《破魔变》《都河玉女娘子文》为中心　131

容易令人联想到唐玄宗时教坊之盛况。很有可能,讲经文的作者是对唐代各音乐机构有较深了解且自己也有深厚的音乐素养的人。

《维摩诘经讲经文》(五)中的魔女与唐五代时期的"女祸"思想

《维摩诘经》原经文在提及魔女时,只说其"鼓乐弦歌",并未就其容貌进行具体描绘,但在讲经文中,魔女之美态与才艺成了重中之重,得到了反复的描摹。首先是开篇时魔女的亮相:

> 其魔女者,一个个如花菡萏,一人人似玉无殊。身柔软兮新下巫山,貌婷停兮才离仙洞。尽带桃花之脸,皆分柳叶之眉。徐行时若风飐芙蓉,缓步处似水摇莲亚。朱唇旖旎,能赤能红;雪齿齐平,能白能净。轻罗拭体,吐异种之馨香;薄縠挂身,曳殊常之翠彩。排于坐右,立在宫中。青天之五色云舒,碧沼之千般花发。罕有罕有,奇哉奇哉。空将魔女娆他,亦恐不能惊动。更请分为数队,各逞逶迤,擎鲜花者殷勤献上,焚异香者倍切虔心。合玉指而礼拜重重,出巧语而诈言切切。或擎乐器,或即吟哦,或施窈窕,或即唱歌。休夸越女,莫说曹娥。任伊持世坚心,见了也须退败。大好大好,希哉希哉。如此丽质婵娟,争不妄生动念。自家见了,尚自魂迷;他人睹之,定当乱意。……波旬自乃前行,魔女一时从后。擎乐器者喧喧奏曲,向(响)聒清霄;爇香火者澹澹烟飞,氤氲碧落。竞作奢花(华)美貌,各申窈窕仪容。擎鲜花者共花色无殊,捧珠珍者共珠珍不异。琵琶弦上,韵合春莺;箫笛管中,声吟鸣凤。杖敲揭(羯)鼓,如抛碎玉于盘中;手弄秦筝,似排雁行于弦上。轻轻丝竹,太常之美韵莫偕;浩浩唱歌,胡部之岂能比对。妖容转盛,艳质更丰。一群群若四色花敷,一队队似五云秀丽。盘旋碧落,菀(宛)转清霄;远看时意散心惊,近睹者魂飞自断。从天降下,若天花乱雨于乾坤;初出魔宫,似仙娥芬霏于宇宙。

这一大段文字,对魔女的妆容、体态、才艺等做了不遗余力的描绘,既有局部的脸部特写,也有整体的全景描绘,推出了天姿嫣然的魔女们。但仔细阅读会发现,这番对天上魔女的描写,其实在人间女子的身上也能找到对应人物,如敦煌曲子词集《云谣集》中的众女性,而这其中最为典型的是《内家娇》二首中的那位内家宫伎。

内家娇

　　丝碧罗冠,搔头坠髻鬟,宝装玉凤金蝉。轻轻敷粉,深深长画眉绿,雪散胸前。嫩脸红唇,眼如刀割,口似朱丹。浑身挂异种罗裳,更熏龙脑香烟。　履子齿高,慵移步两足恐行难。天然有灵性,不娉凡间。教招事无不会,解烹水银,炼玉烧金,别尽歌篇。除非却应奉君王,时人未可趋颜。

　　两眼如刀,浑身似玉,风流第一佳人。及时衣着,梳头京样,素质艳丽青春。善别宫商,能调丝竹,歌令尖新。任从说洛浦阳台,谩将比并无因。　半含娇态,逶迤缓步出闺门。搔头重慵慵不插,只把同心,千遍捻弄。来往中庭,应是降王母仙宫,凡间略现容真。

　　魔女们"身柔软兮新下巫山,貌娉停兮才离仙洞",内人家"任从说洛浦阳台,谩将比并无因",都是用神话传说中的美女做比,而巫山、阳台,都指巫山女神,足见其妖娆媚态;魔女们"尽带桃花之脸,皆分柳叶之眉",内人家"轻轻敷粉,深深长画眉绿,雪散胸前",都写了如花粉靥、似月长眉,内人家更有酥胸如雪;魔女们"徐行时若风飐芙蓉,缓步处似水摇莲亚",内人家"履子齿高,慵移步两足恐行难",全都步态摇曳,身姿俏丽;魔女们"朱唇旖旎,能赤能红;雪齿齐平,能白能净",内人家"嫩脸红唇,眼如刀割,口似朱丹",都是唇红齿白,明眸善睐;魔女们"轻罗拭体,吐异种之馨香;薄縠挂身,曳殊常之翠彩",内人家"浑身挂异种罗裳,更熏龙脑香烟",都是珍罕被体,香气袭人;魔女们"能歌律吕""解奏宫商",琵琶、箫笛、羯鼓、秦筝无不精通,内人家"善别宫商,能调丝竹,歌令尖新",也是乐音高手;魔女们"休夸越女,莫说曹娥",非人间女子可比,内人家"应是降王母仙宫,凡间略现容真",偏与天仙当论;魔女们"从天降下,若天花乱雨于乾坤;初出魔宫,似仙娥芬霏于宇宙",热闹出场,内人家"半含娇态,逶迤缓步出闺门",悄然亮相;魔女们之前是魔王波旬的属下,将要前去"娆恼"的是潜心修行的持世菩萨,内人家也是"除非却应奉君王,时人未可趋颜",尽得人间君王的宠爱。通过这种对比我们发现,《维摩诘经讲经文》中的一万二千个天女,实际上就是唐朝盛时的教坊乐人的写照。

　　《维摩诘经讲经文》第二次对魔女们的集中描写,见于对经文"即语我言,正士受是万二千天女,可备扫洒"的展开。讲经文借魔王之口说:

况此天女,一个个形如白玉,一个个貌似鲜花。妖桃而乃越妲娥,艳质而休夸妲妃。能歌律吕,行云而不竟(禁)低垂;解奏宫商,织女而忽然亭(停)罢。绣成盘凤,对芙蓉而争不颒羞;刺出鸳鸯,并芍药而岂无惭耻。鬓钗斜坠,须凤髻而如花倚药栏;玉貌频舒,索娥眉而似风吹莲叶。亦能侍奉,偏解祗承,低眉而便会人情,动目而早知心事。四时汤药,亦解调和,逐日斋餐,深知冷暖。禅堂扫洒,清风而不起埃尘;幽室铺陈,满座而旋成瑞气。前件天女,粗知佛法,深有道心,他家愿郊(效)殷勤,亦望慈悲驱使。

这段描写,除重申了魔女们的美貌和音乐特长外,还从其他方面陈述了她们的技能:善刺绣,能侍奉,擅长揣摩人心,通晓四时汤药的调和,勤于烹饪和打扫,甚至还粗通佛法,可为修行者的知音。这些技能也正是波旬劝持世菩萨收下这些魔女的原因,正如后面的韵文所言:"解歌音,能律吕,箫韶直得阴云布,日夜交(教)伊暖法堂,师兄收取天宫女。巧裁缝,能绣补,刺成盘凤须甘雨,个个能装百纳衣,师兄收取天宫女。会人心,巧言语,争忍空交(教)却回去,禅堂驱使好祗承,师兄收取天宫女。貌如花,体如素,似雪如花花又语;堪作禅堂学法人,师兄收取天宫女。……禅堂内,没支排,寂寞应知不易偕。日夜交(教)伊歌浩浩,晨昏须遣乐咍咍。有斜指,巧难裁,供养祗承顺意怀。不禅补坊兼刺绣,更能逐日辩(办)香斋。"很显然,这些魔女光是美貌越妲娥、艳质超妲妃还是不够的,还必须拥有各种女性应该掌握的基本技能,可以满足男性在各个方面的需求。作品甚至还强调了女性在精神层面上与男性的匹配,即所谓"粗知佛法,深有道心",还要"会人心,巧言语",但又得低眉顺眼地"供养祗承"男人的旨意。这哪里是在写魔女,分明是在描写人间理想的女性形象。

然而,即使是理想的女性形象,在"离于染欲,不住世情"的持世菩萨那里,都"终归难免却无常",因为他"知喧哗为生死之因,悟艳质是[轮]洄(回)之本,况此之天女,尽是娇奢恣意染欲之身,耽迷者定入生死,趣向者必沉地狱"。"况此天女,尽是贪嗔之本,地狱余殃,未合菩萨之仪,不是沙门见解。""况此之女等,三从备体,五障缠身。他把身为究竟身,便把体为究竟体。"持世菩萨的这番言论实际上反映了佛教的女性观——女人是淫欲、诱惑之源:

一切女人皆是众恶之所住处。①

一切女人必谄伪。②

一切女人身,众恶不净本。③

女人所起患毒,倍于男子。经云:女人甚深恶,难与为因缘。恩爱一缚着,牵人入罪门。女人有何好,但是诸不净。何不审谛观,为此发狂乱。……众祸之本,皆由女色。④

"佛教还认为人有'六欲',即色欲(美的色彩)、形貌欲(长相、身体、体态、曲线美)、威仪姿态欲(楚楚动人的风度、姿态)、言语音声欲(优美动听的音调)、细滑欲(肌肤细软光滑亮泽)、人相欲(整个人体形象美)。从这'六欲'的内容来看,它们基本上是针对女性而言的。"⑤在这种见解下,就不难理解为什么《维摩诘经讲经文》中一方面将众魔女描写为至美的女性形象,另一方面又将之作为破坏持世菩萨之修行的存在来予以贬斥。也就是说,她们越是美貌动人,越是才艺出众,就越是具有诱惑力,越是具有破坏力。值得注意的是,整个文本都是从波旬和持世菩萨两人的角度来描述魔女形象的,而且她们的所有举止都由这两人决定:波旬带领她们前往持世菩萨的禅室,让她们破坏菩萨的道力;持世菩萨拒绝收留她们,让波旬将她们带回天宫。在此过程中,魔女们未发一言,完全没有表达自身意愿的机会和主动性。

《维摩诘经讲经文》中所反映的这种佛教女性观实际上也是唐五代时期世俗女性观的反映。唐代虽然是个相对开放的时代,且出现了武则天这样一位女性皇帝,但从对武则天的批评开始,"女祸"论便从未止息过。⑥杨贵妃

---

① 《大般涅槃经》卷九《如来性品》,[东晋]法显译,载于《大正新修大藏经》第12册,台北:新文丰出版公司,1992年。

② 《佛说大般泥洹经》卷六,[东晋]法显译,载于《大正新修大藏经》第12册,台北:新文丰出版公司,1992年。

③ 《佛说护国尊者所问大乘经》卷三,[宋]施护译,载于《大正新修大藏经》第12册,台北:新文丰出版公司,1992年。

④ [唐]道宣:《广弘明集》卷二十七《净住子·在家从恶门第十》,上海:上海古籍出版社,1991年。

⑤ 普慧:《从佛典文学看佛教的女性观》,《陕西师范大学学报(哲学社会科学版)》2009年第1期,第72页。

⑥ 有关唐代的性别歧视与"女祸论",可参见高世瑜:《唐代妇女》,西安:三秦出版社,2011年,第311-315页。

第三章　魔女与神女——以《维摩诘经讲经文》《破魔变》《都河玉女娘子文》为中心　135

一向被视作"安史之乱"的为祸者，就连白居易所写的《长恨歌》也被解释为"意者不但感其事，亦欲惩尤物，窒乱阶，垂于将来者也"①。陈寅恪先生在论及此诗时说："唐代女祸可谓烈矣。如武韦杨张诸后妃之移国乱朝，皆世所习知也。……又观于后来宪宗终竟不肯定立元妃郭氏为皇后，卒致酿成裴迁欲所谓光陵商臣之酷，是乐天之先事陈诫，尤不可忽视也。"②白居易的《李夫人》诗最后的议论部分也提及了杨贵妃："伤心不独汉武帝，自古及今皆若斯。君不见穆王三日哭，重璧台前伤盛姬。又不见泰陵一掬泪，马嵬坡下念杨妃。纵令妍姿艳质化为土，此恨长在无销期。生亦惑，死亦惑，尤物惑人忘不得。人非木石皆有情，不如不遇倾城色。"③也就是说，白居易对李夫人和杨贵妃这样的女子，一方面抱有一定的同情之心，另一方面还是忍不住把她们当作惑人的尤物，提醒人们要保持警惕。他还写下了《古冢狐·戒艳色也》这样的诗作：

> 古冢狐，妖且老，化为妇人颜色好。头变云鬟面变妆，大尾曳作长红裳。徐徐行傍荒村路，日欲暮时人静处。或歌或舞或悲啼，翠眉不举花颜低。忽然一笑千万态，见者十人八九迷。假色迷人犹若是，真色迷人应过此。彼真此假俱迷人，人心恶假贵重真。狐假女妖害犹浅，一朝一夕迷人眼。女为狐媚害即深，日长月增溺人心。何况褒妲之色善蛊惑，能丧人家覆人国。君看为害浅深间，岂将假色同真色。④

狐妖化作的美女，仪态万方，迷人害人，而如果像褒姒、妲己这样的美貌女子，甚至可能"丧人家覆人国"，因此务必要"戒艳色"。而白居易的这种看法，在唐代颇具普遍性。从这个角度来反观《维摩诘经讲经文》中的众魔女，似乎就有了红颜祸水的端倪了。她们既是唐代教坊中的宫伎的写照，则意味着她们有可能成为媚惑君王的罪魁祸首，那么她们的美貌与才能都不过是加速祸端的帮凶罢了。也正是因为如此，持世菩萨才忙不迭地拒绝波旬的赠予："莫将天女施沙门，休把娇姿与菩萨。不是我之所爱，非当持世恋之。我今若受时与，必是曹（遭）人毁谤。帝释帝释，要知要知！眷属便望却收，天女我当

---

① 李时人：《全唐五代小说》卷二十四，西安：陕西人民出版社，1998年，第673页。
② 陈寅恪：《元白诗笺证稿》，上海：上海古籍出版社，1978年，第265-266页。
③ ［清］彭定求等：《全唐诗》卷四百二十七，上海：上海古籍出版社，1986年，第1048页。
④ ［清］彭定求等：《全唐诗》卷四百二十七，上海：上海古籍出版社，1986年，第1049页。

不要。……此时若受,如红(鸿)雁再入于网罗;今日若收,似白鹿重遭于继(系)绊。不敢,不敢,何当,何当!交(教)吾失却两程,令我修持退败。……千万,千万,速归,速归!帝释莫发狂言,天女我今不受。"所以,《维摩诘经讲经文》中的魔女们,虽然在文中未发一言,却在不知不觉间背负起了红颜祸水的角色,成为告诫世人的反面形象。她们的美丽与才艺,虽然在某种程度上代表了人们对女性美的标准的设定,但又体现出人们对这种美所持的戒心,反映了古代社会人们在对待女性态度上的矛盾心理。

(二)《破魔变》中的魔女形象的刻画及其在唐五代宋初的接受

《破魔变》是描写佛与魔王波旬的几番较量的变文。王重民等《敦煌变文集》原校:"凡存两本,原编号如下:甲卷 伯二一八七 首尾完全无缺。前题作《降魔变神押座文》,后题作《破魔变一卷》,因与另一《降魔变文》区别,故用后题。……乙卷 斯三四九一……按甲卷写于公元944年,而变文结尾云:'继统旌幢左大梁',则当作于907—922年之间。"[①]现据黄征、张涌泉《敦煌变文校注》将相关内容节录如下[②]:

> 魔王见此阵势似输,且还抽军,回归天上。不察自家力劣,辄拟恼害如来,忿怒之情,尚犹未息。然后端居正殿,反据香林,扼腕扬眉,铺唇巨耐。魔王有其三女,忽见父王不乐,遂即向前启白大王。[三女当尔之时,道何言语?]
> 近日恰似改形容,何故忧其情不乐!
> 为复诸天相恼乱?为复宫中有不安?
> 为复忧其国境(计)事?为复忧念诸女身?
> 惟愿父王有慈愍,如今为女说来由。
> 父王道云云:
> 不是忧念诸女身,汝等自然已成长;
> 也不忧其国境(计)事,天宫快乐更何忧!
> 吾缘净饭悉达多,已于近日成正觉。
> 巨耐见伊今出世,应恐化尽我门徒。

---

① 王重民等:《敦煌变文集》,北京:人民文学出版社,1957年,第355-356页。
② 黄征、张涌泉:《敦煌变文校注》,北京:中华书局,1997年,第534-536页。

第三章 魔女与神女——以《维摩诘经讲经文》《破魔变》《都河玉女娘子文》为中心

若使交(教)他教化时,化尽门徒诸弟子。
我即如今设何计,除灭不交(教)出世间?
于是三女遂即进步向前,咨白父王云云:
瞿昙少小在深宫,色境欢娱争断得?
况是后生身美貌,整(正)是贪欢逐乐时。
我今齐愿下阎浮,恼乱不交(教)令证果。
必使见伊心退后,不成无上大菩提。

魔王闻说斯计,欢喜非常:"库内绫罗,任奴妆束。"侧抽蝉鬓,斜插凤钗,身挂绮罗,臂缠璎珞。东邻美女,实是不如;南国娉人,酌(灼)然不及。玉貌似雪,徒夸洛浦之容;朱脸如花,谩(漫)说巫山之貌。行风行雨,倾国倾城。人漂(飘)五色之衣,日照三珠(铢)之服。仙娥从后,持宝盖以后随;织女引前,扇香风而塞路。召六宫彩女,发在左边;命一国夫人,分居右面。直从上界,来到佛前。歌舞齐施,管弦竞奏云云:

论情实是绮罗人,若说容仪独超春。
身挂天宫三珠(铢)服,足蹑巫山一片云。

第一女道:"世尊!世尊!人生在世,能得几时?不作荣华,虚生过日。奴家美貌,实是无双,不合自夸,人间少有。故来相事,誓尽千年。不弃卑微,永共佛为琴瑟。"

女道:"劝君莫证大菩提,何必将心苦执迷。我舍慈亲来下界,情愿将身作夫妻。"

佛云:"我今愿证大菩提,说法将心化群迷。苦海之中为船筏,阿谁要你作夫妻!"

第二女道:"世尊!世尊!金轮王氏,帝子王孙,抛却王位,独在山中寂寞。我今来意,更无别心,欲拟伴住山中,扫地焚香取水。世尊不在之时,我解看家守舍。"

女道:"奴家爱着绮罗裳,不勋(薰)沉麝自然香;我舍慈亲来下界,誓将纤手扫金床。"

佛道:"我今念念是无常,何处少有不烧香。佛座四禅本清净,阿谁要你扫金床!"

第三女道:"世尊!世尊!奴家年幼,父母偏怜,端政(正)无双,聪明少有。帝释梵王,频来问讯,父母嫌伊门卑,令不交(教)作新妇。我见世尊端正,又是净饭王子,三端六艺并全,文武两般双备。是以抛却父母,故来下界阎浮,不敢与佛为妻,情愿长擎座具。"

女道:"阿奴身年十五春,恰似芙蓉出水宾(滨)。帝释梵王频来问,父母嫌卑不许人。见君文武并皆全,六艺三端又超群,我舍慈亲来下界,不要将身作师僧。"

佛道:"汝身早合舍女身,只为从前障佛因。火然速须归上界,更莫纷纭恼乱人。"

魔女不信世尊之言,谩发强词,轻恼于佛。于是世尊垂金色臂,指魔女身,三个一时化作老母。且眼如朱盏,面似火曹(槽),额阔头尖,胸高鼻曲,发黄齿黑,眉白口青,面皱如皮裹髑髅,项长一似箸头馉子。浑身锦绣,变成两幅布裙;头上梳钗,变作一团乱蛇。身膰项缩,恰似害冻老鸱;腰曲脚长,一似过秋毂(鹘)鹂。浑身笑具,是甚尸骸?三个相看,面无颜色。心中不分,把镜照看:空留百丑之形,不见千娇之貌。姊妹三个,道何言语:

不是天为孽,都缘自作灾。
娇容何处去?丑陋此时来。
眼里清如火,胸前瘿似魁。
欲归天上去,羞见丑头腮。

魔女三人,变却姮娥之貌,自惭丑陋之躯,羞见天宫,求归不得。遂即佛前蹋跪,启[请]再三,当尔之时,道何言语:

不悟前生业障深,直来下界诣双林。
盖为父母恩义重,不料魔家力未强。
恼乱如来多罪障,容仪变却受怨沉。
惟愿释迦生慈悯,舍过莫记生念心。

佛以慈悲广大,有愿尅从;舍放前怨,许容忏谢。与旧时之美质,转胜于前;复婉丽之容仪,过于往日。

我佛慈悲广大愿,为法分形普流传。
魔女三人骋姿容,变却当初端正面。
殷勤礼拜告如来,暂弃魔宫心敬善。
丑女却获端正身,口过忏除得解免。

魔女却获端正,还归本天;当去之时,道何言语:

魔女忏谢却归天,欢喜非常礼圣贤。
故知佛力垂加备(被),姊妹三人胜于前。

第三章　魔女与神女——以《维摩诘经讲经文》《破魔变》《都河玉女娘子文》为中心　139

> 女见魔王说本情，瞿谈如来道果成。
> 我等三人总变却，岂合不遂再归程。
> 倾心礼拜求哀忏，方始来容罪障轻。
> 此祭(际)世尊成正觉，魔王从此没多声。
> 定拟说，且休却，看看日落向西斜。
> 念佛座前领取偈，当来必定座(坐)莲花。

与《维摩诘经讲经文》中的魔女们集体噤声所不同的是，《破魔变》中的魔女是主动的，她们主动要求去诱惑如来，主动在佛面前施展自己的魅力和手段，主动改变策略，在遭到佛的惩罚之后，也主动求取佛的救赎。所以与《维摩诘经讲经文》中的一万二千个魔女相比，她们有了自己的声音和作为，也因此要接受更多的批判与惩戒。由于是三个魔女，她们有共性也有个性，如何突出这种共性中的个性就成了作为文学作品的变文的一个挑战。我们可以通过追根溯源的方式来了解变文在这方面的突破。

《破魔变》中的魔女与佛经中的魔女原型的比较

《破魔变》的三魔女诱佛的故事由来已久，只是在不同的佛经典籍中会有略有不同的陈述。南朝齐僧祐所撰《释迦谱》中收录了各佛教经典中记载的"爰自降胎至于分塔，伟化千条，灵瑞万变"的佛的应化事迹，其中与《破魔变》故事相对应的记载有四，包括《受胎经》《观佛三昧经》《瑞应本起经》《杂宝藏经》。其中前两条记载颇详[①]：

> 《受胎经》云：坐阎浮树下四十八日，观树思惟，感动天地，六反震动，演大光明，覆蔽魔官。时魔波旬卧寐，梦中见三十二变，宫殿暗冥，宫殿污泥，入于邪径，池水枯竭，乐器破坏，阅叉厌鬼，头皆堕地，诸天舍去，不从其教。凡三十二梦，文多不载。从梦而起，恐怖毛竖，召会大臣及诸兵众，说梦所见，以何方便而往伏之；并召千子，其五百子导师等信乐菩萨，其五百子恶目等随魔所教。魔王愤乱，告其四女，一名欲妃，二名悦彼，三名快观，四名见从。"汝往诣彼，惑乱其行。"女诣菩萨，绮语作姿，三十有

[①] [南朝]僧祐：《释迦谱》卷一，载于《大正新修大藏经》第50册，台北：新文丰出版公司，1992年，第31-32页。

二姿,上下唇口,婈媟细视,现其髀脚,露其手臂,作凫雁鸳鸯哀鸾之声,凡三十二态,文多不载。魔女善学女幻迷惑之业,而自言曰:"我等年在盛时,天女端正莫逾我者,愿得晨起夜寐,供事左右。"菩萨答曰:"汝有宿福,受得天身,形体虽好而心不端,革囊盛臭而来何为,去,吾不用。"其魔王女化成老母,不能自复,即还魔所。

《观佛三昧经》云:魔有三女,长名悦彼,中名喜心,小名多媚。而白父言:"我能往乱,愿父莫愁。"即自庄饰,过逾魔后百千万倍,眴目作姿,现诸妖冶。礼敬菩萨,旋绕七匝,白菩萨言:"太子生时,万神侍御,何弃天位,来此树下?我是天女,六天无双,今以微身,奉上太子,我等善能调身按摩,今欲亲近。坐树疲极,宜须偃息,服食甘露。"即以宝器,献天甘味。太子寂然,身心不动,以白毫拟令,天之三女,自见身内,脓囊涕唾,九孔根本,生藏熟藏,回伏婉转,蛹生诸虫。有八千户,走入小肠,张口上向,唼食诸藏,髓脉生虫,细于秋毫,数甚众多。其女见此,即便呕吐。即自见身,左生蛇头,右生狐头,中首狗头,背负老母,抱死小儿。诸女惊号,却行而去,低头视脐,自见女形,丑状鄙秽;复有诸虫,如手钏形,团栾相持,而有众口,口生五毒,唼食女根。诸女见已,心极酸苦,如箭入心,匍匐而去,吁嗟叹息,至魔王所。

《受胎经》不见诸佛教典藏,《观佛三昧经》则在《出三藏记集》和《历代三宝记》等佛教典籍中都有记载,如金刻赵城藏本《历代三宝记》卷七记:"《观佛三昧经》八卷。一名《观佛三昧海经》,见竺道祖《晋世杂录》,或云宋世出。"两部典籍中有关魔女的记载略有不同。《受胎经》中是四魔女,分别名叫欲妃、悦彼、快观和见从;《观佛三昧经》中是三魔女,分别叫作悦彼、喜心和多媚。《受胎记》中,四魔女是受波旬之令前往诱佛;《观佛三昧经》中,三魔女是主动请缨。《受胎记》中,四魔女诱佛不成,"化成老母",在"不能自复"的情况下"即还魔所";《观佛三昧经》中,三魔女受到的惩罚是,自见身体化脓,生虫无数,且"左生蛇头,右生狐头,中首狗头,背负老母,抱死小儿","丑状鄙秽","匍匐而去"。《受胎经》对魔女诱佛的描写较多,而《观佛三昧经》将重点放在了佛对魔女的惩罚之上。以此二本与《破魔变》相较,会发现《破魔变》中的不同:三魔女没有姓名;三魔女在去诱佛之前与波旬的对话交流较多;三魔女对佛的诱惑全以对话方式展开,未写其妍态;没有三魔女体内生蛆的描写,而重在对其外形丑陋的描写;三魔女在变丑之后,复于佛前哀求忏悔,于是佛又把她们变回美女,使之归天。特别是最后一点,完全不见于两典籍的记载。

相比之下,《破魔变》在形式上似乎更接近《杂阿含经》中这部分故事的陈述。

南朝宋天竺三藏求那跋陀罗译《杂阿含经》卷三十九记:

如是我闻:

一时,佛住郁鞞罗聚落尼连禅河侧,于菩提树下成佛未久。

时,魔波旬作是念:"今沙门瞿昙住郁鞞罗聚落尼连禅河侧,于菩提树下成佛未久。我当往彼,为作留难。"即化作年少,往住佛前,而说偈言:

"独入一空处,禅思静思惟,已舍国财宝,于此复何求?若求聚落利,何不习近人,既不习近人,终竟何所得。"

尔时,世尊作是念:"恶魔波旬欲作娆乱。"即说偈言:

"已得大财利,志足安寂灭,摧伏诸魔军,不着于色欲。独一而禅思,服食禅妙乐,是故不与人,周旋相习近。"

魔复说偈言:

"瞿昙若自知,安隐涅槃道,独善无为乐,何为强化人。"

佛复说偈答言:

"非魔所制处,来问度彼岸,我则以正答,令彼得涅槃。时得不放逸,不随魔自在。"

魔复说偈言:

"有石似凝膏,飞乌欲来食,竟不得其味,损嘴还归空。我今亦如彼,徒劳归天宫。"

魔说是已,内怀忧戚,心生变悔,低头伏地,以指画地。

魔有三女,一名爱欲,二名爱念,三名爱乐,来至波旬所,而说偈言:

"父今何愁戚,士夫何足忧,我以爱欲绳,缚彼如调象。牵来至父前,令随父自在。"

魔答女言:

"彼已离恩爱,非欲所能招,已出于魔境,是故我忧愁。"

时,魔三女身放光焰,炽如云中电,来诣佛所,稽首礼足,退住一面,白佛言:"我今归世尊足下,给侍使令。"

尔时,世尊都不顾视。

知如来离诸爱欲,心善解脱。如是第二、第三说。

时，三魔女自相谓言："士夫有种种随形爱欲，今当各各变化，作百种童女色、作百种初嫁色、作百种未产色、作百种已产色、作百种中年色、作百种宿年色，作此种种形类，诣沙门瞿昙所，作是言：'今悉归尊足下，供给使令。'"

作此议已，即作种种变化，如上所说，诣世尊所，稽首礼足，退住一面，白佛言："世尊！我等今日归尊足下，供给使令。"

尔时，世尊都不顾念。

"如来法离诸爱欲。"如是再三说已。

时，三魔女自相谓言："若未离欲士夫，见我等种种妙体，心则迷乱，欲气冲击，胸臆破裂，热血熏面。然今沙门瞿昙于我等所都不顾眄，如其如来离欲解脱，得善解脱想。我等今日当复各各说偈而问。"复到佛前，稽首礼足，退住一面。

爱欲天女即说偈言：

"独一禅寂默，舍俗钱财宝，既舍于世利，今复何所求？若求聚落利，何不习近人，竟不习近人，终竟何所得？"

佛说偈答言：

"已得大财利，志足安寂灭，摧伏诸魔军，不着于色欲。是故不与人，周旋相习近。"

爱念天女复说偈言：

"多修何妙禅，而度五欲流？复以何方便，度于第六海？云何修妙禅，于诸深广欲，得度于彼岸，不为爱所持？"

尔时，世尊说偈答言：

"身得止息乐，心得善解脱，无为无所作，正念不倾动，了知一切法，不起诸乱觉，爱恚睡眠覆，斯等皆已离。如是多修习，得度于五欲，亦于第六海，悉得度彼岸。如是修习禅，于诸深广欲，悉得度彼岸，不为彼所持。"

时，爱乐天女复说偈言：

"已断除恩爱，淳厚积集欲，多生人净信，得度于欲流。开发明智慧，超逾死魔境。"

尔时，世尊说偈答言：

"大方便广度，入如来法律，斯等皆已度，慧者复何忧？"

时，三天女志愿不满，还诣其父魔波旬所。

时，魔波旬遥见女来，说偈弄之：

"汝等三女子,自夸说堪能,咸放身光焰,如电云中流,至大精进所,各现其容姿,反为其所破,如风飘其绵。欲以爪破山,齿啮破铁丸,欲以发藕丝,旋转于大山。和合悉解脱,而望乱其心,着能缚风足,令月空中堕。以手抒大海,气歔动雪山,和合悉解脱,亦可令倾动。于深巨海中,而求安足地,如来于一切,和合悉解脱。正觉大海中,求倾动亦然。"

时,魔波旬弄三女已,即没不现。①

《杂阿含经》中,在三魔女出动之前,波旬先化作少年,与佛有过一番言语上的较量;波旬的三女分别叫作爱欲、爱念、爱乐,她们先是变化出各种色相,对佛展开诱惑,然后又通过说偈语的方式,与佛辩论。最后,她们未能达成诱佛的志愿,但也未遭到佛的惩罚,反而是被波旬冷言嘲弄了一番。

以《杂阿含经》与《破魔变》比较,两者的相似之处在于:它们都注重用对话来表现佛魔之间的较量;三魔女都有了分别表现自身个性和辩才的机会。两者的不同之处在于:《杂阿含经》中魔女与佛的对话更近于佛理之辩,《破魔变》中的对话更近于生活化的对谈;《杂阿含经》中,魔女未遭惩罚,也未改邪归正;《破魔变》中,魔女先遭到变丑的惩罚,忏悔之后,又恢复了美女之身,重返天界。

很显然,《破魔变》不是单纯地根据以上诸佛经中的一种来展开自己的故事的,它综合了各家之说,又加上了自己的演绎,才成就了极富表现力和戏剧性的佛教故事。

《破魔变》的三魔女形象

相比于佛教典籍中破魔故事的魔女原型,《破魔变》中的魔女形象有世俗化、典型化、戏剧化等几个方面的变化。

所谓魔女形象的世俗化,是指《破魔变》中的魔女们不似《维摩诘经讲经文》中的魔女们那样,以美丽非凡、才艺出尘、无喜无乐的天女形象示人,而是有着普通人间女子的情感,言谈举止也都带有世俗的印迹。如魔王与佛对战,大败而归后,"扼腕扬眉,铺唇叵耐",他的三个女儿"忽见父王不乐,遂即向前启白大王":"近日恰似改形容,何故忧其情不乐!为复诸天相恼乱?为复宫

---

① 《杂阿含经》卷三十九,[南朝]求那跋陀罗译,载于《大正新修大藏经》第2册,台北:新文丰出版公司,1992年,第286-287页。

中有不安？为复忧其国境（计）事？为复忧念诸女身？惟愿父王有慈愍，如今为女说来由。"这完全是人间善解人意的女儿宽慰父亲的方式，关键的是，她们询问父亲不快乐的原因的最后一种猜测——"为复忧念诸女身？"——充分体现了人间父女之情，而魔王"不是忧念诸女身，汝等自然已成长"的回答，似乎也透露了一位父亲对女儿们成长过程的关注。相形之下，《受胎经》中波旬命令女儿们"汝往诣彼，惑乱其行"，完全没把魔女当作女儿看待；《观佛三昧经》中，魔女对波旬的"我能往乱，愿父莫愁"的话，也是轻描淡写，未见真情；《杂阿含经》中魔女"父今何愁戚，士夫何足忧，我以爱欲绳，缚彼如调象。牵来至父前，令随父自在"的话语，也完全看不出父女之间相互关爱的情感，而仿佛是君臣关系。

　　《破魔变》中魔女们的思维方式也是世俗化的。当波旬为"我即如今设何计，除灭不交（教）出世间"而烦恼时，三女认为："瞿昙少小在深宫，色境欢娱争断得？况是后生身美貌，整（正）是贪欢逐乐时。"也就是说，她们认为佛生于深宫之中，从小尽享荣华富贵，所以根本不可能离开那样的奢华生活，而且他自身容貌端正俊美，定然喜于贪欢逐乐。这些看法完全是人间的世俗观念，看不到一点儿超凡之思。魔女在诱惑世尊时的言语，也完全是世俗化的表达。如第一女说："世尊！世尊！人生在世，能得几时？不作荣华，虚生过日。奴家美貌，实是无双，不合自夸，人间少有。故来相事，誓尽千年。不弃卑微，永共佛为琴瑟。"这是从人生苦短、须及时行乐的角度出发献言，与《杂阿含经》中魔女爱欲之"独一禅寂默，舍俗钱财宝，既舍于世利，今复何所求？若求聚落利，何不习近人，竟不习近人，终竟何所得"的谒语相比，真可谓俗到了骨子里。她的"我舍慈亲来下界，情愿将身作夫妻"的希冀与佛的"苦海之中为船筏，阿谁要你作夫妻！"的回答，则完全是普通人的口语化表达。第二女见第一女求做夫妻不成，马上改变了策略，对佛说："世尊！世尊！金轮王氏，帝子王孙，抛却王位，独在山中寂寞。我今来意，更无别心，欲拟伴住山中，扫地焚香取水。世尊不在之时，我解看家守舍。"她立即把自己降至非常卑微的地步，想象着一个婢女的生活。第三女则是从自己的身世说起："奴家年幼，父母偏怜，端政（正）无双，聪明少有。帝释梵王，频来问讯，父母嫌伊门卑，令不交（教）作新妇。我见世尊端正，又是净饭王子，三端六艺并全，文武两般双备。是以抛却父母，故来下界阎浮，不敢与佛为妻，情愿长擎座具。"这也是通常的世俗故事：爱上心中王子的少女不顾父母的反对，义无反顾地奔向所爱之人的怀抱，却又不求名分，只愿长相陪伴。当然，这样的请求也遭到了佛的斥责。

三个魔女在表达自己的意愿时,都使用了"我舍慈亲来下界"的话,体现了人间子女对父母的依恋之情。

魔女们使用的语言也具民间特色。如第一女所说:"奴家美貌,实是无双。不合自夸,人间少有。"以"奴家"自谓,分明是普通人家的女儿的自荐之语。第三女说:"阿奴身年十五春,恰似芙蓉出水宾(滨)",一个"阿奴",使其小女儿神态跃然纸上。与之相对应的,佛的"阿谁要你作夫妻""阿谁要你扫金床""更莫纷纭恼乱人"的拒绝之语,也让佛变得没那么高高在上了。

魔女形象的典型性,一体现在对她们作为一个整体的魔女身份的刻画上,一体现在对她们各自的形象、言语的刻画上。虽然《破魔变》中的魔女们很接地气,但到底不同于人间女子,如何突出她们的魔女特性就变得非常关键。变文从她们的容貌来表现这一点:"侧抽蝉鬓,斜插凤钗,身挂绮罗,臂缠璎珞。东邻美女,实是不如;南国娉人,酌(灼)然不及。玉貌似雪,徒夸洛浦之容;朱脸如花,谩(漫)说巫山之貌。行风行雨,倾国倾城。人漂(飘)五色之衣,日照三珠(铢)之服。""侧抽蝉鬓"之"侧","斜插凤钗"之"斜",虽然都是要刻画魔女们的梳妆打扮,却引人联想到其"魔"的属性。"身挂绮罗"是常见着装,"臂缠璎珞"则有了异域风格。之后的描写,连用了数个美女之典来体现魔女之美。"东邻美女",是宋玉《登徒子好色赋》中刻画的形象:"天下之佳人莫若楚国,楚国之丽者莫若臣里,臣里之美者莫若臣东家之子。东家之子,增之一分则太长,减之一分则太短,著粉则太白,施朱则太赤。眉如翠羽,肌如白雪,腰如束素,齿如含贝。嫣然一笑,惑阳城,迷下蔡。""南国娉人",用的是曹植《杂诗》中的典故:"南国有佳人,容华若桃李。""洛浦之容",是曹植对洛水之神的描绘:"其形也,翩若惊鸿,婉若游龙。荣曜秋菊,华茂春松。仿佛兮若轻云之蔽月,飘飘兮若流风之回雪。远而望之,皎若太阳升朝霞;迫而察之,灼若芙蕖出渌波。秾纤得中,修短合度。肩若削成,腰如约素。延颈秀项,皓质呈露。芳泽无加,铅华弗御。云髻峨峨,修眉联娟。丹唇外朗,皓齿内鲜。明眸善睐,靥辅承权。瑰姿艳逸,仪静体闲。柔情绰态,媚于语言。奇服旷世,骨像应图。披罗衣之璀粲兮,珥瑶碧之华琚。戴金翠之首饰,缀明珠以耀躯。践远游之文履,曳雾绡之轻裾。微幽兰之芳蔼兮,步踟蹰于山隅。""巫山之貌",见宋玉《神女赋》中的巫山神女的形象:"茂矣美矣,诸好备矣。盛矣丽矣,难测究矣。上古既无,世所未见,瑰姿玮态,不可胜赞。其始来也,耀乎若白日初出照屋梁;其少进也,皎若明月舒其光。须臾之间,美貌横生,晔兮如华,温乎如莹。五色并驰,不可殚形。详而视之,夺人目精。""其状峨峨,何可极言?

貌丰盈以庄姝兮,苞温润之玉颜。眸子炯其精朗兮,瞭多美而可视。眉联娟以蛾扬兮,朱唇的其若丹。素质干之酞实兮,志解泰而体闲。既婳嫿于幽静兮,又婆娑乎人间。"说了这些还不算,还要加上北方佳人之倾国倾城的风范。另"五色之衣",是道教中神仙所穿的服装,如《老子中经》中说:"道君者,一也;皇天上帝中极北辰中央星是也。乃在九天之上,万丈之巅,太渊紫房宫中。衣五色之衣,冠九德之冠,上有太清元气,云曜五色。""三铢之服"乃佛教谓诸天人所着之衣。《菩萨璎珞本业经》卷下:"一切菩萨行道劫数久近者,譬如一里二里乃至十里石,方广亦然。以天衣重三铢,人中日月岁数,三年一拂此石乃尽,名一小劫。"可见,《破魔变》中关于魔女的描写,处处关合的是魔女们的魔界公主的身份:既美貌超伦,又神乎其神。

　　魔女们的仪仗也突出了其身份。"仙娥从后,持宝盖以后随;织女引前,扇香风而塞路。召六宫彩女,发在左边;命一国夫人,分居右面。直从上界,来到佛前。歌舞齐施,管弦竞奏云云。"《维摩诘经讲经文》中一万二千个魔女是普通的天宫之女,她们是魔王仪仗的构成元素,而《破魔变》中的三个魔女是魔王的亲生女儿,所以"仙娥""织女""六宫彩女"和"一国夫人"都成了她们的侍从人员。这无疑是凸显其魔王之女身份的最直接的方式。总之,《破魔变》对"论情实是绮罗人,若说容仪独超春。身挂天宫三珠(铢)服,足蹑巫山一片云"的魔女的描写堪称典型。

　　魔女们自身又代表了不同的女子类型。与佛教典籍中的魔女不同,《破魔变》中的三个魔女都没有自己的姓名,但这并没有影响对她们个性的刻画。在佛教典籍中,无论魔女们叫作欲妃、悦彼、快观和见从,还是悦彼、喜心和多媚,抑或是爱欲、爱恋和爱乐,都代表的是人的贪欲之心。《破魔变》将这种贪欲化为具体的言语和行动,只是各有侧重。第一女"故来相事,誓尽千年。不弃卑微,永共佛为琴瑟"之语,代表了人们希望情感长久不变的欲望,也突出了魔王长女的风范:她对自己的美貌充满自信,在佛的面前没有丝毫的自卑,将自己放在与佛完全对等的地位之上,所以要求的是夫妻的名分。第二女"我今来意,更无别心,欲拟伴住山中,扫地焚香取水。世尊不在之时,我解看家守舍"的自我介绍,显然没了魔王长女的气势,而是自降身份,意欲委曲求全,可以见出其个性的软弱自卑。第三女是幺女,有着十五岁少女的娇嗔和天真,所以在与佛对话时,一方面炫耀父母对她的爱怜,另一方面表示了对佛的崇拜,说出"见君文武并皆全,六艺三端又超群,我舍慈亲来下界,不要将身作师僧"的话来,仿佛一个扯着佛的衣襟要赖的孩子,让人不禁生出怜惜之情。也因此,佛对她的回答也不像对其他二女那么斩钉截铁，而是让她"火然速须归上界，更莫纷纭恼乱人"。可以说，三个魔女代表了三种不同类型的女子：长女自矜身份，不卑不亢；次女谦卑示人，委曲求全；幺女天真活泼，率性而为。此时若说她们是魔女，不如说她们是人间女子的代表。

　　魔女形象的戏剧性在于她们从美女变丑女再变回美女的反复过程。三个魔女不听佛的言语，"谩发强词，轻恼于佛"，于是佛将她们"一时化作老母"。关于佛对魔女们的惩戒，各佛教典籍有着不同的叙述。《受胎经》简单地说："其魔王女化成老母，不能自复，即还魔所"，故事到此戛然而止。《观佛三昧经》倒是用了相当多的文字来刻画这一点，但突出的是其身体内部的溃烂之状："太子寂然，身心不动，以白毫拟，令天三女，自见身内，脓囊涕唾，九孔根本，生藏熟藏，回伏婉转，蛹生诸虫。有八千户，走入小肠，张口上向，唼食诸藏，髓脉生虫，细于秋毫，数甚众多。其女见此，即便呕吐。即自见身，左生蛇头，右生狐头，中首狗头，背负老母，抱死小儿。诸女惊号，却行而去，低头视脐，自见女形，丑状鄙秽；复有诸虫，如手钏形，团栾相持，而有众口，口生五毒，唼食女根。诸女见已，心极酸苦，如箭入心，匍匐而去，呼嗟叹息，至魔王前。"《大方广佛华严经探玄记》卷五的记载与此类似。这里的生藏、熟藏，指人的消化系统。《行宗记》释云："人有生熟二藏，食在生藏，犹未变动，流入熟藏，即成粪秽，胎处于中，故云不净。"人的大肠小肠，甚至脉络之中，都生满了虫子，这是怎样令人作呕的景象。《破魔变》未取此场景来予以描绘，估计是顾及听众的心理，避免了太过危言耸听的场景，而是把重点放在外貌之丑上。但《观佛三昧经》中的外在描写也过于瘆人，使魔女们变成了长着蛇头、狐头、狗头的怪物，而且还要背上背着老女人，手中抱着死孩子，实在太过惊悚。相比之下，《破魔变》专注于对"丑"的描写："且眼如朱盏，面似火曹（槽），额阔头尖，胸高鼻曲，发黄齿黑，眉白口青，面皱如皮裹髑髅，项长一似箸头馉子。浑身锦绣，变成两幅布裙；头上梳钗，变作一团乱蛇。身膯项缩，恰似害冻老鸥；腰曲脚长，一似过秋穀（鹄）鹛。浑身笑具，是甚尸骸？"这种描写颇具幽默感，可以引得听众哈哈大笑，使场面显得轻松有趣，这是变文这种针对民间大众的文学体裁所需要的。

　　《破魔变》在魔女变丑妇之后，又通过她们的忏悔，让佛把她们变回了美女，"与旧时之美质，转胜于前；复婉丽之容仪，过于往日"。这一改变，是其他佛教典籍中都没有的，可算是变文的自创。这一结局，一方面加强了故事的戏剧性，另一方面也起到了宣传佛教思想的教化功用。魔女的这一转变，很容易让人联想到《金刚丑女因缘》中的那位最终因求告佛祖而变身美女的丑女。它们都反映了在佛教思想熏陶下的人们对于美丑的态度：善即是美，恶必然带来丑。

三魔女形象在唐五代宋初的接受

三魔女形象在唐五代宋初被人们广泛接受，这不但反映在敦煌的文学作品中，也反映在这一时期其他地方的诗歌、绘画等形式的作品中。白居易有两首诗都曾提到三魔女形象。一是《题孤山寺山石榴花示诸僧众》：

> 山榴花似结红巾，容艳新妍占断春。色相故关行道地，香尘拟触坐禅人。瞿昙弟子君知否，恐是天魔女化身。①

这首描写石榴花的诗歌实际上是一首带有警示意味的诗歌。山寺之中，榴花初开，红艳夺目，给寂寞的坐禅人带来了难得的美好景致。但是，你们这些佛祖的弟子可知道，它们恐怕是魔女的化身。这首诗的含义实际上与前文提及的白居易的另一首诗《古冢狐·戒艳色也》传达了同样的认知：美色害人，须当警戒。

白居易还有一首《偶于维扬牛相公处觅得筝筝未到先寄诗来走笔戏答》：

> 楚匠饶巧思，秦筝多好音。如能惠一面，何啻直双金。玉柱调须品，朱弦染要深。会教魔女弄，不动是禅心。②

这里面的魔女，实际上是善理秦筝的歌伎，警戒的意味少而调侃的意味多，这也说明，人们对所谓的"魔女"是怀着既爱又怕的矛盾心理的。

段成式《酉阳杂俎》续集卷六记载了一处壁画：

> 普贤堂，本天后梳洗堂，葡萄垂实，则幸此堂。今堂中尉迟画颇有奇处。四壁画像及脱皮白骨，匠意极险，又变形三魔女，身若出壁。又佛圆光，均彩相错乱目。成讲东壁佛座前锦如断古标。又左右梵僧及诸蕃往

---

① ［清］彭定求等：《全唐诗》卷四百四十三，上海：上海古籍出版社，1986年，第1107页。
② ［清］彭定求等：《全唐诗》卷四百五十六，上海：上海古籍出版社，1986年，第1154页。

奇,然不及西壁,西壁逼之摽摽然。①

这段文字记录了曾为武则天梳洗堂的普贤堂的一幅壁画,其中提到的"尉迟画"当指尉迟乙僧的画。据《唐朝名画录》记载:"尉迟乙僧者,吐火罗国人。贞观初,其国王以丹青奇妙荐之阙下,又云其国尚有兄甲僧,未见其画踪也。乙僧今慈恩寺塔前功德,又凹凸花面中间千手眼大悲,精妙之状不可名焉;又光泽寺七宝台后面画降魔像,千怪万状,实奇踪也。凡画功德人物花鸟皆是外国之物象,非中华之威仪。"②尉迟乙僧是与阎立本齐名的著名画家,他在普贤堂所画"变形三魔女""身若出壁",极富立体感,体现了高超的绘画技艺。这也从另一个侧面反映了三魔女形象在唐贞观年间就为人们所广泛接受的事实。

敦煌莫高窟壁画中,有数幅《破魔变》作品,里面都出现了三魔女形象。据《敦煌莫高窟(第二卷)》的统计,第254窟南壁、第263窟南壁、第260窟南壁、第428窟北壁等北朝壁画都描绘了魔女形象。③如第254窟南壁下层的"三魔女图"中,魔女均高髻、赤膊、长裙,身绕帔帛,体态妖娆。旁边则是其丑陋的变形模样。④第428窟的降魔图中,"释迦牟尼佛端坐正中,与佛作对的魔王波旬站立在他的膝旁。波旬带着三个名叫'可爱乐'的能说会辩的'能说人'和'欲染人'的魔女及许多手执兵器的魔众,想用恶言和武力威胁,或用美女来诱惑释迦牟尼。但是,释迦牟尼却稳如泰山,心神不动,于是魔王技穷。此时大地震动,波旬气急败坏,昏倒在地,三魔女变成老丑之妪,其余魔众各自溃散。壁画以单幅的形式表现了故事发展中的各个过程"⑤。

另在龟兹地区的著名的克孜尔76号窟(孔雀洞)降魔壁画中,中央为释迦牟尼结跏趺坐像,其右侧有三位少女,后面两位头戴花蔓,披发于肩,着圆领长衫,容貌俊秀,体态婀娜,有头光,为天女之形象。前面有一少女,赤身露体,丰乳肥臀,束发垂背,身上仅有花环饰身。该女侧身向佛,磋步缓行,一副以色相

---

① [唐]段成式:《酉阳杂俎》续集卷六,载于《文渊阁四库全书》第1047册,上海:上海古籍出版社,1987年,第348页。
② [唐]朱景玄:《唐朝名画录》,载于《文渊阁四库全书》第812册,上海:上海古籍出版社,1987年,第365页。
③ 敦煌文物研究所:《敦煌莫高窟(第二卷)》,北京:文物出版社,2011年,第201页。
④ 金维诺,丁明夷:《中国美术全集·石窟寺壁画二》,合肥:黄山书社,2010年,第262页。
⑤ 楚启恩:《中国壁画史(修订版)》,北京:北京工艺美术出版社,2012年,第65页。

进行诱惑的情状。右侧为三位发白面皱的丑陋老妪。①这种描画体现了西域地区在人体艺术方面的大胆创作。

所有这些都表明了魔女故事从北朝时期直至唐五代的流行，它被人们广泛接受，并且得到了形式多样的描绘，而所有这些形式中，《破魔变》中的魔女形象无疑最为具体生动。它对三魔女的既具世俗化又具典型性和戏剧性的描绘，使三魔女具有了自己的个性，具有了自己的喜怒哀乐，而不只单纯地是魔王与佛较量的工具。

对比《维摩诘经讲经文》中的一万二千个魔女与《破魔变》中的三个魔女会发现，她们各具特色。《维摩诘经讲经文》中的魔女美貌动人，音乐才能出众，但基本没有自己的声音，只是被魔王利用的工具，成为服务男性的对象，在这一点上，她们与唐代教坊中的宫伎们颇有相似之处。《破魔变》中的三个魔女地位高贵，所以文中在描绘其美貌的同时，并没有提及她们在音乐或其他方面的才艺，但她们伶牙俐齿，辩才卓越，与魔与佛都有直接的对话，在各方面都更具主动性和自我表现力。但无论这些魔女有多么不同，她们的共同之处都十分明显：她们都准备以美貌事人，以此来达到破坏佛或菩萨的修行的目的。所以，她们都是佛教斥女性为"众祸之本"的思想的产物，由此也为唐五代时期流行的"女祸论"提供了男性视角的论据。可以说，敦煌文学作品中的魔女形象，体现了时人对美艳女性的既爱又怕的矛盾心理。

二、民间信仰中的神女形象

敦煌民间信仰中有不少神女，她们接受民间祭祀，成为保佑一方水土平安的神祇。P.2814V《后唐天成年间（926—930）都头知悬泉镇遏使安进通状稿》中提供了需要修复的各种神祇的画像，里面有好几个都是女性神祇。兹移录如下：

> 都头知悬泉镇遏使银青光禄大夫检校国子祭酒兼御史大夫上柱国安某乙，乃觏古迹，神庙圮坏，毁坏年深，若不修成其功，恐虑灵祇无效。遂则彩绘诸神，以保河隍永固，贼寇不届于疆场。护塞清宁，戎烟陷灭，

---

① 霍旭初：《龟兹艺术研究》，乌鲁木齐：新疆人民出版社，1994年，第149页。

第三章 魔女与神女——以《维摩诘经讲经文》《破魔变》《都河玉女娘子文》为中心　151

潜异境□,乃丰登秀实,万姓歌谣,有思狼心早觉。于时天成□年某月日。
　　门神、阿娘神、张女郎神、祆祠、□□、九子母神、鹿角将军、中竭单将军、玉女娘子、咤众□将军、斗战将军、行路神、五谷神、主(土)社神、水草神、郎君。①

也就是说,需要修葺的神庙在敦煌悬泉镇一带属"古迹",有着悠久的历史,神庙中有彩绘诸神,它们存在的目的是保佑河湟一带的平安和农业的丰收。这里面有四位女性:阿娘神、张女郎神、九子母神和玉女娘子。阿娘神暂不可考,其余三者,简略地考证如下。

(一)九子母神

九子母神是古代祭祀的生育女神,即屈原《天问》"女歧无合,夫焉取九子?"中的"女歧"。"九子,即二十八宿中的尾宿。尾宿由九颗星组成,故《史记·天官书》云:'尾为九子。'由九子母之名来看,组成尾宿的九子当是女宿的九个儿子。这也正与《天问》的'女歧无合,夫焉生九子'相合。上古乃至远古时代,一母而能生九(表示极多)子,自然被人崇敬而神化,进而则与列宿相配,因其多子,故民间有向其乞子的习俗。"②汉代已见九子母神的绘画。班固《汉书·成帝纪》:"元帝在太子宫生甲观画堂。"颜师古注引应劭曰:"画堂画九子母。"③太子宫中画九子母,说明对九子母神的崇拜并非只是民间习俗。此后有关九子母神崇拜的记载层出不穷。如:

《钦定古今图书集成·历象汇编》第四十七卷:"四月八日,长沙寺阁下,有九子母神。是日,市肆之人无子者,供养薄饼以乞子,往往有验。"

《元和郡县志》卷三十八交州龙编县(治在今越南河内东天德江北岸)条云:"石九子母寺在县东十四里。"

温庭筠《生禖屏风歌》:"玉埒暗接昆仑井,井上无人金索冷。画壁阴森九子堂,阶前碎月铺花影。"④

《太平广记》卷一百六十《定数》十五《李行修》故事中,李行修在稠桑驿

---

① 录文据余欣:《神道人心:唐宋之际敦煌民生宗教社会史研究》,北京:中华书局,2006年,第153-154页。
② 李剑平:《中国神话人物辞典》,西安:陕西人民出版社,1998年,第12页。
③ [汉]班固:《汉书》卷十《成帝纪》,北京:中华书局,1962年,第301页。
④ [清]彭定求等:《全唐诗》卷五百七十五,上海:上海古籍出版社,1986年,第1473页。

遇一王姓老者,王老告诉他:"此原上有灵应九子母祠耳。"①

《太平广记》卷三百六十八《精怪》之《南中行者》:"南中有僧院,院内有九子母像,装塑甚奇。尝有一行者,年少,给事诸僧。不数年,其人渐甚羸瘠,神思恍惚,诸僧颇怪之。有一僧见此行者至夜入九子母堂寝宿,徐见一美妇人至,晚引同寝,已近一年矣。僧知塑像为怪,即坏之。自是不复更见,行者亦愈,即落发为沙门。(出《玉堂闲话》)"②

《五代名画补遗》:"刘九郎,失其名,不知何许人也。尝于河南府南宫大殿塑三清大帝尊像及门外青龙白虎洎守殿等神,称为神巧。时广爱寺东法华院主惠月闻九郎名,乃请塑九子母,后工毕,声动天下。惠月乃以五百缗酬之,九郎得之,不委谢而去。又于长寿寺大殿中塑卧孩儿一,京邑士人无不钦叹。或人称曰,广爱寺九子母乃刘君技之绝者也。九郎乃莞尔言曰:'吾之所塑九子母者三,今幽者第一,陕郊者第二,广爱者第三,焉得谓之绝。'时人叹其精致。"③

《东京梦华录》记相国寺有九子母殿,"最要闹"。④

《图画见闻志》卷三"武宗元"条记其"有佛像、天王、九子母等图传于世"。⑤

以上这些记载表明,从汉至唐宋,在全国各地都有九子母崇拜,所以她是个全国性的神祇。佛经中的鬼子母亦称九子母,梵语为诃利帝母。故上述记载中,有不少九子母画像或神殿在佛教寺院中。这种中国本土信仰与佛教神祇的结合,更推动了九子母神崇拜。这可能正是敦煌也崇拜九子母神的原因之一。可惜敦煌文献中有关九子母神的内容寥寥无几,使我们无法了解相关的具体内容。

---

① [宋]李昉等:《太平广记(第四册)》卷一百六十,北京:中华书局,1961年,第1151页。

② [宋]李昉等:《太平广记(第八册)》卷三百六十八,北京:中华书局,1961年,第2931页。

③ [宋]刘道醇:《五代名画补遗》,载于《文渊阁四库全书》第812册,上海:上海古籍出版社,1987年,第442页。

④ [宋]孟元老:《东京梦华录》卷六,载于《文渊阁四库全书》第589册,上海:上海古籍出版社,1987年,第153页。

⑤ [宋]郭若虚:《图画见闻志》卷三,载于《文渊阁四库全书》第812册,上海:上海古籍出版社,1987年,第532页。

(二)张女郎神

敦煌有关张女郎神的文献有：

P.3619、P.3885卷之苏䥽《青(清)明日登张女郎神》：

> 汧水北,陇山东,汉家神女庙其中。寒食尽,青(清)明旦,远近香车来不断。飞泉直注淙道间,大岫横遮隐天半。花正新,草复绿,黄莺现见千(迁)桥(乔)木。汧流括,古树攒,龙反(坂)高高布云族(簇)。水清灵,竹蒙密,无匣仙谭(潭)难延碧。谈(淡)楼阁,人画成,翠岭山花天绣生。尘冥寞,马盘桓,争奔陌上声散散,公子王孙一队队,管弦歌舞几般般。酌醴醑,捕(铺)锦筵,罗帷翠幕奄(掩)灵泉。是日淹留不觉寐,归来明月满秦川。①

P.4640归义军《衙府纸破历》第193行："(八月)十日赛张女郎神用粗纸三十张。"

S.6315《祈雨文》：

> 今跪双足、捧金炉、焚宝香、陈我意者,其谁施之？时则有玄(悬)泉诸礼士等,并共启一心,各减家储,就此灵龛,请佛延僧,设斋崇愿意者：属以朱明仲夏,曙(暑)气炎空,百草无光,稼苗樵(憔)悴,虑恐三春枉力,九秋不登,所以各樽私储,崇兹嘉会……又持是福,庄严张女郎、江神、海神、河神等……

这几件文献,前一件中的张女郎神庙显然不在敦煌,而是在"汧水北,陇山东",后两件则记载了敦煌地区祭祀张女郎神的活动。由此可见,张女郎神信仰也是从中原传入敦煌的,并与敦煌本地民俗信仰相结合,成为敦煌一地的重要神祇崇拜。

---

① 徐俊：《敦煌诗集残卷辑考》,北京：中华书局,2000年,第296页。

关于张女郎神，前人考述颇详。① 现将已有的文献考证梳理如下。

最早关于"张女郎"记载的文献是《水经注》卷二十七《沔水》：

> 汉水又东，黄沙水左注之，水北出远山，山谷邃险，人迹罕交。溪曰五丈溪，水侧有黄沙屯，诸葛亮所开也。其水南注汉水，南有女郎山，山上有女郎冢，远望山坟，岿岿壮高，及即其所，裁有坟形。山上直路下出，不生草木，世人谓之女郎道。下有女郎庙及捣衣石，言张鲁女也。有小水北流入汉，谓之女郎水。②

文中提及的女郎山、女郎冢、女郎道、女郎庙、女郎水，都当在沔水流域，且明确地说明此女郎"言张鲁女也"。张鲁据传是天师道（五斗米道）教祖张陵之孙，即五斗米道的第三代天师，他于东汉末年袭杀汉中太守苏固、别部司马张修后割据汉中，雄踞汉中近三十年，并在此传播五斗米道，自称"师君"。他后来投降了曹操，官拜镇南将军，封阆中侯，食邑万户。《水经注》"沔水"条在有关女郎山等记述之前，用较多的文字记述了张鲁在沔水流域的活动。《太平御览》卷五十二引《郡国志》记："梁州女郎山，张鲁女浣衣石上，女便怀孕。鲁谓邪淫，乃放之。后生二龙，及女死，将殡，柩车忽腾跃升此山，遂葬焉。其水旁浣衣石犹在，谓之女郎山。"③ 对比《水经注》中女郎山"下有女郎庙及捣衣石"的记载，可判断张鲁女成为张女郎神的原因，以及成仙地点：梁州女郎山。关于张女郎的姓名，通常被认为是张玉兰。《太平广记》卷六十"张玉兰"条记：

---

① 任半塘：《敦煌歌辞总编》卷三《失调名〈清明日登张女郎神庙〉四首》，上海：上海古籍出版社，2006年，第624-627页；龙晦：《敦煌文学读书记四则》之二《敦煌文学论集》，成都：四川人民出版社，1997年，第230页；卢向前：《关于归义军时期一份布纸破用历的研究——试释伯四六四〇背面文书》，载于《敦煌吐鲁番文献研究论集（第三集）》，北京：北京大学出版社，1986年，第394-466页；张鸿勋：《敦煌写本〈清明日登张女郎神〉诗释证》，载于《敦煌吐鲁番研究（第二卷）》，北京：北京大学出版社，1997年，第59-69页；刘航：《张女考》，载于《汉唐乐府中的民俗解析》，北京：商务印书馆，2011年，第59-65页；张鸿勋：《圣坛光环下的神女情结——以张女郎传说为中心》，载于《张鸿勋跨文化视野下的敦煌俗文学》，上海：上海古籍出版社，2014年，第264-284页。
② 陈桥驿：《水经注校释》，杭州：杭州大学出版社，1999年，第488页。
③ ［宋］李昉等：《太平御览（第二册）》卷五十二，北京：中华书局，1960年，第253页。

第三章 魔女与神女——以《维摩诘经讲经文》《破魔变》《都河玉女娘子文》为中心

> 张玉兰者,天师之孙,灵真之女也。幼而洁素,不茹荤血。年十七岁,梦赤光自天而下,光中金字篆文,缭绕数十尺,随光入其口中,觉不自安,因遂有孕。母氏责之,终不言所梦,唯侍婢知之。一旦谓侍婢曰:"吾不能忍耻而生,死而剖腹,以明我心。"其夕无疾而终。侍婢以白其事,母不欲违,冀雪其疑。忽有一物如莲花,自龋其腹而出。开其中,得素金书《本际经》十卷,素长二丈许,幅六七寸。文明甚妙,将非人功。玉兰死旬月,常有异香。乃传写其经而葬玉兰。百余日,大风雷雨,天地晦暝,失经。其玉兰所在坟圹自开,棺盖飞在巨木之上,视之,空棺而已。今墓在益州,温江县女郎观是也。三月九日是玉兰飞升之日,至今乡里常设斋祭之。灵真即天师之子,名衡,号曰嗣师。自汉灵帝光和二年己未正月二十三日,于阳平化白日升天。玉兰产经得道,当在灵真上升之后,三国纷兢之时也。(出《传仙录》)①

此段记载颇诡异,将道教经典《本际经》的出现与张玉兰联系在了一起,自然不可信,但有两点可以与此前的典籍记载相比类。一是女郎墓、女郎观在益州温江县(现为温江区),二是女郎飞升的传说始自三国时期。

张女郎神的崇拜后来逐渐扩大至全国各地。"南北朝时期,此风更是盛行一时,甚至蔓延到北方,如《水经注·济水》:'(阳丘县)城南有女郎山,山上有神祠,俗谓之女郎祠,左右民祀焉。'阳丘县,西汉置,属济南郡,治所在今山东章丘市北绣惠镇之回村。文帝四年(前176)封齐悼惠王子安为阳丘侯,后为县。《水经注·灅水》:'祁夷水西有随山,山上有神庙,谓之女郎祠,方俗所祠也。'祁夷水亦称代水,即今壶流河,源出山西省广灵县境内恒山东北麓,流经广灵县及河北蔚县,东流至阳原县大渡口附近入桑干河。可见南北朝颇多女神,且常被称为'女郎'。"②

敦煌本苏乱诗《清明日登张女郎神庙》中,张女郎庙在"汧水北,陇山东"。唐张读《宣室志》卷四:"汧阳郡有张女郎庙。上元中,有韦氏子客于汧阳,途至其庙,遂解鞍以憩。"《太平寰宇记》卷三十二《关西道八·汧源县》:"郦道元注《水经》云:有一水出汧县西山,人谓之小陇山,其水东北流,历涧注以成

---

① [宋]李昉等:《太平广记(第二册)》卷六十,北京:中华书局,1961年,第375页。
② 刘航:《张女考》,载于《汉唐乐府中的民俗因素解析》,北京:商务印书馆,2011年,第61页。

渊,出五色鱼,俗以为灵,而莫敢采捕,因谓是水为鱼龙水,自下亦通谓之鱼龙川。……大震关在县西六十里,后周武帝天和元年置,今为陇山关,在县西六十一里。汉武帝至此遇雷震,因名张女郎祠。故老相传云:汉张鲁女死于此,时人为立祠,民祷有验。"汧阳郡,唐天宝元年(742)改陇州,治所在汧源县(今陕西陇县),乾元元年(758)复为陇州。故《宣室志》和《太平寰宇记》中所说的张女郎庙,当即敦煌诗中的张女郎庙。从诗歌中的描写来看,张女郎庙香火颇盛,尤其是在清明这一天,"远近香车来不断"。女郎庙因在陇山之上,环境优美,飞泉直注,古树攒簇,竹林茂密,潭水碧绿,楼阁掩映,人们来此地不但是为拜祭,而且是为了消闲,"酌醴醑,铺锦筵","管弦歌舞"之声不绝于耳,一切都令人流连忘返,直至月上中天,才依依不舍地离去。这种热闹的场景在后世依旧保持了下去,如宋李复《陇州神泉铺后池》云:"山腰绿映女郎祠,祠下泉通竹下池。时有游鲦自来去,只应曾见理钩丝。"①

张女郎神崇拜也传至了河西。《太平广记》卷三百零三引戴孚《广异记》云:

> 河西有女郎神。季广琛少时,曾游河西,憩于旅舍。昼寝,梦见云车,从者数十人,从空而下,称是女郎姊妹二人来诣。广琛初甚忻悦,及觉开目,窃见仿佛犹在。琛疑是妖,于腰下取剑刃之。神乃骂曰:"久好相就,能忍恶心!"遂去。广琛说向主人,主人曰:"此是女郎神也。"琛乃自往市酒脯作祭,将谢前日之过,神终不悦也。于是琛乃题诗于其壁上,墨不成字。后夕,又梦女郎神来,尤怒曰:"终身遣君不得封邑也。"②

季广琛曾为瓜州刺史,安史之乱时曾随永王李璘讨叛,后在李璘与肃宗的对峙中,"季广琛召诸将割臂而盟,以贰于璘"③。肃宗乾元元年(758)曾为郑蔡节度使。《广异记》所说故事发生在季广琛少时,事当在安史之乱之前。也就是说,至少在唐安史之乱前,河西一带便有了祭祀张女郎神的活动。敦煌地区在归义军时期有"赛张女郎神"的活动,说明此时张女郎神已经由一个全国性

---

① 北京大学古文献研究所:《全宋诗(第十九册)》卷一千一百零一,北京:北京大学出版社,1995年,第12493页。
② [宋]李昉等:《太平广记(第七册)》卷三百零三,北京:中华书局,1961年,第2402页。
③ [后晋]刘昫等:《旧唐书》卷一百零七《玄宗诸子》,北京:中华书局,1975年,第3265页。

的神祇逐渐变为敦煌的地方性神祇,受到官方的祭祀。

S.6315《祈雨文》将张女郎与江神、海神、河神并置,向其祈雨,表明张女郎神在敦煌是司雨之神。把张女郎作为司雨神来崇拜并非仅出现在敦煌地区。韩愈《郴州祈雨》诗云:"乞雨女郎魂,魆羞洁且繁。庙开鼯鼠叫,神降越巫言。旱气期销荡,阴官想骏奔。行看五马入,萧飒已随轩。"①这说明在中唐时期的郴州有女郎庙,人们向女郎乞雨,颇灵验。清王士禛有《女郎庙》诗云:"朝过女郎道,遥望女郎祠。溪水疑环佩,春山学黛眉。千林丹橘熟,一径碧苔滋。日暮神灵雨,西风满桂旗。"②此女郎庙在褒城县(治所在今陕西汉中市西北),"日暮神灵雨"之句,说明了张女郎作为司雨女神的存在。这样看来,敦煌地区将张女郎当作司雨女神来祭祀,并非一种地方性行为。

张女郎神在前述季广琛故事中似乎已变成了姊妹二人,而在著名的沈警故事中,张女郎神也有两个妹妹。《太平广记》卷三百二十六"沈警"条引《异闻录》记,沈警"入周为上柱国,奉使秦陇,途过张女郎庙",酌水以祝,"既暮,宿传舍。凭轩望月,作《凤将雏含娇曲》",引得"张女郎姊妹见使致意"。"二女郎相顾而微笑,大女郎谓警曰:'妾是女郎妹,适庐山夫人长男。'指小女郎云:'适衡山府君小子,并以生日,同觐大姊。属大姊今朝层城未旋,山中幽寂,良夜多怀,辄欲奉屈。无惮劳也。'"由这番介绍可知,这两位女子并非张女郎神本尊,而是她的两个妹妹,她们来为张女郎神贺寿,在张女郎神外出的间隙邂逅了沈警,上演了一出人神相恋的好戏。只是和几乎所有的人神相恋的故事一样,其结局必然是分离,所以三人的诗作都围绕这一主题展开。"及酒酣,大女郎歌曰:'人神相合兮后会难,邂逅相遇兮暂为欢。星汉移兮夜将阑,心未极兮且盘桓。'小女郎歌曰:'洞箫响兮风生流,清夜阑兮管弦遒。长相思兮衡山曲,心断绝兮秦陇头。'又题曰:'陇上云车不复居,湘川斑竹泪沾余。谁念衡山烟雾里,空看雁足不传书。'警歌曰:'义熙曾历许多年,张硕凡得几时怜。何意今人不及昔,暂来相见更无缘。'"③虽然这则故事中的主角不是张女郎神,而是她的两个妹妹,但这并不会影响人们在读到这则故事时联想到张女郎神本人。似乎女神的神通与环境的寂寞使这些女神们有了寻找爱情的勇气

---

① [唐]韩愈:《韩昌黎诗系年集释》,钱仲联集释,上海:上海古籍出版社,1984年,第249页。

② 郭荣章:《石门石刻大全》,西安:三秦出版社,2001年,第139页。

③ [宋]李昉等:《太平广记(第七册)》卷三百二十六,北京:中华书局,1961年,第2589-2591页。

和理由,人们对她们的行为也较对其他女性更加宽容,而未以寻常的道德伦理来要求这些女神们。

(三)玉女娘子

敦煌有关玉女娘子的文献有:

S.343《都河玉女娘子文》:

> 天威神勇,地泰龙兴。逐三光而应节,随四序而骋申;陵高山如(而)掣电,闪霹雳如(而)岩崩。吐沧海,泛洪津;贺(驾)云辇,衣霓裙。纤纤之玉面,赫赫之红唇。喷骊珠而水涨,引金带如(而)飞鳞;与牛头如牺(而角)圣,跨白马而称尊。邦君伏愿小娘子:

> 炎光扫殄,春色霞鳞。都河石堰,一修永全;平磨水道,提坊(堤防)峻坚。俾五稼时稔,百姓丰年;天沐高(膏)雨,地涌甘泉;黄金白玉,报赛神前;十方诸[佛],为资胜缘;龙神八部,报愿福田。①

P.2748V等《敦煌廿咏·玉女泉咏》:

> 用(周)人祭滛(瑶)水,黍稷信非馨。西豹追河伯,蛟龙遂隐形。红妆随洛浦,绿鬓逐浮萍。尚有销金冶,何曾玉女灵。②

S.5448《敦煌录一本》:

> 城西八十五里有玉女泉,人传颇有灵。每岁,此郡率童男童女各一人充祭湫神,年则顺成,不尔损苗。父母虽苦生离,儿女为神所录,欢然携手而没。神龙中,刺史张孝嵩下车求[瘼],郡人告之。太守怒曰:"岂有川原妖怪,害我生灵!"遂设坛备牲泉侧曰:"愿见本身,欲亲享。"神乃化为一龙,从水而出。太守应弦中喉,拔剑斩首,亲诣阙进上。玄宗嘉称

---

① 录文参看黄征、吴伟:《敦煌愿文集》,长沙:岳麓书社,1995年,第22页。
② 徐俊:《敦煌诗集残卷辑考》,北京:中华书局,2000年,第163页。

第三章 魔女与神女——以《维摩诘经讲经文》《破魔变》《都河玉女娘子文》为中心

再三,遂赐龙舌,勅号龙舌张氏,编在简书。①

P.3721《瓜沙两郡史事编年并序》:

乙卯,张嵩刺史京来。开元三年张嵩刺史赴任敦煌,到郡日,问郡人曰:"此州有何利害?"郡人悲泣而言:"州城西八十五里,瓜、沙二州水尾下,有一玉女泉,每年各索童男童女二人祭享。如若不依,降霜雹,损害田苗。其童男童女初闻惊惧,哀恋父母,既出城外,被神收摄魂魄,全无顾恋之情,第相把手,自入泉中。"太守怒曰:"岂有妖怪害我生灵!"乃密设坛场,兼税铜铁百万余斤,统领军兵诣其泉侧,告神曰:"从我者福,逆我者殃,请神出现就坛,我欲面自祭享。"其神良久不现。太守怒曰:"神若不现,我即将污秽之物,施入泉中,兼遣三军推砂石填却此泉。"其神怕惧,乃现一龙,身长数丈,出现就檀(坛),嗜于牲酒,久而不去。或侧傍瞻人物,或侧仰望云霞,摆头摇尾,都不含身。刺史遂乃密索弓箭,射著龙喉,便即拔剑,斫下龙头。其尸由(犹)有神通,乃入泉内。将军遂置炉冶六所,销铜铁汁灌入泉中,其龙尸发声腾空而走,至州西二里遗却二茎燋肋,恐为后患,便于龙肋上置佛图两所。莎其铺遗下小肋壹脓,又置佛图一所,至今号为龙肋佛图。自此已(以)后,一郡黎人,并无生离之苦。遂差衙前总管李思敬赍表进其龙头,皇帝大悦,敕命所司断其龙舌,却赐张嵩,永为勋荫,仍赐号曰"龙舌张氏",并赐明珠七颗及锦彩、器皿、敕书等优奖。仍轻不烦申谢,遂差中使就敦煌送其龙舌也。②

S.788《沙州图经》:

玉女泉,县西北七十里,绞(蛟)龙曾沉此也。唐贞观刺史张孝嵩(嵩)铸铁潜之龙口,逸出于肠,子祚。今长安有龙舌,代见存,今有千称宫在言。③

---

① 郑炳林:《敦煌地理文书汇辑校注》,兰州:甘肃教育出版社,1989年,第87页;李正宇:《古本敦煌乡土志八种笺证》,兰州:甘肃人民出版社,2008年,第302-303页。
② 郑炳林:《敦煌地理文书汇辑校注》,兰州:甘肃教育出版社,1989年,第83-84页。
③ 郑炳林:《敦煌地理文书汇辑校注》,兰州:甘肃教育出版社,1989年,第56页。

P.2691《沙州城土境》：

玉女泉，州西北一百八十五里。①

S.3914《结坛发愿文》：

厥今九秋来至，建胜会于寿昌；七日清斋，置随求于西角。幡花备席，乐奏八音；供养三时，梵呗无眠。雨上巡绕，香汤遍洒于六街；经咒真言，演□声□于四陌。钱财数贯，奉献土地□（灵）祇；玉馔香餐，供佛延僧请圣。阖城士庶、女弟童男、牧野村人咸称乞告者，为谁施作？时则有我河西节度使尚书先奉为金山圣迹，以定遐蕃；玉女渥洼，保清社稷。江神海兽，护一界之民（人）民；欢喜龙王，顺风调而应节。人无楚切，不染分介之灾；牛马六畜驼羊，疫毒时消时散。……伏惟我尚书天才降世，雄气神资；按星剑而羌虏魂惊，杖（仗）韬略而诸蕃胆丧。临机运策，善韩、白之深谋；匡济生灵，扇尧年之大化。近睹灾侵入界，妖祸邻人，恐害民（人）民，邀僧仗佛，所以遥瞻大觉，置道场于金山；远望神威，延圣凡于西角……②

P.3490天成三年（928）《于当居创造佛刹功德记》后的修功德发愿文：

厥今有清信弟子某乙，天生别俊，异世英灵，用武不假于田单，侠武乃传于子贡。故得临机转变，恒怀向国之心，上接下交，乃获谦温之叹，务人如子，长能惠已，益他忧镇，虑虞自防，不驱黎庶。所以奉上金荐，主将边方，星环五年，士无蕴（愠）色。……乃见当镇佛刹，毁坏多年，往来巡游，不生渴仰。割舍财具，诱化诸贤，崇修不替于晨昏，专心不离而制作。……修建功毕，聊赞数行，伏愿天龙八部，降圣力而护边疆，护界善神，荡千灾而程应瑞。河西之主，永播八方，神理加持，四时顺序。南欲洪水山涌，泉波玉女圣神，长垂哀念，已躬吉庆，转见获安。合镇官僚，长

---

① 郑炳林：《敦煌地理文书汇辑校注》，兰州：甘肃教育出版社，1989年，第39页。
② 黄征，吴伟：《敦煌愿文集》，长沙：岳麓书社，1995年，第594页。

第三章 魔女与神女——以《维摩诘经讲经文》《破魔变》《都河玉女娘子文》为中心

承富乐……①

另 P.4705《某寺丁丑年破历》记:"四月八日官取黄麻五硕,又粟肆斗,太宝(保)就玉女娘子观来着酒用。""修玉女面五斗,拔柴面三斗。"②

以上文献在地理方位上有两个指向:都河和玉女泉。关于玉女泉的方位,几件文献记述并不统一。《敦煌录》和《瓜沙两郡史事编年并序》记在"城西八十五里",《沙州图经》记在"县西北七十里",《沙州城土境》记在"州西北一百八十五里"。虽然几份文件分别提到的是"城""县"和"州",但都当指的是敦煌城。前三件文献的距离相对接近,《沙州城土境》所记述的一百八十五里的距离则出入有些大,故玉女泉在城西八十五里左右是相对可信的。郑炳林等认为,"玉女泉的地理位置在党河与疏勒河交汇的地方,应当在大月牙湖东部"③。关于都河,据郑炳林等人的研究,"疏勒河在晚唐被称为都河,为众流辐凑之意,也可能是集瓜州全州之力修筑而成的人工河流水道。都河又称独利河水,可能是唯独瓜州受利,上游源自吐谷浑界,即汉南羌中,这里水草丰美,是游牧民族生活的区域,唐代没有管辖到这里,所以敦煌出土文献记载其源头非常简略。都河在新城镇经都河大堰,汇集众流经人工河西北流经瓜州灌溉民田,余水北流进入主河道往西注入大泽,大泽是对甘泉水与都河汇合之后形成的尾闾湖总称,这里是瓜沙地区的主要畜牧区域"④。也就是说,都河最终流入了包括玉女泉等在内的大泽。

从《都河玉女娘子文》的"天威神勇,地泰龙兴"的句子看,这位玉女娘子当是位龙女。中国古代神话中不乏河水女神的形象,如屈原笔下的湘夫人和曹植笔下的洛神。这些神女都是理想中的女子的化身,"翩若惊鸿,婉若游龙。荣曜秋菊,华茂春松。仿佛兮若轻云之蔽月,飘飘兮若流风之回雪。远而望之,皎若太阳升朝霞;迫而察之,灼若芙蕖出渌波。"人们关注她们的美貌,却忘记了她们作为河神的力量。而在《都河玉女娘子文》中,这位身为龙女的都河女

---

① 郑炳林:《敦煌碑铭赞辑释》,兰州:甘肃教育出版社,1992年,第530页。
② 唐耕耦,陆宏基:《敦煌社会经济文献真迹释录(第三辑)》,北京:全国图书馆文献缩微复制中心,1990年,第289页。
③ 郑炳林,曹红:《晚唐五代瓜州都河水道变迁与环境演变》,《敦煌学辑刊》2009年第4期,第14页。
④ 郑炳林,曹红:《晚唐五代瓜州都河水道变迁与环境演变》,《敦煌学辑刊》2009年第4期,第16页。

神却是以两种面貌出现的：一方面，她有"纤纤之玉面，赫赫之红唇"，驾云车，着霓裳，仙姿飘飘，各方面都毫不逊于湘洛之神；另一方面，她又是龙的化身，狂野不羁，威风八面："逐三光而应节，随四序而骋申；陵高山如（而）掣电，闪霹雳如（而）岩崩。"她对自然界有着极大的影响："吐沧海，泛洪津"，"喷骊珠而水涨，引金带如（而）飞鳞"。相比湘夫人和洛神，这位玉女娘子才是河流真正的主宰，是既令人仰慕又令人惊怖的存在。细读祭文，我们发现，这位龙女实际上是人格化了的都河，"逐三光而应节，随四序而骋申"，写出都河在不同季节中水位之高低变化；"陵高山如（而）掣电，闪霹雳如（而）岩崩"，写出都河穿山而过时水流奔涌、轰响如雷的如虹气势；"吐沧海，泛洪津"，写出都河强大无比的灾害性力量；"喷骊珠而水涨，引金带如（而）飞鳞"，表明都河的些许变化都会影响到民众的日常生活。"与牛头如觕（而角）圣，跨白马而称尊"，一方面写出了河水汹涌之态，另一方面也呈现了以牛羊祭祀河水的风俗，令人想见祭祀时的宏大场景。

祭文的祝词简洁，但透露出的信息却十分丰富："炎光扫殄，春色霞鳞"，说明沙州当时较为炎热，有发生旱灾之虞，故而由"邦君"出面，祭祀河神，希望"天沐高（膏）雨，地涌甘泉"，解决缺水问题。"都河石堰，一修永全；平磨水道，提坊（堤防）峻坚"，说明当时有修筑河道堤坝之举。据敦煌文献的记载，担任过瓜州刺史的索勋[①]、李弘定[②]和担任过新城镇镇遏使的张保山[③]等都有过修筑都河河堰或参与与都河相关的事务的举动。"邦君伏愿小娘子"句，表明赛神的主持者也当为瓜州刺史或归义军节度使，"黄金白玉，报赛神前"，说明这是非常正式的祀神之礼，所费不赀。"十方诸[佛]，为资胜缘；龙神八部，报愿福田"，这种祝愿体现了敦煌作为佛教圣地的特点：无论祭祀的目的是什么，人们都会请求佛的保佑。

那么这位都河玉女娘子和玉女泉之神是否是同一神祇呢？有学者认为，

---

① 敦煌市博物馆：《大唐河西道归义军节度索公纪德之碑》，见郑炳林、李强：《索勋纪德碑考释复原》，载于《华学》第九、十辑：《学艺兼修·汉学大师：饶宗颐教授九十华诞国际学术研讨会论文集》，上海：上海古籍出版社，2008年，第1015-1018页。

② P.4640《大唐宗子陇西李氏再修功德记碑》，见郑炳林：《敦煌碑铭赞辑释》，兰州：甘肃教育出版社，1992年，第41-43页。

③ P.3518《大唐河西归义军节度左马步都押衙银青光禄大夫检校右（左）散骑常侍兼御史大夫上柱国故张府君邈真赞并序》，见郑炳林：《敦煌碑铭赞辑释》，兰州：甘肃教育出版社，1992年，第506-507页。

第三章 魔女与神女——以《维摩诘经讲经文》《破魔变》《都河玉女娘子文》为中心 163

"都河玉女娘子控制着都河石堰堤防坚固,保证着这里百姓农田丰收,能使洪流泛滥而成沧海,这个玉女娘子神庙只能在玉女泉一带,因其震怒而形成的沧海只能是这里的众多湖泊"[①]。但笔者认为,即使玉女娘子神庙在玉女泉一带,也并不意味着都河玉女娘子便是玉女泉之神。

有关玉女泉神,在敦煌文献的记述中往往与张孝嵩在玉女泉斩龙之说相关。有关张孝嵩斩龙事迹,赵红、高启安等考之甚详,认为"故事本身是一个地方官吏对水神的祭祀和治水活动,但在龙信仰很盛的敦煌,遂逐渐演化为刺史和龙的斗争"[②],"张孝嵩斩龙故事之原型应该在敦煌流传了一段时间,但在晚唐五代敦煌地区特殊的历史背景下,被执掌归义军政权的张氏家族所利用,是他们请节、求爵的理由之一,在此动机下,情节不断发展,内容不断补充,成了张氏祖先张孝嵩斩龙、皇帝奖励的传说,为这个故事罩上了一层神圣的光环"[③]。但《玉女泉咏》之"用(周)人祭潞(瑶)水,黍稷信非馨。西豹追河伯,蛟龙遂隐形。红妆随洛浦,绿鬓逐浮萍。尚有销金冶,何曾玉女灵"的诗句,似乎对张孝嵩斩龙之说提出了质疑:既然周人、西门豹对水神的祭祀或治理都是有用的,能使"蛟龙""隐形",那么为什么张孝嵩"销金冶"之举却未能使玉女之灵销声匿迹? S.788《沙州图经》中记玉女泉附近"今有千称宫在言"[④]; S.3914《结坛发愿文》说:"时则有我河西节度使尚书先奉为金山圣迹,以定遐蕃;玉女渥洼,保清社稷。江神海兽,护一界之民(人)民;欢喜龙王,顺风调而应节"; P.3490天成三年(928)《于当居创造佛刹功德记》也希望:"南欲洪水山涌,泉波玉女圣神,长垂哀念,已躬吉庆,转见获安。"这都表明,对于玉女泉的祭祀祈祷并未因所谓的斩龙传说而停止过。

既然如此,为什么说都河玉女娘子与玉女泉神不是同一个神祇? 其主要原因当与中国古代关于龙的传说有关。在古代传说中,江河湖海都有龙的存在,它们似乎都各据一方,各司其职,一般不会超越权限,管到其他龙所在的水

---

① 郑炳林,曹红:《晚唐五代瓜州都河水道变迁与环境演变》,《敦煌学辑刊》2009年第4期,第14页。
② 赵红,高启安:《张孝嵩斩龙传说探微》,《西北师大学报(社会科学版)》,2004年第1期,第75页。
③ 赵红,高启安:《张孝嵩斩龙传说历史背景研究》,《敦煌研究》2004年第2期,第65页。
④ 王永平认为,"千称宫,疑即千秋宫之误.唐明皇曾因其生日千秋节,敕令天下诸州普置千秋观"。见王永平:《道教与唐代社会》,北京:首都师范大学出版社,2002年,第186页,注[1]。

域。如唐传奇《柳毅传》中,柳毅路遇之龙女是"洞庭龙君小女也。父母配嫁泾川次子",而钱塘龙君与洞庭龙君是兄弟,各自都有自己的管辖水域。《太平广记》所引《灵应传》云:"泾州之东二十里,有故薛举城,城之隅有善女湫,广袤数里,兼葭丛翠,古木萧疏。其水湛然而碧,莫有测其浅深者,水族灵怪,往往见焉。乡人立祠于旁,曰'九娘子神',岁之水旱疾疫,皆得祈请焉,又州之西二百余里,朝那镇之北,有湫神因地而名,曰'朝那神'。其肸蚃灵应,则居善女之右矣。乾符五年,节度使周宝在镇日,自仲夏之初,数数有云气,状如奇峰者,如美女者,如鼠如虎者,由二湫而兴,至于激迅,风震雷电,发屋拔树,数刻而止。伤人害稼,其数甚多。""九娘子神"与"朝那神"俱为龙,两者所在之湫相距只有二百余里,而据九娘子自称:"妾家族望,海内咸知。只如彭蠡、洞庭,皆外祖也;陵水、罗水,皆中表也。内外昆季,百有余人,散居吴越之间,各分地土,咸京八水,半是宗亲。"其家族关系十分复杂,但显然都各据其地为尊。其父受封为普济王,"妾即王之第九女也,笄年配于象郡石龙之少子"。其夫因触犯天条,遭天谴,"覆宗绝嗣,削籍除名",九娘子也因此受到牵连,谪居泾州善女湫为水神。① 又《太平广记》卷四百二十四《龙七》之"濛阳湫"条云:

> 彭州濛阳县界,地名清流,有一湫。乡俗云:"此湫龙与西山慈母池龙为昏,每岁一会。"新繁人王睿乃博物者,多所辨正,尝鄙之。秋雨后经过此湫,乃遇西边雷雨冥晦,狂风拔树。王睿絷马障树而避。须臾,雷电之势,止于湫上,倏然而霁,天无纤云。诘彼居人,正符前说也。云安县西有小汤溪。土俗云,此溪龙与云安溪龙为亲。此乃不经之谈也。或一日,风雷自小汤溪,循蜀江中而下,至云安县。云物回薄,入溪中,疾电狂霆诚可畏。有柳毅洞庭之事,与此相符。小汤之事自目睹。②

在一个地方的两个小湫,或者两条溪流,都各自有各自的龙,雌雄还有可能结为姻亲,人们不以为怪,反而提出各种证据来加以证实。《逸史》更记载

---

① [宋]李昉等:《太平广记(第十册)》卷四百九十二,北京:中华书局,1961年,第4037-4044页。
② [宋]李昉等:《太平广记(第九册)》卷四百二十四,北京:中华书局,1961年,第3454-3455页。

了唐玄宗在东都凌波池畔置龙女祠,亲作《凌波曲》,"每岁祀之"之事。①可见,在唐代的传说中,几乎每条江河溪流、每个湖泊潭湫,都会有各自的龙神。在这种淫祠的习俗之下,敦煌的都河和玉女泉当不会只被一位龙神兼职共管。这也是《都河玉女娘子文》中特意强调其祭祀对象是"都河玉女娘子"的原因。至于都河玉女娘子与玉女泉神的关系,笔者的推测是,都河玉女娘子是玉女泉神的衍生者。也正是龙女的这种区域特性,使得都河玉女娘子和玉女泉神具有了强烈的敦煌地方特性,而不再是某种泛泛的虚渺存在。有学者认为"玉女泉"和"都河玉女娘子"之"玉女"实则为一女神形象,源于司霜雪的"青腰玉女"②,但鉴于都河玉女娘子和玉女泉神都是龙女,这个结论仍是值得讨论的。

  玉女泉神和都河玉女娘子之所以会成为祭祀对象,与龙的属性有关。龙能兴云雨的说法久已有之,如晋张华《博物志》云:"太公望为灌坛令,期年,风不鸣条。文王梦见一妇人,甚丽,当道而哭,问其故,妇人言曰:'我东海泰山神女,嫁为西海妇,欲东归,灌坛令当吾道。太公有德,吾不敢以暴风疾雨过也。'文王梦觉,明日召太公,三日果有疾风暴雨,去者皆西来也。"③这位嫁为西海妇的东海泰山女神,显然是位龙女,所到之处会伴有疾风暴雨。《太平广记》卷四百二十四《龙七》"张老"条:"荆湘有僧寺背山近水,水中有龙。时或雷风大作,损坏树木。"④唐岑参有《龙女祠》诗云:"龙女何处来,来时乘风雨。祠堂青林下,宛宛如相语。蜀人竞祈恩,捧酒仍击鼓。"⑤元稹有诗题为《八月六日与僧如展、前松滋主簿韦戴同游碧涧寺,赋得扉字韵。寺临蜀江,内有碧涧穿注两廊,又有龙女洞能兴云雨,诗中喷字以平声韵》⑥,诗题中的"龙女洞能兴云雨"也点明了龙女与云雨的关系。敦煌一带常遇干旱,向能兴云雨的龙女祈雨便是再正常不过的事情了。当然,当河流洪水泛滥时,向龙女祈祷以停止降雨,也是相同习俗的另一方面。

---

① [宋]李昉等:《太平广记(第九册)》卷四百二十,北京:中华书局,1961年,第3421页。
② 高启安,赵红:《敦煌"玉女"考屑》,《敦煌研究》2005年第2期,第68-74页。
③ [宋]李昉等:《太平御览(第二册)》卷二百六十八,北京:中华书局,1960年,第1835页。
④ [宋]李昉等:《太平广记(第九册)》卷四百二十四,北京:中华书局,1961年,第3452页。
⑤ [清]彭定求等:《全唐诗》卷一百九十八,上海:上海古籍出版社,1986年,第465页。
⑥ [清]彭定求等:《全唐诗》卷四百一十三,上海:上海古籍出版社,1986年,第1015页。

总结敦煌地区的神女信仰，我们会发现它的一大特点：她们多为道家神祇，与人们的日常生活密切相关：九子母神是司职生育的女神，关乎人们的家庭繁衍之事；张女郎神、玉女泉神和都河玉女娘子是可兴风雨的女神，向其祈祷可使风调雨顺，从而带来农业的丰收和生活的平安。在这几位神女中，九子母神和张女郎神都是全国性的神祇，敦煌地区有关她们的记述未见显著的地方特色，而玉女泉神和都河玉女娘子则完全是地方性神祇，有关她们的传说和描画丰富而生动，令人想见其神采。

三、敦煌文献中的魔女与神女形象所反映的佛道女性观

以佛教文学作品中的魔女来与带有道家色彩的神女做对比，我们不难发现佛道在女性观上面的不同。佛教作品中的魔女属于天女，她们有着惊人的美貌和过人的才艺，但她们来到人间，只会发挥恶的作用：要么是阻挠释迦牟尼成佛，要么是妨害持世菩萨修行。释迦牟尼和持世菩萨的言语和行为体现了佛教的色空观，即将世间的一切色相俱视为达于涅槃的障碍，正如《般若波罗蜜多心经》所言："舍利子，色不异空，空不异色。色即是空，空即是色。受想行识，亦复如是。舍利子，是诸法空相，不生不灭，不垢不净，不增不减。是故空中无色，无受想行识，无眼耳鼻舌身意，无色声香味触法。无眼界，乃至无意识界。无无明，亦无无明尽。乃至无老死，亦无老死尽。无苦集灭道，无智亦无得。以无所得故，菩提萨埵依般若波罗蜜多故，心无挂碍。无挂碍故无有恐怖，远离颠倒梦想，究竟涅槃。"[①]只有不着色相，才能得道成佛，而在所有色相中，性欲和性行为自然是最要被摒弃的。在佛教典籍中，魔女们正是色相的代表，这从她们的名字就可得知，如波旬的三个女儿的名字，有的典籍记为悦彼、喜心和多媚，有的记为爱欲、爱念和爱乐，无论是什么，都代表的是人的贪欲之心，特别是对性的欲求。如此一来，越是美丽的女人，就越会被当成"性"和"欲"的化身，代表淫逸、放荡和邪恶。这也正是《维摩诘经讲经文》（五）中持世菩萨说"知喧哗为生死之因，悟艳质是［轮］洄（回）之本，况此之天女，尽

---

① ［日］铃木大拙：《禅学入门》，谢思炜译，北京：生活·读书·新知三联书店，1988年，第41页。

是娇奢恣意染欲之身,耽迷者定入生死,趣向者必沉地狱"的意思。当然,佛教的不同派别对女性的态度也会有所不同。如小乘佛教认为,女人会因"恶、淫、慢、匿、异"这"五事"而不会厌世,因而无法成佛,同时也会妨碍男人成佛;大乘佛教认为"众生悉有佛性",所以女人也能成佛,但必须经历由女相变男相再变佛相的过程,又因为女人是一种性欲的存在,所以她们会阻碍男人成佛。虽然大乘佛教与小乘佛教的女性观有所不同,但在女人会成为男性成佛的障碍这一点上有一致之处。也正因为如此,魔女们貌似美丽,本质却是丑恶的。佛教的这种女性观显然影响到了人们的世俗看法,在唐后期大行其道的女祸论,多少都受到了佛教的这种女性观的影响。

  道教的女性观不同于佛教。道教强调阴阳平衡,贵阴守雌,认为"男女者,阴阳之本也","天地之性,半阴半阳","男不能独生,女不能独养"①。如此,代表了阴性的女人就应当受到尊重而非贬斥。在道教的神祇体系中,有相当多的与男神并列的女神,如西王母、碧霞元君、九天玄女等。在两性关系上,道教把性看作是一件自然的事,无褒无贬,自然也不会排斥,甚至认为在面对"灭绝死亡"这样的"天道大急"时,需要借助男女之性来解决这一问题:"天统阴阳,当见传,不得中断天地之统也,传之当象天地,一阴一阳,故天使其有一男一女,色相好,然后能生也。……如男女不相得,便绝无后世。天下无人,何有夫妇父子君臣师弟子乎?以何相生而相治哉?天地之间无牝牡,以何相传?寂然便空,二大急也。"②"夫贞男乃不施,贞女乃不化也。阴阳不交,乃出绝灭无世类也。二人共断天地之统,贪小虚伪之名,反无后世,失其实核,此天下之大害也。汝向不得父母传生,汝何得有汝乎?而反断绝之,此乃天地共恶之,名为绝理大逆之人也。"③在此思想基础上,道教中的神女便更具人性色彩,也更具与男神的对等性。就如《都河玉女娘子文》中的龙女,既美艳动人,令人对之心驰神往,又具有龙的力量,可以搅动天地,影响众生。她们也因为自己的这些特性而与人发生了直接的关系,影响人们的日常生活。敦煌文献中的神女,不是高高在上、可望而不可即的存在,而是有着自己的喜怒哀乐,会对人间的祝祷做出回应,甚至会与人间男子相爱的女性,所以她们更鲜活,更美好,更易为民众所接受。

---

① 王明:《太平经合校》,北京:中华书局,1960年,第38、702、149页。
② 王明:《太平经合校》,北京:中华书局,1960年,第43-44页。
③ 王明:《太平经合校》,北京:中华书局,1960年,第37页。

第四章 尼僧教团
——以敦煌尼僧的牒状及斋愿文书为中心

　　唐五代宋初时期的敦煌是佛教兴盛之地,有众多的佛寺和僧众,其中尼僧是一个重要的组成部分。据李正宇考证,唐后期五代宋初敦煌境内敕建寺院十七所,其中包括龙兴寺、永安寺、大云寺、灵图寺、开元寺、乾元寺、报恩寺、金光明寺、莲台寺、净土寺、三界寺、显德寺在内的僧寺十二所,另有尼寺五所,即灵修寺、普光寺、大乘寺、圣光寺、安国寺。① 这个阶段的敦煌尼僧人数可见于敦煌文献中的三件保存比较完整的僧尼籍(S.2729《辰年(788)算使论悉诺罗接漠勘牌子历》、S.5676V《沙州诸寺僧尼数》、S.2614V《沙州诸寺僧尼名簿》)。藤枝晃最早根据这些文献统计了敦煌的僧尼人数:敦煌在吐蕃管辖之初,即辰年(788)时,有僧139人、尼171人,共计310人;在吐蕃管辖敦煌的初期或中期,即公元800年前后,有僧197人、尼209人,共计406人;到张氏归义军时期,即公元895年左右,有僧477人、尼693人,共计1 170人;另据P.2638《清泰三年六月沙州傡司教授福集等状》所记,936年沙州僧及沙弥有519人,尼有450人,共969人。② 但后一件文书中的数字并非沙州全体僧尼沙弥数,只是合得傡者,未包括老病僧尼沙弥。③ 另据敦煌莫高窟第469窟北壁龛西侧墨书题记三行:"广顺囗(叁)年(953)岁次癸丑八月十五日,府主太保就窟工(上)造贰仟仁(人)斋,藏内记"④。可知曹氏归义军时期僧尼人数应在2 000人以上。

---

① 李正宇:《敦煌地区古代祠庙寺观简志》,《敦煌学辑刊》1988年第1、2期,第70-85页;《敦煌史地新论》,台北:新文丰出版公司,1996年,第53-100页。
② 藤枝晃:《敦煌の僧尼籍》,《东方学报(京都)》第29册,第285-338页。
③ 郝春文:《唐后期五代宋初敦煌僧尼的社会生活》,北京:中国社会科学出版社,1998年,第98-99页。
④ 敦煌研究院:《敦煌莫高窟供养人题记》,北京:文物出版社,1986年,第178页。

陈大为根据这些统计数字制成敦煌《僧尼人数比率表》①，发现辰年（788）尼僧占僧尼总数的55.2%；800年前后尼僧占僧尼总数的48.9%；10世纪初尼僧占僧尼总数的60.8%（该表未包括936年的统计）。总体而言，尽管敦煌僧寺的数量是尼寺的近三倍，但尼僧的人数却要多于僧人，这表明，唐五代宋初的敦煌尼僧是一个不可被忽视的群体。

据李正宇、郑炳林等人的研究，敦煌五尼寺的情况大抵如下：

大乘寺，在敦煌文献中简称"乘"，是敦煌最大的尼寺，在沙州城内。始建于北周（557—581）时期（道宣《集神州三宝感通录》卷上），至北宋天禧三年（1019）犹存（《天禧塔记》）。S.2729记载788年有尼34人（按：此数字有误，当为44人），S.5676V记载有尼61人，S.5579记载805年大乘寺"当寺应道场尼六十二人"，S.2944记载大乘寺有尼56人，S.542V记载大乘寺有寺户19户，且有田园、仓储、羊群、毡匠。S.4444V记载大乘寺有尼144人，S.2669记载归义军初期（865—870）"大乘寺尼应管总贰伯玖人"，S.2614V记载902年左右有尼173人。②

普光寺，在敦煌文献中简称"普"，在城西北宜秋西支渠附近（S.6123）。蕃占期辰年（788）初见其名（S.2729），下至北宋太平兴国四年（979）犹存（S.3156）。S.2729记载788年有尼47人，S.5676V记载789年尼增至57人，P.3600V记载戌年（794）有尼127人，S.2614V记载902年前后达189人。收入来源有园田、羊群、仓储利贷及布施等。寺尼亦参与开窟造像，莫高窟第85、108、144、359等窟有该寺尼坚进、最胜喜等供养画像及题名。③

灵修寺，简称"修"，寺址待考。S.2157《妙法莲华经卷四》题记："灵修寺比丘尼善信，……天授二年（691）二月廿九日。"这是关于灵修寺的最早记载；宋太平兴国四年（979）犹存（S.3156）。S.2729记载788年灵修寺有尼67人，S.5676V记载灵修寺有尼55人。S.542V《戌年六月沙州诸寺丁壮车牛役簿》记载灵修寺有寺户15户。S.2614V《沙州诸寺僧尼名簿》记载902年前后灵修寺有尼142人（"计大戒尼九十九人，计式叉尼二十九人，计沙弥尼十四人"）。收

---

① 陈大为：《唐后期五代宋初敦煌僧寺、尼寺人口数量的比较》，《中国经济史研究》2012年第1期，第66页。

② 李正宇：《敦煌地区古代祠庙寺观简志》，《敦煌学辑刊》1988年第1、2期，第76页；郑炳林：《敦煌碑铭赞辑释》，兰州：甘肃教育出版社，1992年，第388页，注2。

③ 李正宇：《敦煌地区古代祠庙寺观简志》，《敦煌学辑刊》1988年第1、2期，第79页；郑炳林：《敦煌碑铭赞辑释》，兰州：甘肃教育出版社，1992年，第397页，注2。

入来源于田租、梁课、羊群、利贷等（S.542V、S.1600、北碱59）。尼众亦热心于开窟造像，今莫高窟第144、159窟可见该寺法律妙明等供养画像与题名。①

安国寺，简称"国"，寺址待考。蕃占期巳年（789）初见其名，宋淳化五年（994）犹存（S.4700）。蕃占期巳年（789）有尼29人（S.5676V），戌年（794）时有寺户6户为之供役。S.2614V记载902年前后灵修寺尼增至139人（"计大戒尼一百人，式叉尼二十三人，沙弥尼十六人"）。设藏经室，收藏佛典，供尼众读诵（P.3654），收入来源于园田、硙课、油梁课、仓储利贷及布施等项。P.3207有该寺算会牒。寺尼亦参与开窟造像，莫高窟第55、61、138等窟可见该寺法律尼性真、尼智慧性等供养画像及题名。②

圣光寺，简称"圣"，在沙州城内。蕃占初期吐蕃尚书令、都元帅、赐大瑟瑟告身尚乞心儿创建。以"圣主（赞普）统三光之明，无幽不照……率滨咸服，观国之光"，故名圣光寺（S.2765V）。至北宋天禧三年（1019）犹存（《天禧塔记》）。S.2614V记载902年前后有尼49名（"计有大戒尼三十四人，式叉尼十人，沙弥尼五人"）。S.2669记其在五代时增至79名。西夏时，此尼寺似已改变为僧寺，莫高窟第206窟东壁西夏题记云："故施主圣光寺院主僧张和……"③

在了解了敦煌尼寺的大体情况后，我们可借助敦煌文献，对敦煌尼僧教团的组织结构、世俗生活及其女性自我身份之认同等几方面展开讨论。

一、从敦煌文献看敦煌尼僧教团的组织结构

谢重光曾就敦煌吐蕃和归义军时期的僧官制度做过研究，得出吐蕃占领期后段的敦煌僧官系统为：

都教授——副教授——{ 都法律——法律 / 都判官——判官 }——{ 寺卿 / 寺三纲 }①

---

① 李正宇：《敦煌地区古代祠庙寺观简志》，《敦煌学辑刊》1988年第1、2期，第77页；郑炳林：《敦煌碑铭赞辑释》，兰州：甘肃教育出版社，1992年，第399页，注2。

② 李正宇：《敦煌地区古代祠庙寺观简志》，《敦煌学辑刊》1988年第1、2期，第79页。

③ 李正宇：《敦煌地区古代祠庙寺观简志》，《敦煌学辑刊》1988年第1、2期，第80页。

归义军时期的敦煌僧官系统为:

由这两个系统可知，敦煌的僧官集团可分为数个层级：吐蕃统治时期的都教授、副教授或归义军统治时期的都僧统、副僧统、都僧录为最高级别；吐蕃统治时期的都法律、都判官、法律、判官或归义军统治时期的都僧政、都判官、法律、僧政和判官属于中层管理集团；寺卿和寺三纲等则属于基层的寺院管理集团，而在这个基层管理集团中，又有一些职事僧负责管理寺庙的具体事务。

谢重光还指出，吐蕃占领时期与归义军统治时期敦煌教团的僧官设置情况和职名虽有不同，但两个时期都以都司（全称应是都教授司或都僧统司）为教团的首脑机构，都司中的权力结构和运转机制也是相似的。都司中设置了许多直属机构分统众事，如倲司、行像司、方等道场司、经司、灯司、功司、功德司、堂斋司、修造司、招提司、仓司、西仓司、常住仓司、功廨司、羊司、佛帐所、常住处、音声等。"各机构指定前述各种僧职如僧录、僧政、法律、判官等主持，有一定的任期。他们具有一定的实权，但又都得听命于都僧统或都教授。"③

敦煌的尼僧群体也在此体系之中，故尼僧教团的组织结构与僧官体系的中下层结构大致相同，但尼僧的女性身份，使她们不可能进入上层教团，即使是在僧政、法律一级的中层管理集团中，人数也屈指可数，且基本以其寺院为活动中心。历来对于敦煌尼僧教团的组织结构的研究较少，仅徐晓丽曾就此做过一些考察，但不够全面细致，并有一些不准确的地方。④故下文将根据敦煌所见相关文献，对敦煌尼僧教团的组织结构做较全面的综述。

---

① 谢重光：《吐蕃占领期与归义军时期的敦煌僧官制度》，《敦煌研究》1991年第3期，第54页。

② 谢重光：《吐蕃占领期与归义军时期的敦煌僧官制度》，《敦煌研究》1991年第3期，第56页。

③ 谢重光：《吐蕃占领期与归义军时期的敦煌僧官制度》，《敦煌研究》1991年第3期，第56页。

④ 徐晓丽：《佛教视域中的女性——唐五代敦煌比丘尼教团考察》，载于饶宗颐：《华学》第九、十辑（三），上海：上海古籍出版社，2008年，第1005-1013页。

从笔者目前所见文献来看,尼寺的管理结构与僧寺既大体相同,又有明显的差别。

P.6005《释门帖诸寺纲管》①是敦煌都僧统下达给各级僧官的帖文,交代安顿僧尼安居事宜。由于里面涉及的僧职较多,所以它可作为我们探寻敦煌尼僧组织结构的线索。其内容如下:

1. 释门　　　　　帖诸寺纲管。
2. 奉　　都僧统帖,令僧政、法律告报应
3. 管僧尼沙弥及沙弥尼,并令安居,住寺依
4. 止,从师进业修习,三时礼忏,恐众难齐,仍
5. 勒上座、寺主亲自押署,齐整僧众,具件如后。
6. 诸寺僧尼,自安居后,若无房舍,现无居住空房
7. 舍,仰当寺纲管,即日支给。若身在外,空闲
8. 房舍,但依官申状,当日支与。
9. 诸寺僧尼数内沙弥,或未有请依止,及后入名僧
10. 尼,并令请依止,无使宽闲,如不□师者,仰纲
11. 管于官通名,重有科罚。
12. 诸寺僧尼,夏中各须进业,三时礼忏,不得间断。
13. 如有故违,重招科罚,纲管仍须钳辖散众,如
14. 慢公者,纲管罚五十人一席。
15. 诸寺界墙及后门,或有破坏,仍须修治及关钥。
16. 私家小门,切须禁断,然修饰及扫洒,仰团
17. 头堂子所供,仍仰纲管及寺卿勾当。如不存
18. 公务者,同上告罚。诸寺不令异色杂人居住。
19. 应管僧尼寺一十六所,夏中礼忏,修饰房舍等事,
20. 寺中有僧政、法律者,逐便钳辖。其五尼寺,缘
21. 是尼人,本以性弱,各请僧官一人检教。若人多事
22. 即频繁,勒二张法律检教。其僧寺,仰本寺
23. 禅律及上座勾当。若有睛慢,必不容恕。

---

① 唐耕耦,陆宏基:《敦煌社会经济文献真迹释录(第四辑)》,北京:全国图书馆文献缩微复制中心,1990年,第120-122页。

24.　　右前件条流通
25.　　指挥，仰诸寺纲管存心勾当，
26.　　钳辖僧徒，修习学业，缉治寺舍，
27.　　建福攘灾，礼忏福事。上为
28.　　司空万福，次为城皇报安。故勒
29.　　斯帖，用凭公验　十四日
30.　　　　法律威则
31.　　　　法律辩政
32.　　　　法律
33.　　　　僧政一真
34.　　　　僧政威觉

　　这件传给"诸寺纲管"的文帖的接受对象是各寺的僧政和法律，因为它开篇即云"奉都僧统帖，令僧政、法律告报应管僧尼沙弥及沙弥尼，并令安居"，而且最后签押的也是三位法律和两位僧政。文书第19~20行还提道"应管僧尼寺一十六所，夏中礼忏，修饰房舍等事，寺中有僧政、法律者，逐便钳辖"，似乎并不是每座寺院都有僧政、法律。据谢重光的研究，僧政、法律都属于都司体系中的属员，而且人数颇多。他以S.5855《雍熙三年（986）阴存礼延僧为亡父追念疏》开列的延僧名单判断："三界寺是一座小寺，居然有三名以上的僧正，四名以上的法律，其他各寺也普遍有多名僧正、法律，充分反映出僧政、法律之滥。可能有的僧政、法律已成为赏给僧尼的虚衔，犹如唐初品级很高的勋官'柱国''上柱国'后来竟成为普通府兵兵士或下级军官都可获得的头衔一样。但也确有一些僧政、法律供职于教团，是都司各曹的职事人员。"①尽管僧寺中的僧政、法律人数多至虚滥的程度，尼寺中有"僧政"之衔的却较为少见。S.2575（V4）《普光寺道场司僧政惠云法律乐寂等为下品尼流去住上都僧统状稿》②中似乎出现了一位尼僧政：

---

①　谢重光：《吐蕃占领期与归义军时期的敦煌僧官制度》，《敦煌研究》1991年第3期，第55页。

②　唐耕耦、陆宏基：《敦煌社会经济文献真迹释录（第四辑）》，北京：全国图书馆文献缩微复制中心，1990年，第143-144页。

1. 普光寺道场司僧政惠云、法律乐寂等 状。
2. 右奉 处分,令置方等道场,准法榜示,律仪
3. 制自,俄然成就。检校虽居绳佐,令亏匠训之风;勾当
4. 虚忝披坛,每乏戒因之化。况且式叉妙德,沙弥尼保定因□
5. 五尼寺等额管数人,入纲求真(本满),受具(其)殷诚,渴仰
6. 弃积垢而冰清,捐爱恭虔,洗累迷而皎
7. 洁。所以辞陈圣侧,灵光往往而潜通:
8. 发露尊前,瑞像频频而降现。今乃时临真
9. 景,礼当散就安居:忏谢已终,理合升□□
10. 道。式叉数广,沙弥名繁,止罢
11. 两途,不蒙判释。伏望
12. 都缯统和尚仁恩,高悬智镜,助照瞑徒,下品
13. 尼流,乞分去住,伏听 裁下 处分。
14. 　　月 日道场司僧政法律□
15. 　　检校法律临(?)界
16. 　　法律知福田都判官惠云
17. 　　法律云寂
18. 　　法律乐寂
19. 　　□(检)校□(僧)政
20. 　　检校僧政厶乙

此状第一行的"普光寺道场司僧政惠云、法律乐寂等状",似乎表明尼寺普光寺道场司的负责人是僧政惠云和法律乐寂,两者当为尼僧。但状后的署名中,"道场司僧政法律□"另署,惠云的职衔则变成了"法律知福田都判官"。根据目前的文献和研究,"判官"之职通常都由男性僧官来担任,则此状中的"惠云"是否是尼僧便成了疑问。相比之下,尼僧中的"法律"人数颇多,也颇有文献可考。

"法律"一职在敦煌僧尼文书中较常见。S.520《报恩寺方等道场请诸司勾当分配榜》①中,"掌管戒律威仪之僧人,其中称法律者占大多数,或可推测法

---

① 唐耕耦,陆宏基:《敦煌社会经济文献真迹释录(第四辑)》,北京:全国图书馆文献缩微复制中心,1990年,第128页。

律一职原即于寺中担任规诫僧人行住坐卧、日常生活是否合于清规戒律的工作，因此于方等道场中亦担任类似工作，管理戒子威仪"①。但一寺中法律往往不止一人，故其任虚衔的可能性较大。敦煌文献中尼僧任法律之职的颇有记载，如吐蕃时期的P.4638《大番故敦煌郡莫高窟阴处士公修功德记》中有"尼法律智惠"，上引《普光寺道场司僧政惠云法律乐寂等为下品尼流去住上都僧统状稿》中有法律云寂和乐寂等。敦煌有法律之衔的尼僧最著名的是几位来自大族的女子。P.3556（4）《大周故大乘寺法律尼临坛赐紫大德沙门厶乙邈真赞并序》②称："法律阇梨者，即前河西一十［一］州节度使曹大王之侄女也。……大乘寺内，广坚立于鸿基；中外重修，并完全而葺（契）理。训门从之子弟，大习玄风；诱时辈之缁流，尽怀高操。登坛秉义，词辨（辩）与海口争驰；不对来人，端贞乃冰清月皎。"同卷之《大周故普光寺法律尼临坛大德沙门清净戒邈真赞［并序］》③记："法律阇梨者，即前河西一十一州节度使张太保之贵孙矣。……普光寺内，广展鸿资。冬夏不失于安居，春秋无亏于旧积（绩？）。芳名远播，懿行杰出于众流；训习经文，才器超过于群辈。"两人的职责颇相同：训门从弟子学习经文，登坛授课，教导时辈缁流与迷徒，最终达到宣传佛教的目的。但其"登坛"或"临坛"之务，更多地来自其"临坛大德"之职称，所以法律之职，较多地体现在教习弟子之上。

P.3101《大中五年（851）尼智灯苑状并离烦判辞》④从另一个侧面体现了法律的职责：

1.（前缺）尼智灯苑　　状上。
2. 右前件尼，虽沾僧士，体合增福于光，一则盈益军　国，二乃自己福
3. 田，转诵之间，亦合无诉。今　缘鸣尼疾病，恐减应管福田寺□
4. 减通名数，格令罚喷严难，恐司所由亏□（后缺）

---

① 林韵柔：《唐代寺院职务及其运作》，载于《魏晋南北朝隋唐史资料（第二十八辑）》，第183页。
② 录文见杨宝玉：《敦煌文书与唐五代宋初尼僧史研究——以法藏敦煌文书P.3556为例》，载于《形象史学研究（2011）》，北京：人民出版社，2012年，第84-86页。
③ 录文见杨宝玉：《敦煌文书与唐五代宋初尼僧史研究——以法藏敦煌文书P.3556为例》，载于《形象史学研究（2011）》，北京：人民出版社，2012年，第86-87页。
④ 唐耕耦，陆宏基：《敦煌社会经济文献真迹释录（第四辑）》，北京：全国图书馆文献缩微复制中心，1990年，第118-119页。

5. 尚慈光普照,接病患之徒,特乞笔毫恩垂矜恤,请乞处分。
6. 牒件状如前,谨牒。
7. 　　　大中五年十月一日患尼智灯苑谨　牒。
8. 身在床枕,制不由人,转经
9. 福田,盖是　王课,今若患疾,理合优矜,付寺法律,
10. 疴缠不虚,勿得拘检,仍任公凭。 一日,离烦。

智灯苑因身患疾病,不得不减少对佛事活动的参与,因担心由此带来的生存的艰难,固请离烦垂恤。离烦的判词是:"付寺法律,疴缠不虚,勿得构检,仍任公凭。"也就是让智灯苑所在寺的法律调查情况是否属实,以便给出相应的对策。则法律在寺中有稽核本寺尼状况之事实的责任,确实进入了处理由上级发还的尼寺诉状的程序。

除了僧政和法律,《释门帖诸寺纲管》中还提道"恐众难齐,仍勒上座、寺主亲自押署,齐整僧众",表明上座、寺主是寺庙的具体负责人,是"纲管"之一,受僧政、法律之"勒"。

寺庙管理者等被称为纲领者,始于南朝,如"明帝践祚,起湘宫寺,请充为纲领,于是移居焉"[①];南朝宋明帝"创(兴皇)寺于建阳门外,敕猛为纲领"[②]。到唐朝,开始对"三纲"有明文规定,如唐开元年间规定:"每寺立三纲,以行业高者充。""凡天下寺观三纲及京都大德,皆取其道德高妙为众所推者补充,申尚书祠部。""每寺上座一人、寺主一人、都维那一人。"[③]《唐律疏议》亦云:"寺有上座、寺主、都维那,是为三纲。"[④]三纲在敦煌尼寺中也是常规设置。

"三纲"之中位最尊者为上座。"上座谓有住处,无畏、无烦恼,多知识、多闻,辩言具足,义趣明了,闻者信受,善能安庠入他家。能为白衣说法,令

---

① [南朝]慧皎:《高僧传》卷八《齐京师湘宫寺释弘充传》,北京:中华书局,1997年,第308-309页。
② [南朝]慧皎:《高僧传》卷七《宋京师兴皇寺释道猛传》,北京:中华书局,1997年,第296页。
③ [后晋]刘昫等:《旧唐书》卷四十三《职官二》"礼部祠部郎中"条,北京:中华书局,1975年,第1831页;卷四十四《职官三》"鸿胪寺卿"条,第1885页。
④ [唐]长孙无无忌等:《故唐律疏议(第一册)》卷六,《名例》"称道士女冠"条,四部丛刊本,上海:上海书店出版社,1935年,第342页。

他舍恶从善,自具四谛法乐,无有所乏,名上座。"①也就是说,理想而言,上座须是详知佛理的博学之士,但世俗中上座的选拔标准较具体:"夫上座者有三种焉,集异足毗昙云:一生年为耆年;二世俗财名与贵族;三先受戒及先证果。古今立此位,皆取其年德、干局者充之,《高僧传》多曰被敕为某寺上座是也。"②上座往往年高德劭,负责寺院的宗教事务。但在敦煌的尼寺,上座的职责似乎更偏于俗务。P.2838(2)《唐光启二年(886)安国寺上座胜净等诸色斛斗入破历算会牒残卷》③:

1. 安国寺上座胜净等　状。
2. 光启二年丙午岁十二月十五日,僧政、
3. 法律、判官、徒众算会,胜净等所由手
4. 下,从辰年正月已后,至午年正月已前,
5. 中间叁年应入砲颗(课)、梁颗、厨田,及前帐
6. 回残斛斗油酥等,总叁佰肆拾捌硕
7. 玖斗叁胜。
（后略）

胜净以安国寺上座的身份,与僧政、法律、判官等都司职属一起清点安国寺三年间的账目,说明上座还掌握着寺院的经济管理权,"中间叁年应入砲颗(课)、梁颗、厨田"等都是由"胜净等所由手下"。

相比于上座,寺主在敦煌尼僧文献中更为常见。以下是几件涉及寺主及尼寺其他职位的变动的文献。

P.3753《唐大顺二年(891)正月普光寺尼定忍等辞职牒并判辞》④:

---

① [宋]道成:《释氏要览》卷上,载于《大正新修大藏经》卷54册,台北:新文丰出版公司,1992年,第261页。
② [宋]赞宁:《大宋僧史略》卷中"杂任职员"条,载于《续修四库全书》第1286册,上海:上海古籍出版社,2002年,第679页。
③ 唐耕耦,陆宏基:《敦煌社会经济文献真迹释录(第三辑)》,北京:全国图书馆文献缩微复制中心,1990年,第328页。
④ 唐耕耦,陆宏基:《敦煌社会经济文献真迹释录(第四辑)》,北京:全国图书馆文献缩微复制中心,1990年,第48页。

1. 普光寺尼定忍等。
2. 寺主慈净、都维体净、典坐智真、直岁戒忍。
3. 右伏以定忍等虽沾释氏,一无所知。奉 择驱
4. 驰,固累年日,凡事之间,如同伤翼,多亏趁
5. 伴之期,遂饶乖后之志。比者蹉跎顽耳,陷公
6. 损私而负磨铅之名,弊车碍辙,切欲尽
7. 瘁。悉从守于 明教,仍皆疹疾,岁
8. 月连绵,在寺无一毛之益,在家有囷然之
9. 机。弱草不钧,馨芳何茂。幸有锋铓利刃
10. 要断乱绳,傥必提纲,一挥纲正。伏乞
11. 都僧统和尚高悬明镜,俯照两颗。良才待举而不携,困
12. 马乏力思下坡。伏请 详赐 处分。
13. 牒件状如前,谨牒。
14. 大顺二年正月日定忍,体净、慈净、智真、戒忍牒。
15. 付当寺徒众,细与商量,若合结
16. 放,即与差替。廿三日。悟真
17. 都僧统

S.6417《后唐长兴二年(931)正月普光寺尼徒众圆证等状并海晏判词》①:

1. 普光寺尼徒众圆证等 状。
2.   请妙慈充法律□□充都维。
3.   请智员寺主(中缺)典座慈相□直岁。
4. 右前件尼,并是释中精雅,缁内豪
5. 宗。四依不弃于晨昏,八敬常然于
6. 岁月。寺徒上下,顺礼不失于释风;百姓
7. 表均,训俗无亏于旧则。除此晚辈,
8. 更无能仁。若不甄升,鸿基难固。
9. 伏望

---

① 唐耕耦,陆宏基:《敦煌社会经济文书真迹释录(第四辑)》,北京:全国图书馆文献缩微复印中心,1990年,第53页。

10. 都僧统和尚智镜高悬,允从众意
11. 者。伏请　处分。
12. 牒件状如前,谨牒。
13.　　　长兴二年正月　日普光徒众尼圆证等牒
14. 普光弘基极大,众内诠练纲维
15. 并是释中眉首,事须治务任持,
16. 且虽敬上,爱下人户,则有怜敏
17. 之能。尼人役次,苦乐宜均。不许推
18. 延者。廿九日　海晏。

S.4760《宋太平兴国六年(981)圣光寺阇梨尼修善等请戒慈等充寺职牒并判辞》[①]:

1. 圣光寺阇梨尼修善等。
2. 请晚辈尼戒慈充法律,愿志充寺主,愿盈充典座,愿法充直岁。
3. 右件尼虽为晓(小)辈,并是高门,戒行以秋月俱明,德业共春
4. 花竞色。况且圣光之寺,相承古迹,鸿基净室,金田继踵,未
5. 尝坠陷。而乃常住糟粕,切籍有功之人;帑库珍财,贵要英灵
6. 之众。昨者,合徒慎选,总亦堪任准请,若不金升,梵宇致
7. 令黎坏。伏望
8. 都僧统大师特启明镜,洞鉴晚辈之尼,察照众情,赐葺
9. 招提之业。允垂　判凭。伏请　处分。
10. 牒件状如前　谨牒。
11.　　　太平兴国六年辛巳岁十一月　日圣光阇梨修善以寺徒等牒。
12. 其前件所请法律尼等状申堪可,
13. 应件上同付寺徒阇梨准次所差,能人
14. 住持,勾当鸿业之间,不令□□者。廿九日
（后缺）

---

① 唐耕耦,陆宏基:《敦煌社会经济文书真迹释录(第四辑)》,北京:全国图书馆文献缩微复印中心,1990年,第59页

从这些文献可知,与上座这一要求年高德劭的职位不同,寺主等职位都并不要求年资。如被提请充作寺主的普光寺的智员、圣光寺的愿志,都被称作"晚辈"或"晓(小)辈",应当是寺中较为年轻的尼僧。

"详其寺主起乎东汉白马也。寺既爱处,人必主之,于时虽无寺主之名,而有知寺之者,至东晋以来,此职方盛。"①可见寺主在东汉时期尚有实而无名,至东晋时才变得普遍,之后渐为定式。据《续高僧传》卷五,梁武帝任法云为光宅寺寺主,"创立僧制,雅为后则"。唐代,寺主是三纲之一,主管一寺事务。"寺主代表一寺,为寺院与社会外界联络的负责人","主要是扮演寺院与政府及社会联系的角色","对于寺院僧伽而言,寺主必须针对僧众之需要,邀请高僧大德讲经",或主持戒会。②敦煌文献中,寺主常与寺卿联名。如:S.542(V5)《丑年(809或821)十二月大乘寺寺卿唐千进点算见在及欠羊牒》③

1. 大乘寺　　状上。
2. 　丑年十二月于报恩寺众堂点算见在及欠羊总九十五口。
3. 　　一十七口欠,合寅年点羊所纳,
4. 　　见在羊总七十八口。
5. 　大白羯壹口,大羖羯陆口,羖羯叱般叁口,羖羯
6. 　羔贰口,大羖母拾陆口,羖母四齿肆口,羖母羔贰口,
7. 　羖羯肆齿肆口。
8. 　丑年七月官施羊:大白羯壹口,大母白羊叁拾玖口。
9. 　右通羊数具件如前,请处分。
10. 牒件状如前,谨牒。
11. 　丑年十二月　日寺卿唐千进牒
12. 　　　寺主善来

---

① [宋]赞宁:《大宋僧史略》卷中"杂任职员"条,载于《续修四库全书》第1286册,上海:上海古籍出版社,2002年,第679页。

② 林韵柔:《唐代寺院职务及其运作》,载于《魏晋南北朝隋唐史资料(第二十八辑)》,第187页。

③ 唐耕耦、陆宏基:《敦煌社会经济文献真迹释录(第三辑)》,北京:全国图书馆文献缩微复制中心,1990年,第574页。

大乘寺寺卿唐千进与寺主善来同至报恩寺点算寺中羊数,表明寺主确实要参与尼寺与外界的联络,只是这种联络有时涉及的是寺庙的经济事务。

佛寺三纲中还有维那,即都维那,在敦煌文书中常被简称为"都维"。据《宗教大辞典》:"'维',纲维,意为统摄僧众;'那',梵文'羯磨陀那(Karmadāna)'之略,意译'授事',汉梵并举为'维那',也称'都维那';旧称'悦众''寺护'等。……始于后秦。《高僧传》卷六:'僧迁法师禅慧兼修,即为悦众。'北魏朝廷立沙门统为最高僧官,以维那为副,隋朝因之。寺院三纲之一。管僧众庶务,位于上座、寺主之下。后为禅宗寺院东序六知事之一,主掌僧众威仪进退纲纪。《百丈清规》卷四:'维那(意为统摄)众僧,曲尽调摄。堂僧挂搭,辨度牒真伪,众有争竞遗失,为辨析和会,戒腊资次,床历图帐,凡僧事内外,无不掌之。'"①可见维那虽位居上座、寺主之后,却是寺庙各类庶务的实际掌管者。维那一职未出现在P.6005《释门帖诸寺纲管》中,但在敦煌其他尼寺文献中则常见,如在S.6417《后唐长兴二年(913)正月普光寺尼徒众圆证等状并海晏判词》中,普光寺众"请妙慈充法律□□充都维",P.3753《唐大顺二年(891)正月普光寺尼定忍等辞职牒并判辞》中,"寺主慈净、都维体净、典坐智真、直岁戒忍"集体辞职,都体现了都维那在尼寺中的重要地位。

维那所管事务庞杂,需要有一些协助者来分摊其事,于是在唐代出现了典座、直岁等寺庙的下层管理者。典座,"禅宗寺院东序六知事之一。掌饮食、床座诸事。《百丈清规》卷四:'职掌大众斋粥。一切供养,务在清洁……训众行者,循守规矩,行益普请(此指劳动),不得怠慢。'"②直岁,"禅宗寺院东序六知事之一。掌营缮耕耘。据《百丈清规》卷四载,直岁'职掌一切作务。凡殿堂寮舍之损漏者,常加整葺。动用什物,常阅其数。役作人力,稽其工程,黜其游惰'。"③S.6417中圆证等请以慈相为典座,以某尼充直岁;S.4760中圣光寺修善等提请以"愿盈充典座","愿法充直岁";P.3753《唐大顺二年(891)正月普光寺尼定忍等辞职牒并判辞》中也有"典坐智真、直岁戒忍"。这都说明,典座和直岁都是敦煌尼寺重要的下层管理职务。能够体现她们的职责的敦煌文献是S.1600(1)+S.1600(2)+RX.01419+S.6981。其中S.1600(1)的内容为:

---

① 任继愈:《宗教大辞典》,上海:上海辞书出版社,1998年,第841页。
② 任继愈:《宗教大辞典》,上海:上海辞书出版社,1998年,第184页。
③ 任继愈:《宗教大辞典》,上海:上海辞书出版社,1998年,第1056页。

1. 灵修寺招提司(后残)
2. 净明、典座愿真、直岁愿
3. 庚申年十二月十一日已后,至癸亥年十二[月□日]
4. 中间首尾三年,应入诸渠厨田兼诸家散
5. 施及官仓　佛食阇梨手上领入常住仓顿设
6. 料,承前案回残,逐载梁颗(课)麦粟油面豆
7. 麻等前领后破,谨具分析如后:
8. 　面贰拾伍硕,麦一十五石,粟九石
9. 　三斗,麻九石三斗五升,油柒
10. 　斗八升,前案回残入。

　　文件中,灵修寺招提司典座愿真和直岁愿某负责清点从庚申年十二月十一日至癸亥年十二月三年期间灵修寺"应入诸渠厨田兼诸家散施及官仓佛食",以及"阇梨手上领入常住仓顿设料"等,这与《百丈清规》中典座"职掌大众斋粥"的规定相合,而直岁似乎也不只是掌营缮耕耘之事。唐时日本僧人圆仁在其《入唐求法巡礼行记》中记载说,他曾于扬州开元寺见除夕"有库司、典座僧在于众前读申岁内种种用途账,令众闻知"[①]。后又于长安大兴善寺中见到岁末维那、典座、直岁当众宣读钱账记录之情况:"廿五日,更则入新年,众僧上堂吃粥、馄饨、杂果子,众僧吃粥间,纲维、典座、直岁,一年内寺中诸庄及交易并客料诸色破用钱物账众前读申。"[②]此记载与敦煌文书中所体现的典座、直岁的职责可相印证。

　　S.1776《后周显德五年(958)某寺法律尼戒性等交割常住什物点检历状》[③]:

1. □德伍年戊午岁十一月十三日判官与当寺徒众就库交
2. 割所由法律尼戒性、都维永明、典座慈保、直岁□□

---

　①　[日]圆仁:《入唐求法巡礼行记校注》卷一,白化文等修订校注,石家庄:花山文艺出版社,1992年,第89页。

　②　[日]圆仁:《入唐求法巡礼行记校注》卷三,白化文等修订校注,石家庄:花山文艺出版社,1992年,第364页。

　③　唐耕耦,陆宏基:《敦煌社会经济文献真迹释录(第三辑)》北京:全国图书馆文献缩微复制中心,1990年,第22页。

3. 等一伴点检常住什物、见分付后,所由法律尼明照、都维

4. □心、都维菩提性、典座善戒、直岁善性等一伴执掌常

5. 住物色,谨具分析如后。

这件文书中的寺院显然是座尼寺,其负责交割常住什物的有两拨人:由法律尼戒性、都维永明、典座慈保、直岁某等将经过清点的什物交由法律尼明照、都维某心、都维菩提性、典座善戒、直岁善性等人掌管。由这件文书可知,每寺的法律、都维那、典座、直岁都可能不止一人。

P.6005《释门帖诸寺纲管》中提及寺院的墙、门等的"修饰及扫洒,仰团头堂子所供,仍仰纲管及寺卿勾当",其中"团头堂子"是负责寺庙的营缮和扫洒工作的人。日本学者竺沙雅章认为:"寺户在各寺内被组织成好几个团,由团头率领。一团的规模大体十人到十数人,又因寺的方位而称为东西南北中团。"① 可见团头一职并非由尼僧来担任,而是由寺卿手下的寺户首领来担任。北图咸字59号(4)《刘进国等牒及处分》记:

1. 灵修寺户团头刘进国,头下户王君子,户鞠海朝,户贺再晟

2. 已上户,各请便种子麦伍驮,都共计贰拾驮。

3. 右进国等贷便前件麦。其麦自限至秋,

4. 依时进国自勾当输纳。如违限不纳,其

5. 斛斗请倍,请乞处分。②

文中称刘进国为灵修寺户团头,可佐证团头之身份。

P.6005中将"纲管"与"寺卿"并提,说明寺卿不属于"纲管"。姜伯勤认为"寺卿是吐蕃时期寺户管理人"③,但据P.6005中"应管僧尼寺一十六所""司空万福"等记载可推知,归义军时期的寺庙中也有寺卿一职。敦煌文书中寺卿之职既见于僧寺,也见于尼寺。P.5579(1)《吐蕃占领敦煌时期教授崇恩帖》:"(前残)帖诸寺所由,为缘算□□……□状,其状频有文帖,告日不

---

① 转引自高启安:《信仰与生活——唐宋间敦煌社会诸相探赜》,兰州:甘肃教育出版社,2014年,第307页。

② 唐耕耦,陆宏基:《敦煌社会经济文献真迹释录(第二辑)》,北京:全国图书馆文献缩微复制中心,1990年,第100页。

③ 姜伯勤:《论敦煌寺院的"常住百姓"》,《敦煌研究试刊》1982年第1期,第44页。

纳状,今再限今日午时于报恩寺纳足。如违不到者,罚局行一席。从未年算已后,有辛度僧尼戒等亦通状过,其状引到,其帖速递相分付,六月三日。诸寺所由并寺卿。教授崇恩。恩付,大云付。"①教授崇恩下达的帖不仅传达给"诸寺所由",还特别强调"并寺卿",可见寺卿在管理寺院财务方面的重要性。再如P.3947《亥年八月寺卿蔡殷牒》②是龙兴寺寺卿蔡殷报告的龙兴寺应转经人的两番分配情况,涉及寺院佛事的人员分配与管理;P.3432《龙兴寺卿赵石老脚下依蕃籍所附佛像供养具并经目录等数点检历》③,记录了由龙兴寺寺卿赵石老管理的龙兴寺所藏佛像等宝物的情况;S.381(3)《龙兴寺毗沙门天王灵验记》云:"大蕃岁次辛巳(801)闰二月廿五日,因寒食,在城官僚百姓,就龙兴寺设乐。寺卿张闰子家人圆满,至其日暮间至寺看设乐。"④这记录了龙兴寺寺卿张闰子及家人在寒食节的活动。这些都表明,寺卿的职责非常广泛,并不仅限于管理寺户,而且还会管理寺院财产,甚至还会涉及寺庙进行佛事活动时的人员分配等事务。敦煌尼寺中的寺卿主要见于上引S.542(V5)《丑年(809或821)十二月大乘寺寺卿唐千进点算见在及欠羊牒》,以及以下文献:

S.542(V3)《丑年(809或821)七月普光寺寺卿索岫请得佛羊牒》⑤

1. 普光寺 状上
2.   丑年七月于乾元寺请得佛羊卌口:
3.   大白羯四口,大白母卅六口。子年已前欠白羯六口,
4.   羖母一口,白羯见在二口,羖吒般一口,限寅年算日纳。
5.   右通当寺羊具录如前,请处分。
6. 牒件状如前,谨牒。

---

① 唐耕耦,陆宏基:《敦煌社会经济文献真迹释录(第四辑)》,北京:全国图书馆文献缩微复制中心,1990年,第107页。

② 唐耕耦,陆宏基:《敦煌社会经济文献真迹释录(第四辑)》,北京:全国图书馆文献缩微复制中心,1990年,第108页。

③ 唐耕耦,陆宏基:《敦煌社会经济文献真迹释录(第三辑)》,北京:全国图书馆文献缩微复制中心,1990年,第2-6页。

④ 郝春文:《英藏敦煌社会历史文献释录》第2卷,北京:社会科学文献出版社,2003年,第214页。

⑤ 唐耕耦,陆宏基:《敦煌社会经济文献真迹释录(第三辑)》,北京:全国图书馆文献缩微复制中心,1990年,第572页。

第四章　尼僧教团——以敦煌尼僧的牒状及斋愿文书为中心　　185

7.　　　丑年十二月　日寺卿索岫牒。

S.542(V4)《丑年(809或821)十二月二十一日灵修寺寺卿薛惟谦算见在羊牒》①

1. 灵修寺　□□(状上)
2. 丑年十二月廿一日,就报恩寺暖堂算见在羊:
3. 　大白羯肆口,白羯羔壹口,大白母壹口,
4. 　羖羯叁口,羖羯羔壹口,大羖母拾贰口,
5. 　羖母叱般贰口,羖母羔伍口。卖肉腔令陪羖羊叁口,
6. 　无印陪羖羊壹口,限寅年算羊时陪。
7. 　右见通如前,谨录状上。
8. 牒件状如前,谨牒。
9. 　　丑年十二月　日寺卿薛惟谦牒。

普光寺寺卿索岫于丑年七月在乾元寺、灵修寺寺卿薛惟谦于丑年十二月在报恩寺、大乘寺寺卿唐千进于丑年十二月在报恩寺清点佛寺所得羊数,说明他们分别代表各自的寺院进行财产清理汇报活动。

P.3600《吐蕃戌年普光寺等具当寺应管尼数牒》②:

(一)

(前缺)
1. 圆净　妙意　觉意　归藏　胜坚都头毛五斗　会乘
2. 东来尼庄严　光严　胜严
3. 　　　右具通当寺尼如前请处分。
4. 牒件状如前,谨牒。

---

①　唐耕耦,陆宏基:《敦煌社会经济文献真迹释录(第三辑)》,北京:全国图书馆文献缩微复制中心,1990年,第573页。
②　唐耕耦,陆宏基:《敦煌社会经济文献真迹释录(第四辑)》,北京:全国图书馆文献缩微复制中心,1990年,第209-213页。

5.　　　　　戌年十一月　日寺卿唐千进牒。

（二）

1. 普光寺　状上。
2. 当寺应管尼众总一百廿七人。
3. 　普定　常进　悟智
（中略）
46. 右通当寺尼众具件如前，请
47. 处分。
48. 牒件状如前，谨牒。
49. 　　　戌年十一月　日寺卿索岫牒。
50. 　　　　寺主真行
51. 　　　　法律　法喜

（三）

1. □□寺　状上。
2. □（当）寺应管尼总卌九（五十一）人。
（后略）

　　这三件文书，应当是三座不同尼寺的寺卿关于本寺"应管尼"的牒文。比较清楚完整的是第二件，可知为普光寺寺卿索岫牒。另根据S.542（V5）《丑年（809或821）十二月大乘寺寺卿唐千进点算见在及欠羊牒》和第一件文书中的"寺卿唐千进牒"，可推知第一件文书当为大乘寺的牒文。第三件文书中记"□（当）寺应管尼卌九（五十一）人"，但因残缺严重，不知寺与寺卿之名。[①]值得一提的是，P.5779《吐蕃酉年（805）大乘寺寺卿唐迁进具当寺应道场尼

---

① 徐晓丽认为："P.3600号《吐蕃戌年普光寺等具当寺应管尼数牒》共三件，第一件是普光寺寺卿唐迁进的牒文，第二件是普光寺寺卿索岫的牒文。可见，吐蕃时期，唐迁进既是大乘寺寺卿，也是普光寺寺卿。此外，唐迁进亦见上述文献S.542号（5V），据此，我们知道唐五代敦煌每所尼寺的寺卿不止一人，一个寺卿也可以兼任于不同尼寺。"鉴于笔者对于这三件文书的分析，这个结论应当存在问题。见徐晓丽：《佛教视域中的女性——唐五代敦煌比丘尼教团考察》，载于饶宗颐：《华学》第九、十辑（三），上海：上海古籍出版社，2008年，第1011页。

六十二人牒》①中的"唐迁进"当与其他文书中的大乘寺寺卿"唐千进"为同一人。由这些文书来看,敦煌尼寺中的寺卿同僧寺中的寺卿一样,职责涉及寺院的经济、宗教等各方面。

P.6005《释门帖诸寺纲管》还专门提及尼寺与僧寺的区别对待:"其五尼寺,缘是尼人,本以性弱,各请僧官一人检教。若人多事即频繁,勒二张法律检教。其僧寺,仰本寺禅律及上座勾当。"也就是说,尽管五尼寺都有自己的"纲管",但还是需要另外指派僧官来"检教",如果事情多到无法处理,就要求两位张法律来"检教"。而在僧寺,在没有僧政和法律等都司属员的情况下,只需本寺的禅律、上座来管理即可。

此帖令人想及上引S.2575(V4)《普光寺道场司僧政惠云法律乐寂等为下品尼流去住上都僧统状稿》②最后的署名:

15.　　　　检校法律临(?)界
16.　　　　法律知福田都判官惠云
17.　　　　法律云寂
18.　　　　法律乐寂
19.　　　　□(检)校□(僧)政
20.　　　　检校僧政厶乙

对照P.6005中的内容,这里面的检校法律临(?)界、检校僧政厶乙等显然是都司因普光寺的尼人"性弱"而向之加派的僧官。S.1604《天复二年(902)四月廿八日都僧统贤照帖诸僧尼寺纲管徒众等》③中则有"判官"一职:

1. 都僧统　贴诸僧尼寺纲管徒众等。
2. 奉
3. 尚书处分,令诸寺礼忏不绝,每

---

① 唐耕耦,陆宏基:《敦煌社会经济文献真迹释录(第四辑)》,北京:全国图书馆文献缩微复制中心,1990年,第208页。
② 唐耕耦,陆宏基:《敦煌社会经济文献真迹释录(第四辑)》,北京:全国图书馆文献缩微复制中心,1990年,第143-144页。
③ 唐耕耦,陆宏基:《敦煌社会经济文献真迹释录(第四辑)》,北京:全国图书馆文献缩微复制中心,1990年,第126-127页。

4. 夜礼大佛名经壹卷，僧尼夏中则
5. 令勤加事业。懈怠慢烂，故令
6. 使主嗔责，僧徒尽皆受耻。大家
7. 总有心识，从今已后，不得取次。
8. 若有故违，先罚所由纲管，后科
9. 本身。一一点检，每夜燃灯壹盏，
10. 准式，僧尼每夜不得欠少一人。
11. 仰判官等每夜巡检，判官若有怠
12. 慢公事，亦招科罚。其帖，仰诸寺
13. 昼时分付，不得违时者。天复
14. 二年四月廿八日帖。
15. 　　　　都僧统贤照。

文书中虽然有各寺纲管负责的"每夜礼大佛名经壹卷"事宜，但仍要求"仰判官等每夜巡检，判官若有怠慢公事，亦招科罚"。也就是说，在各寺的纲管之外，还有"判官"的监督，其监督不限于对尼寺。判官与前两件文献中的检校僧官都应当是都司中的僧人，但所不同的是，检校僧官应当是针对某一事项临时指派的，而判官则可能是常设的职务。

敦煌文献中多次出现"五尼寺判官"之职。敦煌莫高窟第98窟南壁贤愚经变下端供养人像列东向第二十五身题名："释门法律知五尼寺判官临坛大德沙门□□一心供养。"① 北敦06035(芥字035)《佛说阿弥陀经》题记："施主清信佛弟子诸三窟教主兼五尼寺判官法宗、福集，二僧同发胜心，写此《阿弥陀经》一百卷，施入十寺大众，故三业清静，罪灭福生，莫逢灾难之事，比来生之时共释迦牟佛同其一绘。"② 两条记载中的"知五尼寺判官"和"兼五尼寺判官"都表明，五尼寺判官由僧人兼任，而后者中的"法宗、福集"二僧，表明五尼寺判官在同一时期并非只有一人。P.3718《梁故管内释门僧政临坛供奉大德兼阐扬三教大法师赐紫沙门张和尚写真赞并序》记载："和尚俗姓张氏，香号喜首，即首厅宰相吏部尚书张公之中子也。……十载都司管内，训俗处下方圆。累岁勾当五尼，终身刚柔两用。故知心明水镜，理物上下均亭；贤奖幽暗能诠

---

① 敦煌研究院：《敦煌莫高窟供养人题记》，北京：文物出版社，1986年，第41页。
② 敦煌研究院：《敦煌遗书总目索引新编》，北京：中华书局，2000年，第511页。

（全），姑务例同平直。遂遇尚书谯公，秉政光耀，大扇玄风，举郡以荐贤良，师乃最称第一。请弃逐要之司，转迁释门僧政。"①说明五尼寺判官可以"累岁"连任，而非临时检校。徐晓丽认为："'五尼寺判官'是唐五代时期敦煌归义军政权为管理比丘尼教团而专门设置的僧职。……从敦煌文书的记载看，'五尼寺判官'是一种常设僧官，其主要职责是负责对五所尼寺的监管，特别是尼寺经济方面的监督。"②

此处还应提及的是尼僧中的"阇梨"这一称呼。阇梨是阿阇梨的略称，又作阿舍梨、阿只利、阿遮利耶等，一般品行端正、深通佛理的僧尼才会获此称号，负责教授弟子，使之行为端正合宜，而自身又堪为弟子楷模之师，故又称导师。比丘和比丘尼受具足戒时，须有三师、七证师等十位在场。三师，指得戒和尚、羯磨阿阇梨、教授阿阇梨。《黄檗清规·梵行章》规定："凡欲开坛弘戒，头首知事预白堂头，议请羯磨、教授、尊证、引请诸阇黎并侍者、直坛。"③《黄檗清规》虽然是南明时东渡日本的隐元禅师所作，但它是在唐百丈海和尚的《百丈清规》的基础上制定的，故在一定程度上反映了唐代的受戒规定。小乘受戒法必须有三师亲临；而大乘受戒法，根据《观普贤经》，得以释尊像等替代。如S.532《乾德三年（965）正月十五日沙州三界寺授女弟子张氏五戒牒》后署："奉请阿弥陀佛为坛头和尚。奉请释迦牟尼佛为校授阿阇梨。奉请弥勒菩萨为揭磨阿阇梨。"④敦煌尼僧文献中尼阇梨的记载颇多，如P.3218（11）《某年八月廿二日时年转帖》⑤：

1. 时年转帖
2. 右缘普光寺范阇梨迁化，准例合有盖黄
3. 助送，祭杏盘，此着当寺勾当。金光明寺帖

---

① 郑炳林:《敦煌碑铭赞辑释》，兰州：甘肃教育出版社，1992年，第437页。
② 徐晓丽:《佛教视域中的女性——唐五代敦煌比丘尼教团考察》，载于饶宗颐:《华学》第九、十辑（三），上海：上海古籍出版社，2008年，第1009页。
③ ［日］隐元隆琦语，法孙性激等:《黄檗清规》，载于《大正新修大藏经》第82册，台北：新文丰出版公司，1992年，第769页。
④ 唐耕耦，陆宏基:《敦煌社会经济文献真迹释录（第四辑）》，北京：全国图书馆文献缩微复制中心，1990年，第77页。
⑤ 唐耕耦，陆宏基:《敦煌社会经济文献真迹释录（第一辑）》，北京：全国图书馆文献缩微复制中心，1990年，第356页。

4. 至,限今日午时于西门外取齐。如有
5. 后到,罚麦三斗,全不来者,罚麦六斗。
6. 其帖各自示名递过者。
7. 八月廿二日录事 陈僧正 帖。
8. 龙刘僧正 吴法律 乾张法律 程法律 开张
9. 法律 索法律 永翟僧正 小翟僧正 金马僧
10. 正 韩僧正 图张法律 曹法律 显索法律
11. 梁僧正 韩明曹禅[师]界刘僧正 张僧正 土李
12. 僧正高法律 莲安法律 李法律 恩索法
13. 律 张法律 云李僧正 范僧正 修李阇梨
14. 米阇梨 圣申阇梨 张阇梨 国范阇梨 李阇
15. 梨 乘翟阇梨 马阇梨

这是一个通知社人参加普光寺尼僧范阇梨丧葬活动的社司转帖,社邑成员由三十多名僧尼构成,其中包括灵修寺的李阇梨、米阇梨,圣光寺的申阇梨、张阇梨,安国寺的范阇梨、李阇梨,大乘寺的翟阇梨、马阇梨,连同去世的普光寺的范阇梨,共计九位尼僧。可见各尼寺的阇梨通常不止一位。P.3489《戊辰年(968或908?)正月廿四日旌坊巷女人社社条》①中,担任社邑录事一职的是"孔阇梨,虞侯安阇梨",说明阇梨尼可以与俗人结社。阇梨不是教团的管理职务,故前引P.3556(4)《大周故大乘寺法律尼临坛赐紫大德沙门厶乙邈真赞并序》:"法律阇梨者,即前河西一十[一]州节度使曹大王之侄女也。"《大周故普光寺法律尼临坛大德沙门清净戒邈真赞[并序]》:"法律阇梨者,即前河西一十一州节度使张太保之贵孙矣。"都将"法律"这一职务安排在"阇梨"这一尊称之前。P.3214《祭文》:"维岁次己巳八月癸巳朔十一日癸卯,当寺徒众法藏等谨以清酌之奠,敬祭于故安寺主阇梨之灵"②,将"寺主"之职置于阇梨之前。但在敦煌的尼寺中,在寺院缺少三纲和职事僧的情况下,也会出现由阇梨出面负责相关事务的情况。如上引S.4760《宋太平兴国六年(981)圣光寺阇梨尼修善等请戒慈等充寺职牒并判词》,即是由圣光寺阇梨尼修善等出

---

① 宁可,郝春文:《敦煌社邑文书辑校》,南京:江苏古籍出版社,1997年,第27-28页。
② 上海古籍出版社,法国国家图书馆:《法藏敦煌西域文献》第22册,上海:上海古籍出版社,2002年,第610页。

面,"请晚辈尼戒慈充法律,愿志充寺主,愿盈充典座,愿法充直岁";S.1600(1)《庚申年十二月十一日至癸亥年十二月灵修寺招提司典座愿真等诸色斛斗入破历算会稿残卷》中,有"阇梨手上领入常住仓顿设料"的语句,表明阇梨曾经手灵修寺的日常粮食等的进账。

前引P.3556(4)《大周故大乘寺法律尼临坛赐紫大德沙门厶乙邈真赞并序》等文献中还有"临坛大德"之职,它是在戒坛内为受戒僧尼举行授戒仪式的高僧,不属于教团的具体事务管理人员。据陈大为统计,唐五代敦煌男僧担任临坛大德之职的有名姓者近六十人,还有相当一部分未知姓名者,而女尼中担任过此职的只有灵修寺的张戒珠、索明戒、李戒净,普光寺的张清净戒、张严会,大乘寺的曹阇梨,安国寺的性真以及某尼寺的了空和德胜。①

通过以上论述可知,敦煌尼僧中,有少部分人会出任僧政、法律,负责尼寺的一些都司事务,也有可能成为尼寺的主要负责人。尼寺的主要负责人是"三纲":上座、寺主、维那或都维那。其中上座要求由年高德劭者担任,在敦煌文献中并不常见,而寺主和维那则可由晚辈尼僧出任。维那之下,又有典座、直岁之类的职事,负责尼寺的日常事务和经济事务。所有这些职务,在一寺之中往往不止一人,存在相互协助或掣肘的可能性。尼寺有寺卿一职,由寺户管理人担任,但所管事务似乎超出了对尼寺经济方面的把控,而涉及了尼僧的人员分配与管理工作。尼寺的地位低于僧寺,故在由都司安排的佛事活动中,往往会指派僧官予以"检校",或由常设的五尼寺判官来予以监督。

值得注意的是,尼僧僧职的选任较为民主。S.4760《宋太平兴国六年(981)圣光寺阇梨尼修善等请戒慈等充寺职牒并判辞》的牒文说:"而乃常住糟粕,切籍有功之人;帑库珍财,贵要英灵之众。昨者,合徒慎选,总亦堪任准请,若不金升,梵宇致令黎坏。"所谓"合徒慎选",即寺中徒众聚集起来进行了选举事宜,推举有才干的人出任各个职位;与之相应的判词则说:"其前件所请法律尼等状申堪可,应件上同付寺徒阇梨准次所差,能人住持,勾当鸿业之间,不令□□者。"要求将牒状反映的情况重新交付寺徒等众,依照大家的要求行事。P.3753《唐大顺二年(891)正月普光寺尼定忍等辞职牒并判辞》中,定忍等在提交了辞职报告后,都僧统悟真的判词是:"付当寺徒众,细与商量,

---

① 陈大为:《唐后期五代宋初敦煌僧寺研究》,上海:上海古籍出版社,2014年,第208—209页。

若合结放,即与差替。"意思是让普光寺的尼众们自己商量,看大家是否同意她们辞职。而各尼寺管理者在履行职责时,也往往比较公开透明。如 S.1776《后周显德五年(958)某寺法律尼戒性等交割常住什物点检历状》记:"□德伍年戊午岁十一月十三日判官与当寺徒众就库交割";P.2838(2)《唐光启二年(886)安国寺上座胜净等诸色斛斗入破历算会牒残卷》:"光启二年丙午岁十二月十五日,僧政、法律、判官、徒众算会",都表明尼寺在清算财物时,是当着当寺"徒众"进行的。

总之,敦煌尼僧教团受敦煌僧人集团中的僧政及其下属的都司的统一管理,尼寺一级的基层管理结构与僧寺相当,有较系统的管理体系,但不同于僧寺的是,尼寺在遇到重要的法事或其他活动时,通常会有僧人前来临时"检校",或由常设的五尼寺判官监督。在涉及尼寺的经济事务或人员调配等事宜时,尼寺各职务之间相互兼涉的情况时有发生。普通尼僧亦可参与其教团管理职位的选任过程,故其管理体系具有一定的民主性。

二、敦煌尼僧的世俗生活

作为佛教的出家人,敦煌尼僧要履行其宗教职责,如寺院日常的佛事活动等。如上引 P.6005《释门帖诸寺纲管》要求汇报各寺应管僧尼数,"并令安居,住寺依止,从师进业修习,三时礼忏";S.1604《天复二年(902)四月廿八日都僧统贤照帖诸僧尼寺纲管徒众等》:"奉尚书处分,令诸寺礼忏不绝,每夜礼大佛名经壹卷,僧尼夏中则令勤加事业。"再如 S.3879《为释迦降诞大会念经僧尼于报恩寺云集帖》[①]:

1. 右奉 处分,今者四月八日是释迦降诞
2. 之晨大会,转经僧尼切须齐整,除却染疾
3. 患卧,余者老小不容于时赴会齐来。一则是
4. 为报 佛恩,二乃荐国资君。各各念诵,
5. 遂见风调雨顺;个个澄心,莲府必获康宁。不得

---

① 唐耕耦,陆宏基:《敦煌社会经济文献真迹释录(第四辑)》,北京:全国图书馆文献缩微复制中心,1990年,第114页。

6. 违越上愿,限至五日早晨于报恩寺云集。
7. 齐整威仪,雍雍而来。不许一前一后,
8. 失于轨范。若有不禀条流,
9. 面扫装眉,纳鞋赴众,发长逐伴者,施罚
10. 不轻。今遣仓司递帖先报。
11. 伏蒙　处分

这个帖子表明,敦煌若举办重大的佛事活动,所有寺院僧尼除卧床不起的病患外,都要集体参加,而且有时限要求。有意思的是其对僧尼"轨范"的要求:要有整齐的威仪,不得一前一后散漫而来;不得化妆,不得留发,不得相互打闹追逐。会在帖子中做这些要求,反过来说明僧尼化妆、留发、追逐打闹、行为懒散等是经常发生的事,这让人觉得敦煌的僧尼们的生活充满了世俗气息。事实上,唐五代宋初时敦煌尼僧的生活确实有其世俗的一面,她们对财物有所需求,重亲情,重死亡,这可以通过敦煌尼僧的一些牒状和其他文献得到反映。

佛教宣扬出世,僧尼出家修行的目的是摆脱世间的束缚和烦恼,出家僧尼不仅要抛弃父母家庭,更不能私蓄财物。佛教经律中有"八不净物"之说:

> 一田宅园林,二种植生种,三贮积谷帛,四畜养人仆,五养繁禽兽,六钱宝贵物,七毡褥釜镬,八象金饰床及诸重物。此之八名,经论及律盛列通数。①

佛教认为,这些不净物会引起僧尼的贪恋之心,染污梵行,故要求出家人不得蓄有。但到了唐代初年,这种戒律似乎已大为松弛,并未得到执行。释道宣对此颇多感慨:

> 此之一戒,人患者多,但内无高节,外成鄙秽,不思圣戒严猛,唯纵无始贪痴故,律言:非我弟子。准此失戒矣。又云:佛告大臣,若见沙门释子,以我为师,而受金银钱宝,则决定知非沙门释子。又《杂含》云:若为沙门释子,自受蓄者,当知五欲功德悉应清净。又《增一》云:梵志书述,若是

---

① [唐]道宣:《四分律删繁补阙行事钞》卷中《随戒释相篇·蓄钱宝戒》,载于《大正新修大藏经》第40册,台北:新文丰出版公司,1992年,第69页。

如来者，不受珍宝。……佛世尊欲增尚弟子，令弃鄙业，远超三界，近为世范。今乃反自坠陷，自蓄自捉。剧城市之商贾，信佛法之烟云。反自夸陈，妄排佛律，云：但无贪心，岂有罪失？出此言者，妄自矜持，不思位是下凡，轻拨大圣，一分之利尚计，不及俗士高逸。……岂唯蓄捉长贪，方生重盗之始。①

在唐五代宋初的敦煌，僧尼蓄有私人财产甚至奴婢、参与物品交易的情况已是十分普遍，在僧官集团中还有专门登记发放僧尼通过佛事活动得到的钱财的僪司。敦煌的尼僧们因为生活困窘，所以非常介意自己的这部分收入。在这种情况下，我们会看到敦煌尼僧要求都司支付其应得报酬的牒文。

P.3730《寅年九月式叉尼真济等牒并洪辩判辞》②：

1. 大乘寺式叉尼真济 沙弥尼普真等　状上。
2. 右真济等名管缁纶，滥沾众数，福事则依行检来，
3. 僪状则放旷漏名。伏望和尚仁慈支给，请处分。
4. 牒件状如前，谨牒。
5. 　　　　寅年九月　日式叉尼真济等谨牒。
6. 状称漏名，难信虚实。复是合得
7. 不得，细寻问支给。十五日洪辩
8. 　　　支金净太下取

牒状中的式叉尼，指年满18岁但还不满20岁、欲受具足戒的女性出家者；沙弥尼是年龄已到14岁但还不到18岁的少女出家者。很显然，即使是年纪尚幼、未受具足戒的出家者，也依照规定参加了各种"福事"。据郝春文研究，敦煌僪司在分配僪利时，"沙弥、沙弥尼所得为大戒僧尼、式叉尼的一半"③。但令牒状中的式叉尼和沙弥们不平的是，尽管她们参加了相应的活动，却"僪状则

---

① ［唐］道宣：《四分律删繁补阙行事钞》卷中《随戒释相篇·蓄钱宝戒》，载于《大正新修大藏经》第40册，台北：新文丰出版公司，1992年，第70页。
② 唐耕耦，陆宏基：《敦煌社会经济文献真迹释录（第四辑）》，北京：全国图书馆文献缩微复制中心，1990年，第114页。
③ 郝春文：《唐后期五代宋初敦煌僧尼的社会生活》，北京：中国社会科学出版社，1998年，第294页。

放旷漏名",即未能在俵司登记在册,从而没有拿到应有的布施份额。而洪辩的判词则认为"漏名"这样的事虚实难辨,需要调查核实。这种向僧统直接陈状要求拿回自己的应得报酬的牒状,在敦煌不止一件。如紧接上牒的 P.3730《寅年八月沙弥尼法相牒并洪辩判辞》[①]:

1. 牒沙弥尼法相,自以多生阙善,福报不圆,今世余殃,恒处
2. 覆障,身无枷锁,因系不殊,常愿适散,恐众悉承,不惜
3. 身命,缘障深厚,不遂中心,每阙礼敬三尊利他之行,思
4. 心不足,无处申陈,岂敢帽(冒)受重信。然在贫病之后,少
5. 乏不济。又去子丑二年俵状无名,不沾毫发。伏望
6. 教授和尚高明,广布慈云,厚荫甘泽,荣枯普润,则贫
7. 病下众尼,庶得存生,请乞处分。
8. 牒件状如前,谨牒。
9. 　　　寅年八月　日沙弥尼法相谨牒。
10. 叶报缠身,据众咸委,慈心振
11. 济,雅合律宗。请俵司依例
12. 支给。廿七日,洪辩。

沙弥尼法相因体弱多病,经常缺席佛事活动,从而收入大为减少,生活变得贫困,在之前的子年和丑年两年中,"俵状无名,不沾毫发"。于是她上书洪辩,要求他支给自己一些俵利,"庶得存生"。洪辩的判文是"请俵司依例支给"。

P.4810《普光寺比丘尼常精进状》[②]:

1. 普光寺尼常精进　状上。
2. 病患尼坚忍
3. 右件患尼,久年不出,每亏福田,近岁巳(?)承(?)置番第

---

① 唐耕耦、陆宏基:《敦煌社会经济文献真迹释录(第四辑)》,北京:全国图书馆文献缩微复制中心,1990年,第115页。

② 郝春文:《唐后期五代宋初敦煌僧尼的社会生活》,北京:中国社会科学出版社,1998年,第90页。

4. 道场,敕目严令,当寺所由法律寺主令常精进替
5. 坚忍转经,许其人僚利,随得多少与常精进。去载
6. 于僚司支(?)付(?)坚忍本分。今有余言,出没不定。一年转
7. 读,□乏不支,□岁常眠,拟请全分。伏望
8. 和尚仁明,□□□尼人免被欺屈,请处分。
9. 牒件状如前,谨牒。
10.　　□年三月　日比丘尼常精进状。

牒状反映,普光寺尼常精进在寺中的法律、寺主的安排下替常年患病的尼僧坚忍转经并拿她那一份僚利,此事在前一年得以顺利进行,但当年却"出没不定",故常精进要求都司按常规发放她应得的僚利,"免被欺屈"。

以上几份牒状都反映了尼寺中的尼僧通过向上级僧官申诉,要求得到自己应得报酬的较为普遍的行为,说明所谓"僚利"是敦煌尼僧重要的经济来源之一。我们会发现,这些上诉的尼僧通常年纪都不大,容易受到都司的忽略,而且因为病患或其他原因,相对比较贫穷,如果没有僚利,连生存都会遭遇困难。在这种情况下的申诉,不能被视为她们对金钱的执着,而是为了维持基本的生存而进行的努力。好在她们有常规的申诉途径,可以通过向最高一级僧官反映情况来争取自己的权益。这种方式与俗众就自己的应得财产等问题向地方政府提出申诉的方式相类似,虽然是在僧尼体系内部进行的,却充满了世俗色彩。

尼僧们也会对自己的财产进行买卖。如S.5820+S.5826《未年(803)尼僧明相卖牛契》[①]:

1. 黑牸牛一头,三岁,并无印记。
2. 未年润(闰)十月廿五日,尼明相为无粮食及
3. 有债负,今将前件牛出卖与张抱玉。准
4. 作汉斗麦壹拾贰硕、粟贰硕。其牛及麦,
5. 即日交相分付了。如后有人称是寒道(盗)
6. 识认者,一仰本主卖(买)上好牛充替。立契后

---

① 唐耕耦,陆宏基:《敦煌社会经济文书真迹释录(第二辑)》,北京:全国图书馆文献缩微复印中心,1990年,第33页。

7. 有人先悔者，罚麦三石，入不悔人。恐人无
8. 信，故立此契为记
9.   麦主
10. 牛主尼僧明相年五十五（押）
11. 保人尼僧净情年十八（押）
12. 保人僧寅照
13. 保人王忠敬年廿六（押）
14. 见人尼明兼

  契约表明，尼僧明相拥有一头三岁黑牛，却缺少粮食，且背负一定的债务。在这种情况下，她将牛出售，换回麦、粟等粮食。其出售对象张抱玉当为俗人，其契约的保人中，既有尼僧净情、僧寅照，也有俗人王忠敬，尼僧明兼充当了见证人。拥有私人财产，有借贷行为，有交易行为，有契约行为，可充当保人和见证人，这都是敦煌尼僧的日常生活的一部分，与世俗人等并无太大分别。

  在解决了经济问题之余，敦煌尼僧的生活也如世俗大众那样，有时充满家人之间的温情，有时则会因一些琐事同伴之间产生矛盾与纷争。

  在敦煌文献中，经常可以看到一家之中有数个出家者，出家者之间、出家者与家人之间的关系都非常融洽，并未因出家一事而割断亲情。莫高窟第144窟为索氏家窟，题有"索氏愿修报恩之龛供养"之文字，其中有九位出家僧尼：

1. 亡兄僧首……
2. 龙兴寺都……
3. 妹灵修寺主比丘善……；
4. ……姑灵修寺法律尼妙明一心供养；
5. 亡妹灵修寺……性一心供养；
6. 妹尼普光寺律师王号相一心供养；
7. 妹尼普光寺都维证信一心供养；
8. 管内释门都判官、任龙兴寺上座龙藏修先代功德永为供养；
9. 释门龙兴寺上座□□一心供养。①

---

① 敦煌研究院：《敦煌莫高窟供养人题记》，北京：文物出版社，1986年，第65-67页。

这个家族窟的中心人物显然是"管内释门都判官、任龙兴寺上座龙藏",其他僧尼供养人都借助于与他的亲缘关系得以署名,其中有他的四个妹妹:在灵修寺担任寺主的善某和一位也曾在灵修寺修行的亡妹,在普光寺担任律师的王号相和担任都维的证信;此外他的姑姑妙明也是灵修寺的法律;而家族中的男性出家者则集中在龙兴寺。龙藏将亡妹也列入家族供养人之列的举动,显示了对家人的关怀以及为他们所做的祈福之举。

P.4640《潜建、妙施兄妹功德赞并序》[①]:

1. 盖闻荡荡三身,影现婆娑之界;明明四智,炳六趣之重惛。沃法
2. 雨而火宅温清,拔樊笼而波停苦海,至尊十力,难思者哉,厥此
3. 龛也。则有金光明寺苾刍僧,俗性张,法号潜建,与普光寺妹尼
4. 妙施共镌饰也。其大德乃应法披缁,精修不倦,护鹅珠而
5. 无玷,守章继之高踪。无为之理事修,有为之功莫驻;妹尼
6. 妙施,习莲花之行,慕爱道之风,遮性皎而无暇,寂照穗而
7. 疑悟。兄唱妹顺,罄舍房资;妹说兄随,贸工兴役。既专心而透
8. 石,誓志感而随通。不愈数稔,良工斯就,内素并毕。
9. 若乃相好千尊,苑然虚洞;十万大士,方丈重臻。朱轩映重
10. 阁而焜煌,旭日对金乌而争晶。使福兹于考妣,远证无生,
11. 动植沾恩,咸登彼岸。懺无文记,曷表殊功;略述片言,用旌
12. 胜事。其词曰:大圣雄尊,化迹多门,高明四智,下晓重惛;
13. 慈云瑷磑,法雨霏霏,三乘方便,舟济沉沦。苾刍潜建,量
14. 达超群,白珪无玷,玉洁贞淳;妹尼妙施,轨范严身,
15. 埃尘不染,克意修真。兄随妹顺,思报四恩,罄舍珍财,贸
16. 招工人;镌龛图素,罄没云阵。宗亲考妣,福荐明魂;回兹
17. 片善,沾洒无垠;宣毫藏事,万岁千春。劫石佛而有
18. 尽,兹福海而长存。

此功德赞中,兄长潜建是金光明寺的僧人,妹妹妙施是普光寺的尼僧,虽然兄妹在不同的寺庙中,却能合力开凿洞窟。文中"宗亲考妣,福荐明魂"之

---

① 录文参马德:《敦煌莫高窟史研究》,兰州:甘肃教育出版社,1996年,第103页。

语,表明兄妹二人已父母双亡,家中只有他们两人相依为命。文中两次提到兄妹之间的关系:"兄唱妹顺,罄舍房资;妹说兄随,贸工兴役。既专心而透石,誓志感而随通。""兄随妹顺,思报四恩,罄舍珍财,贸招工人。"很显然,潜建与妙施是共同捐资修建佛窟,两人在各方面都意见统一,相处和谐,充分体现了兄妹之间的亲情。

S.2691《丁酉岁十一月六日僧玄通祭姊师文》①

1. 维岁次丁酉十一月丙戌朔六日辛卯,
2. 师弟玄通谨以香乳珍羞之馔,
3. 敬祭于故 姊师之
4. 灵。玄通与姊,往业善缘,运为同
5. 气,花萼相敷,谓终千记(纪)。天何不愁,
6. 祸兮忽至,早弃烦尘,归寂空昕。玄
7. 通罪衅,殃及姊已。孤露凄凄,于
8. 何怙恃?剖割肝肠,痛分骨髓。谨
9. 荐香茶,祭于郊畤。惟灵不昧,降斯
10. 歆旨(止)。尚飨。

这篇祭文反映了分别出家为尼和僧的姐弟之间的亲密关系。"玄通与姊,往业善缘,运为同气,花萼相敷,谓终千记(纪)"之语,说明尼僧生前与弟玄通之间相亲相爱的姐弟情谊,而尼僧之死,似乎与玄通有关,所以他说"玄通罪衅,殃及姊己"。身为姐姐的尼僧死后,弟弟玄通"孤露凄凄,于何怙恃?剖割肝肠,痛分骨髓"的痛苦表达,真切地体现了一个孤身留于世上的僧人的心态。

P.3730《吐蕃占领敦煌时期尼海觉牒》②:

1. 牒 海觉不幸薄福,二亲俱亡,孤介累年,兢兢刻剔(惕)。

---

① 录文见杨宝玉:《敦煌文书中所存尼僧祭文校考》,载于《形象史学研究(2015/下半年)》,北京:人民出版社,2016年,第165-166页。
② 唐耕耦,陆宏基:《敦煌社会经济文献真迹释录(第四辑)》,北京:全国图书馆文献缩微复制中心,1990年,第110页。

2. □沐 教授和尚重德,余光照临。姊妹相依,炊

3. □(䑛)[不]别,登修房际,花严射地,施功明空,文帖见在,

4. 先约未朽。从妹尼无边花比日来伴,多在俗家居

5. □月旬,实未久处,今缘姊师迁化,爨䑛皆约

6. 妹尼海觉,僧寺潜居,只房未有厨舍,恃此先功,

7. 是以不取进止,辄住妹尼,积过尤深,甘心伏罪。伏

8. 望仁意哀矜,庶得存济,请处分,谨牒。

9. 　　　　　□年□月□日海觉谨牒

(后缺)

同样是父母双亡,但尼海是与姐姐(姊师)相依为命,"姊妹相依,炊□(䑛)[不]别",但因为姐姐去世(迁化),致使"爨䑛皆约",连吃饭都成了问题。另外,尼海还提到了"从妹尼无边花"来与她做伴的事,说她"多在俗家居□月旬",体现了敦煌僧尼与家人同居共活的情况。这些尼僧姐妹和从姐妹显然没有上述潜建和妙施的财富,不可能大兴土木地开窟造佛,但从她们贫穷的生活中,也可见姐妹真情。

上述文献表明,除了一些大家族外,普通家族中的兄妹、姐弟、姊妹等共同出家之举的背后,往往有这样一个背景:他们都失去了父母,只能彼此相依为命,可能也正因为如此,他们之间的感情会更加深厚。

尼僧与未出家的家人之间的关系也是亲密的。这种亲密关系往往体现在尼僧去世后家人的悲恸心情中。如 P.3556(4)《大周故大乘寺法律尼临坛赐紫大德沙门厶乙邈真赞并序》提到,在曹法律去世后,"六亲哀恸,九戚声瘗(瘥)";同号的《周故敦煌郡灵修寺阇梨尼临坛大德沙门张氏香号戒珠邈真赞并序》①中,写张戒珠去世后,"六亲哀切,恨珠溺于深源(泉?);九族悲号,痛光沉于大夜。攀之不及,徒泣断于肝肠;望之有思,写仪形于绵帐。"但这些都写得比较泛泛,同号的《大周故普光寺法律尼临坛大德沙门清净戒邈真赞[并序]》则写得较为具体:"法律阇梨者,即前河西一十一州节度使张太保之贵孙矣。……何柰(奈)上苍降祸,丧及仙颜。孤兄泣断于长波,贤姊悲流于逝水。……何兮逝逼,魄散九泉。孤兄叫切,贤姊悲煎。隔生永别,再睹无缘。

---

① 杨宝玉:《敦煌文书与唐五代宋初尼僧史研究——以法藏敦煌文书P.3556为例》,载于《形象史学研究(2011)》,北京:人民出版社,2012年,第87-89页。

略留数韵,用记他年(?)。"清净戒是张议潮的孙女,则当为张议潮唯一的儿子张淮鼎的女儿,而文中的"孤兄"则当为张淮鼎的儿子张承奉,"孤"字说明,张淮鼎也只有张承奉这一个儿子。张淮鼎去世时,张承奉年龄尚幼,故张淮鼎托孤给索勋,结果索勋自己篡夺了归义军节度使之职,此后,在张议潮第十四女、李明振之妻的辅助下,张承奉才重新夺回张氏归义军政权。而在所有这一切之前,张淮鼎又是在杀了张淮深父子之后才得到归义军节度使之职的。在这样一个为了节度使政权而相互残杀的家族中,很难说有多么深切的亲情关系,但一个出家的尼僧,由于不涉及政事,反而可能与家人的关系更为真挚。所以在她离世后,"孤兄叫切,贤姊悲煎"的亲情表达是可信的。

P.3555B《壬午岁六月五日弟祭阿姊师文》①简单而感人:

1. 维岁次壬午六月朔五日,弟□□□
2. 谨以青(清)酌之奠,致祭于故阿姊
3. 师之灵。伏惟灵,小(少)承恩荫,
4. 育养周旋,今□□□,再会
5. 何年? 路傍单(箪)祭,愿灵
6. 降筵。伏唯 尚飨。

主祭的这位"弟"得到了当了尼僧的"阿姊"的"育养周旋",可知姐弟俩自幼失怙,姐姐对弟弟有养育之恩,可谓亦姊亦母。所以简单的祭文下,蕴含着深切的姐弟之情。

此外,P.3213V《壬辰岁二月廿四日阿夷(姨)师祭外生(甥)尼胜妙律师文》②,P.2614V《癸卯岁十二月十八日侄僧法藏祭师姑文》③等,则反映了不同的亲情关系。由此可见,佛教虽然号召人抛弃七情六欲,但对于敦煌的尼僧而言,骨肉亲情却是无论如何都难以割舍的。

---

① 录文见杨宝玉:《敦煌文书中所存尼僧祭文校考》,载于《形象史学研究(2015/下半年)》,北京:人民出版社,2016年,第166-167页。
② 录文见杨宝玉:《敦煌文书中所存尼僧祭文校考》,载于《形象史学研究(2015/下半年)》,北京:人民出版社,2016年,第164-165页。
③ 录文见杨宝玉:《敦煌文书中所存尼僧祭文校考》,载于《形象史学研究(2015/下半年)》,北京:人民出版社,2016年,第167-168页。

P.T.1080《比丘尼为养女事诉状》①涉及比丘尼与养女的关系，原为藏文，其汉文译文如下：

> 比丘尼与萨仙照诉状：
>
> 往昔，兔年，于蕃波部落与退浑部落附近，多人饥寒交迫，行将待毙。沙州城降雪时，一贫穷人所负襁褓之中，抱一周岁女婴，来到门前，谓"女婴之母已亡故，我亦无力抚养，此女明从日（数日内）即将毙命。你比丘尼如能收养，视若女儿亦可，佣为女奴亦可"。我出于怜悯将她收容抚养，瞬间，已二十年矣。此女已经二十一岁。如今，由于书办、孔家全在背后阴加挑拨，彼女变心，威胁于我，声称："我舅氏乃倪白措也。"一次，通颊衙门一妇女前来，女乃声称"她是我母"等等，风言风语，越来越多。彼女亦不似以往卖力干活。为此，呈请将此女判归我有，如最初收养之律令，任何人不得索要，不得加害等因。务恳颁发用印文书。
>
> 批示："按照收养律令，不得自寻主人，主人仍照原有条例役使。"
>
> 准件（汉文）

在这份诉状中，吐蕃比丘尼与萨仙照对收养的女孩子的情感十分复杂：对于二十年前收养的女婴，她怀有母亲般的感情，故当养女突然变心，不再将自己当作母亲看待，并且不断地寻找自己的生母时，她充满了伤感和不忿。但同时，与萨仙照又把养女当作可以卖力干活的奴婢，"任何人不得索要"。从僧官的批示来看，更多地把被收养的女孩当作了没有人身自由的奴婢，命其"不得自寻主人"。尼僧身份的特殊性使她们无法生育自己的孩子，但收养孩子似乎在敦煌僧尼中颇常见，只是在孩子的成长过程中，她们会面对各种矛盾，也会怀有世俗的喜怒哀乐。

同一尼寺中的尼僧之间的关系也如世俗社会中的人际关系一样错综复杂。有的相互欣赏，相互依靠，会因同伴的逝去而心生哀痛，如P.3491V《壬子岁十一月二日同学比丘尼真净真惠等祭薛阇梨文》②：

---

① 藏文原文见王尧，陈践：《敦煌本藏文文献》，北京：民族出版社，1983年，第74-75页；汉译文见王尧，陈践：《敦煌吐蕃文献选》，成都：四川民族出版社，1983年，第48页。

② 录文见杨宝玉：《敦煌文书中所存尼僧祭文校考》，载于《形象史学研究（2015/下半年）》，北京：人民出版社，2016年，第162-163页。

1. 维岁次壬子十一月庚寅朔二日辛卯,同
2. 学比丘尼真净、真惠等谨以香茶乳药之
3. 奠,敬祭于故薛阇梨之灵。伏惟
4. 灵,四禅恒湛,六度常规,导引无倦,
5. 舟接忘疲,伽蓝修治,善运权机。将
6. 冀恒为物望,久住世间。岂谓净土
7. 业成,掩归极乐。寺宇空寮,门庭
8. 寂寞,幢伞纷飞,幡花磊落。临歧
9. 奠乳,神兮歆酌。伏惟尚飨。

显然比丘尼真净、真惠与薛阇梨是同学关系。她们非常欣赏薛阇梨,认为她是勤勉的僧人,尤其是"伽蓝修治,善运权机",可谓有智有谋,精明强干。因而在薛阇梨离世之后,她们感到"寺宇空寮,门庭寂寞",言语中充满了对同学的缅怀之情。

S.542(V2)《坚意请处分普光寺尼光显状》[①]:

1. 普光寺尼光显
2. 右前件尼光显,近日出家舍俗,得入释门。在寺律仪不存长幼,但行
3. 粗率,触突所由。坚意虽无所识,揽处纪纲,在寺事宜,须存公道。昨
4. 因尼光显修舍,于寺院内开水道休治,因兹余尼取水,光显便即相
5. 诤。坚意悉为所由,不可不断。遂即语光显,一种水渠,余人亦合得用。
6. 因兹便即罗职(织)所由,种种轻毁,三言无损。既于所由,不依条式,徒众
7. 数广,难已伏从,请依条式科断。梵宇纪纲无乱,徒众清肃僧仪,伏望

---

① 唐耕耦,陆宏基:《敦煌社会经济文献真迹释录(第四辑)》,北京:全国图书馆文献缩微复制中心,1990年,第116页。

8. 详察,免有欺负,请处分。

(后缺)

光显是近日才出家到普光寺的尼僧,显然对寺院仪轨尚不能完全遵守,"但行粗率,触突所由",举止颇为任性。她为了修筑房舍,在寺院内开挖了一条水道,结果其他尼僧也来取水,从而引起光显的不满,与她们发生了争吵。负责"揽处纪纲"的坚意试图调解,让光显认识到"一种水渠,余人亦合得用",没想到招来光显的各种诋毁。坚意在自己无法处理事端的情况下,只好向上级僧官求助。这看上去完全就是世俗社会的人际纷争,光显在其中粗率无理的表现,很难让人把她与典型的尼僧形象联系起来,因而显得十分特别。

敦煌尼僧在面对死亡这一命题时,似乎并未显出佛教徒的超脱,而是像世俗之人一样,为了自己的身后之事有着各种打算和安排。

她们会写遗书,分配财产,安排后事。如S.2199《咸通六年(865)沙州尼灵惠唯(遗)书》①:

1. 尼灵惠唯(遗)书
2. 咸通六年十月廿三日,尼灵惠忽染疾病,日日渐加,恐
3. 身无常,遂告诸亲,一一分析,不是昏沉之语,并是醒
4. 苏之言。灵惠只有家生婢子一名威娘,留与侄女潘娘,
5. 更无房资。灵惠迁变之日,一仰潘娘葬送营办,已
6. 后更不许诸亲吝护。恐后无凭,并对诸亲,遂作唯(遗)
7. 书,押暑(署)为验。
8.   弟金刚
9.   索家小娘子
10.   外甥尼灵皈
11.   外甥十二娘　十二娘指节
12. 外甥索计计(倒书)　侄男康毛　康毛
13.   侄男福晟　杜

---

① 唐耕耦,陆宏基:《敦煌社会经济文献真迹释录(第二辑)》,北京:全国图书馆文献缩微复制中心,1990年,第153页;杨宝玉:《英藏敦煌文书S.2199〈尼灵惠唯(遗)书〉解析》,载于《形象史学研究(2015/上半年)》,北京:人民出版社,2015年,第174-175页。

14.　侄男胜贤　贤胜（胜贤）
15.　索郎水官
16.　左都督　成真

学界对于灵惠的遗书研究甚多，如郝春文推测，"上引文书中的灵惠没有房资，只有婢子一名，留与侄女潘娘。从签名来看，灵惠尚有一个弟弟，三个侄男，按当时的礼法，这些亲属都比侄女更有继承资格。但灵惠偏要把婢子'留与'侄女，说明她与这个侄女的关系非同一般。推测灵惠可能是住在侄女家中，与侄女生活在一起，而弟弟和侄男们与她并无'同活'关系，这样，死后将遗产留给侄女也就理所当然了"①。他还推测，在遗书上列名画押的成员中，"除索家小娘子、索郎水官、左都督成真外，其他列名者均为灵惠世俗家庭的成员或亲戚。外甥尼灵皈不是以僧人的身份，而是以外甥的身份得以列名的。索家小娘子列在弟金刚之后，推测应为金刚之妻；索郎水官则应是索家小娘子的兄或弟"②。但杨宝玉认为，灵惠之弟金刚也是位僧人，故索家小娘子是金刚之妻的可能性较小，"笔者更倾向于她是灵惠的姐妹，'索'是其夫家之姓，非娘家之姓"。而后面的"索郎水官""更可能是灵惠姐妹——索家小娘子——的夫婿，及灵惠之外甥或外甥女们的父亲，他之所以列名靠后，是因为其前所列诸人均与灵惠有血缘关系，这位水官与灵惠的关系则仅是姻亲"③。列名最后的"左都督成真"是处分之官，使遗嘱具有了法律效力。灵惠在遗嘱中交代，在自己死后，将唯一的财产——婢女威娘——留给自己的侄女潘娘，并请潘娘为自己营办后事，"已后更不许诸亲吝护"，说明立遗嘱的目的是防止其他家人或亲戚为争夺此婢女而发生矛盾。总体来看，灵惠的这份遗书带有强烈的世俗色彩，如果不是文书第一行"尼灵惠唯（遗）书"之语，很难让人将它与一位尼僧挂起钩来。值得注意的是，遗书中提到的灵惠财产的受益人潘娘并没有参与签名。

---

①　郝春文：《唐后期五代宋初敦煌僧尼的社会生活》，北京：中国社会科学出版社，1998年，第84-85页。

②　郝春文：《唐后期五代宋初敦煌僧尼的社会生活》，北京：中国社会科学出版社，1998年，第371页。

③　杨宝玉：《英藏敦煌文书S.2199〈尼灵惠唯（遗）书〉解析》，载于《形象史学研究（2015/上半年）》，北京：人民出版社，2015年，第181页。

不同于灵惠的遗书，P.3730《寅年正月尼惠性牒并洪辩判辞》①中的尼惠性是位遗嘱执行人：

1. 尼惠性　　状上
2. 亡外甥僧贺阇梨，铛一口，镫三只，皮裘一领。
3. 遗书外，锁两具。缘窟修拭未终，拟博铁，其窟将为减办。
4. 右阇梨在日遗言，值某乙不成人。其上件物
5. 色，缘当房酥油无升合，任破用葬送。虽则
6. 权殡已讫，然斋七未施，伏望依遗言，乞
7. 上件物，斋七将办，庶得存济，请处分。
8. 牒件状如前，谨牒。
9. 　　　寅年正月　日尼惠性谨牒。
10. 亡人遗嘱，追斋冥路，希望福利，偿违
11. 先愿，何成济拔之慈，乍可益死损
12. 生，岂可得令他鬼恨。裘剑铛镫，依嘱
13. 营斋。镌窟要尖。将镍博觅，仍
14. 仰僚司点检　分付，事了之日，须知破
15. 用功绩。廿四日　洪辩。

立遗嘱的僧贺阇梨是尼惠性的外甥，可能因为"值某乙不成人"，即与贺阇梨有更直接关系的"某乙"尚且年幼，故令惠性充当其遗嘱执行人。贺阇梨财产无多，"当房酥油无升合"，只留下裘、铛、镫等物，"任破用葬送"。显然贺阇梨已经殡葬，但未办"斋七"，故惠性申请从都司处要回这些物件，来筹措斋七之事。佛教认为，亡者在死后的四十九天内仍属中阴身期间，须通过斋七法会，即每七天设斋会追荐一次，累七次，共四十九天，借以超度亡灵。惠性作为尼僧，显然很看重斋七之事，所以上书洪辩，据理力争，获得了洪辩"依嘱营斋"的批复。结合上引尼灵惠遗嘱，可知敦煌僧尼死亡后，其丧葬事宜多由家人亲戚操办，惠性虽为尼僧，亦要参与到营葬事务之中。

敦煌尼僧还会为自己死后的殡葬之事做预先的安置。上引P.3218（11）

---

① 唐耕耦，陆宏基：《敦煌社会经济文献真迹释录（第四辑）》，北京：全国图书馆文献缩微复制中心，1990年，第112页。

《某年八月廿二日时年转帖》中，普光寺尼范阇梨因事先参与了由三十多位僧尼组成的社邑，得以在死后"准例合有盖黄助送，祭杏盘"，由"当寺勾当"，操办其殡葬事宜。又P.3489《戊辰年（968或908？）正月廿四日旌坊巷女人社社条》[①]：

1. 戊辰年正月廿四日旌坊巷女人团坐商仪（议）立条。合社商量为定。各
2. 自荣生死者，纳面壹斗，须得齐同，不得怠慢。或若怠慢者，捉二人
3. 后到，罚壹角。全不来者，罚半瓮。众团破除。一、或有大人颠言到（倒）仪，
4. 罚醴腻［壹］筵，小人不听上人，罚羯羊壹口，酒壹瓮。一、或有凶事荣亲
5. 者，告保（报）录事，行文放帖，各自兢兢，一一指实，记录人名目。
6. 录事孔阇梨　虞侯安阇梨　社人连真　社人恩子　社人福子
7. 社人吴家女　社人连保　社人富连　社人胜子　社人员泰
8. 社人子富　社人员意
9. 右入社条件，在后不承文帖及出社者，罚醴腻［壹］筵。

由旌坊巷女人社的社条"各自荣生死者，纳面壹斗，须得齐同，不得怠慢"可知，该社主要是为社员间的丧葬互助而设，而"录事孔阇梨　虞侯安阇梨"[②]分明是两位尼僧，她们与其他女性结社，并成为该社的主事者，足见其为自己的身后事的未雨绸缪，也可见其在丧葬之事上的世俗观念。另S.527《显德六年（959）正月三日女人社社条》也涉及社人丧葬互助的内容，其"社人名目"中有"社官尼功德进"，说明尼僧为身后之事与俗人结社当是种常态。

敦煌尼僧在过世之后，其丧葬风俗与俗人相似，这反映在其相关的祭文、亡文、七斋文等各种文书中，下文将对此做较详细的介绍。

---

① 宁可，郝春文：《敦煌社邑文书辑校》，南京：江苏古籍出版社，1997年，第27-28页。
② 按："虞侯"当校为"虞候"，但因此文书中写作"虞侯"，后来研究者通常会沿用这一用法，如杨森的《谈敦煌社邑文书中的"三官"及"录事""虞侯"的若干问题》（载于《敦煌研究》1999年第3期，第78-85页），故本书后文均仍作"虞侯"。

三、敦煌尼僧病患、死亡文书与其所反映的女性自我身份认同

敦煌文献中存有数量颇丰的涉及社会成员病患、死亡的祭祀、忏悔和斋愿文书，这些文书有着自成一体的格式和套路，在遣词造句方面也大同小异，缺乏个体性和特殊性，不利于对具体历史的考证和研究。但这种固化的另一方面是，它代表了整个社会对某个问题的共识，无论是群体还是个人，都很少对它提出质疑或改变，所以它反映了人们的集体潜意识，也反映了个体将自己交付给这种集体潜意识时的无意识。敦煌尼僧的与病患、死亡有关的祭祀、斋愿文书即是如此，它们充分体现了社会对于尼僧的看法和要求，也反映了尼僧本人的自我认知，故而构成了研究尼僧群体的宝贵材料。

在中国古代社会，在一个相对封闭的社群环境中，如果不是发生了天灾或像战争这样的人祸，个体的死亡原因通常都是疾病。敦煌地处边地，虽在唐末五代宋初时期经历了吐蕃的占领、与中原王朝的隔绝、与周边少数民族的征战，但对于普通民众而言，即使是在吐蕃占领时期，生活也仍然按部就班地继续着，在归义军政权时期，生活更是基本安稳。生活在这个崇信佛教的地区的普通尼僧也是如此，她们的死亡原因主要是老病。S.4654V 有一部分老、病、孝尼的名单：

（上缺）
1. 老；严护，老；圣贤，老。清净花，病；戒果，病；善戒，病；
2. 戒定，病；胜真，病；延定真，病；思行，病。
3. 妙贤，孝；菩提严，孝；妙慈，孝；灵满，孝；保定，一女；明戒
4. 侄女亡孝。①

这种将老、病、孝之尼集中抄写的方式，表明尼僧老病的人数在敦煌尼寺中占有相当的比例。在诊治无效的情况下，尼僧们常通过作斋祈祷的方式来求取佛的护佑，故而在敦煌文书中，会出现一些"尼患文"和"悔文"等。

---

① 《英藏敦煌文献》第六卷，成都：四川人民出版社，1992年，第214页。

P.3172(2)《尼患文》①:

唯姨师乃广怀冰玉,分带时珠;行茂青莲,心同金石。实桑门之重镇,为梵宇之栋梁。禅枝擢颖而贯霞,惠(慧)炬扬辉而皎日。然以尸罗微细,恐差之毫梨(厘);杯(坯)质不坚,岂刹那而能保?但以四大交错,八苦流行;风并(病)之疾势增,寒热之症顷极。虑其藤命不久,怯其息脆轻霜。故能罄舍房资,仁其法药。

伏惟郎军(君)星浚(汉)云际,河岳英灵;盛族轩冕之先,才华居(郡)望之首;名动汉(河)东之疆,频警云门之师;恒怀激柱(击楫)之心,常蕴誓山之节。当风靡草,应矢云颓。雅誉播于朝庭,佳向(响)盈于国内。复能广其福善,注意真宗,崇习匪缀(辍)于晨霄(宵),转念岂离于心口?今者门僧教授,敬画菩萨两驱(躯),福益郎君,愿增遐寿。然索教授公,僧中俊哲,侪侣白眉;行洁冰霜,德符令俊。遂使遐迩瞻仰,节度观风,擅(善)转法轮,妙为道首。恒冲寒暑,每涉长途,欲静前逞(程),预兹作庆。又为姊师久患,近日似加,药食(石)虽投,未得痊损。同申一会,俱求允谐。谨舍衣资,用彰所愿。

又更稽请青(清)凉宝山文殊师利,灵就(鹫)山内释迦如来,布持(特)洛迦观音圣者,海洲之界八大罗汉,七叶岩窟五百声闻,过去□□及至三世一切贤圣,兴起慈□(心),运其神□(力),来于此□(界),愿受□□(瓜州)节度使[上]论普[悉]约乞里悉去啰今晨供养,及受发露,允其□□。故开绀殿,莹饰莲宫,幡花共日而争光,俾(鼙)鼓比雷而敬(警)觉。缁伦炜晖,冠冕铿锵。像转星豪,俨慈悲之实相;经开宝偈,诠功德之染原。祥幡转□业之风,神灯燃破恶之艳(焰)。厨荣(营)百法,会列千僧,是福咸颗(享),能事悉已。然我节度[使上]论乞□□□□(利悉去罗),唯仰捧金炉,俯立玉跪,一心端相,三业齐恭(斋供),喊(减)褚(储)□而建清董(薰),舍家财而俸三宝。所祈福祖,先为令公上上□光,神寿无亏,台阶永固;珠(朱)轮紫盖,恒满家庭。长为舟接(楫),恒济大川。□□□受,天□剑术,地护□□。(中残10~12字)盐梅之□。六烈经经,九族诜诜。□为一国之□,□□□气。女号千端之美,能守节而谦贞。冠盖相望,□□(簪缨)不绝。十二神将,蜜(密)助威光;四大六(天)王,恒

---

① 录文参黄征,吴伟:《敦煌愿文集》,长沙:岳麓书社,1995年,第681-689页。

随卫护。欢误(娱)百代,□□□□。万岁千秋,功名不□。然我节度[使上]论□□□□□(悉约乞利塞)乞罗,国之雄英,主上心[腹]。猛逾千长,跨铎入仕,佩剑驰名。[跨]跃铁马而侵缰(疆),控挍□□(角弓)而□□(作寇);北摧□□(突骑),西破胡军。竭命输忠,轻身为国。赞普有分忧之念,屡仰公才。名标禄藉,位转封侯。坚戟金墀,挥莚玉塞。以此思忖,自□己躬□□,军□淹停沙漠,遂逢两陈(阵),彼此交锋,以死□□。断□□命,破散村防(坊),毁拆伽蓝,□□□□,夺三宝物,坏七圣财;障转法轮,破和今□(合僧);常住僧□,借贷不还;骂辱贤良,笞挞人户。既为□首公□,□务无恒,看而逐情,损彼利此;贡高我慢,轻夷善□;纵任五情,耽染声色;三毒恶党,扰动心神;口四过非,未曾拘制;十恶五逆,昼夜□(经)行;不沾(觉)不知,迷心造□(业)。或因宾客,□□(煞害)众生;或为皮□,捕逐禽兽;登山趁兔,入谷寻鹿;□(或)从后弯弓,口言唱煞,鹰苟(狗)俱至,活即分张;自□(悦)己情,念他受苦。如[是]等业,无量无边。颣他□□,□□而□光。或是此世,或是多生;自作□□(教他),见闻随喜。一忏已后,永断于(相)续,更不敢告(作)云云。以兹忏悔,无罪不除。大圣慈悲,留此教以除不□。□心苦□□能□□□,即是诸佛。承此忏悔,身器清净,诸善于是运而生,富乐保受(寿)。今生来世,定生天趣。然其转经,经是佛母金口□□(所宣),□有受持转诵之者,得摩顶佛衣所覆,行乐出入,龙神护持。而□(中残约15~19字)承斯转念,见世殃消,障惑殄灭,未来随愿,而生人无(天)。

(后略)

S.5561《尼患文》[①]:

惟患尼乃凤标雅素,早弃精(情)花;碧水将禅池共清,丹桂以(与)戒香莲(连)馥。飞声流俗,壇(擅)德桑门;继连(莲)色以高踪,习爱道之精轨。遂乃火风不适,地水乖违;五情不安,四大无顺。伏枕累席,莫能起居;药铒频施,全无袖(抽)减。谨将微鲜,割舍净财;投杖(仗)福门,希垂救厄。患尼自云:生居女质,长自凡流;常游苦海之中,未离欲尘之境。虚[沾]缁众,浪忝披真;徒受圆满之尸罗,全犯巨知之限约。或将

---

① 录文参黄征,吴伟:《敦煌愿文集》,长沙:岳麓书社,1995年,第694页。

非律之绣绮,枉禀衣□;或求嚣利之名闻,诈行异行;或经行殿塔,污泥伽蓝;或反应上言,抵突师长;或因自赞,隐毁他人;或不细思,忘(妄)谈长矩(短);或因执掌常住,分寸搜摔;或是犯捉之间,将轻换重。如斯等罪,陈诉难周;前世怨家,讵知头数?盖在凡缘所闭,不觉[不]知;今卧疾中,始悟前障。无门诉告,忏恳尊前;伏愿慈悲,希垂救拔。怨家债主,领受斯福;舍结济生,十恶之愆并愿消灭,惟愿以慈(兹)舍施功德、无限胜因,总用庄严患者即体:惟愿药王、药上,授与神方;观音、妙音,施其妙药。醍醐灌顶,法雨润身;万福云臻,千灾雾倦(卷)。身病心病,即日消除,卧安觉安,身心轻利。又特(持)胜福,此(次)用庄严特(持)炉施主即体:惟愿福同春树,吐叶生花;罪等浮云,随消散灭。然后家眷大小,并保休宜;远近亲罗,咸蒙吉庆。摩诃般若。

这两件《尼患文》,第二件较典型,第一件较特殊。关于第一件文书,黄征等校言:"此文作于吐蕃统治敦煌时期,乃悉约乞利塞去罗任瓜州节度使时教授为其尼姊患病而作。"①但此文以"唯姨师乃广怀冰玉"等开头,次段先言"今者门僧教授,敬画菩萨两驱(躯),福益郎君,愿增遐寿",后又说"又为姊师久患"云云,目的是"同申一会,俱求允谐"。后面的内容基本不涉及姨师或姊师,完全是悉约乞利塞去罗的自称与忏悔。所以这不是一篇单纯的"尼患文",而是悉约乞利塞去罗在举办斋会的时候,为自身祈福的同时,顺便为自己业已出家的姨师或姊师之病患祈愿的文书。第二件《尼患文》则是纯粹的因尼僧之病患而行忏悔和祈祷之作。尽管如此,我们还是可以看出两份文书在结构上的相似之处:先述患病尼僧(或郎君)之德,再陈其疾病之重,然后忏悔己过,希望借助舍施功德,消除前愆,重得身心的安康。两篇《尼患文》都是在尼僧病重、医药诊治无果的情况下举办斋会的祈福斋文,可说是把设斋施舍当成了最后一根救命稻草。值得注意的是,两篇患文的忏悔者虽然不同,忏悔的行为也男女有别,却在某种程度上呈现出了一些个性色彩,对了解患尼或斋主生平有所帮助。

以上两件《尼患文》都是旁人为生病的尼僧作斋,有时生病的尼僧也会自己为自己作斋。如P.2583V(7)《申年(816)正月十五日比丘尼慈心施舍疏》云:

---

① 黄征,吴伟:《敦煌愿文集》,长沙:岳麓书社,1995年,第686页。

（所施物品略）

右慈心舍施意者，为髫年入道，脱俗披缁，接以僧论，揽沾行末。近以火风不适，地水乖违，瘿疾数旬，缠疴累月。频投药食，敬未瘥除。二鼠将侵，四蛇逼恼。恐将危命，难可安存。所以身是女人，多诸垢障。或五篇七聚，多阙误违，性戒之中，难持易犯。或污浥伽蓝，侵损常住；或妄言起语，疾妒悭贪。我慢贡高，冲突师表。或呵叱家客，口过尤多，如斯等罪，无量无边，卒陈难尽。今投道场，请为忏念。

申年正月十五日比丘尼慈心谨疏。①

S.343(2)《斋仪》之《悔文》云：

仰启无边刹土，一体法身，尘沙界中，十方化佛，真容形像，舍利浮图，四帝五乘，三贤十地，山间得道，罗汉圣人，天眼他心，现前清众，感应证明，降临此会。然今意者，疾苦缠眠（绵），火风不适，昨已舍施，转颂大乘，今再披陈，发路（露）忏悔。

某甲从无始已来，至于今日，身居爱网，久受轮回，染习尤深。生为女质，幼年入道，施受近圆，戒品虽沾，每多亏犯，情耽染欲，烦恼缠心，虽免粗怨，横行邪相。或摄他自利，恶求多求；邪命贪生，无惭无愧；赞死劝死，害物伤胎。或欺诳圣贤，妄言绮语；心虚口实，见是言非；自显己能，蔽他善事；犯五逆罪，作一阐提；于三毒中，造十恶业。或僻执邪见，轻毁大乘；乐著二边，傲蔑尊德；纵恣解（懈）怠，放逸贡（功）高；谄曲憍奢，疾妒我慢；睡眠恶作，嗔恚愚痴；五盖十缠，三毒四到（倒），俱生分别，逼切身心，若重若轻，无量罪障。或曾任纲首，检校多亏，众物己财，混乱杂用，人情借贷，妄（忘）误不还，米谷燋新（薪），轻重侵损，呵吗（骂）徒侣，迷处（？）众僧，柯（呵）责净人，横加作使。或修殿塔，廊宇堂房，扰乱僧祇，伤煞虫蚁，恐为怨结，恼逼身心，八敬不修，三乘亏失，图名持戒，虚号出家，篇聚威仪，遍皆违犯。日夜长久，遂经覆藏，自作教他，见闻随喜。如斯罪垢，无量无边，今对佛前，尽皆发路（露），愿六通运足，八解融心，乘宝驾以托

---

① 唐耕耦，陆宏基：《敦煌社会经济文献真迹释录（第三辑）》，北京：全国图书馆文献缩微复制中心，1990年，第67页。

西方,坐连(莲)台而至彼国。①

这两篇斋文可对比来看。前者先是详细地列出了施舍的物品清单,然后指出施舍的原因是"近以火风不适,地水乖违,瘿疾数旬,缠疴累月。频投药食,敬未痊除。二鼠将侵,四蛇逼恼。恐将危命,难可安存"。后者忏悔的原因是"然今意者,疾苦缠眠(绵),火风不适,昨已舍施,转颂大乘,今再披陈,发路(露)忏悔"。前文重在施舍,后文重在施舍后的忏悔,可以将后文看作前文在程序上的延续和展开。两文都先述斋会原因是疾病缠身,再回顾过往之失,表示忏悔。

无论是他人作斋的《尼患文》,还是病尼自作斋的"施舍文"或"悔文",都会出现忏悔的内容,且忏悔的罪过有相似之处,如都会提及自己违反戒律、玷污伽蓝、妄言嫉妒、傲慢待人等过失,只是有的说得轻些,有的说得重些。如在违反戒律方面,上引《申年(816)正月十五日比丘尼慈心施舍疏》说得甚是笼统:"或五篇七聚,多阙误违,性戒之中,难持易犯。"而《悔文》则略显夸张:"犯五逆罪,作一阐提;于三毒中,造十恶业。或僻执邪见,轻毁大乘;乐著二边,傲蔑尊德……"但因为忏悔者个体的差异,不同斋文的忏悔内容也会略有不同。如《尼患文》讲述自己的罪过时,首先突出了其"或将非律之绣绮,枉禀衣□;或求嚣利之名闻,诈行异行"的方面,表明此尼僧喜穿着打扮、爱出风头;《悔文》则将重点放在"或曾任纲首,检校多亏,众物己财,混乱杂用,人情借贷,妄(忘)误不还,米谷爇新(薪),轻重侵损,呵吗(骂)徒侣,迷处(?)众僧,柯(呵)责净人,横加作使"上,说明该尼僧是尼寺的三纲之一,其过失主要是公私财产划分不明、喜欢呵责僧众或寺户。由此来看,尼僧在作斋的过程中,还是会针对自己的行为做认真的反思和真诚的悔过的。

敦煌的尼僧们还会通过写经的方式来为病患之身祈福。如北图1276《入楞伽经建晖题记愿文》云:

夫至妙冲玄,则言辞莫表;惠深理固,则凝然常寂。淡泊夷净,随缘改化。凡夫想识,岂能穷达?推寻圣典,崇善为先。是以比丘[尼]建晖,既集因殖,禀形女秽,婴罹病疾,抱难当今。仰惟此苦,无由可拔。遂即

---

① 郝春文:《英藏敦煌社会历史文献释录》第二卷,北京:社会科学文献出版社,2003年,第132页。

减割衣资,为七世父母、先死后亡,敬写《入楞伽》一部、《方广》一部、《药[师]》二部。因此微善,使得虽女身后成男子;法界众生,一时成佛。大代大魏永平二年八月四日比丘[尼]建晖敬写讫,流通供养。①

由于大多数病患斋文等都是在尼僧病重不治的情况下出现的,所以实际上其通过这种方式得以康复的可能性极小。如果祈祷无果,尼僧的家人或同道就会为其后事早做准备。因此我们可以看到一些尼僧的邈真赞。

P.3556(4)《大周故大乘寺法律尼临坛赐紫大德沙门厶乙邈真赞并序》②:

法律阇梨者,即前河西一十[一]州节度使曹大王之侄女也。间生灵德,神授柔和。早年之异众超群,龀岁之弃(奇)姿美貌。辞亲割爱,孩乳而不近熏荤(辛);顿弃烦喧,舍俗而罻尘永罢。帔(披)缁就业,八万之细行无亏;禁戒坚持,三千之威仪匪犯。六和清众,在贵而不服绮罗;四摄劝迷,居高而低心下意。大乘寺内,广坚立于鸿基;中外重修,并完全而茸(葺)理。训门从之子弟,大习玄风;诱时辈之缁流,尽怀高操。登坛秉义,词辨(辩)与海口争驰;不对来人,端贞乃冰清月皎。方欲鸿(弘)扬佛教,永扇慈风,岂期逝水以来奔,偶然俄辞于浊世。六亲哀恸,九戚声痠(酸),释中恨别于高酰(踪),尼众伤嗟而洒泪。呜呼!三冬降雪,偏枯柰苑之枝;五月行霜,痛碎(瘁)祇园之叶。余秦(奉)邀命,辄述荒无(芜),徒以笔翰生踈,自惭漏略(陋劣)。其词曰:

鼎门之胤,实可豪宗。伺(间)生灵德,神假奇容。早超群辈,龀岁英聪。辞亲割爱,行洁贞松。熏荤(辛)不染,顿弃烦笼。坚持禁戒,广扇玄风。释中俊德,尼众明灯。临坛秉义,每播高踪。寿期有限,魄逐飞空。六亲哀恸,九戚罗(罹)胸。余奉邀命,难可通融。直论美德,用赞奇功。

P.3556(8)《大周故普光寺法律尼临坛大德沙门清净戒邈真赞[并

---

① 黄征,吴伟:《敦煌愿文集》,长沙:岳麓书社,1995年,第809页。日本东京书道博物馆藏卷《大般涅槃经建晖题记愿文》的内容也与之大体相当,见黄征,吴伟:《敦煌愿文集》,长沙:岳麓书社,1995年,第824页。

② 录文见杨宝玉:《敦煌文书与唐五代宋初尼僧史研究——以法藏敦煌文书P.3556为例》,载于《形象史学研究(2011)》,北京:人民出版社,2012年,第84-86页。

序]》①：

> 法律阇梨者，即前河西一十一州节度使张太保之贵孙矣。天资别俊，应世多奇。貌超洛浦之姿，影夺巫山之彩。雍雍守道，亚南越（威）之佳人；穆穆柔仪，比西施之雅则。而又辞亲割爱，舍烦恼于龆年；不恋世荣，弃嚣尘于龀岁。三千细行，恪节不犯于教门；八万律仪，谦和每遵而奉式。普光寺内，广展鸿资。冬夏不失于安居，春秋无亏于旧积（绩？）。芳名远播，懿行杰出于众流；训习经文，才器超过于群辈。方欲宣传戒学，为释教之栋梁；秉义临坛，教迷徒而透（诱）众。何奈（奈）上苍降祸，丧及仙颜。孤兄泣断于长波，贤姊悲流于逝水。略题数字，用记高踪，聊述芳猷。乃为赞曰：
>
> 间生异俊，奇艺天然。幼而别众，实可名贤。坚持戒学，秋月齐圆。立性恪节，不犯烦喧。安居守道，广展金田。训悔（诲）后辈，经教精研。方保延寿，登历戒坛。何今逝逼，魄散九泉。孤兄叫切，贤姊悲煎。隔生永别，再睹无缘。略留数韵，用记他年（？）。

P.3556（9）《周故敦煌郡灵修寺阇梨尼临坛大德沙门张氏香号戒珠邈真赞并序》②：

> 阇梨者，即前河西陇右一十一州张太保之贵侄也。父，墨厘军诸军使（事）守瓜州刺史金紫光禄大夫检校工部尚书兼御史大夫上柱国张公之的子矣。阇梨乃莲府豪宗，叶巫山之瑞彩；清河贵派（派），禀洛雪之奇姿。自生神授于坤仪，立性天资于妇道。而乃妙观五蕴，解锦绣于入奉之年；审察三空，挂纟希纻于出适之岁。四依细碎，言下受而纤隙无亏；八敬幽微，耳畔听而毫犛（厘）岂失。是以名因德播，贵以能升，迁秉义大德之高科，授教诫临坛之上位。导之以德，近者肃而远者钦；齐之以仪，时辈重而人世仰。方欲聿修异范，治寺宇而诫门徒；再蓺残灯，耀缁林而光道俗。奈

---

① 录文引自杨宝玉：《敦煌文书与唐五代宋初尼僧史研究——以法藏敦煌文书P.3556为例》，载于《形象史学研究（2011）》，北京：人民出版社，2012年，第86-87页。

② 录文参杨宝玉：《敦煌文书与唐五代宋初尼僧史研究——以法藏敦煌文书P.3556为例》，载于《形象史学研究（2011）》，北京：人民出版社，2012年，第87-89页。

（奈）河（何）流星运促，逝水波长。寿已逐于四迁，果未圆于三点。六亲哀切，恨珠溺于深源（泉？）；九族悲号，痛光沉于大夜。攀之不及，徒泣断于肝肠；望之有思，写仪形于绵帐。其词曰：

张公贵子，巫岫膺灵。辞荣慕道，戒行孤精。天降灾祟，命逐时倾。四众伤悼［后缺］

题写邈真赞是敦煌习俗。所谓邈真，是指为人画像，邈真像的作用类似于遗像，悬挂于真堂之中，供门人、宗亲、子孙三时奠祭、瞻仰用。而赞，是指针对画像的题赞，备述画主的功德业绩。有的邈真赞是在人还活着但年事已高或疾病缠身时而作，"大部分邈真赞撰于死后，若没有特殊情况，约在七日之内"[①]。此处这三篇为敦煌尼僧题写的邈真赞的主人公都是身出名门、在敦煌享有较高名望的尼僧，都是先有序而后有赞，序中陈述赞主的家世出身、容貌大概、佛学修养与成就，然后感叹其辞世之突然，以及由此带给家人的痛苦。最后附以四言赞词，将序文中的内容以韵文形式重复一遍。

尼僧亡后，其家人或同道往往会为其举办舍施斋会，将其生前所用衣钵舍施给寺院，为其冥途祈愿。

S.5957、P.3765（9）《亡僧尼舍施文》[②]：

夫三界并是虚幻，四大假合成躯；五阴念念相摧，六职刹那不住。纵使圣位小乘之众，尚有托患无常；况乎识漏凡夫，孰免长生之路？故知缘会即聚，缘散即离；逝风飘识，浪奔波叶，水运四生之舶者矣。厥今坐前施主舍施所申意者，奉为某阇梨自舍化已来，不知神识往生何路，谨将生前受用衣物，叨触三尊；伏乞慈悲，希垂济拔。惟某阇梨美才硕德，释中高声；谈演则三教俱通，问疑则千人顿断。将谓久留教内，作二众之标尊，何图生死之至难邈，离会之缘斯毕。遂使神钟无响，宝铎摧音；二部无间道之门，真俗绝法润之泽。今者姻眷思之恩荫，骤影灭形；难助灰魂，无过白业。无处控告，乾（虔）仗三尊；伏乞慈悲，请申回向。以斯舍施功德、回向福因，先用庄严亡灵所生神道：惟愿身腾六牙之像（象），长游兜率之宫；足踏千花，永弃阎浮之境；迥出沙界，高步金莲；长辞五浊之中，愿出

---

① 郑炳林：《敦煌碑铭赞辑释》，兰州：甘肃教育出版社，1992年，第9页。
② 录文参黄征，吴伟：《敦煌愿文集》，长沙：岳麓书社，1995年，第763页。

六天之外。或有宿生垢障、见世新薰,衔怨过(遇)会之时,并愿蒙斯福力,解怨舍结,雾散云消。世世生生,恒为法眷。又持胜福,次用庄严施主即体。

S.5957、P.3765(10)《亡僧尼舍施文》①

厥今广邀四部,大阐福门;炉焚宝香,虔恭启愿,舍施依(衣)钵者,有谁施作?时即有坐前施主奉为某阇梨舍化已来,不知神识往生何逐(径),谨将生前受用寡鲜,感触三尊;伏乞慈悲,希垂救拔。惟阇梨乃幼负殊能,长通幽秘;精闲(娴)《四分》,动(洞)晓五篇。开遮玄合于法门,净乱雅扶(符)于实相。清而能政(正),遐迩钦风;威而加严,大小咸敬。若是尼德即云:雍容淑质,天生禀清净之风;俨进威仪,体性温和柔之德。澄心静虑,泯万镜于空花;密护鹅珠,俨七枝于有部。理应留(流)光万倾(顷),作破暗之灯;沉影三河,断迷津之境。岂谓拂尘世表,永升功德之场;脱屣劳(牢)笼,长居大乘之城。智灯分于泉逯,惠(慧)日掩于山门;气序无容,掩(奄)从物化。至孝等自云:门人荼毒,泪双树之悲;俗眷攀号,伤鹤林之痛。无处纠告,投扙(仗)福门;荐摧冥灵,无超白法。惟愿以兹舍施功德、焚香念诵胜因,总用资薰亡灵所生魂路:惟愿足踏红莲出三界,逍遥独出极乐香(乡);安养世界睹弥陀,知足天宫遇弥勒。当当来代,还以(与)至孝作菩提眷属;莫若今生,爱别离苦。又特(持)胜福,次用庄严施主即体:惟愿禄位日新,荣班岁渐;作四海之舟楫,为一人之股肱。门叙克昌,嘉声再远;灵柯茂叶,桂馥兰芳。然后功津日炽,通洽无恨(垠)。莫不并出盖缠,俱登佛果。摩诃般若。

P.2255V、P.2358V《亡式叉尼文》②:

仰启十方法佛、诸大菩萨、罗汉圣僧、见前清众,咸愿证明。然今舍施所谓意者,时有式叉尼某乙彼处寿尽,所是衣物,持入见前,大众敬陈忏谢之所建矣!然式叉尼乃柔矜雪映,淑质霜明;奉净戒则已于剋半珠;效

---

① 录文参黄征,吴伟:《敦煌愿文集》,长沙:岳麓书社,1995年,第765-766页。
② 录文参黄征,吴伟:《敦煌愿文集》,长沙:岳麓书社,1995年,第768页。

□□(尸罗)乃全精止作。将冀高晖佛日,光润法流。何图奄(掩)疾膏肓,俄然示灭。由是持生前受用衣钵,祈没后[无]上之良因。故于此时,广陈福事。以斯念诵功德、舍施胜因,尽用庄严亡过式叉尼魂路:唯愿神游素(柰)苑,托质花台;逍遥十地之阶,纵赏九仙之位。宾波罗树下,长为禅悦之林;阿耨达池,永条(涤)尘劳之水。

以上两篇《亡僧尼舍施文》都是僧尼共用的斋文,可见在这一程序上,僧尼并无什么明显的区别;第三篇《亡式叉尼文》虽未标明其为舍施文,但内容与前两篇基本相同,且提到了"所是衣物,持入见前"等,可知属性亦相同。三篇舍施文都先述斋会因由:"厥今坐前施主舍施所申意者,奉为某阇梨自舍化已来,不知神识往生何路,谨将生前受用衣物,叩触三尊;伏乞慈悲,希垂济拔。"或:"时即有坐前施主奉为某阇梨舍化已来,不知神识往生何逵(径),谨将生前受用寡鲜,感触三尊;伏乞慈悲,希垂救拔。"或:"然今舍施所谓意者,时有式叉尼某乙彼处寿尽,所是衣物,持入见前,大众敬陈忏谢之所建矣!"可见斋会的目的都是为亡尼之"神识"做出祝愿。斋文后面跟随的是对尼僧之德的赞颂。第一篇的僧尼赞语完全相同。第二篇则略有区别:僧人的赞语是"惟阇梨乃幼负殊能,长通幽秘;精闲(娴)《四分》,动(洞)晓五篇。开遮玄合于法门,净乱雅扶(符)于实相。清而能政(正),遐迩钦风;威而加严,大小咸敬。"之后则用小字题曰:"若是尼德即云",也就是用下文的"雍容淑质,天生禀清净之风;俨进威仪,体性温和柔之德。澄心静虑,泯万镜于空花;密护鹅珠,俨七枝于有部"之语替换掉上文"惟阇梨乃"之后的文字,使僧德变为尼德。第三篇则单纯地称赞式叉尼,这是因为前两篇的祈愿对象是"阇梨",即教导僧尼规范的导师,故斋文对其佛学成就称赞有加,而后一篇的祈愿对象是式叉尼,即年满18岁但还不满20岁、欲受具足戒的女性出家者,故斋文对其尼德之颂较简单。接下来,几篇斋文用"将谓……何图……""理应……岂谓……""将翼……何图……"的句式,表明亡尼离世之仓促。最后则是"姻眷""至孝"或相关人等对亡灵的祝福:希望她的灵魂得至西方极乐世界,并且证得佛果,脱离人世轮回的苦难。

尼僧亡后,有停尸、入殓、装龛、停龛、送葬、火化、入塔等程序。尼僧入塔后,通常会举办祭祀活动,因而又有祭文。杨宝玉收集了敦煌文书中所存的五篇尼僧祭文,包括上文已经引录的P.3491V《壬子岁十一月二日同学比丘尼真净真惠等祭薛阇梨文》①、S.2691《丁酉岁十一月六日僧玄通祭姊师文》②、P.3555B《壬午岁六月五日弟祭阿姊师文》③，另外两篇祭文是：

P.3213V《壬辰岁二月廿四日阿夷(姨)师祭外生(甥)尼胜妙律师文》④：

> 维岁次壬辰二月壬辰朔廿四日甲寅，阿夷(姨)师正智致以香药之贡，用(?)祭于故外生(甥)尼胜妙律师之灵。惟灵，幼怀聪慧，义(仪)范清贞，鹅珠皎净，七聚偏精，四依无毅(乖?)，八敬逾明。梵宇咨(?)慕，徒侣伤倾。悲余心府，痛割五请(情)。念尔盛年悠(攸)灭，亲戚雕(凋)零。沥茶乳于路左，尔灵神分歆馨。尚飨。

P.2614V《癸卯岁十二月十八日侄僧法藏祭师姑文》⑤：

> 维岁次癸卯十二月辛巳朔十八日戊戌，侄男僧法藏以香茶乳药之奠，谨祭于故师姑之灵。伏惟灵，枝分九族，义[后残]□经(?)法门。将以增修匪□，勉己诚休(?)，百年斯□，千载[后残]□忽辞梵众，魂逐云飞。枝亲恸哭，门弟(第)[后残]□悲涕。塞诸茶乳，馈饷神灵。伏惟尚飨。

这五篇祭文的格式非常统一：先记时间，"维岁次××"，然后是主祭者身份、受祭者身份。在简单地称颂了受祭者的美德之后，表明主祭者的悲苦之情，然后请受祭者之灵享祭，最终以"伏惟尚飨"之语结束。我们注意到，可能是受祭者都是尼僧的缘故，其主祭者也多为僧尼：同学比丘尼真净、真惠等祭薛阇梨，僧玄通祭姊师，阿姨师祭外甥尼胜妙律师，侄僧法藏祭师姑，只有一篇是

---

① 杨宝玉：《敦煌文书中所存尼僧祭文校考》，载于《形象史学研究(2015/下半年)》，北京：人民出版社，2016年，第162-163页。
② 杨宝玉：《敦煌文书中所存尼僧祭文校考》，载于《形象史学研究(2015/下半年)》，北京：人民出版社，2016年，第165-166页。
③ 杨宝玉：《敦煌文书中所存尼僧祭文校考》，载于《形象史学研究(2015/下半年)》，北京：人民出版社，2016年，第166-167页。
④ 杨宝玉：《敦煌文书中所存尼僧祭文校考》，载于《形象史学研究(2015/下半年)》，北京：人民出版社，2016年，第164-165页。
⑤ 杨宝玉：《敦煌文书中所存尼僧祭文校考》，载于《形象史学研究(2015/下半年)》，北京：人民出版社，2016年，第167-168页。

弟祭阿姊师。其中《壬辰岁二月廿四日阿夷（姨）师祭外生（甥）尼胜妙律师文》中说："念尔盛年悠（攸）灭,亲戚雕（凋）零",《癸卯岁十二月十八日侄僧法藏祭师姑文》中说"枝亲恸哭",说明胜妙和法藏之姑都没有血缘更近的亲戚可为之祭奠了,而第一篇祭文中的薛阇梨,更是只有同学比丘尼为之祭。这种情况反映了敦煌尼僧死后的孤苦状况,这可能正是她们在生前设法加入社邑,为自己的丧葬事宜预做安排的原因。

敦煌的僧人和普通民众一样,尼僧死后,要定期举办斋会,又称"十斋"。首先是又被称作"斋七""累七斋"的七七斋,即人死之后,其亲人每隔七日举办一次斋会,为亡人设供追福,直至四十九日。由于斋会共办七次,故称"七七斋"。七七斋之后,还有"百日"、小祥（一周年）、大祥（三周年）三次设斋活动,共计十次。另还有生者为自己"逆修"此类斋会以为自己累积功德的情况。

敦煌涉及七七斋的斋文最为丰富。如P.2058《亡尼文》[①]:

夫法身无像,流出报形；庐舍圆明,垂分化质。人悲八塔,鹤变双林,此界缘终,他方感应。掬多敲箒而影灭,僧伽攀树已（以）亡枝。一切江河,会有枯竭,凡慈（兹）恩爱,必有离别。庸（痛）哉无常,颇（岂）能谈测者矣！厥今严雁塔、饰鸡园、焚宝香、陈玉志者,为谁施作？时则有坐端斋主奉为亡尼阇梨某七追福诸（之）嘉会也。惟阇梨乃行叶舒芳,性筠敷秀。柔襟雪映,凝定水于心池；淑质霜明,皎禅枝于意树。故得临坛坷御,归取（趣）者若林；启甘露门,度之者何数。精求是务,利物为怀,龙女之德未申,示灭之期已及。将欲长然惠（慧）炬,永固慈林,成四果之福因,修六行之轨躅。何期拂尘世表,永升功德之天；脱履烦笼,常游大乘之域。但以桂影不亭,璧（璧）轮已（易）往,刹那四（死）相,峨（俄）尔逾旬。至孝等仰神灵而轸泪,长乖示悔（诲）之声；对踪迹以缠哀,感伤风树。纵使灰身粉骨,未益亡灵；泣血终身,莫能上答。故于是日,以建斋筵,屈诸圣凡,荐资神识。于是清丈室,扫花庭,庄道场,严法会,虚空请佛,沙界焚香,厨营百味之餐,舍施七珍之会。以兹设斋功德、回向福因,先用奉资亡阇梨所生魂路：惟愿袈裟幢之世界,证悟无生；琉璃佛之道场,蠲除有相。云飞五盖,花落三衣,持顶上之明珠,破地前之劫石。又持胜福,次用庄严斋主即体：惟愿六根敷秀,飘八水[之]波涛；心境常明,照三春之楼阁。

---

① 录文参黄征,吴伟：《敦煌愿文集》,长沙：岳麓书社,1995年,第776页。

求经童子,蜜(密)借光明;护法善神,常来围绕。然后廓周法界,包括尘沙,俱沐芳因,齐登觉道。

S.343《亡尼文》①:

夫世想(相)不可以久流(留),泡幻何能而永贮?从无忽有,以有还无。如来有双树之悲,孔丘有两盈(楹)之叹。然今所申意者,为亡尼某七功德之所崇也。惟亡尼乃内行八敬,外修四德,业通三藏,心悟一乘;得《爱道》之先宗,习《莲花》之后果;形同女质,志操丈夫,节(即)世稀之有也。可谓含花始发,忽被秋霜;春叶初荣,偏逢下雪。何期玉树先雕(凋),金枝早落,父心切切,母意惶惶;睹喜(嬉)处以增悲,对娇车而洒泪。冥冥去识,知旨何方?寂寂幽魂,聚生何路?欲祈资助,惟福是凭。于是蟠花布地,梵向(响)陵天,炉焚六殊(铢),餐茨(资)百味。以斯功德,并用庄严亡尼所生魂路:惟愿神超火宅,生净土之莲台;识越三涂,入花林之佛国。然后云云。

之所以断定这两篇斋文属于七七斋文,是因为上篇云"时则有坐端斋主奉为亡尼阇梨某七追福诸(之)嘉会也";下篇云"然今所申意者,为亡尼某七功德之所崇也"。上篇斋主谓"至孝等仰神灵而轸泪,长乖示悔(诲)之声",则斋主当为受祭者的至亲晚辈;而下篇有"父心切切,母意惶惶"句,说明斋主当为亡尼的父母。斋文格式与《亡僧尼舍施文》类似,先点明祭祀对象,然后夸赞亡尼品行,表达对其猝然逝去的悲伤,然后重申举办斋会的目的:令亡者之灵超脱俗世轮回,入佛国净土。

S.6417《亡尼》②是百日斋文:

窃闻功成妙智,道登缘觉者佛也,玄理幽寂,至教精凉(深)者法也,禁戒守真,咸仪出俗者僧也,故号三宝。为世间[之]依(衣)足,六趣之舟楫矣!厥今敷彰彩错,邀请圣凡云云。惟阇梨乃素闻清节,操志灵谋;六亲仰仁惠之风,九族赖温和之德。加以违荣出俗,德(得)《爱道》之芳踪;

---

① 录文参黄征,吴伟:《敦煌愿文集》,长沙:岳麓书社,1995年,第9页。
② 录文参黄征,吴伟:《敦煌愿文集》,长沙:岳麓书社,1995年,第757页。

奉戒餐禅,继《莲花》之轨躅。岂谓风摧道树,月暗禅堂;掩(奄)然游魂,邈与(矣)长别。但以金乌西转,玉兔东移;时运不停,俄经百日。至孝等自云:福怨灵祐,叠隔兹(慈)襟;俯(抚)寒泉以穷哀,践霜露而增感。色养之礼,攀栱木而无追;顾腹之恩,仃禅林而契福。无处控告,唯福是凭;荐拔亡零(灵),无过白业。于是幡花匝地,梵泽(铎)陵天;诸佛遍满虚空,延僧尽于凡圣。炉梦海岸,供献天厨;施设精诚,聊资少善云云。

由此文可知,百日斋文的格式与七七斋文的大体相同,但在涉及时间时,会出现"时运不停,俄经百日"这样的文字。这篇斋文的斋主自称"至孝",文中又出现"色养之礼""顾腹之恩"的语句,表明斋主当为亡尼的子孙辈。尼人有子孙,可能是因为尼人是在生子之后出家的,也有可能是因为该百日斋文书为套用俗人百日斋的文书而来。

S.5639《亡文范本等》中"逆修"一段,当是某尼为自己"逆修"百日斋的文字:

夫圣得(德)慈尊,降迹娑婆之界;显金容于仗(丈)六,白毫相以腾晖。雪山竟八字之言,龙宫阐三乘之教;谈色尘之不有,假缘合如虚无。度性海则不侧(测)其浅深,采宝山而拒之(讵知)远近?幽暝寂寞,无始无终;理绝百非,不生不灭。凡所陈诸情,[夫]何以加?厥今宏敷宝殿,广瑞幡花;请鸡足之上人,命龙象之圣众。设斋百味,兼舍家财,炉焚宝香启嘉愿者,为谁施作?时则有尼弟子阇梨晓之(知)凡夫患体,如蟾映之难亭;抛只(质)非常,似石光之不久。割舍衣具,广发胜心,敬设逆修,金(今)至百日。先奉为龙天八部,护佐边方;宋(守)界善神,加威圣力;亡过父母,不历三涂;己躬保宜,灾殃解散诸(之)福会也。惟尼阇梨乃性本柔和,谦恭克己。八敬每彰于众内,[四]衣(依)恒护如(而)无亏;奉上不犯于公方,恒下如同于一子。嘉(加)以倾心三宝,摄念无生;悦爱深(染)于稠林,悟真如之境界。是以崇重贤善,信敬三尊;栋相当来,生开净域。尼阇梨自云:生居女质,处在凡流;出家不报[于]之(知)恩,行里(李)每乖于圣教。致使三千细行,一无护持;八万律仪,常多亏犯。身三口四,日夜不亭;经、教名闻,全无寻问。今者年当之(知)命,日落西倾;大报至时,无人救拔。强怒(努)强力,建次(此)微筵;邀屈圣凡,心生渐愧。以斯设供功德、舍施回向福因,尽用庄严尼阇梨即体:惟愿菩提日长,功德时增；法水洗如(而)罪垢除，福力兹如(滋而)寿命远。又持胜福，此(次)用庄严婆父：承兹福力，永离三途；见佛闻经，悟真常乐。荣康眷属，同获福因；随喜见闻，俱沾少分。然后上通三界，傍尽十方；并沐胜因，俱沾佛果。①

这篇斋文中最值得注意的是"时则有尼弟子阇梨晓之(知)凡夫患体，如蟾映之难亭；拋只(质)非常，似石光之不久。割舍衣具，广发胜心，敬设逆修，金(今)至百日"这段文字。逆修又称预修，指斋主为自己提前举办十斋法会，为死后祈福，以防到时候无人祭奠。如本文中的斋主即言："今者年当之(知)命，日落西倾；大报至时，无人救拔。强怒(努)强力，建次(此)微筵；邀屈圣凡，心生渐愧。"这说明该尼僧已到了五十而知天命的年龄，深感时日无多，又担心到时候无人为之设斋救拔，故通过逆修的方式，为自己和"婆父""眷属"等祈福。

百日之后当为小祥，即亡者去世一周年时举办的斋会，只是敦煌文书中有关尼僧的此类斋会的文书几乎没有，但被称为"三周"的大祥斋文则可见。如S.5637《僧尼三周》②：

夫生死扰扰，恒迷弱丧之途；六趣忙忙，讵识轮溺之□？是以溺情贪爱，绝相真如；蹈苦海以忘归，窜□□□(而)长往。悬藤易绝，执危机以自安；聚沫难居，玩虚形而□厌。沧兹梦幻，纵是夸谣；长婴有漏之勤，谁拂无明之□？厥今坐前斋主厶人焚香启愿所申意者，奉为和尚追福诸加(之嘉)会也。伏惟和尚神资特达，气量宏深；五百庭(挺)生，千贤间出。故得灵台独鉴，智府孤名。湛八水于心源，六尘□净；芳七花于意树，三草抽辉。禅何(河)叠耸，戒月清凝；夺师子之威容，播龙宫之秘藏。或是尼。觉花重影，戒月孤凝；七聚精知，五篇妙达。参耶输之雅志，集爱道之贞风；利物为怀，哀伤在念。理应乾坤不变，以(与)法宝而无亏；劫石齐年，将天地而不易。何图宝幢摧折，四众无依；日月推移，掩(奄)归大夜。至孝厶人自云：积叠尤深，望昊天而洒泪；哀伤五内，瞻案机(几)以悲唆(酸)。遂所(使)四时递往，六律奔驰；义(仪)毕三周，俄临斯日。意欲

---

① 录文参黄征、吴伟：《敦煌愿文集》，长沙：岳麓书社，1995年，第217-218页。
② 录文参黄征、吴伟：《敦煌愿文集》，长沙：岳麓书社，1995年，第237-238页。

终身至孝,礼制[有期]。奈河(何)耻受吉衣,哀离凶服。今者法场罢训,悲道树而先摧;涸竭禅池,顾双林而泣血。空床顿遣,绝四众之来踪;就吉除凶,断号响之哀响。是日也,吉祥之草,分满凶庭;功德之林,影连魂帐。洪钟夜切,清梵朝哀;香焚鹤树之间,□(供)列庵园之会。以兹设斋功德、无限胜因,先用庄严亡和尚去识:惟愿从涅槃而再去,佛日重兴;所患(使慧)海而长波,法船恒驾。又持胜福,次用庄严斋主即体:惟愿福同春草,不种自生;罪若秋林,霜䆜雕(凋)落。然后森括有无之际,该罗动值(植)之间;并证胜因,齐登佛果。摩诃。厶尼文头尾并同。

这是一篇僧尼通用的三周年斋文。只是在文中区分了僧尼。斋文最后有小字云"厶尼文头尾并同",说明斋文的前后文字都是相同的。而在中间"厥今坐前斋主厶人焚香启愿所申意者,奉为和尚追福诸加(之嘉)会也。伏惟和尚神资特达,气量宏深;五百庭(挺)生,千贤间出。故得灵台独鉴,智府孤名。湛八水于心源,六尘□净;芳七花于意树,三草抽辉。禅何(河)叠耸,戒月清凝;夺师子之威容,播龙宫之秘藏"之下有小字云:"或是尼"。也就是说,在文中可用"尼"来替换"和尚"。当然,由于僧尼品德的侧重点不同,用于尼僧时,要用"觉花重影,戒月孤凝;七聚精知,五篇妙达。参耶输之雅志,集爱道之贞风;利物为怀,哀伤在念"来替换掉上引"伏惟和尚"以下的内容。

综上看来,敦煌尼僧的死亡文书的内容十分丰富,几乎涉及了尼僧从患病祈福到死亡以至死后三年的所有应有程序。从中我们也会发现,敦煌此类斋文的格式十分相近,所以有不少僧尼共用的斋文,其中有变化的,只是关于尼德的称颂及斋主的身份等。也正因为如此,我们在敦煌的祈愿文书中能看到不少单独称颂尼德的文字,实际上就是为了套用在这些斋文中而准备的。如:S.1441V、P.3825《尼德》[①]:

觉花重影,戒月孤凝;七聚精知,五篇妙达。参耶轮(输)之雅志,集爱道之贞风;利物为怀,哀伤在念云云。

---

① 录文参黄征、吴伟:《敦煌愿文集》,长沙:岳麓书社,1995年,第60页。"解题"云:"这段文字,乃亡尼颂词,将前文'惟亡灵乃……于□海'换成'惟亡尼乃',再加入这段文字,即为《亡尼文》。"

S.6417(19)《亡尼》①：

性禀冲和,言推温雅；了达二谛,启合三空；是非齐显于自他,物我兼亡于内外；心于(有)慈忍,颜无温(愠)容；为梵宇之纪纲,作人伦之龟镜。加以翘心逐善,志存不二之源；不恋世荣,当攀菩提之路。惟谓久留智德,永继缁伦。何图保□有期,风□殒殁。至孝云：于此(是)法徒伤增,泪双树之悲；俗眷哀缠,恨甘泉之早竭。

S.2832(41)《尼》②：

尘事不染,逍遥清居；踵爱道前踪,继莲花业心。随佛日而问合识,含智月以澄清；脱屣嚣鉴神。常御云楼,永登香阁；莺武(鹦鹉)林下,振像王成(城)。度未度人,解未孙者。

S.4474《尼》③：

积诚雅素,谨品□□；行等莲花,清如爱道；安人琅玕,驻质金雪。为颜(唯愿)禄位日迁,荣资转贵。

P.2341V《僧尼追荐用语·尼》④：

惟尼师乃戒行清结(洁),已(以)守护浮囊、护昔(惜)威仪如(为)王(玉)宝。行同爱道,八敬无亏；七聚、五篇,持之无犯。已(以)谦下为体,忍辱为宗。摧人我山,住纯善地。能悲洽蠢动,法界咸亲于一；最下乞人,同如来福田之相。岂谓涅槃早至,元(无)上叶(业)成,舍此秽刑(形),弃阎浮而皈净土。门人等啕啼叩地,最痛情深。念将道之恩,相教缘而

---

① 录文参黄征,吴伟：《敦煌愿文集》,长沙：岳麓书社,1995年,第762页。
② 录文参黄征,吴伟：《敦煌愿文集》,长沙：岳麓书社,1995年,第101页。
③ 录文参黄征,吴伟：《敦煌愿文集》,长沙：岳麓书社,1995年,第180页。
④ 录文参黄征,吴伟：《敦煌愿文集》,长沙：岳麓书社,1995年,第253页。

洒地。道俗酸楚,岂不伤心!大小孤遗,欲依何托?门人等谨舍衣钵,罄用珍财,为其亡师设斋追福。

北图8454(地字十七)背(12)《尼》①:

超彼五净,游诸十方;荫宝[地]以安禅,坐花台而入道。舍彼有漏,取我无生;当乘从女之游,发龙花之会。

摩尼心珠,救拔三界困穷之苦;甘露法药,治众毒箭之疣。慈修其心,善人佛惠。

惟愿福惠云聚,观照六通;[□]四果而前驱,达一乘之广路。龙花之会,早得升延;鹿苑之前,广度群品。

北图8454(地字十七)背(18)《尼》②:

理应长流惠(慧)水,永竖津梁,龙女之得(德)云云。

事实上,这些关于尼德的称颂也基本上是相同的,它们都会突出尼僧的女性身份。如容貌:P.3556(4)《大周故大乘寺法律尼临坛赐紫大德沙门乙遨真赞并序》中赞美曹法律"早年之异众超群,龇岁之弃(奇)姿美貌";《大周故普光寺法律尼临坛大德沙门清净戒遨真赞[并序]》赞其"貌超洛浦之姿,影夺巫山之彩。雍雍守道,亚南越(威)之佳人;穆穆柔仪,比西施之雅则";《周故敦煌郡灵修寺阇梨尼临坛大德沙门张氏香号戒珠遨真赞并序》称其"阇梨乃莲府豪宗,叶巫山之瑞彩;清河贵派(泒),禀洛雪之奇姿"。不过,对尼僧而称其美,可能是因为这几篇都是遨真赞的缘故,其他大多数文书在称述尼德时,会更多地强调尼僧温柔和顺等女性特质。如S.5957、P.3765(10)《亡僧尼舍施文》言"若是尼德即云""雍容淑质,天生禀清净之风;俨进威仪,体性温和柔之德";P.2255V、P.2358V《亡式叉尼文》言"式叉尼乃柔矜雪映,淑质霜明";P.2058《亡尼文》言"惟阇梨乃行叶舒芳,性筠敷秀。柔襟雪映,凝定水于心池;淑质霜明,皎禅枝于意树";S.6417(19)《亡尼》言亡尼"性禀冲和,言推

---

① 录文参黄征,吴伟:《敦煌愿文集》,长沙:岳麓书社,1995年,第266页。
② 录文参黄征,吴伟:《敦煌愿文集》,长沙:岳麓书社,1995年,第267页。

温雅……心于(有)慈忍,颜无温(愠)容";等等。可见,尽管尼僧已经遁入空门,但人们还是会将世俗的评判目光投射在其性别角色方面。不过,尼僧虽为女性,可僧者才是其主要身份,故我们会看到,敦煌各文书在称赞尼德时,最常使用的几个关键点是崇"爱道",行"八敬",以"女质"之身,求"龙女之德"等。这些看似千篇一律的赞美之词,实际上暗含了社会对尼僧作为低于男子的女性的身份确认,以及尼僧们对这种身份的自我认同。

所谓"爱道",指大爱道,即佛陀释迦牟尼的姨母摩诃波阇波提,她是第一个出家为比丘尼的女子,所以是佛教有女众出家的起源。在敦煌文书中,"爱道"一词有时指大爱道比丘尼,如 S.5637 之"参耶输之雅志,集爱道之贞风",有时指《大爱道比丘尼经》①,如 S.343 之"得《爱道》之先宗,习《莲花》之后果"。就大爱道本身而言,她一直是尼僧效法的榜样。她作为释迦牟尼的姨母,抚养释迦牟尼长大,净饭王去世后,更率领五百释迦族女到尼拘陀树林,请求佛陀承允女人也能依照正法出家,并以"愿断除女人一切恶习,为求出家,尽形寿终不懈怠"自誓。虽然屡遭佛陀的拒绝,但她和她带领的五百释迦族女仍自削长发,着坏色衣,四处追随佛陀,因连日奔波,衣服污损,身体疲劳,形容憔悴。佛弟子阿难尊者见了十分怜悯,代为请命,希望佛陀能念在摩诃波阇波提夫人的养育之恩,悲愍纳受。最后,佛陀以其行八敬法等为条件,允许其出家。摩诃波阇波提出家后,被称为大爱道比丘尼,她以国母之尊入道,却能恪守教法,谦卑精进,热忱随和,受到大众的敬服。佛陀赞之曰:"此大生主(即大爱道)虽是女人而入圣道,得果尽漏亦名丈夫。"②"佛以两手捧大生主骨告苾刍众:'汝等谛听,一切女人其性轻转,多诸嫉妒诌媚悭贪,大生主虽是女人,而离一切女人过失,作丈夫所作,得丈夫所得,我说是辈名为丈夫。'"③

《大爱道比丘尼经》是叙述大爱道出家因缘的经典,北凉时录,译者失传。上卷内容集中在大爱道出家过程的叙述,涉及八敬法、十戒等比丘尼想要修行成道所必须遵循的法则;卷下则对尼僧行止做了详细而具体的规定,且言及阻碍女人成道的八十四态。此经多处涉及对女性的贬低,强调女人必通过修行,得生男子身,方可成道。如大爱道曾对八敬法中要求"已见谛"的年长比

---

① 《大正新修大藏经》第24册,台北:新文丰出版公司,1992年,第945-954页。
② 五百大阿罗汉等:《阿毗达磨大毗婆沙论》,玄奘译,载于《大正新修大藏经》第27册,台北:新文丰出版公司,1992年,第463页。
③ 五百大阿罗汉等:《阿毗达磨大毗婆沙论》,玄奘译,载于《大正新修大藏经》第27册,台北:新文丰出版公司,1992年,第746页。

丘尼要"为新受大戒幼少比丘作礼也"的规定提出质疑,请阿难代为询问,而佛的回答是:

> 若使女人,不于我道作沙门者,佛之正法当住千岁兴盛流布,归留一切悉蒙得度。今以女人在我法中为沙门故,当除减五百岁寿法消衰微。所以者何?阿难,女人有五处不得作沙门。何等为五处?女人不得作如来至真等正觉。女人不得作转轮圣王。女人不得作第七梵天王。女人不得作飞行皇帝,女人不得作魔天王。如是五处者,当皆丈夫得作为之尊。丈夫得作佛。得作转轮圣王。得作天帝释。得作魔天王。得作梵天王。得作人中王。如是阿难,诸女人譬如毒蛇,人虽取杀之,破其身出其脑,是蛇以死,复有人见之,心中惊怖。如此女人虽得沙门。恶露故存,一切男子为之回转。用是故,令一切人不得道。佛言,如是女人,政使作沙门持具足戒,百岁乃至得阿罗汉,故当为八岁沙弥作礼。何以故?沙弥具足亦得阿罗汉,身中能出水火,以足指按须弥山顶,三千大千国土皆为六反震动。如是女人虽得阿罗汉道,不能动摇一针大如毛发也。云何阿难,女人坐贡高,以阴不净,以俊男子,用是故不得道也。①

在讨论女子受具足戒之事时,佛又对阿难说:

> 佛言:比丘尼正使年过七十,有若干事不得受具足戒。何等为若干事不应具足戒?情欲未断,不应得具足戒。憙嗔恚,不应受具足戒。憙行来,不应受具足戒。憙美酒食,不应受具足戒。憙贡高洪声大呼,不应受具足戒。能自慎如法律者,疾得男子身转当作佛。阿难复问言如是诚为难矣。佛言:不难也,但女人自作挂碍耳。……女人凡有八万四千匿态。迷惑清净道士,使堕泥犁中,动有劫数,不能自免。然外态有八十四,乱清净道士,迷愤惑欲亡失经道。夫为女人所惑者,皆是泥犁薜荔禽兽地狱也。②

---

① 《大爱道比丘尼经》卷上,载于《大正新修大藏经》第24册,台北:新文丰出版公司,1992年,第949页。

② 《大爱道比丘尼经》卷下,载于《大正新修大藏经》第24册,台北:新文丰出版公司,1992年,第952-953页。

佛对此番言论的具体解释是：

> 佛告阿难。若比丘尼居山中树下，树为枯死者，用女人多恣态，婪媟细视，丹唇赤口，坐树下亦不念道，但念身好，欲惑他人，坏人善心，令其颠狂亡失道德。用是故，树死不生。比丘尼若居山窟中，举山燋旱，树木枯燥，禽兽饥饿，水泉竭尽者，用女人多欲态愚惑自痴，不念思道，但念淫欲之事，心不自安，嗟叹涕泣剧于念道，外说经中义，内有情欲之心。有人嗟叹者，是愚者所见也，夫智者深知此女人不念大道也，但念他男子耳。是故致干旱水泉竭尽不生。比丘尼若居泽中，泽中禽兽更相啖食，荆棘百草悉枯不生。何以故？用女人多恣态，专行妖惑。思念卧起之原本末，其心意起永不见道。亡失本业，从欲致结，毒意一起，目无所见。诸魔悉作，皆为震动。用是之故，并令荆棘草木枯死不生。比丘尼若居冢间，冢中死人悉坐，榜笞丘墓，松柏皆便枯死。何以故？用女人多恣态，静不念道，但念色欲淫妷之心。淫态一起，天地悉动，鬼神百兽悉为恐惧。用是故，丘墓松柏死不生。比丘尼若居人间，国中不安，蟥虫数出。贼寇数起，兵甲不息。人民呼嗟，皆有饥色。何以故？用女人多恣态，贪着色欲淫妷之垢，欲令人敬，都不念道，但念男子相好不好，某男子健某男子不健，昼则谈笑，暮则思卧起之事。用是故，令人民穷困不安隐……①

经文最后关于女人八十四态的解说，更是令人觉得女人一无是处，若要得道，真是难上加难。由此可见，《大爱道比丘尼经》一方面推崇大爱道修行之德，另一方面则竭力贬低女性，认为女性因自身缺陷而难以成道。熟悉这样的经典，实际上就是一再重温佛教关于女性的贬抑性观点，否定女性特质的美好，由此产生生理及精神上的自卑感的过程。敦煌文书中称赞有德之尼以爱道为风范、通晓《爱道》之经典，无疑是整个佛教社会对尼僧的期望。尼僧接受这种期望，就是对这种贬抑女性的道德标准的接受。

与大爱道或《大爱道比丘尼经》相关联的是"八敬法"。P.3556(9)《周故敦煌郡灵修寺阇梨尼临坛大德沙门张氏香号戒珠邈真赞并序》之"八敬幽微，

---

① 《大爱道比丘尼经》卷下，载于《大正新修大藏经》第24册，台北：新文丰出版公司，1992年，第953页。

耳畔听而毫犛（厘）岂失"，P.3213V《壬辰岁二月廿四日阿夷（姨）师祭外生（甥）尼胜妙律师文》之"四依无稷（乖？），八敬逾明"，S.343(2)《悔文》之"八敬不修，三乘亏失"，同卷《亡尼文》之"惟亡尼乃内行八敬，外修四德"，S.5639《亡文范本等》之"八敬每彰于众内，[四]衣（依）恒护如（而）无亏"，P.2341V《僧尼追荐用语·尼》之"行同爱道，八敬无亏"，等等，都以"八敬"为尼僧之准则。

如前所述，"八敬"是大爱道请求出家时佛要求其必须遵循的八条行为准则。《大爱道比丘尼经》卷上云：

> 佛告阿难：假使母人欲作沙门者，有八敬之法不得逾越，当尽形寿学而持之，自纪信解专心行之，譬如防水善治堤塘，勿令漏泄，其已能如是者，可得入我法律戒中也。何谓为八敬？一者比丘持大戒，母人比丘尼当从受正法，不得戏故轻慢之，调欺咳笑说不急之事，用自欢乐也。二者比丘持大戒半月以上，比丘尼当礼事之，不得故言新沙门劳精进乎，今日寒热乃尔耶。设有是语者，便为乱新学比丘意。自恭敬，谨敕自修，劝乐新学，远离防欲，憺然自守。三者比丘比丘尼不得相与并居同止。设相与并居同止者，为不清净，为欲所缠，不免罪根，坚当自制，明断欲情，憺然自守。四者三月止一处，自相捡校。所闻所见，当自省察，若邪语受而不报，闻若不闻，见若不见，亦无往反之缘，憺而自守。五者比丘尼不得讼问自了。设比丘以所闻所见，若比丘有所闻见讼问比丘尼，比丘尼即当自省过恶，不得高声大语，自现其欲态也，当自捡校，憺而自守。六者比丘尼有庶几于道法者得问比丘僧经律之事。但得说般若波罗蜜，不得共说世间不急之事也。设说不急之事者，知是人非为道也，是为世间放逸之人耳，深自省察，憺而自守。七者比丘尼自未得道，若犯法律之戒，当半月诣众僧中自首过忏悔，以弃憍慢之态，今复如是，自耻惭愧，深自省察，憺而自守。八者比丘尼虽百岁持大戒，当处新受大戒比丘下坐，当以谦敬为作礼。是为八敬之法。我教女人，当自束修不得逾越，当以尽寿学而行之。假令大爱道，审能持此八敬法者，听为沙门。①

---

① 《大爱道比丘尼经》卷上，载于《大正新修大藏经》第24册，台北：新文丰出版公司，1992年，第946页。

但《大爱道比丘尼经》中的"八敬法",似与其他佛教经典中的"八敬法"略有出入,如《四分律删繁补阙行事钞》卷下所说的"八敬"为:

一者百岁比丘尼见初受戒比丘,当起迎逆礼拜,问讯请令坐;二比丘尼不得骂谤比丘;三不得举比丘罪说其过失,比丘得说尼过;四式叉摩那已学于戒应从众僧求受大戒;五尼犯僧残应半月在二部僧中行摩那埵;六尼半月内当于僧中求教授人;七不应在无比丘处夏安居;八夏讫当诣僧中,求自恣人如此。八法应尊重恭敬赞叹,尽形不应违。①

敦煌P.2133《金刚般若波罗蜜经讲经文》将以上内容予以了简化,称:"尼者女也,尼有八敬:百、骂、举、受、忏、请、安、恣,是其八也。"②

《十诵律》所记"八敬法"为:

一者百岁比丘尼,见新受具戒比丘,应一心谦敬礼足;二者比丘尼,应从比丘僧乞受具戒;三者若比丘尼犯僧残罪,应从二部僧乞半月摩那埵法;四者无比丘住处,比丘尼不得安居;五者比丘尼安居竟,应从二部僧中自恣求见闻疑罪;六者比丘尼,半月从比丘受八敬法;七者比丘尼语比丘言,听我问修多罗、毗尼、阿毗昙,比丘听者应问,若不听者不得问;八者比丘尼不得说比丘见闻疑罪,是为八。③

此外,《五分律》等也有相关的记述。④尽管各佛典对于"八敬法"的表述有所不同,但其基本点都是强调比丘尼对比丘的态度:要尊重比丘,要求教于比丘,要听从比丘的指示和教诲,不得骂谤比丘或论说其过失等。这种对尼僧要尊重男性僧人的强制性要求,体现了男性对女性的心理优势,以及女性对这种男性心理的认同。"八敬法"虽然是印度早期佛教的规定,但它似乎在中国的土壤上得到了非常好的推行,故而是否能奉行"八敬法"便成为尼僧品德的

---

① [唐]道宣:《四分律删繁补阙行事钞》卷下,载于《大正新修大藏经》第40册,台北:新文丰出版公司,第154页。
② 黄征,张涌泉:《敦煌变文校注》,北京:中华书局,1997年,第645页。
③ 《十诵律》卷四十七,载于《大正新修大藏经》第23册,台北:新文丰出版公司,第345页。
④ 《五分律》卷七,载《大正新修大藏经》第22册,台北:新文丰出版公司,第45-46页。

一个标准。P.3556(6)《应管内外释门都僧统帖》是敦煌都僧充给"诸僧尼寺禅律大德等"的帖文,里面检讨了在敦煌僧尼中存在的一些问题,"故兹示谕,各自改修"。在谈到尼僧的问题时云:"尼众之辈,亦乃一般,不避害嫌疑,踪姿法性。四依陷没,背修四依八敬;阙邪僻营,八敬总论污犯。"① 可见,敦煌僧团将尼僧是否遵循八敬法视为尼僧行为的重要规范,要时时加以检点,否则便"密有伺察者"预以纠察。上引S.6417《后唐长兴二年(913)正月普光寺尼徒众圆证等状并海晏判词》要求"请妙慈充法律□□充都维。请智员寺主(中缺)典座慈相□直岁",理由之一是她们"四依不弃于晨昏,八敬常然于岁月"。这反映出尼僧对"八敬法"的接受,并自觉地将其作为尼僧品行之标准。

上述文献中还几次提到"龙女之德",如P.2058《亡尼文》之"龙女之德未申,示灭之期已及",北图8454(地字十七)背(18)《尼》之"理应长流惠(慧)水,永竖津梁,龙女之得(德)"等等,将"龙女之德"作为尼僧们的理想来述及。之所以是种理想,是因为龙女最终成了佛。龙女成佛故事见于《法华经·提婆达多品》:"文殊师利言:'有娑竭罗龙王女,年始八岁,智慧利根;善知众生诸根行业,得陀罗尼,诸佛所说甚深秘藏悉能受持;深入禅定,了达诸法,于刹那顷发菩提心,得不退转,辩才无碍;慈念众生犹如赤子;功德具足心念口演;微妙广大慈悲仁让,志意和雅能至菩提。"② 对此,智积菩萨和舍利弗都曾提出疑义:

  时舍利弗语龙女言:"汝谓不久得无上道,是事难信。所以何者?女身垢秽,非是法器,云何能得无上菩提?佛道悬旷,经无量劫勤苦积行,具修诸度,然后乃成。又女人身,犹有五障:一者,不得作梵天王;二者,帝释;三者,魔王;四者,转轮圣王;五者,佛身。云何女身速得成佛?"
  尔时龙女,有一宝珠,价值三千大世界,持以上佛,佛即受之。
  龙女谓智积菩萨、尊者舍利弗言:"我献宝珠,世尊纳受,是事疾不?"
  答言:"甚疾。"
  女言:"以汝神力,观我成佛,复速于此。"
  当时众会皆见龙女,忽然之间变成男子,具菩萨行,即往南方无垢世

---

① 唐耕耦,陆宏基:《敦煌社会经济文献真迹释录(第五辑)》,北京:全国图书馆文献缩微复制中心,1990年,第175页。

② 《法华经》,王彬译注,北京:中华书局,2010年,第300页。

界,坐宝莲华,成等正觉,三十二相,八十种好,普为十方一切众生演说妙法。①

由这段文字我们可以了解到的是,佛教经过发展,从小乘的限制女子出家,演变为大乘的一切众生皆能成佛的理论。但这里面有两个需要特别注意的关键之处:一是在代表了佛教普通认知的舍利弗的眼中,"女身垢秽,非是法器";二是龙女成佛之前,"忽然之间变成男子"。也就是说,龙女成佛,并不说明佛教已改变了立场,解除了女性的卑劣地位,因为女性想要成佛,必须先变成男子才行。那么敦煌文献中尼僧对于"龙女之德"的向往,实际上代表了她们想要摆脱自己的女性身份的渴望。

在了解了这些内容之后,我们再回过头来看敦煌尼僧病患和死亡文献中尼僧们对于自己的女性身份的自述。S.5561《尼患文》:"患尼自云:生居女质,长自凡流;常游苦海之中,未离欲尘之境。虚[沾]缁众,浪忝披真;徒受圆满之尸罗,全犯叵知之限约。"S.5639某尼逆修百日斋文:"尼阇梨自云:生居女质,处在凡流;出家不报[于]之(知)恩,行里(李)每乖于圣教。致使三千细行,一无护持;八万律仪,常多亏犯。身三口四,日夜不亭;经、教名闻,全无寻问。"S.343(2)《悔文》:"生为女质,幼年入道,施受近圆,戒品虽沾,每多亏犯,情耽染欲,烦恼缠心,虽免粗愆,横行邪相。"P.2583V(7)《申年(816)正月十五日比丘尼慈心施舍疏》:"所以身是女人,多诸垢障。或五篇七聚,多阙误违,性戒之中,难持易犯。"北图1276《入楞伽经建晖题记愿文》:"是以比丘[尼]建晖,既集因殖,禀形女秽,婴罹病疾,抱难当今。……因此微善,使得虽女身后成男子;法界众生,一时成佛。"可见敦煌尼僧都将"生居女质"作为一种天生的缺憾,并且认为"女质"是其修成正果之障碍。

除了敦煌尼僧的病患、死亡文书外,一些写经题记或忏悔斋文也反映了尼僧要想摆脱卑微的女性身份的渴望,可兹补充。如S.4366《大般涅槃经道容题记愿文》云:

夫福不虚应,求之必惑;果无自来,崇因必剋。是以佛弟子比丘尼道容,往行不修,生处女秽。自不尊崇妙旨,何以应其将来之果?故减微(撤)身口衣食之资,敬写《涅槃经》一部。愿转读之音,兴无上之心;流

---

① 《法华经》,王彬译注,北京:中华书局,2010年,第300-301页。

通之者,使众或(惑)感悟。又愿现身休念,无他苦疾,七世父母、先死后亡、现在家眷,四大胜常,所求如意。又禀性有识之徒,率齐斯愿。①

文中将生为女人看作是"往行不修"的结果,所以为了防止将来重蹈覆辙,要通过写经来改变命运。总之,敦煌尼僧完全接受了佛教的女性观,视"女质"为垢秽,希望通过修行、写经、施舍、忏悔等方式改变身份,达成佛果。从这个意义上说,敦煌尼僧认同并接受了社会赋予她们的卑下身份。由此看来,S.343《亡尼文》称赞亡尼"形同女质,志操丈夫,节(即)世稀之有也",可谓是对尼僧莫大的赞美。

尼僧对其自卑身份的认同,除了佛教教义对女性的贬抑外,也源于中国古代根深蒂固的男尊女卑观念。《礼记·郊特牲》云:"男帅女,女从男,夫妇之义由此始也。妇人,从人者也:幼从父兄,嫁从夫,夫死从子。"②班昭《女诫》言:"古者生女三日,卧之床下……明其卑弱,主下人也……谦让恭敬,先人后己,有善莫名,有恶莫辞,忍辱含垢,常若畏惧,是谓卑弱下人也。"③这种认为女性当处卑位的观念与早期佛教理念中贬抑女性的观念恰相对接。除上面已经提到的一些佛经内容外,再如《净心诫观法》提及的女人十恶是:一、贪淫无量无厌。二、嫉妒心如毒蛇。三、谄曲诈亲。四、放逸。五、口多恶业,出言虚诳,实情难得。六、厌背夫主。七、一切女人多怀谄曲,实情难得。八、贪财不顾恩义。九、欲火烧心。十、女身臭恶,不净常流。④在这样的基础之上,中国儒家的女性观便与佛教女性观一拍即合,形成整个社会对于女性身份的普遍认知。敦煌尼僧们一方面接受了这种身份认同,另一方面又想摆脱这种卑微感,而佛教宣扬的成佛可能性则为她们提供了一线希望。也许这正是敦煌出现大量尼僧的原因之一。

---

① 黄征,吴伟:《敦煌愿文集》,长沙:岳麓书社,1995年,第831页。
② [清]孙希旦:《礼记集解(中)》,北京:中华书局,1989年,第709页。
③ [南朝]范晔:《后汉书》卷八十四《列女传》,北京:中华书局,1965年,第2787页。
④ [唐]道宣:《净心诫观法》卷上,载于《大正新修大藏经》第45册,台北:新文丰出版公司,1992年,第824页。

第五章　和亲公主们的奉献
——以敦煌王昭君题材作品为中心

王昭君的故事在中国各地流传已久，无论是乡间百姓还是文人墨客，都对这样一个身世奇特的女子充满好奇心、同情心和赞赏之情，所以历来以王昭君为吟咏对象的诗文作品层出不穷，以王昭君为主角的说唱故事、戏剧作品也不断涌现。王昭君故事流传的广泛性在敦煌遗书中也有所反映。敦煌遗书中有关王昭君题材的文学作品共有四件：P.2553《王昭君变文》，P.2555、P.2673、P.4944等三个写本的《王昭君》(安雅词)，P.2748《王照(昭)君怨诸词人连句》，S.555《昭君怨》。这些作品固然有对"昭君怨"题材的继承，但更多的是对该题材的发展与创新，是借传统故事反映现实，抒发以作者为代表的社会群体对唐和亲政策的看法。这对于我们了解敦煌文学作品所反映的唐代女性的政治角色有非常重要的帮助。

一、汉唐时期王昭君故事的流变及昭君诗歌作品概述

在分析论述敦煌遗书中的王昭君题材作品之前，我们有必要对此前王昭君故事的流变情况做简单概述。史书中对王昭君的和亲史实只有一些简单零碎的记载：

《汉书·元帝纪》："竟宁元年春正月，匈奴乎韩邪单于来朝。诏曰：'匈奴郅支单于背叛礼义，既伏其辜，乎韩邪单于不忘恩德，乡慕礼义，复修朝贺之礼，愿保塞传之无穷，边垂长无兵革之事。其改元为竟宁，赐单于待诏掖庭王嫱为阏氏。'"[①]

《汉书·匈奴传》："郅支既诛，呼韩邪单于且喜且惧，上书言曰：'常愿谒见

---

① ［汉］班固：《汉书》卷九《元帝纪》，北京：中华书局，1962年，第297页。

天子,诚以郅支在西方,恐其与乌孙俱来击臣,以故未得至汉。今郅支已伏诛,愿入朝见。'竟宁元年,单于复入朝,礼赐如初,加衣服锦帛絮,皆倍于黄龙时。单于自言愿婿汉氏以自亲。元帝以后宫良家子王墙字昭君赐单于。单于欢喜,上书愿保塞上谷以西至敦煌,传之无穷,请罢边备塞吏卒,以休天子人民。"①

《汉书·匈奴传》:"王昭君号宁胡阏氏,生一男伊屠智牙师,为右日逐王。呼韩邪立二十八年,建始二年死……呼韩邪死,雕陶莫皋立,为复株累若鞮单于……复妻王昭君,生二女:长女云为须卜居次,小女为当于居次。"②

在这几段记载中,主角是匈奴单于,王昭君只是作为汉匈两地间政治外交政策中的一个棋子被记录下来,不带丝毫感情色彩,而她在汉宫的"待诏掖庭"和"后宫良家子"以及到匈奴后的"阏氏"或"宁胡阏氏"的身份,只不过是一种符号,没有丝毫人性的闪光点。但史书中提到的和亲的交换条件,如单于"愿保塞传之无穷,边垂长无兵革之事""单于欢喜,上书愿保塞上谷以西至敦煌,传之无穷,请罢边备塞吏卒,以休天子人民",则从一个侧面反映出王昭君远嫁匈奴所带来的和平贡献。

同为正史,《后汉书·南匈奴列传》中的记载则具有了一定的戏剧性:

> 初,单于弟右谷蠡王伊屠知牙师以次当[为]左贤王。左贤王即是单于储副。单于欲传其子,遂杀知牙师。知牙师者,王昭君之子也。昭君字嫱,南郡人也。初,元帝时,以良家子选入掖庭。时呼韩邪来朝,帝敕以宫女五人赐之。昭君入宫数岁,不得见御,积悲怨,乃请掖庭令求行。呼韩邪临辞大会,帝召五女以示之。昭君丰容靓饰,光明汉宫,顾景裴回,竦动左右。帝见大惊,意欲留之,而难于失信,遂与匈奴。生二子。及呼韩邪死,其前阏氏子代立,欲妻之,昭君上书求归,成帝敕令从胡俗,遂复为后单于阏氏焉。③

这段文字与《汉书》内容稍有出入,如《汉书》云"王墙字昭君",《后汉书》则说"昭君字嫱",正好相反。但更令人关注的不同之处在于,《汉书》中无论是昭君还是汉帝,都并无个人情感色彩,但《后汉书》中的王昭君,则是一个不

---

① [汉]班固:《汉书》卷九十四下《匈奴传下》,北京:中华书局,1962年,第3803页。
② [汉]班固:《汉书》卷九十四下《匈奴传下》,北京:中华书局,1962年,第3806-3808页。
③ [南朝]范晔:《后汉书》卷八十九《南匈奴列传》,北京:中华书局,1965年,第2941页。

甘在掖庭中虚度青春的有个性的人物,她含着悲怨甚至示威的心理,主动提出远嫁。而帝之"大惊"与"意欲留之"等神情、心态,显然是昭君在"丰容靓饰"之后所愿意看到的结果。显然,从《汉书》到《后汉书》出现的时间段里,王昭君的故事得到了丰富和发展,这影响到了编史者的立场。

《后汉书·南匈奴列传》的记载,与传为东汉末蔡邕或东晋孔衍所作的《琴操》中记载的昭君故事有相似之处:

> 王昭君者,齐国王襄女也。昭君年十七时,颜色皎洁,闻于国中。襄见昭君端正闲丽,未尝窥看门户,以其有异于人,求之皆不与。献于孝元帝,以地远,既不幸纳,叨备后宫,积五六年。昭君心有怨旷,伪不饰其形容,元帝每历后宫,疏略不过其处。后单于遣使者朝贺,元帝陈设倡乐,乃令后宫妆出。昭君怨恚日久,不得侍列,乃更修饰,善妆盛服,形容光晖而出,俱列坐。元帝谓使者曰:"单于何所愿乐?"对曰:"珍奇怪物,皆悉自备,惟妇人丑陋,不如中国。"帝乃问后宫,欲以一女子赐单于,谁能行者起。于是昭君喟然越席而前曰:"妾幸得备在后宫,粗丑卑陋,不合陛下之心,诚愿得行。"时单于使者在旁,帝大惊,悔之,不得复止。良久,太息曰:"朕已误矣!"遂以与之。昭君至匈奴,单于大悦,以为汉与我厚,纵酒作乐,遣使者报汉,送白璧一双,骏马十匹,胡地珠宝之类。昭君恨帝始不见遇,心思不乐,心念乡土,乃作《怨旷思惟歌》曰……昭君有子曰世违,单于死,子世违继立。凡为胡者,父死妻母。昭君问世违曰:"汝为汉也,为胡也?"世违曰:"欲为胡耳。"昭君乃吞药自杀。单于举葬之。胡中多白草,而此冢独青。①

此处的王昭君故事较《汉书》要丰满许多。它交代了昭君的出身、容貌,解释了昭君虽貌美而终不得元帝宠幸的原因,描写了昭君在怨恚之余自愿前往匈奴的言行举止以及元帝的悔恨之情,并赋予昭君不愿为子所烝而吞药自杀的结局,最后更提及"青冢"之事。显然这是在《汉书》信史的基础上进行了人为的加工,因为:一则《琴操》本身历来都被视为伪书;二则文中说王昭君为齐国王襄女,与《汉书注》引东汉文颖说王昭君"本南郡秭归人也"的记载不

---

① [汉]蔡邕:《琴操》卷下《怨旷思惟歌》,载于《续修四库全书》第1092册,上海:上海古籍出版社,2002年,第158页。

同,不知其所本;三则元帝当着匈奴使者的面问宫女有谁自愿前往匈奴之事,不符合汉朝典制礼仪,显系后人杜撰;四则《汉书》和《后汉书》都记载了昭君在呼韩邪单于死后再嫁前阏氏之子的事,而《琴操》中则说她不甘受辱,吞药自杀,显系受到封建礼教思想影响而进行的改编。即使如此,它依旧是王昭君故事流变过程中的一个重要环节,特别是它认为王昭君在汉庭中不被元帝宠幸的原因,一是"地远",一是"心有怨旷,伪不饰其形容,元帝每历后宫,疏略不过其处"。也就是说,王昭君不被汉帝宠幸,既有客观原因,也有她自身的主观原因,这与后世传说中是因为画工所误有很大不同。显然,《后汉书》作者受《琴操》影响,选择了其中较合情理的部分,而略去了明显不合史实之处,试图对昭君的经历做出较为客观公正的解释。

《琴操》之后,又出现了对王昭君不得幸于元帝的另一种解释。《西京杂记·画工弃市》云:

> 元帝后宫既多,不得常见,乃使画工图形,案图召幸之。诸宫人皆赂画工,多者十万,少者亦不减五万,独王嫱不肯,遂不得见。匈奴入朝,求美人为阏氏,于是上案图,以昭君行。及去,召见,貌为后宫第一,善应对,举止闲雅。帝悔之,而名籍已定,帝重信于外国,故不复更人。乃穷案其事,画工皆弃市,籍其家,资皆巨万。画工有杜陵毛延寿,为人形,丑好老少,必得其真。安陵陈敞,新丰刘白、龚宽,并工为牛马飞鸟众势,人形好丑,不逮延寿。下杜阳望,亦善画,尤善布色。樊育亦善布色。同日弃市。京师画工,于是差稀。①

说昭君为画工所误,最大的好处是可以使元帝个人摆脱干系,使帝王的英名不受损污,不会因昭君之事而背上昏聩不察之名。其次为昭君貌美却不受宠幸做出了较合理的解释,也就是说,原因出在第三方——画工。《后汉书》取《琴操》之说而弃《西京杂记》之说,说明作者并不认同画工应当担当重责的看法,但这种说法却为后人广泛接受,刘义庆《世说新语·贤媛》及南朝后的诸多诗咏都以此为据,显然有其社会的和心理的原因。

汉唐时期有关王昭君的诗歌作品,比较集中的见于宋郭茂倩辑《乐府

---

① [汉]刘歆等:《西京杂记(外五种)》,王根林校点,上海:上海古籍出版社,2012年,第16页。

诗集》卷二十九《相和歌辞》和卷五十九《琴曲歌辞》部分[①]，清胡凤丹《青冢志》[②]以及鲁歌等《历代歌咏昭君诗词选注》[③]等。本书有关内容就在此基础上展开。

最早有关王昭君的诗歌作品，是《琴操》中所载为王昭君本人所作的《怨旷思惟歌》：

> 秋木萋萋，其叶萎黄。有鸟处山，集于苞桑。养育毛羽，形容生光。既得升云，上游曲房。离宫绝旷，身体摧藏。志念抑沉，不得颉颃。虽得委食，心有徊徨。我独伊何，改往变常？翩翩之燕，远集西羌。高山峨峨，河水泱泱。父兮母兮，道里悠长。呜呼哀哉，忧心恻伤！

诗歌虽托名王嫱，实为汉乐府歌辞，出自民间，是代昭君鸣"怨旷"的作品，因此《乐府诗集》卷五十九将其列入《琴曲歌辞》，名《昭君怨》。诗以鸟为比兴，抒发内心孤独怅惘之情。诗中所怨，既在于自己容颜光彩照人，却因"离宫绝旷"而不为君主所见，以致"身体摧藏""志念抑沉"，还在于其不满足于"虽得委食"的状况，产生出"心有徊徨"的茫然；既在于面对"改往变常"的命运时的无助感，更在于远在"西羌"，不见父母而生出的思乡情怀。这其中，正如其序所云："昭君恨帝始不见遇，心思不乐，心念乡土，乃作《怨旷思惟歌》。""恨帝始不见遇"和"心念乡土"是其最中心的主题。而这两个主题，也构成了后代诸多诗歌的吟咏主题。

西晋石崇《王明君辞并序》是对"心念乡土"主题的发挥：

> 王明君者，本是王昭君，以触文帝讳故改焉。匈奴盛，请婚于汉，元帝以后宫良家子明君配焉。昔公主嫁乌孙，令琵琶马上作乐，以慰其道路之思。其送明君，亦必尔也。其造新曲，多哀怨之声，故叙之于纸云尔。
>
> 我本汉家子，将适单于庭。辞诀未及终，前驱已抗旌。仆御涕流离，辕马悲且鸣。哀郁伤五内，泣泪沾朱缨。行行日已远，遂造匈奴城。延

---

① [宋]郭茂倩：《乐府诗集》，北京：中华书局，1984年。
② [清]胡凤丹：《青冢志》，载于《中国香艳全书（第4册）》，北京：团结出版社，2005年，第2225-2279页。
③ 鲁歌等：《历代歌咏昭君诗词选注》，武汉：长江文艺出版社，1982年。

我于穹庐,加我阏氏名。殊类非所安,虽贵非所荣。父子见凌辱,对之惭且惊。杀身良不易,默默以苟生。苟生亦何聊,积思常愤盈。愿假飞鸿翼,乘之以遐征。飞鸿不我顾,伫立以屏营。昔为匣中玉,今为粪上英。朝华不足嘉,甘与秋草并。传语后世人,远嫁难为情。

《旧唐书·音乐志》云:"《明君》,汉元帝时,匈奴单于入朝,诏王嫱配之,即昭君也……汉人怜其远嫁,为作此歌曰。"晋石崇妓绿珠善舞,以此曲教之,而自制新歌曰……"①显然,石崇此作是在前《昭君怨》的主题基础之上,仍以昭君口吻表达哀怨之情的。诗中书写了别离之悲、行程之远、偷生之苦、归家之愿。值得注意的是,诗中以匈奴为"殊类",认为"虽贵非所荣",叹息"昔为匣中玉,今为粪上英",表现出对异域环境的蔑视,以此来衬托"苟生"的无奈与不堪,最后点出"远嫁难为情"的怨怼。诗中没有涉及昭君"远嫁"的政治背景,也就没有对昭君远嫁的意义有任何申明,因此悲怨之情仍是诗歌主调。

南朝诗人也多以昭君出塞、思乡和悲怨为咏。如:

既事转蓬远,心随雁路绝。霜鞞旦夕惊,边笳中夜咽。(南朝宋鲍照《王昭君》)

朝发披香殿,夕济汾阴河。于兹怀九折,自此敛双蛾。沾妆疑湛露,绕臆状流波。日见奔沙起,稍觉转蓬多。胡风犯肌骨,非直伤绮罗。衔涕试南望,关山郁嵯峨。始作阳春曲,终成苦寒歌。唯有三五夜,明月暂经过。(南朝梁沈约《王昭君》)

今朝犹汉地,明旦入胡关。情寄南云反,思逐北风还(一作高堂歌吹远,游子梦中还)。(南朝梁沈满愿《昭君叹》)

一生竟何定,万事良难保。丹青失旧仪,匣玉成秋草。相接辞关泪,至今犹未燥。汉使汝南还,殷勤为人道。(南朝梁王淑英妻刘氏《昭君怨》)

图形汉宫里,遥聘单于庭。狼山聚云暗,龙沙飞雪轻。笳吟度陇咽,笛转出关鸣。啼妆寒叶下,愁眉塞月生。只余马上曲,犹作别时声。(南朝陈后主叔宝《昭君怨》)

兰殿辞新宠,椒房余故情。鸿飞渐南陆,马首倦西征。寄书参汉使,衔涕望秦城。唯余马上曲,犹作出关声。(北周王褒《王昭君》)

---

① [后晋]刘昫等:《旧唐书》卷二十九《音乐志二》,北京:中华书局,1975年,第1063页。

拭啼辞戚里，回顾望昭阳。镜失菱花影，钗除却月梁。围腰无一尺，垂泪有千行。衫身承马汗，红袖拂秋霜。别曲真多恨，哀弦须更张。（北周庾信《王昭君》）

敛眉光禄塞，遥望夫人城。片片红颜落，双双泪眼生。冰河牵马渡，雪路抱鞍行。胡风入骨冷，夜月照心明。方调琴上曲，变入胡笳声。（南朝庾信《昭君辞应诏》）

在诗人的想象中，昭君含泪辞别汉地，在"一生竟何定"的茫然无奈之中，朝着"狼山聚云暗，龙沙飞雪轻"的边庭走去，一路上伴随她的，是"犹作别时声"和"出关声"的"马上曲"，是"边笳"的夜鸣，是"胡风"的呜咽，而昭君则在"冰河牵马渡，雪路抱鞍行"的艰难旅程中，始终"情寄南云反，思逐北风还"，或"心随故乡断，愁逐塞云生"（隋薛道衡《昭君辞》）。所以总体上，这些诗都未脱出石崇《王明君辞》的抒写范围，出塞、思乡、悲怨可说是昭君歌咏的初始音调。

这时期的一些作品，开始借用《西京杂记》中画工误人的记录，由此发出喟叹。

玉艳光瑶质，金钿婉黛红。一去蒲萄观，长别披香宫。秋檐照汉月，愁帐入胡风。妙工偏见诋，无由情恨通。（南朝梁简文帝萧纲《明君词》）

早信丹青巧，重货洛阳师；千金买蝉鬓，百万写蛾眉。（南朝梁沈满愿《昭君叹》）

图形汉宫里，遥聘单于庭。（南朝陈后主叔宝《昭君怨》）

一生竟何定？万事最难保。丹青失旧仪，玉匣成秋草。（南朝梁王淑英妻刘氏《昭君怨》）

秘洞扃仙卉，雕房锁玉人。毛君真可戮，不肯写昭君。（隋侯夫人《遣意》）

我本良家子，充选入椒庭。不蒙女史进，更无画师情。蛾眉非本质，蝉鬓改真形。专由妾薄命，误使君恩轻。（隋薛道衡《明君词》）

从这些诗中可以看出，昭君之怨，由怨君王、怨命运，发展为怨画师，这其中显然有各种原因在。在我们上面所举的例子中，梁简文帝和陈后主叔宝都是皇帝身份，从他们的角度出发，元帝有美人而不得幸，当然是因为属下的渎职,而与其自身的不能明察无涉,这是很容易理解的。沈满愿、刘氏和侯夫人三位是女子,她们更多地站在昭君的立场说话,一个说悔不当初,一个说世事难料,一个则说毛君可戮,特别是侯夫人之作,与其自身命运有密切关系。她是隋炀帝宫女,因长期不得宠幸,又不能脱离深宫,悲而自缢,《遣意》这首诗就是她自缢时的绝命诗之一。而薛道衡的诗作,显然带有文人士大夫怀才不遇的悲愤。所以,这时期诗人们除了为昭君的命运悲叹不已外,也开始将昭君的命运与自身命运联系起来,有借美人以咏君子之意。

唐代诗歌作品中,咏昭君的诗歌更盛于前,而吟咏的内容也较前宽泛了许多。这其中,昭君怨仍然是一个重要主题。最典型性的莫过于杜甫的《咏怀古迹》其三:

群山万壑赴荆门,生长明妃尚有村。一去紫台连朔漠,独留青冢向黄昏。画图省识春风面,环佩空归月夜魂。千载琵琶作胡语,分明怨恨曲中论。

仇兆鳌注此诗曰:"朱翰曰:起处,见钟灵毓秀而出佳人,有几许珍惜。结处,言托身绝域而作胡语,含许多悲愤。曲中诉论,正指昭君怨诗,不作后人词曲。"又说:"怨恨者,怨己之远嫁,恨汉之无恩也。"①也就是说,昭君在其《怨旷思惟歌》中所寄予的情感,在这首诗中仍然能够被真切地感受到。所以,唐代咏昭君诗在许多方面是对前朝同题诗作的继承和发展。

唐诗中有不少以"王昭君"为题的咏昭君出塞的诗,如董思恭:"琵琶马上弹,行路曲中难。汉月正南远,燕山直北寒。"王偃:"北望单于日半斜,明君马上泣胡沙。一双泪滴黄河水,应得东流入汉家。"李白:"汉家秦地月,流影照明妃。一上玉关道,天涯去不归。""昭君拂玉鞍,上马啼红颊。今日汉宫人,明朝胡地妾。"令狐楚:"锦车天外去,毳幕云中开。魏阙苍龙远,萧关赤雁哀。"胡令能:"胡风似剑镂人骨,汉月如钩钓胃肠。魂梦不知身在路,夜来犹自到昭阳。"诗歌延续前朝传统,以琵琶、胡风、汉月、玉关、赤雁等为意象,表现昭君一路风尘,远去天涯的孤独身影和哀毁之情。

以"王昭君"为题的唐诗中自然也少不了要表现昭君思乡情怀的诗作。崔国辅:"一回望月一回悲,望月月移人不移。何时得见汉朝使,为妾传书斩

---

① [清]仇兆鳌:《杜诗详注》第四册,北京:中华书局,1979年,第1503页。

画师。"卢照邻:"汉宫草应绿,胡庭沙正飞。愿逐三秋雁,年年一度归。"上官仪:"缄书待还使,泪尽白云天。"郭元振:"厌践冰霜域,嗟为边塞人。思从漠南猎,一见汉家尘。"李端:"忆著长安旧游处,千门万户玉楼台。"梁献:"一闻阳鸟至,思绝汉宫春。"望、愿、嗟、思、忆,微薄的愿望与无情的现实构成强烈的矛盾,漫天飞沙和苦寒的冰霜让人对"汉宫"碧草盈盈的春日景象充满向往,而昭君就是在这样的苦思和怀念中日渐憔悴下去。郭元振:"自嫁单于国,长衔汉掖悲。容颜日憔悴,有甚画图时。"白居易:"满面胡沙满鬓风,眉销残黛脸销红。秋苦辛勤憔悴尽,如今却似画图中。""汉使却回凭寄语,黄金何日赎蛾眉。君王若问妾颜色,莫道不如宫里时。"杨凌《明妃怨》:"汉国明妃去不还,马驮弦管向阴山。匣中纵有菱花镜,羞对单于照旧颜。"而所有这些诗中,储光羲的《王昭君》更令人回味:"日暮惊沙乱雪飞,傍人相劝易罗衣。强来前帐看歌舞,共待单于夜猎归。"这应该是昭君在边地生活的真实写照:心中充满无奈伤感,却依旧要强打精神,强颜欢笑,日复一日,年复一年,这样的生活,是何等令人悲叹!

杜甫诗云:"画图省识春风面,环佩空归月夜魂。"诗句提到前朝人反复吟诵的画图之事。与杜甫诗歌一样,唐朝诗人对画工在昭君悲剧中的作用也多有议论。如沈佺期:"非君惜鸾殿,非妾妒蛾眉。薄命由骄虏,无情是画师。"(《王昭君》)李白:"丹青能令丑者妍,无盐翻在深宫里。自古妒蛾眉,胡沙埋皓齿。"(《于阗采花人》)梁献:"图画失天真,容华坐误人。君恩不可再,妾命在和亲。"(《王昭君》)僧皎然:"自倚婵娟望主恩,谁知美恶忽相翻。黄金不买汉宫貌,青冢空埋胡地魂。"(《王昭君》)李商隐:"毛延寿画欲通神,忍为黄金不为人。马上琵琶行万里,汉宫长有隔生春。"(《王昭君》)周昙:"不拔金钗赂汉臣,徒嗟玉艳委胡尘。能知货贿移妍丑,岂独丹青画美人。"(《毛延寿》)但与前人不同的是,唐代诗人在咏画工事时,已经不再完全将昭君的命运系于画工一身,而是开始意识到真正的因由。白居易《昭君怨》:

> 明妃风貌最娉婷,合在椒房应四星。只得当年备宫掖,何曾专夜奉帏屏。见疏从道迷图画,知屈那教配房庭。自是君恩薄如纸,不须一向恨丹青。

诗歌仍借画工事入手,但提出反论,指斥的不再是画师,而是"君恩薄如纸",因为既然了解了事实,知道了昭君的冤屈,就应当及时改过,而不是将其仍旧"配房庭",所以君王才是昭君悲剧的罪魁。其他如施肩吾《昭君怨》"马上徒劳别恨深,总缘如玉不输金。已知贱妾无归日,空荷君王有悔心",王涣《明妃》"梦里分明入汉宫,觉来灯背锦屏空。紫台月落关山晓,肠断君恩信画工",也都把矛头指向君王。应当说,唐朝相对宽松的政治环境以及诗人们所具有的开阔眼界,使他们更清楚地意识到真正掌握昭君命运的正是君王本身。再加上许多怀才不遇的士人常以昭君之事来浇自己心中之块垒,所以这些诗歌中实际上蕴含着许多怀才不遇的士人的悲愤心声。

与前朝咏昭君诗的不同之处在于,唐朝诗人开始关注造成昭君悲剧的政治背景,那就是汉代的和亲政策。

> 汉道初全盛,朝廷足武臣。何须薄命妾,辛苦远和亲。(东方虬《王昭君》)
>
> 关月夜悬青冢境,寒云秋薄汉宫罗。君王莫信和亲策,生得胡雏虏更多。(苏郁《咏和亲》)
>
> 汉家天子镇寰瀛,塞北羌胡未罢兵。猛将谋臣徒自贵,蛾眉一笑塞尘清。(汪遵《昭君》)
>
> 汉家青史内,计拙是和亲。社稷因明主,安危托妇人。岂能将玉貌,便欲静胡尘。地下千年骨,谁为辅佐臣?(戎昱《咏史》)
>
> 古帝修文德,蛮夷莫敢侵。不知桃李貌,能转虎狼心。日暮边风急,程遥碛雪深。千秋青冢骨,留怨在胡琴。(李咸用《昭君》)
>
> 明妃远嫁泣西风,玉箸双垂出汉宫。何事将军封万户,却令红粉为和戎。(胡曾《汉宫》)
>
> 不用牵心恨画工,帝家无策及边戎。香魂若得升明月,夜夜还应照汉宫。(徐夤《明妃》)
>
> 蛾眉翻自累,万里陷穷边。滴泪胡风起,宽心汉月圆。飞尘长翳日,白草自连天。谁贡和亲策,千秋污简编?(李中《王昭君》)

这些诗作显然都是反对和亲政策的。诗人们如此关注昭君出塞的政治背景,与唐朝的和亲政策不无关系。有唐一代虽说十分强大,但自始至终都有和亲之事存在。唐太宗认为:"北狄风俗,多由内政,亦既生子,则我外孙,不侵中国,断可知也,边境足得三十年来无事。"①正是在这种宗旨下,唐与突厥、回纥、吐蕃、契丹、奚、南诏、拔汗那等都有过和亲关系,尤其肃宗女宁国公主、德宗女咸安公主、宪宗女太和公主等,更是以皇帝亲生女儿的身份出嫁。和亲政策是否真正起到了安边靖邦的作用,则颇令人怀疑。文成公主和金城公主远嫁吐蕃算是其中较为成功的例子,但也并未像唐太宗等所认为的那样,使边境安定无事。宁国公主嫁回纥毗伽阙可汗,可汗对送嫁使者倨傲无礼,"坐于榻上受诏命",经使者指责,"乃起奉诏,便受册命"。毗伽阙可汗死后,"其牙官、都督等欲以宁国公主殉葬",虽因公主据理力争,才得免死,"然公主亦依回纥法,剺面大哭,竟以无子得归"②。堂堂大国公主,竟落得如此下场,实在可叹。正是因为如此,诗人才会认为和亲是"计拙",是"帝家无策",是"千秋污简编"的举措,吟出"君王莫信和亲策,生得胡雏虏更多"的诗句,对唐太宗指望公主和亲后"亦既生子,则我外孙,不侵中国,断可知也"的天真想法予以了当头棒喝。"猛将谋臣徒自贵,蛾眉一笑塞尘清""何事将军封万户,却令红粉为和戎"等,则是对尸位素餐的边将们的极大讽刺。

还有个别诗人对王昭君的命运提出了不同以往的看法。

莫怨工人丑画身,莫嫌明主遣和亲。当时若不嫁胡虏,只是宫中一舞人。(王睿《解昭君怨》)

倾国可能胜效国？无劳冥寞更思回。太真虽是承恩死,只作飞尘向马嵬。(张蠙《青冢》)

以色静边尘,名还异众嫔。免劳征战力,无愧绮罗身。(崔涂《过昭君故宅》)

仙娥今下嫁,骄子自同和。剑戟归田尽,牛羊绕塞多。(张仲素《王昭君》)

王睿诗从昭君自身命运出发,指出昭君出塞并非像常人所认为的那样是一出悲剧,反而是摆脱平庸命运的一种契机,因此不必"怨",而应当感到幸

---

① [唐]吴兢:《贞观政要》卷九《征伐第三十五》,上海:上海古籍出版社,2008年,第190页。

② [后晋]刘昫等:《旧唐书》卷一百九十五《回纥传》,北京:中华书局,1975年,第5202页。

运。张蠙、崔涂和张仲素的诗则更是跳出窠臼,从"效国"的角度出发,赞扬了王昭君"以色静边尘""免劳征战力"的贡献。特别是张仲素的诗,对王昭君"下嫁""骄子"而带来的边境和平安宁、百姓安居乐业的功绩予以了充分的肯定。宋以后,越来越多的人认识到了这一点,但在唐朝,张仲素却可说是独树一帜,见识非凡。而具有这种非凡见识的,还有敦煌遗书中以昭君为主题的诗歌和变文作品的作者们。

二、敦煌昭君诗歌作品对传统昭君题材的继承与发展

敦煌遗书中有关王昭君题材的诗歌作品共有三件:P.2555、P.2673、P.4944等三个写本的《王昭君》(安雅词),P.2748《王照(昭)君怨诸词人连句》,S.555《昭君怨》。它们的创作时间不同,作品所反映出的对于昭君的态度也有所不同,我们将对此做一一分析。

(一)S.555《昭君怨》

S.555《唐诗丛钞》中有东方虬《昭君怨》四首①:

[昭君]怨四首　　　　　东方虬
汉道初全盛,朝廷足武臣。何须薄命妾,辛苦远和亲。
同前
淹(掩)涕辞丹凤,[衔悲]向白龙。单于浪惊喜,无复旧时容。
同前
万里胡风急,三秋[□](辞)汉初。唯望南去雁,不肯为传书。
同前
[胡地]无花草,春来不似春。自然衣带缓,非是为腰身。

《全唐诗》卷一百诗人小传云:"东方虬,则天时为左史。尝云百年后可与西门豹作对。陈子昂《寄东方左史修竹篇书》,称其《孤桐篇》骨气端翔,音韵顿挫,不图正始之音,复睹于兹。今失传。存诗四首。"②但《全唐诗》中所收东

---

① 录文据徐俊:《敦煌诗集残卷辑考》,北京:中华书局,2000年,第508-509页。
② [清]彭定求等:《全唐诗》卷一百,上海:上海古籍出版社,1986年,第251页。

方虬诗歌,包括的是《昭君怨》三首和《春雪》一首(春雪满空来,触处似花开。不知园里树,若个是真梅),并不包括敦煌卷子中《昭君怨》第三首。《文苑英华》卷二百零四、《乐府诗集》卷二十九(题为《王昭君》)也只收录与《全唐诗》相同的三首昭君诗,不见敦煌卷子中的第三首昭君诗。因此,敦煌卷《昭君怨》四首的重要性,首先在于辑佚方面,使湮没千年的东方虬佚诗重见人世。其次,敦煌卷子中第三首《昭君怨》的发现,为我们理解东方虬的作品提供了更多的资料。从四首诗歌的内容来看,东方虬的《昭君怨》应该是内容前后相接的组诗。第一首由和亲政策说起,道出昭君"怨"的最初根由,并且对"初全盛""足武臣"的汉王朝懦弱的外交政策提出批评。第二首写昭君出塞,"辞丹凤""向白龙"之语,未脱前人窠臼,但"单于浪惊喜,无复旧时容"两句,却点出到达胡地后,单于之喜与昭君之憔悴悲伤,两者形成鲜明对比,具有很高的艺术表现力。第三首写昭君初到胡地时的思乡情怀。"万里胡风急"写胡地特色,"三秋[□](辞)汉初"点明出塞时令。而"唯望南去雁,不肯为传书",则将昭君寂寞孤独的心绪推向极致。前文已提到,"胡风"和"雁"是昭君诗中的普遍意象,东方虬此诗也借此传达情思,但颇有自身特色。"万里胡风急",令人想到后来李白《关山月》中"长风几万里,吹度玉门关"的诗句,而"唯望南去雁,不肯为传书",更令人想到被后人广为赞颂的黄庭坚诗《寄黄几复》中"我居北海君南海,寄雁传书谢不能"的诗句。虽说我们不能借此就认定李白、黄庭坚一定是受了东方虬的影响,却也从一个侧面反映出东方虬此诗的艺术价值。第四首《昭君怨》写胡地的春天:无花无草,不见丝毫春意,颇有"春风不度玉门关"之慨。"自然衣带缓,非是为腰身",令人想见昭君在对家园的日思夜想之中日渐消瘦的身影。总之,东方虬《昭君怨》以组诗形式,写出昭君因和亲而远嫁、因远嫁而悲伤思乡、因思乡而日渐憔悴的过程,寓抒情于叙事之中,情景相衬,具有很高的艺术性。如果缺少了其中的第三首,亦即长期以来的佚诗,则缺少了昭君初到胡地的环节,更重要的是,昭君思乡的情感亦显得不够浓烈,组诗也因此缺乏了高潮。

有关这首《昭君怨》在敦煌地区的流传情况,高国藩先生认为,既然其为东方虬诗,而东方虬与陈子昂同为初唐之人,那么"敦煌传播他的《昭君怨》恐即在唐初之时"①,显然证据不足。王重民先生在《唐人选唐诗残卷跋》中,认为S.555卷中不见于《全唐诗》的作者"其事迹虽无考,疑亦开元以前人",因

---

① 高国藩:《敦煌本王昭君故事研究》,《敦煌学辑刊》1989年第2期,第49页。

此疑该卷"为天宝间选本"。①徐俊则据诗卷中的作者郑愿和郑韫玉的生平考略,认为"郑愿应为天宝、大历间人",郑韫玉"应为贞元、元和间人","则此卷作者非皆开元以前人,选本及抄写时代当已入中晚唐"②。在此不赘。

(二)P.2748《王照(昭)君怨诸词人连句》

P.2748《王照(昭)君怨诸词人连句》被收入《敦煌掇琐》和《补全唐诗拾遗》,现据徐俊《敦煌诗集残卷辑考》录文如下③:

> 掖庭娇幸在蛾眉,争用黄金写艳姿。始言恩宠由君意,谁谓容颜信画师。微躯一自入深宫,春华几度落秋风。君恩不惜便衣处,妾貌应殊画辟中。间(闻)道和亲将我赦(撖),选貌披图遍宫掖。图中容貌既不如,选后君王空海(悔)惜。始知王意本相亲,自恨舟(丹)青每误身。昔是宫中薄命妾,今成塞外断肠人。九重恩爱应长谢,万里关山愁远嫁。飞来北地不胜春,月照南庭空度夜。夜中含涕独婵娟,遥念君边与朔边。毳幕不同罗怅(帐)日,毡裘非复锦衾年。长安高阙三千里,一望能令一心死。秋来怀抱既不堪,况复南飞雁声起。

该诗原卷未署作者,因此连句者姓名不可考知,创作年代也已不可考。根据诗歌所在卷宗的情况,我们可大概考知其流传与抄写情况。P.2748所抄诗依次为:《思越人》二首、《怨春闺》、高适《燕歌行》一首、《古贤集》一卷、《大漠行》一首、《长门怨》一首、悟真《国师唐和尚百岁诗》十首、《王照(昭)君怨诸词人连句》、《沙州敦煌廿咏并序》、《题隐士咏》、《锦衣篇》等。《古贤集》通常被认为是敦煌具有蒙书性质的作品;唐和尚悟真,是敦煌著名高僧,在张议潮归义军政府中起过重要作用;《敦煌廿咏》也是当地人所作。因此,P.2748是个将中原流传到敦煌的诗歌名篇与敦煌本地诗歌作品杂抄一处的文卷,《王照(昭)君怨诸词人连句》为敦煌人所作也是有可能的。至于诗卷的抄写年代,可据《国师唐和尚百岁诗》的诗序中"敕授河西都僧统赐紫沙门悟真,年逾

---

① 王重民:《敦煌写本跋文(四篇)》,载于《敦煌吐鲁番文献研究论集》,北京:中华书局,1982年,第1-5页。
② 徐俊:《敦煌诗集残卷辑考》,北京:中华书局,2000年,第505页。
③ 徐俊:《敦煌诗集残卷辑考》,北京:中华书局,2000年,第158页。

七十,风疾相兼,动静往来,半身不遂"的文字大概推断。据 P.3720《悟真告身》中第四件告身记录,悟真是在咸通十年(869)十二月廿五日,"替亡僧法荣,更充河西都僧统"的,本卷不会抄于此前。又《敦煌廿咏》的写作年代,李正宇考为咸通十二年(871)十一月廿日前①,所以 P.2748 卷最早也应该抄于咸通十二年十一月之后,则《王照(昭)君怨诸词人连句》在敦煌的流传也当在此前后。

全诗共十四联二十八句,从内容看,诗人们将前半部分的重点放在了画师误人一事上,前七联中,有六联都提到了图画事,如"争用黄金写艳姿""谁谓容颜信画师""妾貌应殊画辟中""选貌披图遍宫掖""图中容貌既不如""自恨舟(丹)青每误身"等,强调了昭君因为不肯输金写貌而遭到的不公正待遇。值得注意的是,这几联中还多次提到君王,如"始言恩宠由君意""君恩不惜便衣处""选后君王空海(悔)惜""始知王意本相亲"等,似是在为君王开脱罪责,但"间(闻)道和亲将我毁(撇)""昔是宫中薄命妾"等句,也难免有怨悱之情。诗歌后七联写昭君出塞,月夜思乡,依旧不离"昭君恨帝始不见遇,心思不乐,心念乡土,乃作《怨旷思惟歌》"时的情绪轨迹。与此前诸诗所不同的是,这首诗似乎特别强调了昭君对君王的爱,除上半部分多次提及君王外,下半部分又有"九重恩爱应长谢""遥念君边与朔边"等诗句,使得对"君恩"的渴慕与怀想,成为此诗的主调。

(三)《王昭君》(安雅词)

与前两首诗在敦煌遗书中都只有一个抄卷不同,《王昭君》(安雅词)在敦煌卷子中共有三个抄卷,显然其在敦煌地区十分流行。这三个抄卷分别是 P.2673、P.2555 及 P.4994 与 S.2049 的拼合卷。其录文如下②:

王昭君　　　　　安雅

自君信丹青,旷妾在掖庭。悔不随众例,将金买帏屏。
惟明在视远,惟聪在听德。奈何万乘君,而为一夫惑。
所居近天关,咫尺见天颜。声尽不闻叫,力微安可攀。

---

① 李正宇:《〈敦煌廿咏〉探微》,载于《古文献研究》,哈尔滨:哈尔滨师范大学《北方论丛》编辑部,1989年,第232-251页。
② 录文参徐俊:《敦煌诗集残卷辑考》,北京:中华书局,2000年,第124页。

初惊中使入，忽道君王唤。拂匣欲妆梳，催入已无算。
君王见妾来，遽展画图开。知妾枉如此，动容凡几回。
朕以富宫室，美人看未毕。故勒就丹青，所期按声实。
披图阅宫女，尔独负俦侣。单于频请婚，倏忽误相许。
今日见娥眉，深辜在画师。故（顾）我不明察，小人能面欺。
掖庭连大内，尚敢相曚昧。有怨不得申，况在朝廷外。
往者不可追，来者犹可思。郁陶胡（乎）余心，颜后（厚）有怛怩。
所谈不容易，天子言无戏。岂缘贱妾情，遂失边番意。
二八进王宫，三十和远戎。虽非儿女愿，终是丈夫雄。
脂粉总留著，管弦不将去。女为悦己容，彼非赏心处。
礼者请行行，前驱已抗旌。琵琶马上曲，杨柳塞垣情。
抱鞍啼未已，牵马私相喜。顾恩不告劳，为国岂辞死。
太白食毛头，中黄没戍楼。胡马不南牧，汉君无北忧。
预计难终始，妾心岂期此。生愿匹鸳鸯，死愿同蝼蚁。
一朝来塞门，心存口不论。纵埋青冢骨，时伤紫庭魂。
绵绵思远道，宿昔令人老。寄谢输金人，玉颜长自保。

关于此诗，三个抄卷都题为《王昭君》，只是P.2555卷和P.4994与S.2049的拼合卷都署为"安雅"，P.2673则署为"安雅词"。有关"安雅"，高国藩认为，"所谓'安雅'，'安'是'安国'地名之简称，'雅'是'雅乐'类的简称……这种安雅体采取的是五言四句多段反复的体式，其曲调则是安国胡声雅乐的曲调"[①]。饶宗颐在《法藏敦煌书苑精华》第五册对《韵书　诗词　杂诗文》的解说中也认为："称之曰'雅'，'雅'者犹乐府《雅歌曲辞》之'雅'，'安'者或谓指安国，唐贞观时为十部乐之一。'安雅'者，犹言安国之乐府。"[②]但考察唐朝诗集文献，很少见到在诗题下方注出其所属性质的，敦煌所存唐诗抄卷，一般也是把作者抄于诗题之后，或者不抄作者，所以按照常规来说，"安雅"当为诗作者。又P.2555卷"王昭君"题下署"安雅词"，联系上文中《王照（昭）君怨诸词人连句》一诗，称联句诗人为词人，似乎也说明"安雅"更有可能是诗的作者。

---

① 高国藩：《敦煌本王昭君故事研究》，《敦煌学辑刊》1989年第2期，第51页。
② 饶宗颐：《法藏敦煌书苑精华》第五册，广州：广东人民出版社，1993年。

这首《王昭君》的创作时间,并无明显的判断根据,我们只能从几个抄卷的诗作中做出大概的推测。

P.2673卷所抄诗歌包括卢竧《龙门赋》、安雅《王昭君》、《北邙篇》、《初度岭过韶州灵鹫广果二寺其寺院相接故同诗一首》、《江上羁情》等。徐俊考《初度岭过韶州灵鹫广果二寺其寺院相接故同诗一首》一诗"作于神龙三年后至开元中(广果寺)改为建兴寺之前",与《江上羁情》一诗"似为同一人所作"。①

P.4994、S.2049卷所抄诗歌包括《王昭君》、《古贤集》、刘希夷《洛阳篇》、刘长卿《酒赋》、《锦衣篇》、高适《汉家篇》(即《燕歌行》)、《大漠行》、丘为《老人篇》、王翰《饮马长城窟行》、李白《惜樽空》、阙题诗(君不见咸阳城北咸阳原)、《老人相问嗟叹诗》、阙题诗(时仲春)、《藏钩》、《苑中牧马思诗》、卢竧《龙门赋》、《北邙篇》等。这其中,刘希夷为初唐时人,刘长卿、高适、丘为、王翰、李白等的主要活动期在开元、天宝时。

从以上两个抄卷的抄诗情况看,《王昭君》似乎应属盛唐前后的作品,但这两个抄卷都是残卷,内容不全,所以并不能作为判断其创作或抄写年代的依据,相形之下,P.2555卷提供了更多的信息。

P.2555卷所抄诗较多,其正面可知作者姓名的诗文包括安雅《王昭君》、张谓《河上见老翁代北之作》、岑参《寄宇文判官》、冷朝光《越溪怨》、高适《塞上听吹笛》、《别董令望》、薛维翰《春女怨》、王昌龄《长信秋词》、岑参《逢入京使》、孔璋《代李邕死表》、没蕃人诗五十九首、刘商《胡笳十八拍》、毛押牙《胡笳第十九拍》、刘长卿《高兴歌》、郑遂初《画屏怨》、上官昭容《彩书怨》、颜舒《珠帘怨》、李元纮《锦词(墀)怨》、李商隐《清夜怨》、王諲《闻情怨》、孟浩然《闻情》、刘希夷《白头老翁》、窦昊《为肃州刺史刘臣璧答南蕃书》等,背面诗文可知作者姓名的包括岑参《江行遇梅花之作》、朱湾《咏抝笼筹》、马云奇《怀素师草书》,唐玄宗《御制勤政楼下观灯》等。

P.2555卷存诗较多,时间跨度也较大,但选诗并未按照作者的时间顺序,而是较为混乱。如张谓,据傅璇琮考证,"张谓的生年……与杜甫不相上下","天宝二年(743)登进士第","于天宝十三四载间曾在安西、北庭封常清幕为属官,参与军中谋划,立有功勋。大历二三年间为潭州刺史,与诗人元结有交往,得到元结的推许。嗣后即入朝任太子左庶子,又于大历六年冬被任命为

---

① 徐俊:《敦煌诗集残卷辑考》,北京:中华书局,2000年,第120页。

礼部侍郎,并典大历七年、八年、九年春贡举"①。可见其活动时间主要在中唐大历前后。接下来的岑参(约715—770)、高适(约700—765)、王昌龄(约690—约756)、孟浩然(689—740)等都是盛唐时期著名的诗人,大多数生活跨度在盛、中唐期间。其他在《全唐诗》中有传者如:

"刘商……登大历进士。"

"刘长卿……开元二十一年进士。至德中为监察御史……上元、宝应间,权德舆常谓为'五言长城'。"

"郑遂初,万岁通天中登第。"

"上官昭容,名婉儿,西台侍郎仪之孙。天后时,配入掖庭。天性韶警,善文章。年十四,后召见。自通天以来,内掌诏命。中宗即位,大被信任,进拜昭容……临淄王兵起,被诛。"

"颜舒……天宝时制科登进士第。"

"李元紘……开元初擢京兆尹,帝欲用为尚书,执政以其资浅,乃拜户部侍郎,寻进中书侍郎,同中书门下平章事。"

"王諲,登开元进士第,官右补阙。"

"朱湾……贞元、元和间为李勉永平从事。"

另文中抄有李商隐《清夜怨》诗,但是否为李商隐诗,尚待进一步的考察。②

另外两篇文章,孔璋上书请代李邕死事发生在天宝年间;窦昊《为肃州刺史刘臣璧答南蕃书》作于宝应元年(762)初③。

由此看来,P.2555卷所抄诗文从初唐至中唐甚至晚唐都有,而且抄诗并未按照诗人的所处时代排列,中唐诗人的诗作抄在盛唐诗人之前,盛唐诗人之后又有初唐时期的诗人作品,而中间更夹杂着敦煌本地没蕃诗人之作,具有相当的随意性。这就很难说《王昭君》诗属于盛唐时期。这样我们也只能对《王昭君》诗的创作和抄写时间做一个笼统的推断:在这个卷子中,可考知确切时间的应属窦昊《为肃州刺史刘臣璧答南蕃书》,因此,《王昭君》一诗的创作时间至迟应在宝应元年(762)初之前,P.2555卷的抄写时间则肯定在此之后。

---

① 傅璇琮:《唐代诗人丛考》,北京:中华书局,2003年,第213页。
② 参见徐俊对该诗注文,见《敦煌诗集残卷辑考》,北京:中华书局,2000年,第741-742页。
③ 邓小南:《为肃州刺史刘臣璧答南蕃书(佰二五五五)校释》,载于《敦煌吐鲁番文献研究论集》,北京:中华书局,1982年,第596-614页。

安雅《王昭君》有几处不同于其他昭君诗作的地方。

从形式上看，它由五言对话体构成，对话双方分别是王昭君和汉元帝；每四句一换韵，自然构成一个段落，所以诗歌可以因此分为十九小节。诗歌一开始，由昭君自述身世，指出君王"信丹青"，导致其旷怨，因此说"悔不随众例，将金买帏屏"。这让人想起南朝梁沈满愿《昭君叹》中的诗句："早信丹青巧，重货洛阳师；千金买蝉鬓，百万写蛾眉。"明里是在说自悔，暗里却是在批评君王"信丹青"之误。第二节四句，作者笔锋一转，直接将批评的矛头指向君王，说其明不视远，聪不听德，为一夫所惑。第三节四句，写昭君身在掖庭，却与君王咫尺天涯的感慨与无奈。接下来两节一写昭君忽被"君王唤"，在来不及梳妆的情况下，被反复催请，似乎命运有所改变，一写皇帝见人惊艳，为之动容，都颇具戏剧效果。接下来四节，是君王口吻，解释他"就丹青"的原因，说明在此前提下"单于频请婚，倏忽误相许"的情况，并对自己因"不明察"而被小人"面欺"表示出懊悔之意。出人意料的是，下面昭君的回答却是宽容大度，完全是站在君王和国家的立场上说话，指出"所谈不容易，天子言无戏。岂缘贱妾情，遂失边番意"，反过来去安慰汉元帝，是牺牲自身幸福而为国家谋和平的典范。接下来的四节诗句是昭君对君王一番言语的回答，一方面表现出昭君和亲"虽非儿女愿，终是丈夫雄"的宽大胸襟，另一方面则表现出对汉君的留恋之意。第十四节以后，写昭君出塞所带来的实际效果，以及昭君对汉君与故土的无限深情。最后以"寄谢输金人，玉颜长自保"收尾，呼应了诗歌的开首，并蕴含了讽谏之意。

从内容上看，诗歌一反以往诗作中重在对王昭君悲剧形象的刻画——体柔质弱、娇怯无助、满腹怨尤、自伤自悼，而是从多个角度刻画了一个感情丰满、性格坚强的人物形象：她"二八进王宫，三十和远戎"，也就是说，十几年的宫廷生活，已使她从不更事的少女，渐渐变成了具有独立思考能力的成熟女性，所以她既光彩照人，又有大丈夫气度，既对自己与君王久不得见的情况有所不满，又善解人意，能够从君王角度，为国家利益考虑，牺牲自己的个人幸福。面对出塞，她不仅仅是悲，亦掺杂着"喜"："抱鞍啼未已，牵马私相喜。顾恩不告劳，为国岂辞死。"而"生愿匹鸳鸯，死愿同蟪蚁"的表白，则体现出身为女性的她对忠贞爱情的向往，只是这种向往因为"一朝来塞门"而遭到破灭，其结果是"纵埋青冢骨，时伤紫庭魂"。所以这首诗中的王昭君是个美丽坚强的女性，她能以国家利益为重，希望通过自己的自我牺牲，换来"胡马不南牧，汉君无北忧"的和平景象，但又对和亲政策有着清楚的认识，那就是"预计难终始,妾心岂期此"。头脑清晰,特立独行,颇具政治家的风范。诗作者能从这样一个不平凡的角度刻画王昭君这位悲剧女性,实在令人感叹作者的见识不凡。

这样的昭君不禁令人联想到唐宁国公主的言行。《旧唐书·回纥传》:乾元元年(758)"秋七月丁亥,诏以幼女封为宁国公主出降。……甲午,肃宗送宁国公主至咸阳磁门驿,公主泣而言曰:'国家事重,死且无恨。'上流涕而还。"①不幸的是,第二年四月,毗伽阙可汗就死去。"毗伽阙可汗初死,其牙官、都督等欲以宁国公主殉葬,公主曰:'我中国法,婿死,即持丧,朝夕哭临,三年行服。今回纥娶妇,须慕中国礼。若今依本国法,何须万里结婚。'然公主亦依回纥法,劙面大哭。竟以无子得归。"②这位宁国公主,成熟稳健,大智大惠,又能以国家利益为重,同以往许多充满哀怨的和亲公主截然不同。从宁国公主和亲的效果来看,乾元元年八月,"回纥使王子骨啜特勤及宰相帝德等骁将三千人助国讨逆。……九月甲申,回纥使大首领盖将等谢公主下降,兼奏破坚昆五万人,宴于紫宸殿,赐物有差。……乾元二年,回纥骨啜特勤等率众从郭子仪与九节度于相州城下战,不利……"③这与《王昭君》中"太白食毛头,中黄没戍楼"的结果相近。宁国公主以肃宗亲生女儿的身份与回纥和亲,本身就是件非常引人关注的事件。而宁国公主临行前所说的话,更是让闻者感动不已。张綖在其《杜工部诗通》中即认为,杜甫《咏怀古迹》其三就是为此而作:"时肃宗以少女宁国公主下嫁回纥,临别之语,闻者酸心。公故借明妃之事以哀之。"④所以很有可能,安雅《王昭君》与之类似,是对宁国公主之事有所感慨而作。

此外,此诗中另外一个角色的言行举止也与以往诗歌中的形象大为不同,这就是汉元帝的形象。此前的昭君诗作,对汉元帝的态度,辩解者有之,同情者有之,指责者有之,但都是从第三者的角度出发去抒情写意,点到为止,极其含蓄,而本诗则是用元帝自己的口吻,用较多的笔墨,对造成昭君远嫁的事实

---

① [后晋]刘昫等:《旧唐书》卷一百九十五《回纥传》,北京:中华书局,1975年,第5200页。

② [后晋]刘昫等:《旧唐书》卷一百九十五《回纥传》,北京:中华书局,1975年,第5201-5202页。

③ [后晋]刘昫等:《旧唐书》卷一百九十五《回纥传》,北京:中华书局,1975年,第5200-5201页。

④ [明]王嗣奭:《杜臆》卷八,上海:上海古籍出版社,1983年,第280页。

进行了自我检讨:"故(顾)我不明察,小人能面欺",而且将这种检讨扩展至对"掖庭连大内,尚敢相曚昧。有怨不得申,况在朝廷外"的认识,与诗歌第二节王昭君对君王的批评形成呼应。这样做,既维护了君主的尊严,又不失讽谏之意,并反衬了昭君的政治见识之高明,同时也让昭君对元帝的深情显得不那么盲目。

总之,这首昭君诗是对王昭君形象的全新刻画,体现了作者卓越的诗才和史才,即使将其视为一首政治诗也未尝不可,是咏昭君的诗篇中独具特色的佳作。

除了以昭君为题的诗歌外,敦煌文书中也有一些诗歌中提及王昭君,如P.2673《大漠行一首》中有"昭君一去留胡地,苏武长年忆汉家"句;P.2677、S.12098收屈同仙(原卷未署名)《燕歌行》,诗中有"昭[君远嫁已多年,戎狄无厌不复和]"句等。但这些诗歌只是用昭君典故而已,并非我们所论的昭君题材作品,故此在不论。

三、《王昭君变文》及其与唐咸安公主之关系

《王昭君变文》见于敦煌遗书 P.2553。启功先生在《敦煌变文集》中校云:"本卷编号伯希和二五五三。止存此一本,无从比对。原缺题目,据故事拟补。其中脱、衍、疑、误各字,俱从意校。"① 现据《敦煌变文集》及黄征、张涌泉《敦煌变文校注》② 录文于下。

(前缺)
　□□□□□迷,前□□□□□,
　□□□□□此难,路难荒径足风悁。
　□□□□□□,□□景色似酝腽。
　綍银北奏黄芦泊,原夏南地持白□。
　□□□搜骨利干,边草非(飞)沙纥逻分。
　阴坡爱长席箕撮,□(阳)谷多生没呬浑。

---

① 王重民等:《敦煌变文集》,北京:人民文学出版社,1957年,第107页。
② 黄征、张涌泉:《敦煌变文校注》,北京:中华书局,1997年,第156-173页。

纵有衰蓬欲成就,旋被流沙剪断根。
□(酒)泉路远穿龙勒,石堡云山接雁门。
蓦水频过及敕戍,□□□(望)见可岚屯。
如今以(已)暮(沐)单于德,昔日还承汉帝恩。
□□□(定)知难见也,日月无明照覆盆。
愁肠百结虚成着,□□□行没处论。
贱妄傥期(其)蕃里死,远恨家人昭(招)取魂。

汉女愁吟,蕃王笑和,宁知悃怅,何别声哀。管弦马上横弹,节会途间常奏。侍从寂寞,如同丧孝之家,遣妾攒蚍,伏(复)似败兵之将。庄子云何者:"所好成毛羽,恶者城(成)疮癣;爱之欲求生,恶之欲求死。"妾闻:"居塞北者,不知江海有万斛之船;居江南之人,不知塞北有千日之雪。"此处苦复重苦,怨复重怨。

行经数月,途程向尽,归家啼遥。迅昔不停,即至牙帐。更无城郭,空有山川。地僻多风,黄羊、野马,日见千群万群,□□羱羝,时逢十队五队。似(以)契丹为东界,吐蕃作西邻;北倚穷荒,南临大汉。当心而坐,其富如云。毡袭之帐,每日调弓;孤格之军,终朝错箭。将斗战为业,以猎射为能。不蚕而衣,不田而食。既无谷麦,噉肉充粮。少有丝麻,织毛为服。夫突厥法用,贵壮贱老,憎女忧男。怀鸟兽之心,负犬戎之意。□(冬)天逐暖,即向山南;夏月寻凉,便居山北。河(何)惭尺壁(璧),宁谢寸阴!直为作处,伽陀人多出来掘强,若道一时一饷,犹可安排;岁久月深,如何可度!妾闻:"邻国者,大而[□](大),小而[□](小);强自强,弱自弱。何用逞雷电之意气,争烽火之声[□](威),独乐一身,苦他万姓!"

单于见明妃不乐。唯传一箭,号令□(攒)军。且有赤狄、白狄、黄头、紫头,知策明妃,皆来庆贺。须□(臾)命骡驼柘(橐)驼,丛丛作舞,仓牛乱歌。百姓知单于意,单于识百姓心。良日可惜,吉日难逢。遂拜昭军(君)为烟脂皇后。故□(入)国随国,入乡随乡,到蕃里还立蕃家之名。策拜号作烟脂贵氏处若为陈[□](说):

传闻突厥本同威,每唤昭军(君)作贵妃。
呼名更号烟脂氏,犹恐他嫌礼度微。
牙官少有三公子(紫),首领多饶五品绯。
屯下既称张毳幕,临时必请定门旗。
捶钟击鼓千军喊,叩角吹螺九姓围。

瀚海上由（尚犹）鸣夐夐，阴山的是振（颤）危危。
樽前校尉歌《杨柳》，坐上将军舞乐（落）晖。
乍到未闲（娴）胡地法，初来且着汉家衣。
冬天野马从他瘦，夏月牦牛任意肥。
边塞忽然闻此曲，令妾愁肠每意（忆）归。
蒲桃未必胜春酒，毡帐如何及彩帏！
莫怪适来频下泪，都为残云度岭西。

上卷立铺毕，此入下卷。

明妃既策立，元来不称本情；可汗将为情和，每有善言相向。"异方歌乐，不解奴愁；别域之欢，不令人爱。"单于见他不乐，又传一箭，告报诸蕃，非时出腊（猎），围绕烟熖山，用昭军（君）作中心，万里攒军，千兵逐兽。昭军（君）既登高岭，愁思便生，遂指天叹帝乡而日处，若为陈说：

单于传告报诸蕃，各自排兵向北山。
左边尽着黄金甲，右伴芬云（纷纭）似锦团。
黄羊野马捻枪拨，麋鹿从头吃箭川（穿）。
远指白云呼"且住，听奴一曲《别乡关》：
妾家宫苑住秦川，南望长安路几千。
不应玉塞朝云断，直为金河夜蒙（梦）连。
烟熖山上愁今日，红粉楼前念昔年。
八水三川如掌内，大道青楼若眼前。
风光日色何处度，春色何时度酒泉？
可笑轮台寒食后，光景微微上（尚）不传。
衣香路远风吹尽，朱履途遥蹬镫穿。
假使边庭突厥宠，终归不及汉王怜。
心惊恐怕牛羊吼，头痛生曾（憎）乳酪膻。
一朝愿妾为红（鸿）鹤，万里高飞入紫烟。
初来不信胡关险，久住方知虏塞□。
祁（岐）雍更能何处在，只应弩那白云边。"

昭军（君）一度登山，千回下泪，慈母只今何在？君王不见追来。当嫁单于，谁望喜乐？良由画匠，捉妾陵持，遂使望断黄沙，悲连紫塞，长辞赤县,永别神州。虞舜妻贤,啼能变竹;杞良(杞梁)妇圣,哭烈(裂)长城。乃可恨积如山,愁盈若海。单于不知他怨,至夜方归。虽还至帐,卧仍不去(起)。因此得病,渐加羸瘦。单于虽是蕃人,不那夫妻义重,频多借问。明妃遂作遗言,略述平生,留将死处若为陈说:

"妾嫁来沙漠,经冬向晚时。

和明(鸣)以合调,翼以当威仪。

红脸偏承宠,青蛾侍妾时。

妾貌如红线,每怜岁寒期。

今果遭其病,容华渐渐衰。

五神俱总散,四代(大)的危危。

月华未映塞,风树已惊枝。

炼药须岐伯,看方要巽离。

此间无《本草》,何处觅良师!

孤鸾视犹影(影犹)[□□],龙剑非人常(尚)忆雌。

妾死若留故地葬,临时□(请)报汉王知。"

单于答曰:

"忆昔辞鸾(銮)殿,相将出雁门。

同行复同寝,双马覆(复)双奔。

度岭看玄(悬)瓮,临行望覆盆。

到来蕃里重,长愧汉家恩。

饮食盈帔案,蒲桃满颌樽。

元来不向口,交(教)命若何存?

奉(凤)管长休息,龙城永绝闻。

画眉无旧泽,泪眼有新恨(痕)。

愿为宝马连长带,莫学孤蓬剪断根。

公主亡时仆亦死,谁能在后哭孤魂!"

从昨夜已来,明妃渐困,应为异物,多不成人。单于重祭山川,再求日月,百计寻方,千般求术,纵令春尽,命也何存!可惜□□(明妃),□(奄)从风烛。故知生有地,死有处。恰至三更,大命方尽。单于脱却天子之服,还着庶人之裳,披发临丧,魁渠并至。骁(晓)夜不离丧侧,部落岂敢东西?日夜哀吟,无由暂楼(辍),悯悲切调,乃哭明妃处若为陈说:

昭军(君)昨夜子时亡,突厥今朝发使忙。

三边走马传胡命,万里非(飞)书奏汉王。
单于是日亲临哭,莫舍须臾守看丧。
解剑脱除天子服,披头还着庶人裳。
衙官坐泣刀离(劙)面,九姓行哀截耳珰。
[□□□□□□□],架上罗衣不重香。
可昔(惜)未殃(央)宫里女,嫁来胡地碎红妆。
首领尽如云雨集,异口皆言斗战场。
寒风入帐声犹苦,晓日临行哭未殃(央)。
昔日同眠夜即短,如今独寝觉天长。
何期远远离京兆,不忆(意)冥冥卧朔方。
早知死若埋沙里,悔不教君还帝乡!

表奏龙庭。敕未至,单于唤丁宁(灵)塞上卫律,令知葬事。一依蕃法,不取汉仪,棺椁穹庐,更别方圆。千里之内,以伐醮(樵)薪;周匝一川,不案□(羊)马。且有奔驼勃律,阿宝蕃人,膳主牦牛,兼能杀马。酿五百瓮酒,杀十万口羊,退犊燖驼,饮食盈川,人伦若海。一百里铺氍毹毛毯,踏上而行;五百[里]铺金银胡瓶,下脚无处。单于亲降,部落皆来。倾国成仪,乃葬昭军(君)处若为陈说:

诗书既许礼缘情,今古相传莫不情。
汉家虽道生离重,蕃里犹[嫌]死葬轻。
单于是日亲临送,部落皆来引仗行。
赌走熊罴(黑)千里马,争来竞逞五军兵。
牛羊队队生埋圹,仕女芬芬(纷纷)笲入坑。
地上筑坟犹未了,泉下惟闻叫哭声。
蕃家法用将为重,汉国如何辄肯行?
若道可汗倾国葬,焉知死者绝妨生!
黄金白玉莲(连)车载,宝物明珠尽库倾。
昔日有秦王合国葬,校料昭军(君)亦未平。
坟高数尺号青冢,还道军人为立名。
只今葬在黄河北,西南望见受降城。

故知生有地,死有处,可惜明妃,奄从风烛。八百余年,坟今上(尚)在。后至孝哀皇帝,然发使和蕃。遂差汉使杨少徵杖节来吊。金重锦韬(绦)缯,入于虏廷,慰问蕃王。单于闻道汉使来吊,倍加喜悦,光依礼而受汉使吊。宣哀帝问，遂出祭词处若为陈说：

明明汉使达边隅，禀禀（凛凛）蕃王出帐趋。
大汉称尊成命重，高声读敕吊单于：
"昨感来表知其向（况），今叹明妃奄逝殂。
故使教臣来吊祭，远道兼问何所须。
此间虽则人行义，彼处多应礼不殊。
附（驸）马赐其千匹彩，公主仍留十斛珠。
虽然与朕山河隔，每每怜卿岁月孤。
秋末既能安葬了，春间暂请赴京都。"
单于受吊复含啼，汉使闻言悉以悲。
"丘山义重恩难舍，江海虽深不可齐。
一从别汉归连北，万里长怀霸岸西。
闲时净（静）坐观羊马，闷即徐行悦鼓鼙。
嗟呼数月遭非祸，谁为（谓）今冬急解奚（携）？
乍可阵头失却马，那堪向老更亡妻！
灵仪好日须安厝，葬事临时不敢稽。
莫怪帐前无扫土，直为啼多旋作泥。"

汉使吊乞，当即便回。行至蕃汉界头，遂见明妃之冢。青冢寂辽（寥），多经岁月。使人下马，设乐沙场，肉非单布，酒必重倾。望其青冢，宣哀帝之命，乃述祭词：

维年月日，谨以清酌之奠，祭汉公主王昭军（君）之灵。惟天降之精，地降之灵，姝［丽］越世之无比，婷约倾国而陟娉。丹青写刑（形）远稼（嫁），使凶（匈）奴拜首，万代信义号罢征。贤感五百年间出，德应黄河号一清。祚永长传万古，图书且载著佳声。呜呼嘻噫！存汉室者昭军（君），亡桀纣者妲己。丽姿两不专矜，夸誉皆言为美。捧荷和国之殊功，金骨埋于万里。嗟呼！［永］别［翡］翠之宝帐，长居突厥之穹庐。时也，黑山壮气，扰攘凶（匈）奴；猛将降丧，计竭谋穷。漂遥（嫖姚）有惧于猃狁，卫霍怯于强胡；不稼（嫁）昭军（君），紫塞难为运策定。单于欲别，攀恋拜路跪。嗟呼！身殁于蕃里，魂兮岂忘京都。空留一冢齐天地，岸兀青山万载孤。

（一）《王昭君变文》的特点

《王昭君变文》是在历代有关王昭君的历史记录、民间传说及文人吟咏基础上的再创作，所以在许多方面都有对此前咏昭君诗文的传统意象的延续和继承，如它沿用了"画匠"误人的故事，用相当多的笔墨描写边塞风光，强调边地与中原距离的遥远，继承了此前诗文中出塞、思乡和悲怨的内容与情怀等。但与此前的昭君题材作品相比，变文又具有自身的独到之处。

因为残缺，变文只留下昭君出塞以后的故事，在所见到的描写中，较少涉及昭君的外在容貌，而更多对其内心情感和思想的描述。变文继承了传统昭君题材作品中的"昭君怨"主题，强调其对不得汉帝宠幸之怨（"昭军（君）一度登山，千回下泪，慈母只今何在？君王不见追来。当嫁单于，谁望喜乐？良由画匠，捉妾陵持，遂使望断黄沙，悲连紫塞，长辞赤县，永别神州""假使边庭突厥宠，终归不及汉王怜"），对异域艰苦环境之怨（"可笑轮台寒食后，光景微微上（尚）不传""心惊恐怕牛羊吼，头痛生曾（憎）乳酪膻""此间无《本草》，何处觅良师"），对思念故国而不得还乡之怨（"异方歌乐，不解奴愁；别域之欢，不令人爱""蒲桃未必胜春酒，毡帐如何及彩帏""烟焰山上愁今日，红粉楼前念昔年"）。这些怨情，使昭君显得始终无法融入边地的生活，所以是"苦复重苦，怨复重怨"。但其可贵之处在于，即使是在如此艰苦的条件下，她仍努力地完成其和亲的重任。她提到前代的榜样："虞舜妻贤，啼能变竹；杞良（杞梁）妇圣，哭烈（裂）长城。"所以她尽己之所能，履行身为"烟脂皇后"的职责："妾嫁来沙漠，经冬向晚时。和明（鸣）以合调，翼以当威仪。"之所以如此，是因为昭君对时局有自己的思考：

妾闻："邻国者，大而[□]（大），小而[□]（小）；强自强，弱自弱。何用逞雷电之意气，争烽火之声[□]（威），独乐一身，苦他万姓！"

这段议论中指出，边地人对中原持续不断的掠夺给百姓带来了深重的灾难，强调了国与国之间，无论大小强弱，都应平等相待、和睦相处，对相互攻伐、侵扰百姓之举予以了否定和抨击。这样的议论出自昭君之口，使她具有了高人一筹的政治见识，也使变文具有了很强的时事性和针对性。

变文对王昭君的和蕃贡献给予了前所未有的评价和赞颂。《王昭君变文》结尾汉使宣读的祭词云：

呜呼嘻噫！存汉室者昭军（君），亡桀纣者妲己。丽姿两不专矜，夸誉皆言为美。捧荷和国之殊功，金骨埋于万里。嗟呼！[永]别[翡]翠之宝帐,长居突厥之穹庐。时也,黑山壮气,扰攘凶(匈)奴;猛将降丧,计竭谋穷。漂遥(嫖姚)有惧于猃狁,卫霍怯于强胡;不稼(嫁)昭军(君),紫塞难为运策定。

将王昭君赞为"存汉室"的功臣,定紫塞的元勋。班固在《汉书·匈奴传》中论曰:"至孝宣之世,承武帝奋击之威,直匈奴百年之运,因其坏乱几亡之厄,权时施宜,覆以威德,然后单于稽首臣服,遣子入侍,[三]世称藩,宾于汉庭。是时边城晏闭,牛马布野,三世无犬吠之警,黎庶亡干戈之役。"①这里面,应当有昭君和亲的功劳在,但史书中并未点出。变文可以说是在此基础上的发挥,将汉匈的和睦关系完全系于昭君一人之身。如此高的评价,是历代咏昭君诗文中所不多见的。中唐诗人张仲素《王昭君》是以昭君为主题的诗歌中对昭君贡献评价最高者:"仙娥今下嫁,娇子自同和。剑戟归田尽,牛羊绕塞多。"但与变文中的祭词相比,似乎仍然有些相形见绌。这也就使变文中的昭君形象分外高大起来。

除了昭君外,变文还对蕃王做了大量正面描写。如王昭君因思乡心切,心情忧郁时,"单于见明妃不乐。唯传一箭,号令□(攒)军"。"明妃既策立,元来不称本情;可汗将为情和,每有善言相向。……单于见他不乐,又传一箭,告报诸蕃,非时出腊(猎),围绕烟焰山,用昭军(君)作中心,万里攒军,千兵逐兽。"为了博昭君一笑,他竟让诸蕃非时出猎,摆出声势浩大的场面,可谓用心良苦。昭君生病时,"单于虽是蕃人,不那夫妻义重。频多借问。"一句"夫妻义重",将昭君在他心头的分量揭了出来。昭君弥留之际,单于对她说:"忆昔辞鸾(銮)殿,相将出雁门。同行复同寝,双马覆(复)双奔。……愿为宝马连长带,莫学孤蓬剪断根。公主亡时仆亦死,谁能在后哭孤魂!"言语之间,都是对过往美好的回忆,以及对昭君的不舍之情。"单于重祭山川,再求日月,百计寻方,千般求术,纵令春尽,命也何存!"说明他用尽了所有的力气,想留住昭君的生命。昭君死后,"单于脱却天子之服,还着庶人之裳,披发临丧,魁渠并至。骁(晓)夜不离丧侧,部落岂敢东西?日夜哀吟,无由暂棳(辍),怆悲切调……单于是日亲临哭,莫舍须臾守看丧。解剑脱除天子服,披头还着庶人裳。……寒风入帐声犹苦,晓日临行哭未殃(央)。昔日同眠夜即短,如今独寝觉天长。何期远远离京兆,不忆(意)冥冥卧朔方。早知死若埋沙里,悔不

---

① [汉]班固:《汉书》卷九十四下《匈奴传下》,北京:中华书局,1962年,第3832-3833页。

教君还帝乡!"如果说葬礼的隆重与其身份地位颇多关联的话,"早知死若埋沙里,悔不教君还帝乡"所传达的愧疚之情则是对昭君的爱情的真情表达,只有在充分理解她的心理的情况下,一个堂堂君王才可能说出这样的话来。汉使来后,单于又有一番深情告白:"丘山义重恩难舍,江海虽深不可齐。一从别汉归连北,万里长怀霸岸西。闲时净(静)坐观羊马,闷即徐行悦鼓鼙。嗟呼数月遭非祸,谁为(谓)今冬急解奚(携)?乍可阵头失却马,那堪向老更亡妻!灵仪好日须安厝,葬事临时不敢稽。莫怪帐前无扫土,直为啼多旋作泥。"这时的单于已忘却了君王之尊,只是一个失去了深爱的妻子的普通男人,他的眼泪就是他的真情的见证。所有这些文字,将一个对昭君一往情深、千方百计博她欢喜、昭君死后悲痛欲绝的蕃王形象刻画得栩栩如生。也就是说,在变文中,蕃王是仅次于昭君的又一重要人物,他对昭君的宠爱、对汉使到来的喜悦,都使他成为一个令人赞赏和同情的角色。而在变文以前的诗文中,可汗或蕃王的形象很少出现,几乎可以忽略不计。从这一点来推测,变文是有意地将蕃王描写成一个多情重义的形象,以此来模糊他与中原王朝之间的矛盾,强调了两地间的和睦关系。

值得注意的是,虽然变文中对蕃王进行了正面刻画,却也多次提及"汉王":"假使边庭突厥宠,终归不及汉王怜。""慈母只今何在?君王不见追来。""孤鸾视犹影(影犹)[□□],龙剑非人常(尚)忆雌。""妾死若留故地葬,临时□(请)报汉王知。"这样的诗句让人联想到一个对"汉王"一往情深、对爱情充满向往的宫女形象。既然"蕃王"如此爱昭君,昭君对此也深有感知,却仍然念念不忘徒有虚名的"汉王"之怜,不能不让人生出许多感叹。实际上,此处的"汉王"可以说并非君主个人,他是家国的象征,那么对汉王的思念,也就是对故土的思念,反映了边地百姓的心态。

《王昭君变文》中的一个突出的特点是对北地风光及少数民族习俗的描写。

行经数月,途程向尽,归家啼遥。迅昔不停,即至牙帐。更无城郭,空有山川。地僻多风。黄羊、野马,日见千群万群,□□羝羖,时逢十队五队。似(以)契丹为东界,吐蕃作西邻;北倚穷荒,南临大汉。当心而坐,其富如云。毡裘之帐,每日调弓;孤格之军,终朝错箭。将斗战为业,以猎射为能。不蚕而衣,不田而食。既无谷麦,嗷肉充粮。少有丝麻,织毛为服。夫突厥法用,贵壮贱老,憎女忧男。怀鸟兽之心,负犬戎之意。□(冬)天逐暖,即向山南;夏月寻凉,便居山北。

变文还描述了蕃人非时出猎时的壮大景象:"单于传告报诸蕃,各自排兵向北山。左边尽着黄金甲,右伴芬云(纷纭)似锦团。黄羊野马捻枪拨,麋鹿从头吃箭川(穿)。"从这些文字中,我们可以看到典型的北地景象:山川一望无际,点缀着成群的黄羊、野马以及毡裘之帐。"突厥"的习俗则是吃肉食,衣毛服,以打猎为生,贵壮贱老,憎女爱男,随季节变换,逐水草而居。这正是历来咏昭君歌辞反复吟咏的内容,只是变文的叙述特点,决定了它可以用更多的笔墨来进行细致的描写。

变文更借昭君之死,详细描写了北方少数民族的葬仪:"衙官坐泣刀离(剺)面,九姓行哀截耳珰。""千里之内,以伐醮(樵)薪;周匝一川,不案□(羊)马。且有奔驼勃律,阿宝蕃人,膳主牦牛,兼能杀马。酝五百瓮酒,杀十万口羊,退犊燖驼,饮食盈川,人伦若海。一百里铺氍毹毛毯,踏上而行;五百[里]铺金银胡瓶,下脚无处。单于亲降,部落皆来。"文中尤其提到了以人殉葬的习俗:"单于是日亲临送,部落皆来引仗行。赌走熊罴(黑)千里马,争来竞逞五军兵。牛羊队队生埋圹,仕女芬芬(纷纷)耸入坑。地上筑坟犹未了,泉下惟闻叫哭声。"变文作者对此专门加以评论:"蕃家法用将为重,汉国如何辄肯行?若道可汗倾国葬,焉知死者绝妨生!"

很显然,变文作者对北地的风光与习俗十分了解,尽管昭君对此有所不适应,尽管变文对其中某些不人道的风俗有所批判,但我们仍能看出变文作者对边地壮美风情的激赏之情,这也就使变文具有了刚柔相济的风格特征。

《王昭君变文》的另一特点是,与其他变文作品相比,它的文学性较为浓厚,趋于雅化。变文说白的部分采用了骈俪言辞与口语化语言相结合的方式,达到了雅俗共赏的效果。如:"汉女愁吟,蕃王笑和,宁知惆怅,何别声哀。管弦马上横弹,节会途间常奏。侍从寂寞,如同丧孝之家,遣妾攒蚓,伏(复)似败兵之将。庄子云何者:'所好成毛羽,恶者城(成)疮癣;爱之欲求生,恶之欲求死。'妾闻:'居塞北者,不知江海有万斛之船;居江南之人,不知塞北有千日之雪。'"这段文字,既以骈语描写昭君出塞时的日常,又引用具有谚语性质的话语来佐证心情,达到了很好的叙事效果。至于接下来对北地风光和习俗的描述,也可见出变文作者的叙述功力。

韵文部分,作者则采用了乐府歌辞的写作手法,加强叙事效果,描写人物心理。如:

妾家宫苑住秦川，南望长安路几千。不应玉塞朝云断，直为金河夜蒙（梦）连。烟焰山上愁今日，红粉楼前念昔年。八水三川如掌内，大道青楼若眼前。风光日色何处度，春色何时度酒泉？可笑轮台寒食后，光景微微上（尚）不佳。衣香路远风吹尽，朱履途遥蹋镫穿。假使边庭突厥宠，终归不及汉王怜。心惊恐怕牛羊吼，头痛生曾（憎）乳酪膻。一朝愿妾为红（鸿）鹤，万里高飞入紫烟。初来不信胡关险，久住方知虏塞□。祁（岐）雍更能何处在，只应弩那白云边。

这首《别乡关》，是变文中最具文学意味的诗歌，平声用韵，平仄合度，诗句两两相对，而且对仗工稳。诗歌抒发了对"长安"的思念之情、对边地生活的不适应，希望有朝一日重返故里的愿望，以及愿望无法实现的无奈和惆怅。

值得一提的是，变文最后的祭词部分似乎没有前文那么流利顺通，这可能是变文在抄录时出现的问题，不应简单地将之视为变文的瑕疵。

《王昭君变文》之所以会有以上这些与同类题材作品所不同的特色，与其创作时间、时代背景和创作目的等都有密切的关联。

（二）《王昭君变文》的创作时间

《王昭君变文》中有一些文字为判断变文大体创作时间提供了线索。其中最重要的一条，是被众人广泛引用的一段话："故知生有地，死有处，可惜明妃，奄从风烛。八百余年，坟今上（尚）在。"不管其时间准确与否，可以肯定的是，变文作于唐时期。很多学者都是根据这一段内容对变文的创作时间做出了推断。容肇祖认为："从竟宁元年（纪元前33年），到唐代大历二年（纪元后767年）已有八百年，到宣宗大中十一年（857）便有八百九十年。这大约是这时期的作品。"[1] 张寿林认为是唐末诗人所作，说"这部《明妃传》可以代表公元五百八十年左右的昭君故事"[2]。郑文认为，变文"创作的时间，必然在大中之前，甚至远在大中之前，也就是远在847年之前"，"因而我臆测《变文》的酝

---

[1] 容肇祖：《唐写本明妃传残卷跋》，《民俗周刊》1928年第27-28期合刊。
[2] 张寿林：《王昭君故事演变的点点滴滴》，《文学年报》1932年第1期。

酿、产生约在贞元之末"①。高国藩则认为《王昭君变文》创作于盛唐时期②。诸论都是从汉竟宁元年(前33)向后推八百余年的结果。然我们知道,竟宁元年是昭君出塞的时间,并非昭君的死期。虽说《王昭君变文》说昭君"妾嫁来沙漠,经冬向晚时",随即香消玉殒,但这并非事实。翦伯赞先生作王昭君年谱,起于汉宣帝甘露元年(前53),止于东汉光武帝建武六年(30)③,张传玺先生认为这有一定的道理,因为甘露元年是"汉、匈关系的一个重要转变时期。从王昭君个人来说,这一年可能是她的生年或接近于生年"。而"止于建武六年,显然超出了作'年谱'的常例。……我们所知王昭君最后的事迹,是汉成帝鸿嘉元年(前20)复株累若鞮单于死,她从此寡居。此后,对她再无所知。为王昭君作年谱,可以止于此时。但考虑到王昭君在汉、匈关系中所起的重要作用,有必要将年谱的时间向后延伸"④。笔者曾在前人考证的基础上,提出《王昭君变文》创作于建中二年(781)至大中二年(848)之间的看法,⑤但现经过对文献的更详细分析,认为可将其创作阶段略向后推延数年。

判断《王昭君变文》创作时间的一条重要线索,是变文中提到的突厥疆界:"似(以)契丹为东界,吐蕃作西邻;北倚穷荒,南临大汉。"首先我们要确定,这段话并不是对突厥疆界的准确描述,而只是概而论之,但我们仍可据此大致推断其创作时间的上限。这其中最令人注意的是"吐蕃作西邻"之句。根据史书记载,吐蕃属西羌,"未始与中国通",直到唐太宗贞观八年,"始遣使来朝"⑥。此时吐蕃尚处于西南一隅,与此时已经式微的突厥及余部隔着唐陇右道及吐谷浑部,并不直接接壤,因此谈不上与之为邻。在突厥之后,称霸唐北境的是回纥。《新唐书》卷二百一十七《回鹘传上》:天宝三载(744),回纥骨力裴罗自立为骨咄禄毗伽阙可汗,"天子以为奉义王,南居突厥故地,徙牙乌德鞬山、昆河之间……悉有九姓之地。……明年,裴罗又攻杀突厥白眉可

---

① 郑文:《王昭君变文创作时间臆测》,《西北师院学报》1983年第4期。
② 高国藩:《敦煌本王昭君故事研究》,《敦煌学辑刊》1989年第2期。
③ 翦伯赞:《王昭君家世、年谱及有关书信》,《北京大学学报(哲学社会科版)》1982年第6期。
④ 张传玺:《关于王昭君的几个问题——读翦老〈王昭君家世、年谱及有关书信〉》,《北京大学学报(哲学社会科版)》1982年第6期。
⑤ 邵文实:《敦煌边塞文学研究》,兰州:甘肃教育出版社,2007年,第170-173页。
⑥ [宋]欧阳修,[宋]宋祁:《新唐书》卷二百一十六《吐蕃传上》,北京:中华书局,1975年,第6073页。

汗……斥地愈广，东极室韦，西金山，南控大漠，尽得古匈奴地"。这时回纥的西部边界在金山。《读史方舆纪要》卷六十五"金山"条："在庭州东南、西州西北。此西域之金山也。山形如兜鍪，俗谓兜鍪为突厥。突厥之先，兴于金山之阳。盖以山形为号。亦谓之金沙岭，一名金岭。……又开元中，改西州曰金山都督府，亦以山名，又谓之金娑山。"所以金山既可是山名，也可是金山都护府之名。① 金山都护府的治所先在伊州，后迁庭州。655年11月，昆陵都护府复置，金山都护府因此而废②，"长安二年（702），改为北庭都护府。……东至回鹘界一千七百里"③。据此可知，回纥西界即唐北庭都护府之东界。但是，"上元元年，河西军镇多为吐蕃所陷。……其后，吐蕃急攻沙陀、回鹘部落，北庭、安西无援，贞元三年，竟陷吐蕃"④。也就是说，当吐蕃攻陷了北庭都护府后，回纥的西界才在理论上真正与吐蕃为邻。《旧唐书》之《地理志》将北庭的陷落时间定在贞元三年（787），然其《回纥传》《吐蕃传》及《德宗本纪》都记为贞元六年（790）。⑤ 考虑到吐蕃彻底占领北庭前北庭都护府已形同虚设，且吐蕃一直在此地区与回鹘作战，故以贞元三年为两者接界时可以说是较为合理的。

据此又可推定《王昭君变文》创作的下限。《旧唐书·回纥传》记录，开成初（836），回纥开始出现内乱，臣子与可汗间互相攻杀，纷争不断，"有回鹘相驭职者，拥外甥厐特勤及男鹿并遏粉等兄弟五人、一十五部西奔葛逻禄，一支投吐蕃，一支投安西。又有近可汗牙十三部，以特勤乌介为可汗，南来附汉"⑥。

---

① ［后晋］刘昫等：《旧唐书》卷四十《地理志三》"高昌"条："贞观十四年（640）讨平之，以其地为西州，其高昌国境东西八百里，南北五百里，寻置都督府，又改为金山都督府。"《太平寰宇记》卷一百五十六"废西州"条："唐贞观十四年（640）讨平之，以其地置西州，兼升为都督府，仍主三县，开元中，改为金山都护府。"两相参校，知《旧唐书·地理志》及《读史方舆纪要》中的"都督府"当为"都护府"之误。

② 薛宗正：《金山都护府钩沉》，《新疆师范大学学报（社会科学版）》，1985年第1期，第25-31页。

③ ［后晋］刘昫等：《旧唐书》卷四十《地理志三》，北京：中华书局，1975年，第1645-1646页。

④ ［后晋］刘昫等：《旧唐书》卷四十《地理志三》，北京：中华书局，1975年，第1647页。

⑤ 分别见《旧唐书》卷一百九十五《回纥传》，北京：中华书局，1975年，第6125页；《旧唐书》卷一百九十六《吐蕃传下》，北京：中华书局，1975年，第5257页；《旧唐书》卷八十三《德宗本纪下》，北京：中华书局，1975年，第371页。

⑥ ［后晋］刘昫等：《旧唐书》卷一百九十五《回纥传》，北京：中华书局，1975年，第5213页。

至此,一度强大的回纥分崩离析。与此同时,随着吐蕃赞普郎达磨遇刺身亡,吐蕃也内乱不止,加上国内灾荒不断,吐蕃在河陇地区的统治岌岌可危。大中二年(848),沙州百姓在张议潮的带领下发动起义,赶走了占领敦煌近百年的吐蕃,大中四年(850),张议潮"奉瓜、沙、伊、肃、甘等十一州地图以献……帝嘉其忠,命使者斋诏收慰,擢议潮沙州防御使,俄号归义军,遂为节度使。……咸通二年,议潮奉凉州来归。七年,北庭回鹘仆固俊击取西州,收诸部。鄜州城使张季颙与尚恐热战,破之,收器铠以献。吐蕃余众犯邠宁,节度使薛弘宗却之。会仆固俊与吐蕃大战,斩恐热首,传京师。"①至此,吐蕃在河西、陇右及北庭等地的统治彻底宣告结束,这也就意味着,吐蕃与回纥的"西邻"关系宣告结束。所以,我们可以将《王昭君变文》的创作下限定于仆固俊斩吐蕃尚恐热的咸通七年(866)。

至此,我们再回过头来看变文中"故知生有地,死有处,可惜明妃,奄从风烛,八百余年,坟今上(尚)在"的句子。从汉成帝鸿嘉元年(前20)最后一次有关昭君事迹的记录后推,至贞元三年(787)为807年,至咸通七年(866)为886年,这完全符合"八百余年"之说。所以我们可以断定,《王昭君变文》创作于787—866年之间。

(三)《王昭君变文》中的蕃王考

《王昭君变文》的创作时间既已确定,而且已知其描述的突厥疆域实际上是回纥疆域,这就不能不引起我们对文中的"蕃王"的进一步兴趣。郑文先生在《〈王昭君变文〉创作时间臆测》一文指出,变文提到"突厥"的共有5处,而提到"吐蕃"或"蕃"字的共计17处,因此认为"这就表现出这篇《变文》,不是在突厥境地创造出来的,而是在吐蕃国内创造出来的"②。他的论据是,"蕃"是"吐蕃"的简称,"我国古代各民族中是只有吐蕃才可以真正叫做蕃的,其他各兄弟民族没有也不能叫做蕃"。他的这个论据并不充分,因为纵观史籍便会

---

① [宋]欧阳修,[宋]宋祁:《新唐书》卷二百一十六《吐蕃传下》,北京:中华书局,1975年,第6108页。
② 郑文:《〈王昭君变文〉创作时间臆测》,《西北师院学报》1983年第4期,第28页。

发现,在唐朝,不少北方及西北少数民族乃至大食等国人都被称作"蕃",[①]且史籍称回纥为"蕃"的例子也非常之多,如《新唐书·回鹘传上》:"龙朔中,以燕然都护府领回纥,更号瀚海都护府,以碛为限,大抵北诸蕃悉隶之。"《旧唐书·回纥传》:"秋七月丁亥,诏以幼女封为宁国公主出降。……翼日,册公主为可敦,蕃酋欢欣曰:'唐国天子贵重,将真女来。'"《唐会要》卷六《和蕃公主》中,举了四位与回纥和亲的唐公主。这都说明,变文中的"蕃王"并非专指吐蕃赞普。况且,变文三处提及"蕃王"处,有两处是为了对仗:"汉女愁吟,蕃王笑和";"明明汉使达边隅,禀禀(凛凛)蕃王出帐趋"。另外一处,也是说汉使"入于虏廷,慰问蕃王",接下来的一句则是"单于闻道汉使来吊,倍加喜悦",这也表明,"蕃王"在变文中泛指"蕃人之王",而非专指吐蕃之王。又变文在提及突厥领地时,更有"吐蕃作西邻"语,说明两者乃并置的关系。事实上,变文中"蕃王"的专有名称是"单于"(20处)和"可汗"(2处),单于是对匈奴领袖的称呼,"可汗"则为后来的突厥和回纥常用。对照《王昭君变文》中的内容,我们可以推断,变文中的单于或可汗,实际上影射的是回纥可汗。

1. 从《王昭君变文》所涉及的相关部族来看

王昭君变文中除了提到与之交界的吐蕃、契丹外,还提及九姓("搥钟击鼓千军喊,叩角吹螺九姓围""衙官坐泣刀离(剺)面,九姓行哀截耳珰")、骨利干("□□□搜骨利干,边草非(飞)沙纥逻分")、赤狄、白狄、黄头、紫头("且有赤狄、白狄、黄头、紫头,知策明妃,皆来庆贺")等部族,它们或者就是回纥部落,或者与回纥有着紧密的关系。

《新唐书·回鹘传上》:"天宝初,裴罗与葛逻禄自称左右叶护,助拔悉蜜击走乌苏可汗。后三年,袭破拔悉蜜,斩颉跌伊施可汗,遣使上状,自称骨咄禄毗伽阙可汗,天子以为奉义王,南居突厥故地,徙牙乌德鞬山、昆河之间,南距西城千七百里,西城,汉高阙塞也,北尽碛口中三百里,悉有九姓地。九姓者,曰药罗葛,曰胡咄葛,曰㕕罗勿,曰貊歌息讫,曰阿勿嘀,曰葛萨,曰斛嗢素,曰

---

① 例如:《旧唐书》卷一百九十九下《北狄传》:"奚国,盖匈奴之别种也,所居亦鲜卑故地,即东胡之界也,在京师东北四千里余……其人善射猎,好与契丹战争……万岁通天年(696),契丹叛后,奚众管属突厥,两国常递为表里,号曰'两蕃'。"又如贞观二十年(646),唐太宗派左骁卫大将军阿史那社尔等伐龟兹。"社尔既破西蕃处月、处密,乃进师趋其北境……"贞元十四年(798),"诏以黑衣大食使含嵯、焉鸡、沙北三人并为中郎将,各放还蕃"。

药勿葛,曰奚邪勿。"① 其中药罗葛本就是回纥姓氏,其他则是被回纥占领了领地,从而归附了回纥。

《新唐书·回鹘传下》:"骨利干处瀚海北,胜兵五千。……其地北距海,去京师最远,又北度海则昼长夜短,日入烹羊胛,熟,东方已明,盖近日处也。"唐朝曾封其地为玄阙州,"龙朔中,以玄阙州更为余吾州,隶瀚海都督府。"② 主持瀚海都督府的正是回纥,故骨利干也可被视为回纥属下的部落,听命于回纥。

宋程公说撰《春秋分纪》卷八十九《夷附录》赤"狄条":"强者曰潞氏,别种曰东山皋落氏,曰甲氏留吁,曰廧咎如,今潞州潞城县。""白狄"条:"狄之别种,其白狄之别,又有曰肥、鼓、曰鲜虞,今延安府肤施县及祁州鼓城县,鲜虞在今中山府新乐县。"③ 清马骕《绎史》卷八十五:"春秋二百余年之际,与戎狄相终始。……逮宣公之世,狄势始分赤狄、白狄,并见于经,而诸夏之制狄者不一书矣。"④ 可见赤狄、白狄都是春秋时期即已出现的狄族部落。变文所云赤狄、白狄,当泛指唐朝北方的一些包括回纥部族在内的势力较强大的部族。

《新唐书·回鹘传下》:"坚昆,本强国也,地与突厥等……乾元中,为回纥所破,自是不能通中国。后狄语讹为点戛斯,盖回鹘谓之,若曰黄赤面云,又讹为戛戛斯。然常与大食、吐蕃、葛禄相依仗,吐蕃之往来者畏回鹘剽钞,必住葛禄,以待点戛斯护送。"这里的"黄赤面",应当就是变文中所说的"黄头、紫头",可知其被回纥所破后,对之心有忌惮,虽然不得不听命于回纥,但常存异心。"回鹘稍衰,阿热即自称可汗……其将句录莫贺导阿热破杀回鹘可汗,诸特勒皆溃……乃悉收其宝货,并得太和公主……阿热以公主唐贵女,遣使者卫送公主还朝,为回鹘乌介可汗邀取之,并杀使者。"⑤ 它与回鹘的纷争,竟然

---

① [宋]欧阳修,[宋]宋祁:《新唐书》卷二百一十七《回鹘传上》,北京:中华书局,1975年,第6114页。

② [宋]欧阳修,[宋]宋祁:《新唐书》卷二百一十七《回鹘传下》,北京:中华书局,1975年,第6144-6145页。

③ [宋]程公说:《春秋分纪》卷八十九《夷附录》,载于《文渊阁四库全书》第154册,上海:上海古籍出版社,1987年,第1049页。

④ [清]马骕:《绎史》卷八十五,载于《文渊阁四库全书》第366册,上海:上海古籍出版社,1987年,第608页。

⑤ [宋]欧阳修,[宋]宋祁:《新唐书》卷二百一十七《回鹘传下》,北京:中华书局,1975年,第6149-6150页。

影响到唐和亲回纥的太和公主,可见其势力在回鹘衰落后有所抬头。

由以上材料可知,变文中的九姓、骨利干、黄头回鹘、紫头回鹘等,都是唐代回纥帐下部落,《王昭君变文》中屡屡将它们作为听令于单于的部族提及,显然是将回纥牙帐当成了昭君出塞的目的地。

2. 从变文中昭君出塞的路线来看

从《王昭君变文》中出现的地名看,变文中的昭君出塞路线似乎出现了两条线:一条线是往河西、陇右至北庭的路线,可以确定属于这条线上的地名有酒泉、龙勒、轮台;另一条线是往朔方及北地的路线,可以确定属于这条线上的地名有黄芦泊、雁门、可岚屯、瀚海、阴山、悬瓮、受降城;还有几个地名既有可能出现在西北线上,也可能出现在北线上,它们是石堡、金河、黑山;另有存疑地名一:烟焰山。当然昭君是不可能同时走两条线出塞的,西北线和北线必居其一,我们可以分别对这些地名进行考察,来确定变文中昭君实际的出塞路线。

先来看明确属于河西、陇右至北庭一线的地名。

酒泉

《旧唐书》卷四十《地理志三》:"肃州下:武德二年,分隋张掖郡置肃州。八年,置都督府,督肃、瓜、沙三州。贞观元年,罢都督府。贞观中,废玉门县。天宝元年,改为酒泉郡。乾元元年,复为肃州。""酒泉:汉福禄县,属酒泉郡。郡城下有金泉,泉味如酒,故为郡名。此月氏地,为匈奴所灭,匈奴令休屠、昆邪王守之。汉武时,昆邪来降,乃置酒泉郡。"

《新唐书》卷四十《地理志四》"陇右道肃州酒泉郡"条:"武德二年析甘州之福禄、瓜州之玉门置……玉门:中下。贞观元年省,后复置。开元中没吐蕃,因其地置玉门军。"

龙勒

《旧唐书》卷四十《地理志三》:"寿昌:汉龙勒县地,属敦煌郡。县南有龙勒山。"

《新唐书》卷四十《地理志四》"陇右道沙州敦煌郡"条:"县二:有府三,曰龙勒、效谷、悬泉。"

《史记正义》引《括地志》:"(沙州)龙勒山在县南百六十五里。"

无论是龙勒县还是龙勒山,都在沙州境内。

轮台

《旧唐书》卷四十《地理志三》:"轮台:取汉轮台为名。"

《读史方舆纪要》卷六十五《陕西十四·诸夷附考》:"轮台城,在废庭州西北百三十里。汉西域小国也。太初中,李广利伐宛,至轮台,不下,攻屠之。自是而西,平行至宛。又轮台、渠犁皆有汉田卒。武帝轮台之悔,谓轮台西于车师千余里,是也。唐因置轮台县,属庭州。后没于吐蕃。咸通七年北庭回鹘仆固俊收西州,又取轮台城归唐。后荒弃。"

从上述史书记载来看,这几个地名的来龙去脉清晰明确,并无疑议,而且在唐代后期,它们皆没于吐蕃。《新唐书》卷四十《地理志四》陇右道:"自禄山之乱,河右暨西平、武都、合川、怀道等郡皆没于吐蕃,宝应元年又陷秦、渭、洮、临,广德元年复陷河、兰、岷、廓,贞元三年陷安西、北廷,陇右州县尽矣。"

下面再来看北线上的几处地名。

黄芦泊

变文一开始即出现了"緰银北奏黄芦泊"的句子。《旧唐书·回纥传》:长庆二年(822),唐太和公主出发前往回纥和亲,"振武节度使张惟清奏:'准诏发兵三千赴蔚州,数内已发一千人讫,余二千人,待太和公主出界即发遣。'又奏:'天德转牒云:回鹘七百六十人将驼马及车,相次至黄芦泉迎候公主。'"此"黄芦泉"当即变文中的"黄芦泊",正是回纥迎候唐公主处,在天德军附近。天德军,初名大安军(一作天安军),隶属于唐关内道丰州,在唐西受降城。白居易起草的《除周怀义丰州刺史天德军使制》说:"西受降城,尤居边要,西戎、北房,介乎其间。委之郡符,建以戎号,将守之选,宜乎得人。"[①]《读史方舆纪要》卷六十一《陕西十》"榆林镇"条:"西受降城,在废丰州西北八十里。……《通典》:'西城去灵武千余里。'宋白曰:'西城西南至远定城七百里,东北至碛口三百里。'"据此,"黄芦泉"当在天德军附近,离西受降城不远,是唐与回纥交界之地。

雁门

《读史方舆纪要》卷四十《山西二》"太原府代州"条:"雁门关,州北十五

---

① [清]董诰等:《全唐文》卷六百六十一,上海:上海古籍出版社,1990年,第2976页。

里。旧名勾注,亦曰西陉……两山夹峙,形势雄胜。"雁门为历代北塞要地,从汉至唐,其地理位置没有发生过转移,其重要性也一如既往。

可岚屯

《读史方舆纪要》卷四十《山西二》"太原府岢岚州"条:"岢岚州,府西二百八十里。……岚谷废县,今州治。汉汾阳县地也,后汉以后其地大抵荒废。后魏末为岚州地。隋为静乐县地,又置岢岚镇于此。唐为岢岚军。刘昫曰:'唐初宜芳县地也,有岢岚军。长定三年分置岚谷县,神龙二年省。景龙中张仁亶徙其军于朔州,留者号岢岚守捉,隶大同军。开元十二年复置岚谷县,隶岚州。'《新唐书》:'高宗永淳二年以岢岚镇为栅,长安三年改为军。'是也。五代唐复置岢岚军。"变文中的"可岚屯"当为"岢岚屯"之误,指唐岢岚军的屯驻地。

玄(悬)瓮

《读史方舆纪要》卷四十《山西二》"太原府太原县"条:"悬瓮山,县西南十里。一名龙山。晋水所出。山腹有巨石如瓮,水出其中,亦曰汲瓮山,又为结绌山。《水经注》:'悬瓮之山,晋水出焉,其上多玉,其下多铜。'《通志》:'县西八里为龙山,北齐因以名县;又西一里为悬瓮山,皆晋水所出也。'又有风谷山,亦在县西十五里。道出交城、楼烦,唐时为驿道所经。"从位置来看,悬瓮山当距岢岚屯不远。

瀚海

《新唐书·回鹘传上》:"贞观三年,始来朝,献方物。……明年复入朝。乃以回纥部为瀚海,多览葛部为燕然……皆号都督府。……乃拜吐迷度为怀化大将军、瀚海都督,然私自号可汗,署官吏,壹似突厥。"瀚海都督府以回纥首领为都督,自然与瀚海之地有关。

阴山

《读史方舆纪要》卷六十一《陕西十》"榆林镇"条:"阴山,在中受降城东北。去卫千余里。黄河径三受降城南者,汉人谓之北河。河之外,阴山横亘。中外大限,常以此分……唐贞观四年李靖破突厥颉利于阴山,军于碛口,遂斥地自阴山,北至大漠。景龙二年张仁愿筑三受降城,阴山皆为塞内地。至德以后,回鹘盛强,阴山为所侵据。"《王昭君变文》中所谓的"□(冬)天逐暖,即向山南；夏月寻凉，便居山北"，应当就是指阴山之南北。

受降城

唐受降城有东、中、西三受降城，《读史方舆纪要》卷六十一《陕西十》"榆林镇"条："中受降城，在废夏州北八百里。……唐为丰、胜二州地。景龙二年张仁愿于黄河北岸筑三受降城。以拂云堆为中城，南直朔方，西城南直灵武，东城南直榆林。三城各据津要，相距皆四百余里。地皆大碛，斥地三百里而远。开元二年移安北大都护府治中受降，置屯田。"三受降城中，中受降城是前往回纥的必经之路。《新唐书》卷四十三下《地理志七》："中受降城正北如东八十里，有呼延谷，谷南口有呼延栅，谷北口有归唐栅，车道也，入回鹘使所经。"从前面黄芦泊在西受降城附近来看，前往回纥牙帐的路线当先经过中受降城，再至西受降城。

以上地名，集中于北线一带，基本无疑议。

接下来我们看几处两可的地名：

石堡

在史书记载中，唐代石堡有两处。一是《新唐书》卷四十《地理志四》"陇右道鄯州西平郡"条所记：

> 鄯城。中。仪凤三年置。有土楼山。有河源军，西六十里有临蕃城，又西六十里有白水军、绥戎城，又西南六十里有定戎城。又南隔涧七里有天威军，军故石堡城，开元十七年置，初曰振武军，二十九年没吐蕃，天宝八载克之，更名。又西二十里至赤岭，其西吐蕃，有开元中分界碑。

一是《读史方舆纪要》卷六十一《陕西十》"榆林镇"条所记：

> 石堡城，在废夏州东南。隋末，梁师都所置。唐武德初，延州总管段德操击梁师都石堡城。三年师都将石堡留守张举来降。既而其城复为师都所取。五年段德操复自延州攻石堡城，师都自将救之，败去。师都平，城废。

变文中提到石堡的文字是："□（酒）泉路远穿龙勒，石堡云山接雁门。"

从酒泉穿龙勒自然说得通,但如果石堡是鄯州西平郡的石堡,则其"云山接雁门"似乎就过于牵强了,而如果此石堡在夏州东南,往东北不远可至雁门关,云山相接便顺理成章。所以,变文中的石堡当在北线上。

金河

根据史籍,西北线与北线上均有金河地名。P.3451《张淮深变文》写中原政府派使者前往沙州册封张淮深时写道:"丹霄内使人难见,土岭风沙塞草寒。跋涉金河劳俊(骏)骑,深惭常侍降楼兰。"P.2672《金河》诗:"县名标振武,波浪出西凉。直入居延海,分流袭战场。塞城滋黍稷,地利赖金汤。道性通川瀞,风涛怨异乡。"《肃州志》云:"金河,五代晋高居诲《使于阗记》云:'甘州西五百里至肃州,渡金河,西百里出天门关,又西百里出玉门关是也。'"①就此来看,在唐肃州与天门关之间有金河,是西出玉门关的必经之路。

又:

《元和郡县图志》卷四《关内道四》"东受降城条":"东受降城,在朔州北三百五十里。……管县一:金河。金河县,中。郭下。天宝四年置。初,景龙二年,张仁愿于今东受降城置振武军,天宝四年,节度使王忠嗣移于此城内,置县曰金河,即后魏什翼犍所都盛乐之地。道武帝迁都平城,则今云州所理是也。"

《读史方舆纪要》卷四十四《山西六》"大同府"条:"金河在府西北。杜佑曰:'金河上承紫河之水,南流入大河',是也。亦曰金川,北齐主洋天保五年,邀柔然于金川,柔然远遁。隋大业三年,北巡,发榆林,历云中,溯金河,幸突厥启民牙帐,即此。唐因置金河县。"

《太平寰宇记》卷三十八:"青冢在县(金河县)西北,汉王昭君葬于此。"

《通典》卷一百七十九:"金河(原注:有长城,有金河上城,紫河及象水,又南流入河。李陵台、王昭君墓)。"

这些材料所记录的金河既是河水名,也是县名,金河县属东受降城管辖。既然隋文帝北巡时渡过金河到达了突厥牙帐,说明它当在进入北地的常规路线上。而昭君的青冢就在金河县西北,与变文"只今葬在黄河北,西南望见受降城"的叙述相一致。如此,变文中的"金河",当即指昭君青冢所在的金河县,在北线上。

---

① [清]黄文炜:《重修肃州新志》,酒泉:甘肃省酒泉县博物馆,1984年,第406页。

黑山

同样,在西北线和北线上,唐代都出现过"黑山"这一地名。

《肃州志》:"黑山,在镇夷东北二十里,一名紫塞,与合黎山相接,土石多黑,望之黯然。"①

《读史方舆纪要》卷六十五《陕西十四·诸夷附录》:"黑山,在焉耆西。唐开元末,夫蒙灵察为四镇节度使,会达奚诸部叛,自黑山西趣碎叶,灵察遣高仙芝追殪之。"

《读史方舆纪要》卷六十一《陕西十》"榆林镇"条:"黑山,在镇南十里。……又有黑山,在中受降城正北稍东八十里。亦谓之杀狐山,亦谓之呼延谷。……唐调露初,裴行俭大破突厥余党阿史那泥孰匐于呼延谷。开元四年突厥降户畔。郭知运以朔方兵邀击于黑山呼延谷,大破之。至德初,同罗突厥诸部作乱,朔方帅郭子仪约回纥兵讨之。回纥至带汗谷,与子仪军合,大破叛胡于榆林河。带汗谷,即呼延谷之讹矣。又元和初,回鹘以三千骑至鹈鹕泉、振武,以兵屯黑山。会昌三年麟州刺史石雄出振武,大破回鹘之众于杀狐山。"

显然,在中国北方有不少地方都名"黑山",并且都不是平静之地。肃州之黑山又名紫塞,似乎与变文之昭君祭文中的"黑山壮气,扰攘凶(匈)奴……不稼(嫁)昭军(君),紫塞难为运策定"较相合。但实际上,变文中的紫塞并非指黑山,而是北方边塞之代称。晋崔豹《古今注·都邑》:"秦筑长城,土色皆紫,汉塞亦然,故称紫塞焉。"根据祭文文意,"黑山"当为回纥频繁出没地,而肃州之黑山不符合这一条件。在焉耆以西的黑山,出现的是达奚族的叛乱,也可排除在外。中受降城正北的黑山又名呼延谷,既与《新唐书》卷四十三下《地理志七》之"中受降城正北如东八十里,有呼延谷,谷南口有呼延栅,谷北口有归唐栅,车道也,入回鹘使所经"的记录相契合,又多次出现回纥的叛乱,最为符合变文中的描述。所以此黑山也当归于北线。

最后再来看看存疑的烟焰山。变文中两处提及烟焰山,有关《王昭君变文》的注本一般都将之注为燕支山②,即焉支山。若如此,它当在西北这条线上。《旧唐书》卷四十《地理志三》:"删丹:汉县,属张掖郡……居延海、焉支山在县界。删丹山,即焉支山,语讹也。"唐诗人岑参《过燕支寄杜位》云:"燕

---

① [清]黄文炜:《重修肃州新志》,酒泉:甘肃省酒泉县博物馆,1984年,第406页。
② 黄征,张涌泉:《敦煌变文校注》,北京:中华书局,1997年,第167页。

支山西酒泉道,北风吹沙卷白草。"①这说明燕支山去酒泉不远。但在变文中,无论是单于非时出猎处["围绕烟焰山,用昭军(君)作中心"],还是昭君思乡之地("烟焰山上愁今日,红粉楼前念昔年"),都应当是在昭君出塞的最终目的地,即单于牙帐所在地,不应当是在昭君出塞的半途中,所以此处的烟焰山疑为燕然山。东汉班固有《封燕然山铭》②;《古今说海》卷十云:"燕然山:后汉和帝永元元年,窦宪与耿夔出朔方鸡鹿塞,至涿山,与南匈奴兵合。宪分遣精骑与战于稽落山,大破之,八十一部俱降,遂登燕然山,去塞五千余里,刻石勒功,纪汉威德。若夫燕然山者,必在速邪乌之地,而速邪乌必在漠北,而非蓟之燕山也。"所以很有可能,变文作者将燕然山误作了燕支山,从而使其地理方位发生了转移。

从上述考察来看,在整个《王昭君变文》中,出现在西北线上的地名实际只有三个,即酒泉、龙勒和轮台,而其他地名都基本在北线上。实际上,酒泉、轮台等名称,在唐代已经成为边塞的代名词,通常不具实指之意。而北线诸地名多数较为写实,也大都与唐代从长安至回纥牙帐的路线存在关联。我们此处还可用大历四年前往回纥和亲的崇徽公主的出塞路线作为佐证。《新唐书》卷二百一十七《回鹘传下》:"大历三年,光亲可敦卒,帝遣右散骑常侍萧昕持节吊祠。明年,以怀恩幼女为崇徽公主继室,兵部侍郎李涵持节册拜可敦,赐缯彩二万。"也就是说,崇徽公主是于大历四年(769)前往回纥和亲的。唐李山甫作有《阴地关崇徽公主手迹》:"一拓纤痕更不收,翠微苍藓几经秋。谁陈帝子和番策,我是男儿为国羞。寒雨洗来香已尽,澹烟笼著根长留。可怜汾水知人意,旁与吞声未忍休。"③清代倪涛等《六艺之一录》云:

《崇徽公主手痕碑》在汾州灵石,盖唐仆固怀恩女。怀恩,唐功臣,以嫌猜叛入回鹘,没其家入后宫。大历四年,以回鹘请婚,封为崇徽公主,下降可汗,以兵部侍郎李涵往册命。唐都关中,其入回纥道至汾上,此其常也。然托掌石壁,遂以传后,岂怨愤之气盘结于中而不得发,过金石而开者耶。④

---

① [清]彭定求等:《全唐诗》卷二百零一,上海:上海古籍出版社,1986年,第477页。
② [南朝]萧统:《文选》卷五十一,北京:中华书局,1977年,第769页。
③ [清]彭定求等:《全唐诗》卷六百四十三,上海:上海古籍出版社,1986年,第1620页。
④ [清]倪涛等:《六艺之一录》卷八十八《崇徽公主手痕诗》,上海:上海古籍出版社,1991年,第867页。

正如文中所说，崇徽公主的行进路线当是唐代和亲公主前往回纥的常规路线。汾州属唐河东道，"东北至太原府一百七十里"，下辖的灵石县"上北至州一百二十里"，"汾河在县北十步"，① 其地与变文中所提及的悬瓮山、可岚屯都不远。所以，《王昭君变文》中昭君出塞的路线，实际上正是唐和亲公主们自中原至回纥牙帐的路线，即自长安出发，北上石堡城、雁门、悬瓮山、可岚屯、黄芦泊等地至回纥可汗的牙帐所在地瀚海、阴山，而黑山、金河、受降城等地，也都在该线路上。

3. 从变文中所描写的典礼风俗来看

《王昭君变文》描写重大的典礼风俗处有二：昭君受封时，昭君丧葬时。

王昭君抵达单于牙帐后有这样一段描写：

单于见明妃不乐。唯传一箭，号令□（攒）军。且有赤狄、白狄、黄头、紫头，知策明妃，皆来庆贺。须□（史）命骡骈柂（橐）驼，丛丛作舞，仓牛乱歌。百姓知单于意，单于识百姓心。良日可惜，吉日难逢。遂拜昭军（君）为烟脂皇后。故□（入）国随国，入乡随乡，到蕃里还立蕃家之名。策拜号作烟脂贵氏处若为陈[□]（说）：

传闻突厥本同咸，每唤昭军（君）作贵妃。
呼名更号烟脂氏，犹恐他嫌礼度微。
牙官少有三公子（紫），首领多饶五品绯。
屯下既称张毳幕，临时必请定门旗。
捶钟击鼓千军喊，叩角吹螺九姓围。
瀚海上由（尚犹）鸣戛戛，阴山的是掁（颤）危危。
樽前校尉歌《杨柳》，坐上将军舞乐（落）晖。
乍到未闲（娴）胡地法，初来且着汉家衣。

对比《旧唐书·回纥传》记长庆二年太和公主和亲回纥时的礼仪：

既至虏庭，乃择吉日，册公主为回鹘可敦。可汗先升楼东向坐，设毡

---

① ［唐］李吉甫：《元和郡县志》卷十七《河东道四》，载于《文渊阁四库全书》第468册，上海：上海古籍出版社，1987年，第2、5页。

幄于楼下以居公主,使群胡主教公主以胡法。公主始解唐服而衣胡服,以一姬侍,出楼前西向拜。可汗坐而视,公主再俯拜讫,复入毡幄中,解前所服而披可敦服,通裾大襦,皆茜色,金饰冠如角前指,后出楼俯拜可汗如初礼。房先设大舆曲宸,前设小座,相者引公主升舆,回纥九姓相分负其舆,随日右转于庭者九,公主乃降舆升楼,与可汗俱东向坐。自此臣下朝谒,并拜可敦。①

两者颇多相似处:选择吉日册立公主。公主入乡随俗,脱去"汉家衣"或"唐服",换上胡服。更号"烟脂氏"或"可敦"。接受回纥九姓的庆贺。特别是在九姓来贺这一点上,变文中的"捶钟击鼓千军喊,叩角吹螺九姓围"与唐书中"回纥九姓相分负其舆,随日右转于庭者九",成为相互补充的景象。当然,《旧唐书》中对仪式的叙述更为详细具体,而变文则更具宏观视觉画面的描写。

《王昭君变文》中有两处关于昭君葬仪的描写,一是她刚去世时:

"昭军(君)昨夜子时亡,突厥今朝发使忙。
三边走马传胡命,万里非(飞)书奏汉王。
单于是日亲临哭,莫舍须臾守看丧。
解剑脱除天子服,披头还着庶人裳。
衙官坐泣刀离(剺)面,九姓行哀截耳珰。

这里提到了胡地的哀悼习俗:披发而哭,剺面截耳。另一处是举行葬礼时:

汉家虽道生离重,蕃里犹[嫌]死葬轻。
单于是日亲临送,部落皆来引仗行。
赌走熊罴(黑)千里马,争来竞逐五军兵。
牛羊队队生埋圹,仕女芬芬(纷纷)笙入坑。
地上筑坟犹未了,泉下惟闻叫哭声。
蕃家法用将为重,汉国如何辄肯行?

---

① [后晋]刘昫等:《旧唐书》卷一百九十五《回纥传》,北京:中华书局,1975年,第5212-5213页。

若道可汗倾国葬，焉知死者绝妨生！

此处提到了以人殉葬的风俗，当然变文作者对此多有微词。《新唐书·回鹘传上》记，宁国公主和亲后不久，"俄而可汗死，国人欲以公主殉，主曰：'中国人婿死，朝夕临，丧期三年，此终礼也。回纥万里结昏，本慕中国，吾不可以殉。'乃止，然劙面哭，亦从其俗云。后以无子，得还。"也就是说，虽然公主贵为可敦，但在可汗死去之后，依然有殉葬的可能性。若不是她勇敢抗争，坚持行汉家丧仪，性命定然不保，不过，她还是遵从了回纥风俗，劙面而哭，这与变文中对回纥丧俗的描写是一致的。相比之下，《旧唐书·吐蕃传上》中记录的吐蕃葬俗为"居父母丧，截发，青黛涂面，衣服皆黑，既葬即吉。其赞普死，以人殉葬，衣服珍玩及尝乘马、弓剑之类，皆悉埋之。仍于墓上起大室，立土堆，插杂木为祠祭之所"。也就是说，吐蕃有以人殉葬之风，但无劙面而哭的习俗。《新唐书·回鹘传下》记黠戛斯葬俗："丧不劙面，三环尸哭，乃火之，收其骨，岁而乃墓，然后哭泣有节。"虽然"其文字语言，与回鹘正同"，但其丧俗显然与回纥并不相同。清代学者徐乾学对历史上不同少数民族的丧仪多有考述，可知劙面而哭与殉葬并行的并不多见。① 当然，回纥葬俗与匈奴基本一致。《太平寰宇记》载：匈奴"日上戊己。其送死，有棺椁、金银、衣裳，而无封树、丧服。近幸臣妾从死者多至数十百人"②。《后汉书·耿弇传》载，匈奴听说耿秉卒，竟"举国号哭，或至梨面流血"③。"梨面"即劙面。但匈奴虽然两种习俗兼具，却并无"九姓"之说。由此来看，《王昭君变文》中昭君"一依蕃法，不取汉仪"的葬礼仪式，都是以回纥为原型加以描绘的。

综上所述，无论是从《王昭君变文》中所涉及的部族、昭君的和亲路线还是从其各种风俗礼仪来看，其和亲对象都指向了回纥，也就是说，变文中的蕃王实际影射的是回纥可汗。

（四）《王昭君变文》中的昭君形象与唐咸安公主之影射关系

既然《王昭君变文》中的蕃王影射的是回纥可汗，那么变文中的昭君便

---

① ［清］徐乾学：《读礼通考》卷一百一十八《礼俗下》，载于《文渊阁四库全书》第114册，上海：上海古籍出版社，1987年，第690-701页。

② ［宋］乐史：《太平寰宇记》卷一百九十一《北狄·匈奴》，王文楚点校，北京：中华书局，2007年，第3665页。

③ ［南朝］范晔：《后汉书》卷十九《耿弇传》，北京：中华书局，1965年，第718页。

很容易让人联想到与回纥可汗和亲的唐公主。根据史料记载,唐朝与回纥共有四次正式的和亲:乾元元年(758)宁国公主出降回纥可汗磨延啜(英武威远毗伽可汗)①;大历四年(769)以仆固怀恩女为崇徽公主出降回纥可汗②;贞元四年(788)咸安公主出降回纥武义成功可汗③;长庆二年(822)太和公主出降回纥登逻骨没密施合毗伽可汗④。除此之外,有历史记录的还有宁国公主出嫁时,以其媵女身份同嫁回纥可汗的荣王之女小宁国公主,她在宁国公主回国后,留在了回纥并成为可敦,"历配英武、英义二可汗"⑤。另除崇徽公主外,仆固怀恩还有一女嫁给了回纥可汗,即在宁国公主出嫁时,回纥"又为少子请婚,故以怀恩女妻之。少子立,号登里可汗,而怀恩女为可敦"。故仆固怀恩广德初所上陈情书云:"二女远嫁,为国和亲,合从殄灭,是臣不忠于国,罪三

---

① [后晋]刘昫等:《旧唐书》卷一百九十五《回纥传》,北京:中华书局,1975年,第5200页;[宋]欧阳修,[宋]宋祁:《新唐书》卷二百一十七《回鹘传上》,北京:中华书局,1975年,第6116页;《新唐书》卷八十三《诸帝公主·肃宗七女》,北京:中华书局,1975年,第3660页;[清]董诰等:《全唐文》卷四十二《宁国公主下降制》(唐肃宗),上海:上海古籍出版社,1990年,第197-198页;[宋]王溥:《唐会要》卷六《和蕃公主》,北京:商务印书馆,1955年,第75页。

② 《新唐书》卷二百二十四上《仆固怀恩传》,北京:中华书局,1975年,第6372页;《新唐书》卷一百五十一《董晋传》,北京:中华书局,1975年,第4819页;《全唐文》卷四百一十五《册崇徽公主文》(常衮),上海:上海古籍出版社,1990年,第1881-1882页;《唐会要》卷六《和蕃公主》,北京:商务印书馆,1955年,第75页。

③ 《旧唐书》卷一百九十五《回纥传》,北京:中华书局,1975年,第5208页;《新唐书》卷二百一十七《回鹘传上》,北京:中华书局,1975年,第6123页;《新唐书》卷八十三《诸帝公主·德宗十一女》,北京:中华书局,1975年,第2665页;《全唐文》卷六百八十一《祭咸安公主文》(白居易),上海:上海古籍出版社,1990年,第3084页;《唐会要》卷六《和蕃公主》,北京:中华书局,1955年,第75页。

④ 《旧唐书》卷一百九十五《回纥传》,北京:中华书局,1975年,第5211-5212页;《新唐书》卷二百一十七《回鹘传下》,北京:中华书局,1975年,第6129页;《新唐书》卷八十三《诸帝公主·宪宗十八女》,北京:中华书局,1975年,第3668-3669页;《全唐文》卷六百九十九《赐太和公主敕书》(李德裕),上海:上海古籍出版社,1990年,第3183页;《全唐文》卷七百零三《请遣使访问太和公主状》(李德裕),上海:上海古籍出版社,1990年,第3199页;《全唐文》卷七十六《封定安大公主制》《罚宣城公主等敕》(唐武宗),第351页;《全唐文》卷九百六十七《请以罚公主封物宣付史馆奏》(阙名),上海:上海古籍出版社,1990年,第4454页;《唐会要》卷六《和蕃公主》,北京:中华书局,1955年,第75页。

⑤ 《旧唐书》卷一百九十五《回纥传》,北京:中华书局,1975年,第6125页。

也。"① 所有这些和亲公主中，宁国、咸安、太和三位公主分别是唐肃宗、德宗和宪宗的亲生女儿，其出降之礼仪都十分隆重，既有回纥来使的迎接，又有皇帝亲率大臣的相送，留下了相对较多的记录。

既然我们已经将《王昭君变文》的创作时间定在贞元三年（787）至咸通七年（866）间，那么变文中的昭君形象所影射的便不应当是分别于乾元元年和大历四年出降回纥可汗的宁国公主和崇徽公主，以及小宁国公主和仆固怀恩的另一个女儿，而较有可能是咸安公主和太和公主中的一个。以变文与史籍记载相比对，笔者认为，变文中昭君形象的影射对象更有可能是咸安公主。

《王昭君变文》言："良由画匠，捉妾陵持，遂使望断黄沙，悲连紫塞，长辞赤县，永别神州。"这里画匠之怨，自然出自《西京杂记·画工弃市》之说，将昭君不得帝幸的原因归于画工作伪。而咸安公主在出嫁之前，也出现了画像之事。《新唐书·回鹘传上》记："诏咸安公主下嫁，又诏使者合阙达干见公主于麟德殿，使中谒者赍公主画图赐可汗。"《唐会要》卷六《和蕃公主》之杂录记："贞元二年四月二十九日，太常卿董晋奏：'公主出降蕃国，请加玉册。'制曰：'可。'三年九月，遣回纥使合阙将军归其国。初，合阙将其君命请婚于我，许以咸安公主嫁之，命公主见合阙于麟德殿，且命中谒者赍公主画图，就示可汗，以马价绢五万匹还之，许其互市而去。"《册府元龟》卷九百七十九《外臣部·和亲》："德宗贞元三年八月丁酉，回鹘可汗遣首领啜达干多览将将军合关达干等来贡方物，且请和亲，帝许以咸安公主嫁之。命见于麟德殿，且令赍公主画图就示可汗，以马价绢五万还之许互市而去。"② 根据这些记录，咸安公主在正式出嫁之前，已按照德宗之命，于麟德殿见过了回纥求亲使合阙达干或合关达干，并且以画像相赠。这样的举动不见于唐其他和亲公主事。咸安公主的画像显然与昭君的画像有所不同：咸安公主的画像一定是经过画工精心描绘，竭力加以美化的，目的是令回纥可汗满意和悬想，而昭君的画像则是遭到了画工的贬损，从而阻挠了昭君与汉元帝的相见和相爱。虽然如此，但画像作为一种介质，都发挥了其应有的作用。

《王昭君变文》中描写昭君至蕃地后，"经冬向晚"，便患病而逝。这与史实明显不符。昭君出塞的时间是汉竟宁元年（前33），而有关她的最后记载是

---

① 《新唐书》卷二百二十四上《仆固怀恩传》，北京：中华书局，1975年，第6370页。
② ［宋］王钦若等：《册府元龟》卷九百七十九《外臣部·和亲》，北京：中华书局，1989年，第3979页。

汉成帝鸿嘉元年（前20）复株累若鞮单于死，她从此寡居。由此来看，昭君到匈奴后，至少在匈奴生活了十几年之久。为什么变文要安排她至匈奴一年就死去呢？这当然有可能是一种文学加工，目的是突出昭君思乡之情过于痛切，茶饭不思，终日以泪洗面，竟致患病而逝，使其悲剧形象得以突出。但我们也可以做这样的假设：变文作者以昭君形象影射咸安公主，在错误信息的引导下，对咸安公主在回纥生活的时间进行了错误的记录。咸安公主于贞元四年十一月出降回纥，第二年，天亲可汗即逝世。"贞元七年五月庚申朔，以鸿胪少卿庾铤兼御史大夫，册回纥可汗及吊祭使。是月，回鹘遣使律支达干等来朝，告小宁国公主薨，废朝三日。故，肃宗以宁国公主降回纥，又以荣王女媵之；及宁国来归，荣王女为可敦，回纥号为小宁国公主，历配英武、英义二可汗。及天亲可汗立，出居于外，生英武二子，为天亲可汗所杀。无几薨。"①在咸安公主和亲至回纥的两年多后，回纥遣使来报小宁国公主之丧。相较于宁国公主，小宁国公主是以媵的身份嫁给回纥可汗的，在主要史籍中都没有关于她的记载，所以可以肯定，国中对她的情况知之甚少。而她的去世又值声势浩大的咸安公主出降后不久，这就很容易造成混淆，使人误以为回纥来报告的是咸安公主之逝。这便有可能导致变文作者的误判，从而在《王昭君变文》中，为昭君安排了在蕃地的短命之居。

《王昭君变文》中的单于形象相当正面，这是此前的昭君题材作品中所少见的。他对昭君一往情深，平时"善言相向"，"频多借问"，为了逗昭君开心，竟下令非时出猎，"围绕烟焰山，用昭军（君）作中心，万里攒军，千兵逐兽"，颇有些周幽王为博褒姒一笑而烽火戏诸侯的意味。在他的回忆中，"忆昔辞鸾（銮）殿，相将出雁门。同行复同寝，双马覆（复）双奔"的恩爱场景是那么鲜明。变文中的昭君虽然终日思念家乡，甚至说出"假使边庭突厥宠，终归不及汉王怜"的话来，但突厥之宠显然是事实，而且她在与单于的对话中也说过："妾嫁来沙漠，经冬向晚时。和明（鸣）以合调，翼以当威仪。红脸偏承宠，青蛾侍妾时。"所以思乡之苦与夫妻情深并不矛盾。另外，变文中还描写了这位单于与中原王朝的密切关系：在昭君死后，马上遣使通报汉庭，在汉使到来时，他"倍加喜悦"，以礼相待，并向汉使真切地倾吐失去昭君的悲痛心情，表示"乍可阵头失却马，那堪门老更亡妻！灵仪好日须安厝，葬事临时不敢稽。莫怪帐前无扫土，直为啼多旋作泥"。这种对单于的多情重义形象的描写，是以往任何昭

---

① 《旧唐书》卷一百九十五《回纥传》，北京：中华书局，1975年，第5210页。

君体裁作品中都未出现过的现象。为什么会如此？这仍不由令人联想到了咸安公主及其和亲对象。

在史籍中，咸安公主的和亲对象天亲可汗，是众多回纥可汗中对唐中央政府较为亲近和忠诚的一位。《新唐书·回鹘传》记载，他尚是回纥宰相时，曾阻止时任可汗对中原的入侵，理由是："唐，大国，无负于我。前日入太原，取羊马数万，比及国，亡耗略尽。今举国远斗，有如不捷，将安归？"在劝说未果的情况下，他杀死了短视的时任可汗，自立为可汗。后振武军军使张光晟杀死了他的叔父突董等人，他虽为此拒绝接见唐派往回纥修好的使者源休等人，但仍传话给源休："国人皆欲尔死，我独不然。突董等已亡，今又杀尔，犹以血濯血，徒益污。吾以水濯血，不亦善乎？"并遣散支将军康赤心等随休来朝。在派人迎亲时，"可汗上书恭甚，言：'昔为兄弟，今婿，半子也。陛下若患西戎，子请以兵除之。'"①这都表明，天亲可汗颇具远见卓识，注重情义，胸襟广阔，对中原政府也持着较为积极友善的态度。也正是因为如此，原本对和亲之事颇有抵触情绪的德宗才最终同意让咸安公主出嫁。虽然我们很少在史籍中看到对现实生活中的伉俪情深的描写，更何况是和亲公主与可汗的关系，但从一些零散的记述中，我们仍可推想咸安公主与回纥可汗相亲相爱的蛛丝马迹。《旧唐书·回纥传》记太和公主和亲事："长庆二年闰十月，金吾大将军胡证、副使光禄卿李宪、婚礼使卫尉李锐、副使宗正少卿李子鸿、判官虞部郎中张敏、太常博士殷侑送太和公主至自回纥，皆云：初，公主去回纥牙帐尚可信宿，可汗遣数百骑来请与公主先从他道去。胡证曰：'不可。'虏使曰：'前咸安公主来时，去花门数百里即先去，今何独拒我？'证曰：'我天子诏送公主以投可汗，今未见可汗，岂宜先往！'虏使乃止。"可见咸安公主在和亲的路途中，在离花门数百里的地方，便离开了送亲队伍，先行与回纥可汗见面，并与之同至回纥牙帐。此花门指花门山堡，杜甫以宁国公主和亲事所作《留花门》诗题注云："甘州东北千余里有居延海，又北三百里有花门山堡，又东北千里至回纥牙帐。"②所以，咸安公主在距回纥牙帐尚有千里之遥的地方便与回纥可汗见了面，也就有了与之"同行复同寝，双马覆（复）双奔。度岭看玄（悬）瓮，临行望覆盆"的可能。如果像太和公主那样，拒绝先行与可汗相见，这种浪漫场景自然不会出现。从这些记述来看，咸安公主和亲的这位回纥可汗，与《王昭君变文》中那

---

① 《新唐书》卷二百一十七《回鹘传上》，北京：中华书局，1975年，第6124页。
② [清]彭定求等：《全唐诗》卷二百一十七，上海：上海古籍出版社，1986年，第516页。

位对昭君一往情深、对汉使友好相待的单于,确实颇有些相似之处。

《王昭君变文》最后附有汉哀帝哀悼昭君的祭文:

> 维年月日,谨以清酌之奠,祭汉公主王昭军(君)之灵。惟天降之精,地降之灵,姝[丽]越世之无比,婷约倾国而陟娉。丹青写刑(形)远稼(嫁),使凶(匈)奴拜首,万代信义号罢征。贤感五百年间出,德应黄河号一清。祚永长传万古,图书且载著佳声。呜呼嘻噫! 存汉室者昭军(君),亡桀纣者妲己。丽姿两不专矜,夸誉皆言为美。捧荷和国之殊功,金骨埋于万里。嗟呼![永]别[翡]翠之宝帐,长居突厥之穹庐。时也,黑山壮气,扰攘凶(匈)奴;猛将降丧,计竭谋穷。漂遥(嫖姚)有惧于猃狁,卫霍怯于强胡;不稼(嫁)昭军(君),紫塞难为运策定。单于欲别,攀恋拜路跪。嗟呼! 身殁于蕃里,魂兮岂忘京都。空留一冢齐天地,岸兀青山万载孤。

唐朝三位和亲回纥的"真公主"中,宁国公主出降一年后即因可汗去世而还朝;太和公主虽在回纥多年,历经磨难,但最终也回到了长安,得到武宗隆重的礼遇;只有咸安公主死在回纥。《新唐书·回鹘传上》:"(元和)三年,来告咸安公主丧。主历四可汗,居回鹘凡二十一岁。"《唐会要》卷六《和蕃公主·杂录》:"元和三年正月,咸安公主薨,废朝三日。……天亲可汗卒,子忠贞可汗立;忠贞可汗卒,子奉诚可汗立;奉诚可汗卒,国人立其相,是为怀相可汗,皆从故法尚公主。在蕃二十一年卒,册赠燕国大长公主,赐谥曰襄穆。"也正因为如此,只有关于她的祭文流传了下来。白居易《祭咸安公主文》:

> 维元和三年岁次戊子三月癸未某日,皇帝遣某官某,以庶羞之奠,致祭于故咸安大长公主睹浚毗伽可敦之灵曰:惟姑柔明立性,温惠保身,静修德容,动中规度。组纴之训,既习于公宫;汤沐之封,遂开于国邑。及礼从出降,义重和亲,承渥泽于三朝,播芳猷于九姓,远修好信,既申洽比之姻,殊俗保和,实赖肃雍之德。方凭福履,以茂辉荣,宜降永年,遽归长夜。悲深讣告,宠极哀荣,爰命使臣,往申奠礼。故乡不返,乌孙之曲空传;归路虽遥,青冢之魂可复。远陈薄酹,庶鉴悲怀。呜呼! 尚飨。①

---

① [清]董诰等:《全唐文》卷六百八十一,上海:上海古籍出版社,1990年,第3084页。

以白居易之祭文与变文中的昭君祭文相较,不难发现两者的相似之处:开头的格式相同,继写两人的容貌淑德,以及和亲之任,接下来是两人和亲的效果——"存汉室",使"殊俗保和",再写两者身死异乡,故土难返,最后写其魂归故里,留青冢于天地之间。这些相似之处是如此明显,令人怀疑变文之词竟有可能是对白居易祭文的仿作。当然,相较于白居易的祭文,《王昭君变文》中的祭文对昭君的奖掖更高,更强调了汉家"不稼(嫁)昭军(君),紫塞难为运策定"的困境,也使昭君形象更具崇高性和悲剧性。

变文对于王昭君和亲之功的大力赞扬,也令人想及咸安公主,因为咸安公主之降,显然再次推动了唐与回纥的关系。在此之前,唐与回纥的关系处于相对紧张的状态。《新唐书》卷二百一十七《回鹘传》上记载:

> 代宗即位,以史朝义未灭,复遣中人刘清潭往结好,且发其兵。……是时,回纥已逾三城,见州县榛莱,烽障无守,有轻唐色。

> 诏以雍王为天下兵马元帅,进(药)子昂兼御史中丞……东会回纥。敕元帅为诸军先锋,与诸节使会陕州。时可汗壁陕州北,王往见之,可汗责王不蹈舞。子昂辞曰:"王,嫡皇孙,二宫在殡,礼不可以蹈舞。"回纥廷诘曰:"可汗为唐天子弟,于王,叔父行也,容有不蹈舞乎?"子昂固拒,即言:"元帅,唐太子也,将君中国,而可舞蹈见可汗哉?"回纥君臣度不能屈,即引子昂、(李)进、(韦)少华、(魏)琚搒之百,少华、琚一夕死,王还营。官军以王见辱,将合诛回纥,王以贼未灭止之。

> 永泰初,怀恩反,诱回纥、吐蕃入寇。

> (大历)十三年,回纥袭振武,攻东陉,入寇太原。河东节度使鲍防与战阳曲,防败绩,残杀万人。代州都督张光晟又战羊虎谷,破之,虏乃去。

> 德宗立,使中人告丧,且修好。时九姓胡劝可汗入寇,可汗欲悉师向塞,见使者不为礼。

这段时间的情况,很容易令人联想到《王昭君变文》中昭君祭文中的话:"时也,黑山壮气,扰攘凶(匈)奴;猛将降丧,计竭谋穷。漂遥(嫖姚)有惧于狁狁,卫霍怯于强胡;不稼(嫁)昭军(君),紫塞难为运策定。"虽然大历三年唐以仆固怀恩女为崇徽公主和亲回纥,但似乎并没有起到明显的作用。在这种情况下,咸安公主的和亲就显得尤为重要。德宗许嫁咸安公主后,回纥天亲可汗"上书恭甚,言:'昔为兄弟,今婿,半子也。陛下若患西戎,子请以兵除之。'"咸安公主在回纥二十一年,历四朝可汗,在这段时间内,回纥一直与唐保持相对友好的关系,且在唐与吐蕃的对抗中提供了很大的帮助,贞元"七年八月,回纥遣使献败吐蕃、葛禄于北庭所捷及其俘畜"[1]。正因为如此,《祭咸安公主文》中才会评价她:"义重和亲,承渥泽于三朝,播芳猷于九姓,远修好信,既申洽比之姻,殊俗保和,实赖肃雍之德。"不过祭文中的"三朝",当为"四朝"之误。白居易《阴山道》诗中说:"咸安公主号可敦,远为可汗频奏论。"[2]虽然白居易此诗的写作目的是"疾贪虏也",但咸安公主在回纥与唐王朝之间频繁斡旋、为维系两者之间的和平关系而努力这一点是毋庸置疑的。昭君最终"捧荷和国之殊功,金骨埋于万里""身殁于蕃里,魂兮岂忘京都",咸安公主也"故乡不返,乌孙之曲空传;归路虽遥,青冢之魂可复"。两相对比,着实令人既叹息又感动。

总而言之,《王昭君变文》中的昭君形象,处处留下了唐咸安公主的影子,所以它不应当只是单纯地讲述历史上的昭君故事的作品,而且具有一定的时政含义。作者对于昭君和亲对安疆定边之贡献的称赞,实际上是在肯定以咸安公主为代表的唐和亲公主们对国家的贡献。

四、从敦煌昭君题材作品的共性看唐和亲公主的奉献

从以上敦煌昭君题材的作品来看,我们发现它们有不少相似之处。如几个抄卷的创作年代或抄写年代都在中唐以后。东方虬《昭君怨》所属抄卷的"作者非皆开元以前人,选本及抄写时代当已入中晚唐";《王照(昭)君怨诸词人连句》所属的P.2748卷最早抄于咸通十二年(871)十一月之后,《王照(昭)君怨诸词人连句》在敦煌的流传也当在此前后;安雅《王昭君》一诗的创作时间应在宝应元年(762)初之前;P.2555《王昭君变文》创作于787—866年之间。在一个特定的时间段里特别流行某种题材的作品,显然不是巧合,而是与

---

[1] 《旧唐书》卷一百九十七《回纥传》,北京:中华书局,1975年,第5210页。
[2] [清]彭定求等:《全唐诗》卷四百二十七,上海:上海古籍出版社,1986年,第1048页。

其所处时代背景有密切关系。张寿林在《王昭君故事演变之点点滴滴》一文中提到昭君故事在魏晋六朝时期广为歌咏传诵的原因时说:"到了魏晋六朝的时候,为了中国内部的纷乱,匈奴遂成了北方一种特殊势力而与中国相抗,形成一个最混乱的时期,在中国的北方,差不多没有一个人不受着胡骑的侵凌,他们的财产在这样的混乱中丧失了,他们的家庭在这样的混乱中分散了。这样都足以使他们对于与他们处境相类似的昭君表示同情,因此这个故事的流传实在是当然的。而且每次当胡人的势力伸张到中国北部的时候,显然的有许多人被虏而离开了自己的祖国……他们离开了自己祖国,为了人类的同情心与自己的处境,使昭君故事得到特殊的流传,也是很有可能的。"同样,昭君题材作品在中唐以后敦煌地区的流传,显然与当时河西地区先是饱受吐蕃蹂躏,归义军政权建立后大部分时间与中原王朝的交通渠道不够畅通的现实有关,当地百姓思慕中原,心恋旧主,但现实环境又难免使他们对朝廷无力挽救百姓于异族统治之下的无能感到怨怼,产生遭到抛弃的心境。而王昭君这个在宫廷中不被皇帝宠幸,继而被无奈的命运送往遥远的异地,在对家乡和汉帝的思念中郁郁而终的人物,非常符合用来表达这种心境的各种条件,因此敦煌人传诵以昭君为吟咏对象的作品,是借王昭君这杯酒来浇自己内心之块垒,对昭君故事的吟咏,就是在吟咏他们自己内心的感怀。也正因为如此,敦煌王昭君题材作品表现出了许多与传统昭君题材作品所不同的特质。

几件敦煌昭君题材作品都提到画工事:

《王照(昭)君怨诸词人连句》:

披庭娇幸在蛾眉,争用黄金写艳姿。始言恩宠由君意,谁谓容颜信画师。微躯一自入深宫,春华几度落秋风。君恩不惜便衣处,妾貌应殊画辟中。间(闻)道和亲将我殷(撒),选貌披图遍宫掖。图中容貌既不如,选后君王空海(悔)惜。始知王意本相亲,自恨舟(丹)青每误身。

安雅《王昭君》:

自君信丹青,旷妾在披庭。悔不随众例,将金买帏屏。
……君王见妾来,遽展画图开。知妾枉如此,动容凡几回。
朕以富宫室,美人看未毕。故勒就丹青,所期按声实。
披图阅宫女,尔独负侍侣。单于频请婚,倏忽误相许。

今日见蛾眉,深辜在画师。

《王昭君变文》:

昭军(君)一度登山,千回下泪……当嫁单于,谁望喜乐?良由画匠,捉妾陵持,遂使望断黄沙,悲连紫塞,长辞赤县,永别神州。虞舜妻贤,啼能变竹;玘良(杞梁)妇圣,哭烈(裂)长城。乃可恨积如山,愁盈若海。

丹青写刑(形)远稼(嫁),使凶(匈)奴拜首,万代信义号罢征。

前两件作品中,画工事是诗歌描写的重点部分,《王昭君变文》由于前部残缺,无法获知其对画工事件的描写,但从"良由画匠,捉妾陵持"的话语来看,也是将画工作为声讨的对象,可见画工误人在唐朝已成为昭君故事中不可或缺的组成部分,被认为是昭君命运的关捩所在。

与对画工的指责相应,敦煌昭君题材作品中昭君对君王都表现出矛盾的态度。一方面都有为君王开脱之意,如《王照(昭)君怨诸词人连句》中"始知王意本相亲,自恨舟(丹)青每误身",安雅《王昭君》中"今日见蛾眉,深辜在画师",《王昭君变文》中"良由画匠,捉妾陵持"等,把昭君的悲剧命运的制造者说成是画师;另一方面,又难免对君王的偏听偏信怀有抱怨,如《王昭君怨诸词人连句》说"始言恩宠由君意,谁谓容颜信画师",安雅《王昭君》说"惟明在视远,惟聪在听德。奈何万乘君,而为一夫惑",下文中帝王更表现出自责之情,都表明作者们实际上也意识到,在昭君和亲事件中,君王负有不可推卸的责任。所以与其他昭君题材作品相比,敦煌昭君题材作品在画工问题上显得更加成熟和客观。如果联系这些作品流传的时代背景和心理基础,也就不难理解敦煌昭君题材作品中对帝王形象的刻画了。

敦煌昭君题材作品中都着重描写了王昭君对家园故土的思念。东方虬《昭君怨》其三:"万里胡风急,三秋[□](辞)汉初。唯望南去雁,不肯为传书。"《王照(昭)君怨诸词人连句》:"夜中含涕独婵娟,遥念君边与朔边。""长安高阙三千里,一望能令一心死。"安雅《王昭君》:"纵埋青冢骨,时伤紫庭魂。绵绵思远道,宿昔令人老。"《王昭君变文》:"边塞忽然闻此曲,令妾愁肠每意(忆)归。蒲桃未必胜春酒,毡帐如何及彩纬!莫怪适来频下泪,都为残云度岭西。""妾家宫苑住秦川,南望长安路几千。不应玉塞朝云断,直为金河夜蒙(梦)连。烟焰山上愁今日,红粉楼前念昔年。八水三川如掌内,大道青楼若眼前。"这是自古以来昭君题材作品中频频表现的情感,似乎并无新意,但正如我们前面所提到的,由于这些作品的创作或抄写年代都在中唐以后,河西地区大部分时间都处在与中原隔绝的状态之下,因此昭君对故园的思念,也就打上了敦煌人本身的心态烙印,使人不禁要关注唐与西北、西南地区的民族关系,尤其是唐与曾经长期占领敦煌地区的吐蕃的关系。《王昭君变文》云:"如今以(已)暮(沐)单于德,昔日还承汉帝恩。""假使边庭突厥宠,终归不及汉王怜。"情感真挚而复杂,这与敦煌昭君题材作品中对汉王的矛盾态度也是相一致的。

更重要的是,敦煌昭君题材作品都对王昭君的安边贡献有所赞誉。这主要表现在安雅《王昭君》和《王昭君变文》中。安雅《王昭君》云:"抱鞍啼未已,牵马私相喜。顾恩不告劳,为国岂辞死。太白食毛头,中黄没戍楼。胡马不南牧,汉君无北忧。"《王昭君变文》更云:"丹青写刑(形)远稼(嫁),使凶(匈)奴拜首,万代信义号罢征。贤感五百年间出,德应黄河号一清。祚永长传万古,图书且载著佳声。呜呼嘻嚱!存汉室都昭军(君),亡桀纣者妲己。丽姿两不专矜,夸誉皆言为美。捧荷和国之殊功,金骨埋于万里。嗟呼![永]别[翡]翠之宝帐,长居突厥之穹庐。时也,黑山壮气,扰攘凶(匈)奴;猛将降丧,计竭谋穷。漂遥(嫖姚)有惧于猃狁,卫霍怯于强胡;不稼(嫁)昭军(君),紫塞难为运策定。"评价之高,为前代诗作所罕见。之所以如此,显然与唐朝的和亲政策有渊源。

唐代有过多次对周边部族的和亲。《唐会要》卷六《和蕃公主》记有:弘化公主出降吐谷浑;文成公主、金城公主出降吐蕃;宁国公主、崇徽公主、咸安公主和太和公主出降回纥;永乐公主、燕郡公主、静乐公主出降契丹;固安公主、东光公主、宜芳公主出降奚;交河公主出降突骑施;和义公主出降宁国奉化王。这其中,尤以唐与吐蕃和回纥的和亲最为重要。

唐代的和亲始自唐太宗,他认为:"北狄风俗,多由内政,亦既生子,则我外孙,不侵中国,断可知也,边境足得三十年来无事。"[①]将和亲看作扩大政治影响力、换取边境安宁的手段。正是在这一宗旨下,贞观十五年(641),文成公主嫁吐蕃赞普弃宗弄赞,使得唐蕃关系进入一段黄金期。弃宗弄赞给予了

---

① [唐]吴兢:《贞观政要》卷九《征伐第三十五》,上海:上海古籍出版社,2008年,第190页。

文成公主隆重的礼遇:"弄赞率其部兵次柏海,亲迎于河源。见道宗,持子婿之礼甚恭。既而叹大国服饰仪礼之美,俯仰有愧沮之色。及与公主归国,谓所亲曰:'我父祖未有通婚上国者,今我得尚大唐公主,为幸实多。当为公主筑一城,以夸示后代。'遂筑城邑,立栋宇以居处焉。公主恶其人赭面,弄赞令国中权且罢之,自亦释毡裘,袭纨绮,渐慕华风。"①太宗伐辽还,弃宗弄赞献七尺黄金鹅为贺;"(贞观)二十二年,右卫率府长史王玄策使西域,为中天竺所钞,弄赞发精兵从玄策讨破之,来献俘。""高宗既位,擢驸马都尉、西海郡王。弄赞以书诒长孙无忌曰:'天子初即位,下有不忠者,愿勒兵赴国共讨之。'并献金(琲)十五种以荐昭陵。"②这也表明文成公主入藏后所起到的政治和外交作用。但在此之后,吐蕃势力日益壮大,经常发起对唐边境的入侵,与唐发生过大非川之战、青海之战、良非川之战、素罗汗山之战等多次重大战役,互有胜负,即使如此,从显庆二年(657)至景龙元年(707),吐蕃还是数次派使者前往唐朝请求和亲。③在这种背景下,景龙四年(710)以雍王李守礼女为金城公主嫁吐蕃赞普迟德松赞。唐中宗《金城公主出降吐蕃制》中云:"眷彼吐蕃,僻在西服,皇运之始,早申朝贡。太宗文武圣皇帝德俾覆载,情深亿兆,思偃兵甲,遂通姻好。数十年间,一方清净。自文成公主往嫁其国,因多变革,我之边隅,亟兴师旅。彼之蕃落,颇闻凋弊。顷者赞普及祖母可敦酋长等屡披诚款,积有岁时,思托旧亲,请崇姻好。金城公主,朕之少女,长自宫闱,言适远方,岂不钟念。但朕为人父母,志恤黎元,若允诚祈,更敦和好,则边土宁晏,兵役休息,遂割深慈,为国大计。"④金城公主入藏后,在唐蕃关系中也发挥了良好的作用。716年,吐蕃军队包围松州,松州都督孙仁献与吐蕃战于城下。8月,吐蕃遣使求和,唐玄宗表示了和平的愿望。金城公主《谢恩赐锦帛器物表》云:"奴奴奉见舅甥平章书云,还依旧日,重为和好,既奉如此进止,奴奴还同再生,下情不胜喜跃。"⑤第二年,"吐蕃遣宗俄因子到洮水祭战死士,且请和。然恃盛强,求与天子敌国,语悖傲。使者至临洮,诏不内。金城公主上书求听修好,且言赞

---

① [后晋]刘昫等:《旧唐书》卷一百九十六上《吐蕃传》,北京:中华书局,1975年,第5221-5222页。
② [宋]欧阳修,[宋]宋祁:《新唐书》卷二百一十六上《吐蕃传上》,北京:中华书局,1975年,第6074页。
③ 何耀华:《论金城公主入藏》,《云南社会科学》1998年第4期,第49-50页。
④ [清]董诰等:《全唐文》卷十六,上海:上海古籍出版社,1990年,第80页。
⑤ [清]董诰等:《全唐文》卷一百,上海:上海古籍出版社,1990年,第451页。

普君臣与天子共署誓刻"①。她在《乞许赞普请和表》中云："此间宰相向奴奴道，赞普甚欲得和好，亦宜亲署誓文。往者，皇帝兄不许亲署誓文，奴奴降番，事缘和好，今乃骚动，实将不安和。矜怜奴奴远在他国，皇帝兄亲署誓文，亦非常事，即得两国久长安稳。"②开元十八年(730)，唐蕃间再议盟事。"于是忠王友、皇甫惟明并言约和便。帝曰：'赞普向上书悖慢，朕必灭之，毋议和！'惟明曰：'昔赞普幼，是必边将好功之人为之，以激怒陛下。且二国交恶必兴师，师兴则隐盗财利，诈功级，希陛下过赏，以甘心焉。今河西、陇右资耗力穷，陛下幸诏金城公主许赞普约，以纾边患，息民之上策也。'帝采其言，敕惟明及中人张元方往聘，以书赐公主。惟明见赞普，言天子意，赞普大喜，因悉出贞观以来书诏示惟明，厚馈献。使名悉腊随使入朝。"③"请固和好之约。"《请约和好书》云："伏惟皇帝舅宿亲，又蒙降金城公主，遂和同为一家。天下百姓，普皆安乐。……外甥以先代文成公主、今金城公主之故，深识尊卑，岂敢失礼！又缘年小，枉被边将谗构斗乱，令舅致怪，伏乞垂察追留，死将万足！承前数度使人入朝，皆被边将不许，所以不敢自奏。去冬公主遣使娄众失力将状专往，蒙降使看公主来，外甥不胜喜贺。两国事意悉猎所知。……伏望皇帝舅远察赤心，许从旧好，长令百姓快乐。如蒙圣恩，千年万岁，外甥终不敢先违盟誓。"④不久唐玄宗又派鸿胪卿加御史大夫崔琳前往吐蕃，并在赐给金城公主的信中说："远降殊方，底宁蕃落，载怀贞顺之道，深明去就之宜，能知其人，而献其款，忠节克著。"⑤这称赞了她在蕃唐关系中所起的作用。《新唐书》卷二百一十六上《吐蕃传上》记载："金城公主薨。明年，为发哀，吐蕃使者朝，因请和，不许。"所有这些这都让我们看到了王昭君的影子。

当然，相比之下，唐和亲回纥的公主人数最多，公主出身最为高贵，其出降之礼仪都十分隆重，既有回纥来使的迎接，又有皇帝亲率大臣的相送，留下了相对较多的记录：

> 乾元元年，回纥……又使请昏，许之。帝以幼女宁国公主下嫁，即册磨延啜为英武威远毗伽可汗，诏汉中郡王瑀摄御史大夫为册命使，以宗

---

① 《新唐书》卷二百一十六上《吐蕃传上》，北京：中华书局，1975年，第6082页。
② [清]董诰等：《全唐文》卷一百，上海：上海古籍出版社，1990年，第451页。
③ 《新唐书》卷二百一十六上《吐蕃传上》，北京：中华书局，1975年，第6084页。
④ [清]董诰等：《全唐文》卷九百十九，上海：上海古籍出版社，1990年，第4587页。
⑤ [清]董诰等：《全唐文》卷四十，上海：上海古籍出版社，1990年，第189页。

子右司郎中巽兼御史中丞为礼会使,并以副瑀,尚书右仆射裴冕送诸境。帝饯公主,因幸咸阳,数尉勉,主泣曰:"国方多事,死不恨。"①

后三年,使使者献方物,请和亲。……乃许降公主,回纥亦请如约。诏咸安公主下嫁,又诏使者合阙达干见公主于麟德殿,使中谒者赍公主画图赐可汗。

明年,可汗遣宰相跌跌等众千余,并遣其妹骨咄禄毗迦公主率大酋之妻五十人逆公主,且纳聘。……帝御延喜门见使者。……帝又尽建咸安公主官属,视王府。以嗣滕王湛然为昏礼使,右仆射关播护送,且将册书拜可汗为汩咄禄长寿天亲毗伽可汗,公主为智惠端正长寿孝顺可敦。②

穆宗立,回鹘又使合达干等来固求昏,许之。俄而可汗死,使者临册所嗣为登啰羽录没蜜施句主毗伽崇德可汗。可汗已立,遣伊难珠、句录、都督思结等以叶护公主来逆女,部渠二千人,纳马二万、橐它千。四夷之使中国,其众未尝多此。诏许五百人至长安,余留太原。诏以太和公主下降。主,宪宗女也,帝为主建府,以左金吾卫大将军胡证、光禄卿李宪持节护送,太府卿李说为昏礼使,册拜主为仁孝端丽明智上寿可敦,告于庙,天子御通化门饯主,群臣班辞于道。③

每位公主出嫁时,都先为之建公主府,制同亲王,然后隆重接待回纥派来迎亲的使节,继而委派朝中重臣为使节为婚礼使送公主入回纥境,皇帝率群臣亲自送行。每次和亲都耗资巨大,"回鹘之请昏,有司度费当五百万"④。最终从回纥返回长安的宁国公主和太和公主,也都受到了隆重的礼遇:

秋八月,宁国公主自回纥还,诏百官于明凤门外迎之。⑤

定安公主,始封太和。下嫁回鹘崇德可汗。会昌三年来归……群臣

---

① 《新唐书》卷二百一十七《回鹘传上》,北京:中华书局,1975年,第6166页。
② 《新唐书》卷二百一十七《回鹘传上》,北京:中华书局,1975年,第6123-6124页。
③ 《新唐书》卷二百一十七《回鹘传下》,北京:中华书局,1975年,第6129页。
④ 《新唐书》卷二百一十七《回鹘传下》,北京:中华书局,1975年,第6129页。
⑤ 《旧唐书》卷一百九十五《回纥传》,北京:中华书局,1975年,第5202页。

贺天子……主始至,宣城以下七主不出迎,武宗怒,差夺封绢赎罪。宰相建言:"礼始中壸,行天下,王化之美也,请载于史,示后世。"诏可。①

当朝皇帝的公主们因为不出迎还朝的和亲公主而受到惩罚,且被载于史册,可见其待遇之高。而终老于回纥的咸安公主等,也得到了皇帝派出的使节的吊祭。之所以会如此,自然与和亲公主们的使命有关。元和年间,礼部尚书李降上书言和亲之利:

臣谓宜听其婚,使守蕃礼,所谓三利也。和亲则烽燧不惊,城堞可治,盛兵以畜力,积粟以固军,一也。既无北顾忧,可南事淮右,申令于垂尽之寇,二也。北虏恃我戚,则西戎怨愈深,内不得宁,国家坐受其安,寇掠长息,三也。②

实际上,唐之所以肯以"真公主"和亲回纥,主要是想借回纥之力平定内乱,且使之与吐蕃互为掣肘,并解决回纥对唐朝边境的威胁。唐肃宗《宁国公主下降制》言:"顷自凶渠作乱,宗社阽危,回纥特表忠诚,载怀奉国。所以兵逾绝漠,力徇中原,亟除青犊之妖,实赖乌孙之助。而先有情款,固求姻好。今两京砥定,百度惟贞,奉皇舆而载宁,缵鸿业而攸重。斯言可复,厥德难忘。爰申降主之记,用答勤王之志。且骨肉之爱,人情所钟,离远之怀,天属尤切。况将适异域,宁忘轸念。但上缘社稷,下为黎元,遂抑深慈,为国大计。是用筑兹外馆,割爱中闱,将成万里之婚,冀定四方之业。以其诚信所立,家国攸宁,义在制名,式崇宠号。宜以幼女封为宁国公主,应缘礼会,所司准式。"③《册崇徽公主文》:"我有亲邻,称雄贵部,分救灾患,助平寇虞。固可申以婚姻,厚其宠渥,况有诚请,爰从归配。是用封曰崇徽公主,出降回纥可汗,册曰可敦。"④宁国公主的一句"国方多事,死不恨",代表了和亲公主们的心声。她们以国家为己任,忍辱负重,以己身之远嫁,换取回纥对唐政府的效力和边境的平安,

---

① 《新唐书》卷八十三《诸帝公主·宪宗十八女》,北京:中华书局,1975年,第3668-3669页。
② 《新唐书》卷二百一十七《回鹘传上》,北京:中华书局,1975年,第6127页。
③ [清]董诰等:《全唐文》卷四十一,上海:上海古籍出版社,1990年,第197页。
④ [清]董诰等:《全唐文》卷四百一十五,上海:上海古籍出版社,1990年,第1881-1882页。

"远修好信,既申洽比之姻,殊俗保和,实赖肃雍之德"①。太和公主因未能顺利完成使命,曾受到唐政府的申责:

  姑承宗庙之余庆,为王室之懿亲,先朝割爱降婚,义宁家国,谓回鹘必能御侮,安静塞垣,使边人子孙,不见兵革,射猎者不敢西向,畏轩辕之台。今回鹘所为,甚不循理。蕃浑是朕之人,百姓牛羊亦国家所有,因依汉地,遂至蕃孽,回鹘托以私仇,恣为侵掠。每马首南向,姑得不畏高祖、太宗之威灵? 欲侵掠边疆,姑得不思太皇太后之慈爱? 为其国母,足得指挥。若回鹘能不禀命,则是弃绝姻好,今是以后,不得以姑为词。若恃我为亲,禀姑教令,则须便自戢敛,以继旧欢。想姑以朕此书,喻彼将相,令其知分,更不徇非。②

  太和公主在会昌三年返回长安时,"主乘辂谒宪、穆二室,欷歔流涕,退诣光顺门易服、褫冠钿待罪,自言和亲无状"③,为自己的和亲未达预期效果而深感自责。
  总之,从整体局势来看,唐政府对和亲寄予厚望,给和亲公主以很高的礼遇,咸安公主出降时,德宗还"御制诗送之"④。和亲公主们都清楚地知道自己的政治使命,并且为完成这一使命而付出了各自的努力。唐政府也承认了她们的功劳,对于客死异乡的和亲公主发使吊祭,不吝辞藻地予以表彰,对经历周折返回中原的和亲公主也给予隆重的礼遇和奖掖。在这种情况下,对和亲政策予以正面评价,定然是主流之识。于是,对和亲之文学代表形象王昭君的评价,自然也就多从政治角度予以了肯定。

---

  ① 白居易:《祭咸安公主文》,载于《全唐文》卷六百八十一,上海:上海古籍出版社,1990年,第3084页。
  ② 李德裕:《赐太和公主敕书》,载于《全唐文》卷六百九十九,上海:上海古籍出版社,1990年,第3183页。
  ③ 《新唐书》卷八十三《诸帝公主·宪宗十八女》,北京:中华书局,1975年,第3669页。
  ④ [宋]王溥:《唐会要》卷六《和蕃公主·杂录》,北京:商务印书馆,1955年,第75页。

第六章　普通女性的社会经济生活
——以敦煌吐鲁番的女人结社文献为中心

社邑是中国古代民间的一种自发自愿的、以互帮互助为目的的社会基层组织形式,不同于一般的基层行政机构。唐五代时期是私社的极盛期[①],敦煌吐鲁番文献中有数百篇与社邑相关的文书[②],是人们研究唐宋时期民间活动的重要参考。这些社邑文书中,有数篇女人结社的文献,反映了唐宋时期敦煌及其周边地区女性社会生活的某些方面,因而受到学界的关注。宁可、郝春文《北朝至隋唐五代间的女人结社》[③]、郭锋《吐鲁番文书〈唐众阿婆作斋社约〉与唐代西州的民间结社活动》[④]、黄霞《北图藏敦煌"女人社"规约一件》[⑤]《浅谈唐五代敦煌"女人社"的形态及特点》[⑥]、杨森《晚唐五代两件〈女人社〉文书札记》[⑦]、林艳枝《唐五代敦煌地区的女人结社》[⑧]、余欣《唐宋之际敦煌妇女结社研究———以一件女人社社条文书考释为中心》[⑨]、孟宪实《论敦煌的妇女结社》[⑩]、郝春文《再论北朝至隋唐五代宋初的女人结社》[⑪]、李敏华《唐宋时期

---

① 宁可:《述"社邑"》,《北京师范学院学报(社会科学版)》1985年第1期,第12-24页。
② 宁可、郝春文:《敦煌社邑文书辑校》,南京:江苏古籍出版社,1997年。
③ 《北京师范学院学报(社会科学版)》1990年第5期,第16-19页。
④ 《西域研究》1991年第3期,第74-78页。
⑤ 《文献》1996年第4期,第263-266页。
⑥ 《北京图书馆馆刊》1997年第4期,第88-92页。
⑦ 《敦煌研究》1998年第1期,第65-74页。
⑧ 《中国文化月刊》243期(2000年6月),第32-50页。
⑨ 东京都立大学人文学部《人文学报》第325号(2002年),第177-200页。
⑩ 《敦煌吐鲁番研究》第八卷,北京:中华书局,2005年,第89-104页;后又收录于刘后滨:《日常秩序中的汉唐政治与社会》,北京:社会科学文献出版社,2012年,第286-302页。
⑪ 《敦煌研究》2006年第6期,第103-108页。

第六章 普通女性的社会经济生活——以敦煌吐鲁番的女人结社文献为中心　297

敦煌社邑的几个问题》①等，都就敦煌地区的女人结社问题予以了多方面的研究。本章将在此基础上，对女人社的成员构成及其特点、女人社的基本功能及其所反映的妇女社会经济生活、女人社文献所反映的敦煌女性的女性意识等方面做进一步的探讨。

以下为根据《敦煌社邑文书辑校》以及孟宪实文抄录的四件与女人社最直接相关的文书。

67TAM74：1／7，1／8，1／10，1／11《众阿婆社条》②：

1.（缺）婆名
2.（缺）阿婆弟（第）一　　　（画指印）□
3.（缺）阿婆弟（第）二　　　（画指印）□
4.（缺）阿婆弟（第）三　　　（画指印）
5.（缺）婆弟（第）四　　　　（画指印）
6.（缺）阿婆弟（第）五　　　（画指印）
7.（缺）阿婆弟（第）六　　　（画指印）
8.（缺）阿婆弟（第）七　　　（画指印）
9.（缺）阿婆弟（第）八　　　（画指印）
10.（缺）□婆弟（第）九　　　（画指印）
11.（缺）□弟（第）十　　　　（画指印）
12.（缺）□弟（第）十一　　　（画指印）
13.（缺）□（第）十二　　　　（画指印）□□
14.（缺）阿婆□□□（第十三）□ □ □
15.（缺）□□（阿婆）弟（第）十四　　（画指印）□□
16.　□□（住）儿 阿婆弟（第）十五　　（画指印）□□
17.　□猫猫 阿婆第十六　　　　　　（画指印）□
18.（缺）阿婆第十七　　　　　　　　（画指印）□

---

① 南京师范大学硕士学位论文，2016年。
② 这件文书被《吐鲁番出土文书》（第六册）整理者命名为《唐众阿婆作斋名转帖》，郭锋名之为《吐鲁番文书〈唐众阿婆作斋社约〉》，宁可、郝春文称之为《众阿婆等社条》，此后此名得到沿用。根据《吐鲁番出土文书》整理者的说明，这个墓穴中同时出土了唐朝显庆三年（658）的残墓志，这应该是这个墓葬的形成时间。其中的文书，有的时间标志也是显庆三年。所以这份关于结社的社条的订立时间应该在此之前。

19. □汉得阿婆第十八　　　　　　（画指印）□

20. □弥举阿婆第十九

21. □守怀阿婆第廿

22. □□晖阿婆第廿一

23. □□欢阿婆第廿二

24. （缺）阿婆第廿三

25. □□（丰）仁□□（阿婆）第廿四

26. □□□□□（阿婆第）第廿五　　（画指印）

27. □□举阿□四平（婆第）廿六　　（画指印）

28. （缺）月别斋日共众人斋（缺）

29. 合众婆等至□□（五月）内，各出大麦□（贰）（缺）

30. □（至）十月内，各与秋贰□（斗）（缺）

31. 众阿婆等中有身亡□（者）（缺）

32. 麦壹斗，出饼五个。□（众）人中艹（？）（缺）

33. 在外众人□（食）□□众人中有人（缺）

34. 违（？）教者，别□（银）钱壹文入众□（人）（缺）

S.527《显德六年（959）正月三日女人社社条》：

1. 显德六年己未岁正月三日女人社因滋（兹）新岁初来，各发好愿，再

2. 立条件。盖闻至城（诚）立社，有条有格。夫邑仪（义）者，父母生其身，

3. 朋友长其值（志），遇危则相扶，难则相救。与朋友交，言如信。结交朋

4. 友，世语相续。大者若姊，小者若妹，让语先登。立条件与（已）后，山

5. 河为誓，中（终）不相违。一、社内荣凶逐吉，亲痛之名，便于社格。人各

6. 油一合，白面壹斤，粟壹斗。便须驱驱，济造食饭及酒者。若本身死

7. 亡者，仰众社盖白耽拽便送，赠例同前一般。其主人看侍（待），不

谏（拣）厚

8. 薄轻重,亦无罚则。一、社内正月建福一日,人各税粟壹斗,灯油壹盏,

9. 脱塔印砂(沙)。一则报 君王恩泰,二乃以(与)父母作福。或有社内不谏(拣)大小,

10. 无格,在席上喧(揎)拳,不听上人言教者,便仰众社就门罚醴腻局席一筵,

11. 众社破用。若要出社之者,各人快(决)杖叁棒,后罚醴腻局席一筵,的无

12. 免者。社人名目诣实如后。 社官尼功德进（押）

13. 　　　　社长侯富子（押）

14. 　　　　录事印定磨柴家娘（押）

15. 　　　　社老女子（押）

16. 　　　　社人张家富子（押）

17. 　　　　社人涡子

18. 　　　　社人李延德（押）

19. 　　　　社人吴富子（押）

20. 　　　　社人段子（押）

21. 　　　　社人富胜（押）

22. 　　　　社人意定（押）

23. 　　　　社人善富（押）

24. 　　　　社人烧阿朵（押）

25. 　　　　社人富连（押）

26. 　　　　社人住连（押）

27. 　　右通前件条流,一一丁宁,如水如鱼,

28. 　　不得道说事(是)非,更不于(如)愿者,山河

29. 　　为誓,日月证知。恐人无信,故勒此条。

30. 　　用后记耳。

P.3489《戊辰年(968或908?)正月廿四日旌坊巷女人社社条》①：

1. 戊辰年正月廿四日旌坊巷女人团坐商仪(议)立条。合社商量为定。各
2. 自荣生死者，纳面壹斗，须得齐同，不得怠慢。或若怠慢者，捉二人
3. 后到，罚[酒]壹角。全不来者，罚[酒]半瓮。众团破除。一、或有大人颠言到(倒)仪，
4. 罚醴腻[壹]筵，小人不听上人，罚羯羊壹口，酒壹瓮。一、或有凶事荣亲
5. 者，告保(报)录事，行文放帖，各自兢兢，一一指实，记录人名目。
6. 录事孔阇梨　虞侯安阇梨　社人连真　社人恩子　社人福子
7. 社人吴家女　社人连保　社人富连　社人胜子　社人员泰
8. 社人子富　社人员意
9. 右入社条件，在后不承文帖及出社者，罚醴腻[壹]筵。

北新882《丙申年(876或936?)四月廿日博望坊巷女人社社条稿》②：

1. 丙申年四月廿日，博望坊巷女人因为上窟燃灯，众坐商仪(议)。
2. [逐年上窟一日]一齐同发心，限三年[愿满。上窟，逐载上一日，须要
3. 济济锵锵，接礼歌欢，上下和睦]愿满。每年上窟所要
4. [税聚]物色代(带)到，[看临将决]录事帖行，众社齐来，停登税

---

① 这件社条，标明时间是戊辰年，《敦煌社邑文书辑校》推定为公元968年，但亦有可能是908年。

② 这件文书的较早录文见黄霞的《北图藏敦煌"女人社"规约一件》，被命名为《博望坊巷女社规约》。郝春文《〈敦煌社邑文书辑校〉补遗(一)》有新的校录，将之命名为《博望坊巷女人社社条稿》。余欣《唐宋之际敦煌妇女结社研究——以一件女人社社条文书考释为中心》也进行了校录，将之命名为《丙申年四月廿日博望坊巷女人社社条》。孟宪实采用《丙申年四月廿日博望坊巷女人社社条稿》之名，用余欣的录文，将原文的删除部分也用方括号的方式予以保留。关于这件文书的书写时间，文中标志的丙申年，黄霞推测或者是876年，或者是936年。

聚,

    5.［过去桥梁二万九］自从立条已后,便须齐齐锵锵,接

    6. 礼歌欢,上和下睦,识大敬小。三年满后,任自取(聚)散,不许

    7. 录事三官把勒。众社商量,各发好意,不坏先言,

    8. 抹破旧条,再立条。日往月来,此言不改。今聚集

    9. 得一十三人,自列名目已(于)后。

除这四篇文字较全的社条或社文外,唐代敦煌地区还有三条优婆夷社的造经、写经题记:藤井有邻馆藏"开皇三年十月八日,优婆夷邑敬造";国图昃字85号"优婆夷邑敬造";天津博物馆27号"天宝十二载五月廿三日优婆夷社写"。①

下面就敦煌吐鲁番女人结社文献所反映的敦煌地区的女性生活予以分析研究。

一、女人社的成员构成

从上述文献看,构成女人社的女性的身份各有不同。藤井有邻馆藏敦煌文书、国图昃字85号文书和天津博物馆藏27号文书中都提到了优婆夷社或优婆夷邑,说明这几个女人社邑都由优婆夷构成。优婆夷是佛教对接受了三归五戒的在家信佛女子的称呼,则所谓优婆夷社当为由众优婆夷构成的社邑,其目的自然与佛事活动有关,在已知的这几条题记中,显然她们的主要活动是造经或写经。藤井有邻馆的题记年代为开皇三年(583)十月八日,即隋文帝开国之初,天津博物馆27号题记的年代为开元十二载(724)五月廿三日,为唐玄宗治下的盛唐时期:这说明优婆夷社在自隋至唐的百余年间始终存在,其写经活动也没有停止过。宁可、郝春文认为,"北朝的女人邑一般是结邑造佛像以祈福",至唐五代时,女人社已少有佛教色彩②,但显然以优婆夷这样的身份缔结的女人社还是存在的,只是数量可能没那么多了。

---

① 分别见宁可,郝春文:《敦煌社邑文书辑校》,南京:江苏古籍出版社,1997年,第750、752、756页。

② 宁可,郝春文:《北朝至隋唐五代间的女人结社》,《北京师范学院学报(社会科学版)》1990年第5期,第17页。

67TAM74《众阿婆社条》中的26位社人全部被冠以"阿婆"之谓,其中有具体称谓的包括□□(住)儿阿婆、□猫猫阿婆、□汉得阿婆、□弥举阿婆、□守怀阿婆、□□晖阿婆、□□欢阿婆、□□(丰)仁阿婆、□□举阿婆。郑阿财曾就唐代"阿婆"这一称谓所指的女性进行过研究,认为"'阿婆'在称谓名词'婆'的词根前附加词缀'阿',词义既继承汉以来'婆'一词历时的词义,有泛称老年妇人,也有作为对祖母的称谓。唐代更扩大而发展出作为对夫母的称谓、具有浓厚口语气息的对妻子的昵称,以及因为语用的不同而有妓女对假母、老鸨的称谓"[①]。根据这一说法,"阿婆"都是他人对具有某一身份的女性的称谓,如孙辈称祖母、儿媳称婆婆、丈夫称妻子或妓女称假母等。而结社者在签名画押时,应当用自称,且身份指向要十分明确。她们显然不可能用假母或老鸨身份来称呼自己,且在一个非长安北里这样的普通社区中也不可能集中这么多的假母或老鸨。在以男权为中心的古代社会,年长女性用自己的媳妇来昭示自己的身份的可能性也不是很大,所以媳妇对丈夫母亲的称谓这一点也当排除。若是自以丈夫妻子的身份称呼自己,则社条中还有其他十几位仅以"阿婆弟(第)×"出现的人,她们的"阿婆"称谓在这里便显得不够合理了。所以此处的"阿婆"最有可能指老年妇人或已有孙辈的老年妇人,也就是说,如果没有孙辈,女子便简单地自称为"阿婆",而如果已有孙辈,则将孙子的名字作为前缀,更清楚地说明自己年长者的身份。另外的佐证是,《敦煌社邑文书辑校》中有《社人程平水妻亡转帖抄》《康郎悉妇身亡转帖》《社人张员通妻亡转帖抄》《索押牙妻身亡转帖》《裴富定妇亡转帖》《社人□晟新妇身故转帖》等转帖[②],可见在比较肃穆和正式的场合下,人们称呼某男的妻子为其"妻""悉(媳)妇"或"妇"等,其中以"妻"最为常见;又有《傅郎母亡转帖》《张憨儿母亡转帖》《□官母亡转帖》等[③],均以"母"称某男之母;另有《温押牙阿嫂身故转帖》[④],亡故者当指温押牙的寡嫂,因为她的丈夫已死,故由小叔子来主持家事。《敦煌社邑文书辑校》中只有两处出现了"阿婆"的称谓,一

---

① 郑阿财:《敦煌变文中称谓词"阿婆"综论》,《浙江大学学报(人文社会科学版)》2007年第3期,第41页。
② 宁可,郝春文:《敦煌社邑文书辑校》,南京:江苏古籍出版社,1997年,第75、78、80、85、89、109页。
③ 宁可,郝春文:《敦煌社邑文书辑校》,南京:江苏古籍出版社,1997年,第92、102、121页。
④ 宁可,郝春文:《敦煌社邑文书辑校》,南京:江苏古籍出版社,1997年,第94页。

为《癸亥年八月十日张贤者阿婆身故转帖》①，这位"阿婆"应当不是张贤者的妻子或母亲，而是张贤者的祖母；另一处是P.5032《某年六月索押牙妻身亡转帖》中出现的社人"五妇阿婆"。"五妇"应当不是指五个媳妇，而是指名为"五妇"的人，他极有可能年纪尚幼，还不足以代表家庭参与社邑活动，故需家中的女性户主来入社，故此"阿婆"也有可能是五妇的祖母。唐五代时期的敦煌颇重孝道，年长的女性受到尊敬，故这些"阿婆"因为其年龄的关系，在家中拥有较高的地位，可以较自由地活动，且拥有一定的财产支配权。但"众阿婆"们不用自己的姓名称呼自己，而是仅以自己老年妇女的身份或某孙之祖母的身份自称，说明了在男权社会下，女子自我身份认同的消失。

《显德六年(959)正月三日女人社社条》中，在"社人名目"后出现了"社官尼功德进"之名，说明该社的负责人是位叫作功德进的尼僧，而社中其他成员，则一望而知是普通人户的女性，无宗教身份。由一位尼僧担任社官，一方面说明尼僧在敦煌民间的地位较高，另一方面则说明，这个女人社的一部分功能当与佛事的参与有关。以比丘尼牵头建社进行佛事活动的情况由来已久。宁可、郝春文在《北朝至隋唐五代间的女人结社》一文中，举《北齐天保十年二月十五日比丘惠祖等合邑造像记》为例，指出这个佛社内有比丘二人、比丘尼七人，两位比丘又任像主之职，则这些僧尼当是这个佛社的发起人和组织者。又《北齐乾明元年四月十五日大交村邑义母人七十五人造观世音像记》后的题名中，"第一列首先是两个比丘尼，故这个女人邑也有可能是排在前面的两个比丘尼劝化的结果，这个邑义与这两个比丘尼所在寺院当亦有联系"②。由此来看，在唐五代时期的敦煌的女人社中出现比丘尼的身影并非异数，在某种程度上倒可能是传统上的常态，只是此时的社邑的主要功能已不同于北朝时期，这部分内容详见下文。

《戊辰年(968或908?)正月廿四日旌坊巷女人社社条》中，最终的社人名目中没有社官和社长之称，而直接出现了"录事"之职，称"或有凶事荣亲者，告保(报)录事，行文放帖，各自兢兢，一一指实，记录人名目"，并在下文记有"录事孔阇梨、虞侯安阇梨"之名，以下才是社人连真等。按照敦煌社邑的通常结构，社有三官，即社官、社长和社老，其次有录事等。"在三官不齐备的社

---

① 宁可、郝春文：《敦煌社邑文书辑校》，南京：江苏古籍出版社，1997年，第76页。
② 宁可、郝春文：《北朝至隋唐五代间的女人结社》，《北京师范学院学报(社会科学版)》1990年第5期，第16-17页。

邑内权力最大者当推录事，这位是主管社内日常事务的核心人物，录事负责社人的红白事及其他杂事，撰写帖文，发放通知，以及纪律监督等事宜。……在三官不健全的社邑内还有虞侯一职，该职务是作为辅佐录事处理社内杂事的，但从虞侯这一官职原意解释，此职务当有监察的某种责任和义务。"① 也就是说，旌坊巷女人社在三官不健全的情况下，请孔阇梨担任了录事，请安阇梨做了虞侯。郝春文认为，"这两个'阇梨'很有可能是比丘尼"②，孟宪实也说："从名字上看，她们两个很像是女尼。"③ 但也有研究者认为他们是男性僧侣④。北朝时期确有以男性僧人的身份成为女人社的负责人的情况，如前文提及的《北齐天保十年二月十五日比丘惠祖等合邑造像记》就是在以女性为主的社邑中，出现了两个比丘，且担任负责人。但在这件敦煌女人社的文书中，两位阇梨更有可能是女性。在敦煌，称拥有较高地位的比丘尼为阇梨的情况并不罕见。如P.3556邈真赞集中的《大周故大乘寺法律尼临坛赐紫大德沙门厶乙邈真赞并序》言："法律阇梨者，即前河西一十[一]州节度使曹大王之侄女也"；《大周故普光寺法律尼临坛大德沙门清净戒邈真赞[并序]》记："法律阇梨者，即前河西一十一州节度使张太保之贵孙矣"；《周故敦煌郡灵修寺阇梨尼临坛大德沙门张氏香号戒珠邈真赞并序》记："阇梨者，即前河西陇右一十一州张太保之贵侄也。"⑤ 结合显德六年女人社社条中由比丘尼功德进担任社官的情况，则旌坊巷女人社中的孔阇梨和安阇梨也极有可能是女性。令人好奇的是，这个由两位女尼担任负责人的女人社，社条中却没有与佛事相关的活动。有关于此，笔者将在后文中加以讨论。

再回过头来看显德六年正月三日女人社和旌坊巷女人社的成员。显德六年女人社的俗众中，除"社老女子"没有名姓、"录事印定磨柴家娘"当是印

---

① 杨森：《谈敦煌社邑文书中的"三官"及"录事""虞侯"的若干问题》，《敦煌研究》1999年第3期，第85页。

② 郝春文：《再论北朝至隋唐五代宋初的女人结社》，《敦煌研究》2006年第6期，第107页。

③ 孟宪实：《论敦煌的妇女结社》，载于刘后滨：《日常秩序中的汉唐政治与社会》，北京：社会科学文献出版社，2012年，第294页。

④ 李敏华：《唐宋时期敦煌社邑的几个问题》，南京师范大学硕士学位论文，2016年，第7-8页。

⑤ 杨宝玉：《敦煌文书与唐五代宋初尼僧史研究——以法藏敦煌文书P.3556为例》，载于《形象史学研究（2011）》，北京：人民出版社，2012年，第84-89页。

定磨柴家的媳妇或母亲外,其余众人都有自己的姓名。这与《众阿婆社条》中的自称有所差异。在一些男女混合的社邑中,女性的称谓也很少见到她自己的姓名。如P.3164《乙酉年(925?)十一月廿六日康郎悉妇身故转帖》中,社内成员基本为男性,仅出现一个女性社人"长意阿娘",她显然是尚未成人的名为长意的男孩的寡居的母亲。另如前所述,P.5032《某年六月索押牙妻身亡转帖》中出现的社人"五妇阿婆"应当是名为"五妇"的未成年男子的祖母。实际上,在古代,女人如果出嫁,就会成为某某人的妻子、母亲乃至祖母,自己的娘家姓名便会被人遗忘,甚至像"众阿婆"一样,主动放弃自己的姓名。但是,在上述两篇社条中,女性社人有的被称为"张家富子""吴家女",有的则直接被称为"侯富子""吴富子"等,或者只称名字,如"涡子""段子""连真""员意"等,但都至少有自己的名字。根据以上提及的社会称谓习俗,这些有自己姓名的女子应当多为没有出嫁的女子。没有出嫁的女子又分几种情况:一种是年龄较小、父亲尚在的待嫁女子,一种是父母已亡的未嫁女子,还有的便是嫁出去后又因种种原因而重新归宗的女子。参与结社的女性,应当不属于父亲尚在的待嫁女子,因为她们的年龄较小,且要受到社会礼法的制约。《通典》卷五十九《礼典·嘉礼》记录了唐太宗贞观元年(627)二月的一条诏令:"男年二十女年十五以上,及妻丧达制之后,孀居服纪已除,并须申以婚媾,令其好合。"后唐玄宗朝又将男女结婚的最低年龄降低,"男年十五,女年十三以上,听婚嫁"①。万军杰通过对唐代墓志资料的统计分析,得出的结论是:

> 墓志所载581名唐代女性初婚年龄的样本显示,唐代女性的初婚年龄主要集中在14—19岁,其中15岁出嫁的人数最多。……晚婚现象唐中后期较为突出,相较于唐前期的平均初婚年龄(15.91岁),中后期(分别是16.42、17.44岁)依次增长了0.51、1.02岁。唐中后期女性晚婚比例上升原因是多方面的,包括政治斗争、战乱、门第、家境贫困、家庭变故、自身体质等诸多因素,较为复杂。就我初步的理解,其中最主要的原因当属唐中后期政局不稳、战乱频仍、社会动荡所致。②

---

① 《唐会要》卷八十三《嫁娶》。
② 万军杰:《唐代女性的生前与卒后——围绕墓志资料展开的若干探讨》,天津:天津古籍出版社,2010年,第33页。

也就是说，唐代前期大部分女子会在15岁左右出嫁，中后期出现晚婚现象，女子平均在17岁或18岁出嫁。这种情况在五代时期社会更为动荡的情况下应该变化不大。但即使是在晚婚的情况下，待嫁女子也未成熟到可以自主行事的程度，而且本着古代女子三从四德的要求，女子在家从父，不具有独立的经济权力，所以在家中有父兄在的情况下，待嫁女子应当不会有结社的人身自由和经济自由。

因而参加结社者，极有可能是父母已亡且未嫁人的在室女或归宗女，因为此类女性具有相对的人身自由和财产权。《唐令拾遗·户令第九》载："诸应分田宅及财产物，兄弟均分，妻家所得之财，不在分限。兄弟亡者，子承父分。兄弟俱亡，则诸子均分。其未娶妻者，别与聘财，姑、姊妹在室者，减男聘财之半。"也就是说，父母死亡之后，未嫁的在室女可以获得未婚男子的聘财的一半。很显然，未婚男子是在分到均分的财产后，额外获得一份聘财的，相形之下，在室女能得到的财产就少得可怜了。但即使如此，也使她们有了经济上的些许自由。当然，如果家中户绝，即家中无男性继承人的时候，在室女或归宗女便可获得完全的财产继承权。

另外，一些失去丈夫的寡妇也有可能拥有相对的人身自由和财产权。《唐令拾遗·户令第九》记："诸应分田宅及财物者……寡妻妾无男者，承夫分。"《宋刑统》卷十二《唐户令条》记："诸应分田宅者，及财物……寡妻妾无男者，承夫分。"[①]这也就意味着，在唐五代时期，没有继承人的寡妇是可以分得丈夫的财产，从而获得经济上的自主性的。邓小南根据唐代吐鲁番文书，指出在户籍、名籍、田亩籍中经常出现一些有独立经济权的"大女"，"通常指作为户主的寡妇或者单身女性"，"她们像男性一样承担家庭的赋税责任，同时也积极参与社会经济生活：土地、房屋、奴婢买卖、粮食、绢帛、钱币借贷、果园租赁契约以及劳动力雇佣等。而且在唐代吐鲁番的经济文书中，凡涉及大女之处，必定记录全名"[②]。在某些敦煌文献中，寡妇确也被称全名，如P.3557和P.3669《武则天大足元年(701)沙州敦煌县效谷乡籍》："妇女赵端严，寡，代夫承户。"[③]赵端严显然是该妇女自己的全名。

---

① [宋]窦仪等：《宋刑统》卷一二"唐户令"条，北京：中华书局，1984年，第197页。

② 邓小南：《六至八世纪的吐鲁番妇女——特别是她们在家庭以外的活动》，载于《敦煌吐鲁番研究》第四卷，北京：北京大学出版社，1999年，第232页。

③ 唐耕耦，陆宏基：《敦煌社会经济文献真迹释录（第一辑）》，北京：全国图书馆文献缩微复制中心，1990年，第134页。

根据以上分析,我们可以推知,显德六年女人社和旌坊巷女人社中的社众多是父母已亡的在室女或归宗女,或者是"承夫分""代夫承户"的寡妇。

另外,显德六年女人社的录事为印定磨柴家娘,社人中有成员烧阿朶,这都非汉族姓氏,这说明敦煌存在各民族杂居的情况,而且某些少数民族的妇女反而拥有较高的地位。

综上所述,唐五代时期敦煌地区女人社的成员构成,包括优婆夷、尼僧、有一定身份地位的老年妇女、父母已亡的在室女或归宗女,以及丈夫死去且无男性继承人的寡妇,除了汉族妇女外,也有一些其他少数民族的妇女参与其中。这其中除《众阿婆社条》中的"阿婆"们在使用姓名方面有意地摒弃了其女性独立性外,其他成员大多保留了自己原生家庭的姓名,拥有一定程度上的经济独立性,不用过度依靠男性来确定自我的身份,是值得认真研究的女性群体。

二、女人社的构成特点

从四篇文书中,我们可以看到唐五代宋初时期敦煌女人社的特点。

首先是其组织结构与其他以男性为主的社邑或男女混合的社邑基本相同,并没有因为是女人结社就有所减损或改变。

通常唐五代宋初敦煌社邑的组织结构为:由社官、社长和社老构成的三官,加录事、虞侯等实际管理执行人,再加普通社众。杨森曾梳理了敦煌社邑文书中有三官记录的文献,指出三官齐全的敦煌社邑文书并不多,除显德六年女人社外,S.5509《甲申年二月十七日王万宁男身亡纳赠历》载有"社官苏流叔""社长韩友松""社老裴川儿";P.3372V《壬申年十二月廿二日社司传帖》载有"社官宋憨子""社长徐安德""社老康辛深",如此而已。其他提到"三官"的社邑文书有 S.6537V3(5)、P.3730V 等 13 件,只见"社长""社官"的社邑文书 14 件,另莫高窟壁画题记 2 件。[①] S.6537V3(5)《拾伍人结社条》云:"老者请为社长,须制不律之徒;次者充为社官,但是事当其理;更楝(拣)无(英)明后(厚)德,智有先诚,切齿严凝,请为录事。"[②] 文中并未提到社老的职责,而将录事归于三官之中,可见社老一职并非常设。三官负责监督社邑条规

---

① 杨森:《谈敦煌社邑文书中的"三官"及"录事""虞侯"的若干问题》,《敦煌研究》1999年第3期,第79-80页。

② 宁可,郝春文:《敦煌社邑文书辑校》,南京:江苏古籍出版社,1997年,第50页。

的执行,处罚违反条规者。P.4960《甲辰年(944)五月廿一日窟头修佛堂社再请三官凭约》亦云:"自请三官已(以)后,其社众并于三人所出条戒,专(遵)照而行,不得违背。或有不稟社礼、不知君臣上下者,当便三人商量,罚脓(醴)腻一筵,不得违越者。"①文书规定了三官负责"出条戒",要求社众遵照执行,如有违背,则可由三官处罚。这件文书中的三官,指的也是社官、社长和录事。虽然一般而言,录事当不在三官之内,有P.3216V《唐至德二年(757)正月十日投社人何清清状》②的"后入社者一延(筵),□□伏望三官禄(录)事,迄赐收名"可证,但由于社老似乎是个虚职,所以在未设置社老的社邑中,三官指的是社官、社长和录事。

相比之下,显德六年女人社的组织构成可谓齐备:

> 社官尼功德进(押)
> 社长侯富子(押)
> 录事印定磨柴家娘(押)
> 社老女子(押)
> 社人张家富子(押)
> 社人涡子
> 社人李延德(押)
> 社人吴富子(押)
> 社人段子(押)
> 社人富胜(押)
> 社人意定(押)
> 社人善富(押)
> 社人烧阿朵(押)
> 社人富连(押)
> 社人住连(押)

值得注意的是,在该文书中,"社老女子"的名字被置于"录事印定磨柴家娘"之后,似乎与一般的社邑文书的签押方式不同,实际却更能反映该社邑的

---

① 宁可,郝春文:《敦煌社邑文书辑校》,南京:江苏古籍出版社,1997年,第17页。
② 宁可,郝春文:《敦煌社邑文书辑校》,南京:江苏古籍出版社,1997年,第702页。

真正管理结构。正如前文所言，社老这一职务在敦煌社邑文书中并不经常出现，实际上是个虚职，"在三官齐全的社，如有社长违约违规，排名第三位的社老才有机会与社官等行使自己的小小权力，或者确切地说是年龄赋予他的威望和义务"①，在此情况下，显德六年女人社将社老女子置于录事之后，一方面体现了社邑组织结构的完整性，另一方面则体现了录事对于该社的重要性。

《丙申年四月廿日博望坊巷女人社社条稿》中虽没有出现社众的具体名单，但其条规言："三年满后，任自取（聚）散，不许录事三官把勒。"可见社中也同时设有三官和录事之职，且将录事放在三官之前，再次突出了录事在社中的重要性。

与显德六年女人社和博望坊巷女人社相比，旌坊巷女人社的组织机构较简略，没有三官的设置，只有"录事孔阇梨"和"虞侯安阇梨"两人负责社邑事务，且强调了录事的重要职责："或有凶事荣亲者，告保（报）录事，行文放帖，各自兢兢，一一指实，记录人名目。"这种社邑负责人只有录事和虞侯的情况并非女人社之特例。S.3540《庚午年正月廿五日比丘福惠等修窟立凭》载："众内/请乡官李延会为录事，放帖行文，以为纲首。""押衙阎愿成为虞侯，只奉录事条式。"可见录事是该社主要负责人，虞侯为其助手。即使在有三官的社中，录事之职也很重要，如显德六年女人社的社众名目中，录事便排在了社老之前，在博望坊巷女人社中，录事列排在三官前。在一些社邑，录事的权力更大到目中无人的地步，如前引P.4960《甲辰年（944）五月廿一日窟头修佛堂社再请三官凭约》就因为前"录事不听社官，件件众社不合，功德难办"，不得不重新推举新的社官、社长和录事。旌坊巷女人社中，录事最重要的职责是在遇到社众家有"凶事荣亲者"时，在接到报告后"行文放帖"；博望坊巷女人社的社条稿中也说"每年上窟所要[税聚]物色代（带）到，[看临将决]录事帖行，众社齐来，停登税聚"。从敦煌其他社邑文书来看，"行文放帖"确为录事的重要职责之一。据杨森统计，在敦煌社邑文书中，有明确记载下转帖等文的人是录事的有50多件。②

由此看来，敦煌女人社的机构设置及人员职责与其他以男性为主的社邑

---

① 杨森：《谈敦煌社邑文书中的"三官"及"录事""虞侯"的若干问题》，《敦煌研究》1999年第3期，第85页。

② 杨森：《谈敦煌社邑文书中的"三官"及"录事""虞侯"的若干问题》，《敦煌研究》1999年第3期，第82页。

并无差异。

敦煌诸女人社的构成人数均不是很多。众阿婆社总计26人,显德六年女人社总计15人,旌坊巷女人社计12人,博望坊巷女人社"今聚集得一十三人"。整体而言,敦煌社邑的规模都不算大,有人统计,"敦煌社邑的规模有大有小,小者有十余人,大者有三四十人"①,亦有人统计说:"社邑规模一般为十多人到九十几人不等。"② 这样看来,敦煌女人社的规模属于较小的。这应当与前文分析的女人社的成员构成有关,毕竟每个坊巷中,能够充当户主或具有一定经济自主权的寡妇和单身女性不会很多。

敦煌女人结社多为长期行为。从其条约内容来看,它们通常会设定一个结社的时限,在这个时限内大家都必须遵守社约,而到期后,则可自由来去,或重新结社。如博望坊巷女人社的条约云:"三年满后,任自取(聚)散,不许录事三官把勒。众社商量,各发好意,不坏先言,抹破旧条,再立条。"也就是说,该社的设置期限为三年,三年满后,经过商量,可"再立条"。而显德六年女人社"因滋(兹)新岁初来,各发好愿,再立条件",显然此前该社即已存在,此是上个时限满后的"再立"。而旌坊巷女人社只说是大家"团坐商仪(议)立条",可见是初始立社。

女人社对于违背社约行为的惩罚也与其他社邑相同。众阿婆社说"在外众人□(食)□□众人中有人(缺)违(?)教者,别□(银)钱壹文入众□(人)(缺)",虽然缺字甚多,但显然是指有违约者,要罚以少量银钱。显德六年女人社云:"或有社内不谏(拣)大小,无格,在席上喧(揎)拳,不听上人言教者,便仰众社就门罚醴(腻)局席一筵,众社破用。若要出社之者,各人快(决)杖叁棒,后罚醴(腻)局席一筵,的无免者。"这指出了社众接受处罚的几种情况:不遵守社条,在宴席上捋起袖子准备动武,以及不听长辈劝导者,需要在家设含荤腥的酒宴供合社人员享用;在立约期内决定退社者则除了要设酒宴之外,还要接受其他社人每人三棒的杖打。旌坊巷女人社把处罚写在社条的最前和最后:"各自荣生死者,纳面壹斗,须得齐同,不得怠慢。或若怠慢者,捉二人后到,罚[酒]壹角。全不来者,罚[酒]半瓮。众团破除。一、或有大人颠言到(倒)仪,罚醴腻[壹]筵,小人不听上人,罚羯羊壹口,酒壹瓮。……右入社条件,在后不承文帖及出社者,罚醴腻[壹]筵。"这里要处罚的几种情况是:

---

① 樊锦诗:《敦煌与隋唐城市文明》,上海:上海教育出版社,2010年,第131页。
② 李并成:《敦煌学教程》,北京:商务印书馆,2007年,第129页。

怠慢社邑的丧葬活动，最后到达的两人要被罚酒一角，根本不参加的，罚酒半瓮，由众人共同饮用；违背礼仪胡言乱语者，要设酒宴请罪；不听长者之言者，罚羯羊一口、酒一瓮；不接受社邑转帖以及退社的，罚设酒宴一席。相比之下，旌坊巷女人社的惩罚项目较多，惩罚的规定较细，而显德六年女人社对退社之举的惩罚较重。

对比一下敦煌其他社邑的惩罚条规：

P.3544《大中九年（855）九月廿日社长王武等再立条件》："其物违时，罚酒一角……其斋社违月，罚麦壹硕，决杖卅。行香不到，罚麦一斗。"①

P.4525《太平兴国七年（982）二月立社条一道》："若是生死及建福、然（燃）灯、斋会之日，或有后到者，罚酒半瓮；全不来者，罚酒一瓮。……或若团坐之日，若有小辈啾唧，不听大小者，仍罚醴腻一筵，社众破除，的无容免。"②

S.6529《敦煌郡等某乙社条壹道》（文样）："一、自合社已（以）后，若有不听无量，冲底（诋）三官，罚羊一口，酒一瓮，合社破用。一、若有不药（乐）社事，罚麦五驮，举社人数，每人决丈（杖）五棒。上件人立条端直，行乃众佥。三官权知勾当，自后若社人不听三官条式者，痛丈（杖）十七。"③

S.6537V3（5）《拾伍人结社社条》："凡为邑义，虽有尊卑，局席斋延（筵），切凭礼法。饮酒醉乱，胸（凶）悖虎豪，不守严条，非理作闹，大者罚醴腻一席，少者决丈（杖）拾三，忽有拗衷戾无端，便任逐出社内。"④

S.6537V6（7）《上祖社条》（文样）："若主人不于时限日出者，一切罚麦三斗，更无宽免者。一、社内不谏（拣）大小，无格，席上喧（揎）拳，不听上下，众社各决丈（杖）卅棒，更罚浓（酽）腻一口（筵），众社破用。其身宾（摈）出社外，更无容始（免）者。一、社有严条，官有政格，立此条流，如水如鱼，不得道东说西。后更不于愿者，山何（河）为誓，日月证知，三世莫见佛面，用为后验。"⑤

总体来看，这些社邑与女人社的处罚条规类似：不积极参加社邑活动，不讲尊卑礼法，在酒宴上揎拳胡闹，不听长者之言等，都在处罚范围之内，或罚酒，或罚醴腻一筵，或杖棒。值得注意的是，女人社中的处罚条款，与某些社条

---

① 宁可，郝春文：《敦煌社邑文书辑校》，南京：江苏古籍出版社，1997年，第2页。
② 宁可，郝春文：《敦煌社邑文书辑校》，南京：江苏古籍出版社，1997年，第34页。
③ 宁可，郝春文：《敦煌社邑文书辑校》，南京：江苏古籍出版社，1997年，第37-38页。
④ 宁可，郝春文：《敦煌社邑文书辑校》，南京：江苏古籍出版社，1997年，第52页。
⑤ 宁可，郝春文：《敦煌社邑文书辑校》，南京：江苏古籍出版社，1997年，第57页。

样文的叙述语言非常类似,如显德六年女人社的处罚条文,即与 S.6537V6(7)《上祖社条》(文样)几乎相当,只是把后者的"社内不谏(拣)大小,无格,席上喧(揎)拳,不听上下,众社各决丈(杖)卅棒,更罚浓(酿)腻一□(筵),众社破用"拆分成了两条处罚,即一是"或有社内不谏(拣)大小,无格,在席上喧(揎)拳,不听上人言教者,便仰众社就门罚醴腻局席一筵,众社破用",一是"若要出社之者,各人快(决)杖叁棒,后罚醴腻局席一筵,的无免者",而将"其身宾(摈)出社外,更无容始(免)者"的内容弃置未用。这小小的不同,正反映出了女人社的特点:女人社对退社之举有较重的处罚。旌坊巷女人社也说"在后不承文帖及出社者,罚醴腻[壹]筵"。相比之下,在其他社邑条约中,只 P.4525《太平兴国七年(982)二月立社条一道》中提及,"后有人若是忽努(怒),不听大小,先说出社者,愿贤圣证知",却未见对退社所受处罚的规定,倒是严重违规者,反而会被"逐出社内"。在敦煌社邑文书中,唯一得到社司批准的《退社状》是《癸酉年(853?)三月十九日社司准社户罗神奴请除名状》①:

> 癸酉年三月十九日,社户罗神奴及男文英、义子三人,为缘家贫阙乏,种种不员。神奴等三人,数件追逐不得。伏讫(乞)三官众社赐以条内除名,放免宽闲。其三官知众社商量,缘是贫穷不济,放却神奴,宽免除名,神奴及男三人,家内所有生死,不关众社。

这位社户罗神奴因为贫穷而申请退社,得到了社司的批准,但只说其退社后,社众不再处理其家中丧葬之事,并未对其退社做出其他惩罚。一般社邑并不重视退社惩罚的原因可能是,一般社邑以男性为主体成员,他们对社邑的依附性较强,社众身份甚至代表了其在某个群体中的存在感和地位,所以他们不会轻易地退社,反而畏惧被社除名。而女人社因其构成成员多为有一定经济自主权的单身女性或寡妇,其生活中的变数较多,退社的概率较大,为了维持社邑的稳定性,便需要通过对退社的处罚来加以约束。

诸女人社还有一个特点是其对于民主"商议"的强调。如"戊辰年正月廿四日旌坊巷女人团坐商仪(议)立条。合社商量为定";"丙申年四月廿日,博望坊巷女人因为上窟燃灯,众坐商仪(议)。……三年满后,任自取(聚)散,

---

① 宁可,郝春文:《敦煌社邑文书辑校》,南京:江苏古籍出版社,1997年,第708页。

不许录事三官把勒。众社商量,各发好意"。社邑作为民间自发组织,本身带有一定的民主性,故在敦煌社邑的条约文书中,常会见到"商议""商量"的字眼,如 S.2041《大中年间(847—860)儒风坊西巷社社条》之"就马兴晟家众集再商量"①、S.6005《敦煌某社补充社约》之"某乙等宿因叶(业)寡,方乃不得自由,众意商量,然可书条"②、S.5520《社条》(文样)之"□(众)意商仪(议)"③、S.6537V3(5)《拾伍人结社社条》之"所以上下商量,人心莫逐时改变。因兹众意一般,乃立方案""荣凶食饭,众议商量,不许专擅改移,一切从头勒定"④等。而且在 P.4960《甲辰年(944)五月廿一日窟头修佛堂社再请三官凭约》中,还出现了因录事妄自尊大,"不听社官,件件众社不合",故社众重新推举新的社官、社长和录事之事。但比较而言,女人社的"团坐商议",似乎更加一团和气。最重要的是,"不许录事三官把勒"之说,相当坚决地否定了录事和三官的绝对权威,这种斩钉截铁的语气,似乎未出现在其他社邑条文中。相反,在上述《拾伍人结社社条》中,虽前文说要"上下商量",但接下来又说:"且三人成众,赤(亦)要一人为尊,义邑之中,切藉三官铃辖。……凡为事理,一定至终,只取三官获裁,不许众社紊乱。"显然这是在强调三官的权威性。S.6529《敦煌郡等某乙社条壹道》中言,社众若是冲诋三官,"罚羊一口,酒一瓮,合社破用","三官权知勾当,自后若社人不听三官条式者,痛丈(杖)十七",更是对顶撞或违忤三官之举进行严厉惩罚,完全不具备女人社所特有的民主性。

综而论之,敦煌诸女人社在人员设置方面与其他社邑并无区别,其构成人数虽少,但也属正常范围之内。其结社通常有一定的期限,期满后,成员可自由来去,如果有必要,可经商量,重新立社。其对违约之举的处罚也与其他社邑相当,但对退社的处罚较重,反映了女人社成员不稳定的危机感。此外,女人社的民主氛围较浓,三官和录事虽有管理权,但决策权掌握在社众手中,这与其他社邑一面强调"众议商量",一面赋予三官"铃辖""获裁"的权力的矛盾之举有所不同。女人社对退社的惩罚和民主氛围方面的特点,体现了女性在社会中的弱势地位及其应对办法,特别发人深省。女人社与其他社邑的更多的相同性,说明女人社在许多方面都是在模仿以男性为主的社邑,而且这种

---

① 宁可,郝春文:《敦煌社邑文书辑校》,南京:江苏古籍出版社,1997年,第4页。
② 宁可,郝春文:《敦煌社邑文书辑校》,南京:江苏古籍出版社,1997年,第19页。
③ 宁可,郝春文:《敦煌社邑文书辑校》,南京:江苏古籍出版社,1997年,第47页。
④ 宁可,郝春文:《敦煌社邑文书辑校》,南京:江苏古籍出版社,1997年,第50-51页。

模仿达到了几乎等量齐观的程度。这一方面揭示了女性的被动性及其活动的滞后性,从另一方面来看,也表明了女性争取与男性对等地位的努力,这在古代社会是极其难能可贵的。

三、女人社的基本功能及其所反映的妇女生活

女人社的基本功能可根据其社条内容来判断。

先来看建社目的最单一的博望坊巷女人社的社条:

> 丙申年四月廿日,博望坊巷女人因为上窟燃灯,众坐商仪(议)。[逐年上窟一日]一齐同发心,限三年[愿满。上窟,逐载上一日,须要济济锵锵,接礼歌欢,上下和睦]愿满。每年上窟所要[税聚]物色代(带)到,[看临将决]录事帖行,众社齐来,停登税聚……

文中的"上窟",当作"窟上",指莫高窟。敦煌文献中有不少《燃灯文》都提及"窟上燃灯",如 P.3405《正月十五日窟上供养》、P.3263《令公窟上燃灯文》、P.3461《河西节度使某官窟上燃灯文》等①。窟上燃灯是博望坊巷女人社建社的主要目的。显然这不是一次性的活动,而是以三年为期,在三年内每年都要带着需要的"物色"上窟,完成燃灯发愿活动。那么这一燃灯活动到底是种什么活动呢?

燃灯是佛教的一种功德,即通过燃灯的形式来供养佛,从而为自身积累功德。敦煌有数件《社邑燃灯文》都提及了燃灯习俗的起源,如 P.3282V 的《社邑燃灯文》②:

> 窃闻神光破暗,宝焰除昏,诸佛为之捥(剜)身,菩萨为之烧臂。千灯普照,万炎俱明,状若空里而分星,□天边而布月。龙山夜观,佛影飞来,贤圣遥瞻,垂空降集铁围山下。藉此灯明,黑暗城中,赖斯光照。是以二万亿佛,同号燃灯;三千定光,皆同一字。

---

① 马德:《敦煌遗书莫高窟岁首燃灯文辑识》,《敦煌研究》1997年第3期,第59-68页。
② 宁可,郝春文:《敦煌社邑文书辑校》,南京:江苏古籍出版社,1997年,第652页。

也就是说,燃灯建福与佛、菩萨的剜身烧臂的典故有关。《菩萨本行经》卷上记载了佛前世为菩萨时作为度阇那谢梨王以身燃灯的故事。他立誓为了佛法而以身为灯,以是功德求无上真正之道。由此形成了后来燃灯供佛以建功德的习俗。唐五代宋初的敦煌地区非常流行这一习俗,常年都有燃灯供佛之举,尤以每年正月十五日、腊八等节日的燃灯活动最为隆重。如P.3405《正月十五日窟上供养》记:

> 三元之首,必燃灯以求恩;正旦三长,盖缘幡之佳节。宕泉千窟,是罗汉之指踪;危岭三峰,实圣人之遗迹。所以敦煌归敬,道俗倾心,年驰妙供于仙岩,大设馨香于万室,振虹(洪)钟于葫芦,声彻三天。灯广车轮,照谷中之万树;佛声接晓,梵响以(与)箫管同音。宝铎弦歌,唯谈佛德。观音妙旨,荐我皇之徽猷;独煞将军,化天兵于有道。①

也就是说,在作为"三元之首"的正月十五上元日,在莫高窟的燃灯求恩活动是必行之事,并且在某种程度上与中国民间传统的上元灯节之俗结合在了一起。有些由归义军节度使在正月举办的燃灯活动规模十分壮观,但也有一些民间社邑组织为此集全员之力举办的活动,由社众分别提供燃灯所需物品来共同完成。如P.4525(11)《太平兴国七年(982)立社条一道》:"又有新年建福一日,人各炉饼壹双、粟壹斗、燃灯壹盏。"

敦煌在腊月八日举行的燃灯活动也颇受重视。敦煌研究院322号《庚戌年(950)十二月八日夜社人遍窟燃灯分配窟龛名数》记录了腊八节前一天释门僧政道真给燃灯社成员分配燃灯任务的情况:

> 田阇梨:南大像以北至司徒窟,六十一盏。张都衙窟两盏,大王、天公主窟各两盏,大像下层四盏,司徒窟两盏,大像天王四盏。
> 李禅:司徒窟北至灵图寺,六十窟。翟家窟两盏,杜家窟两盏,宋家窟两盏,文殊堂两盏。
> 张僧政:崖下独煞神至狼子神堂,六十盏。独煞神五盏。

---

① 录文参见马德:《敦煌遗书莫高窟岁首燃灯文辑识》,《敦煌研究》1997年第3期,第59页。

阴法律：第二层阴家窟至文殊堂上层令狐社众窟，六十五盏。内三圣小龛各然（燃）一盏。

罗阇梨：第三层太保窟至七佛堂，八十二窟。内有三圣剎心各然（燃）一盏。

曹都头：吴和尚以南至天龙八部窟，计八十窟。剎心内龛总在里边。

索幸（行）者：第二层至第三层宋家八金光窟，八十窟。

阴押衙、梁僧政：第二层普门窟至文殊堂，又至灵图寺窟、至陈家窟，六十三窟。有三圣龛总在里边。

王行者：南头第二层，六十二窟。何法师窟两盏，剎心佛堂两盏，大像上层四盏，至法华塔。

安押衙、杜押衙：吴和尚窟至天王堂，卅六窟。吴和尚窟三盏，七佛七盏，天王堂两盏。

喜成郎君：阴家窟至南大像，卅八龛，五十二盏。阴家窟三盏，王家两盏，宋家窟两盏，李家窟三盏，大像四盏，吴家窟四盏，大像天王四盏。

右件社人依其所配，好生精心注灸，不得懈怠触秽。如有阙然（燃）及秽不尽（净）者，近人罚布一匹，充为工（公）廨。匠下之人，痛决尻杖十五，的无容免。

辛亥年十二月七日释门僧政道真[①]

道真将莫高窟崖面分为十一个区域，安排僧俗人员分头负责燃灯，一般洞窟燃一盏，或不专门说明，较大和较重要的窟从两盏至四盏不等，如最后由"喜成郎君"负责的区域是阴家窟至南大像，共三十八龛，五十二盏灯，除去一盏灯的洞窟外，"阴家窟三盏，王家两盏，宋家窟两盏，李家窟三盏，大像四盏，吴家窟四盏，大像天王四盏"。统计下来，全部燃灯总数在七百盏以上。如此大规模的燃灯行动，自然需要合众人之力才能顺利完成。上引P.3282V的《社邑燃灯文》在赞美完佛和菩萨剜身烧臂以普照众生之后，接着说：

然今厥有合邑诸公等，故能人人例（励）己，各各率心，就此宝方，燃灯供养。愿此功德，并用庄严，合邑诸公等即体，惟愿三千垢累，沐法水

---

① 录文见宁可、郝春文：《敦煌社邑文书辑校》，南京：江苏古籍出版社，1997年，第281-282页。

以云消;八万尘劳,拂慈光而永散。功德宝聚,念念兹繁;福智善牙(芽),运运增长。然后上穷有顶,傍括元(无)涯,赖此胜因,齐成佛果。摩诃般若,拔苦济危。时众虔诚,一切普诵。①

文中的"合邑诸公",显然是参与燃灯活动的社众。从上述莫高窟的燃灯规模来看,如果参与燃灯的社邑的规模较小,显然不可能凭一己之力遍燃诸窟之灯,需组织不同的社邑共同来完成。也正是在此背景之下,我们会看到博望坊巷女人社为燃灯行社商议的记录。值得注意的是,该社成立的时间是丙申年四月廿日,则此时参与的燃灯活动,既无非在正月十五日,亦非在腊月八日,而应当是在平时。这并非不正常,因为莫高窟的燃灯活动常年都会举行。CH.00207《乾德四年曹元忠、翟氏重修北大像记》云:"大宋乾德四年岁次丙寅五月九日,……㲪㲪而每爇银灯,光明彻于空界;窟窟而常梵宝馥,香气遍于天衢。"②这即是在五月进行的燃灯活动。P.4674《乙酉年(925)十月十八日窟上燃灯等杂用历》记:"乙酉年十月十八日,大众窟上燃灯、沽油,麦肆斗,粟贰斗,买灯芯布麦一斗。"③则此次燃灯活动是在秋季举行的。

博望坊巷女人社的参与者共十三人,她们"一齐同发心,限三年[愿满。上窟,逐载上一日,须要济济锵锵,接礼歌欢,上下和睦]愿满。每年上窟所要[税聚]物色代(带)到,[看临将决]录事帖行,众社齐来,停登税聚",这里面没有说明其每年上窟次数,也未提及上窟"所要[税聚]物色"。但显德六年女人社的"社内正月建福一日,人各税粟壹斗,灯油壹盏"可资参照,也就是说,显德六年女人社每年只在正月建福一日,活动中包括燃灯,所以灯油等是必备物品,其次还要出粟麦等。

显德六年女人社的"社内正月建福一日"的活动中,除了燃灯,还有"脱塔印砂(沙)",其目的是"一则报君王恩泰,二乃以(与)父母作福"。脱塔印沙是唐宋时期敦煌每年正月举办的佛事活动,通常称为印沙佛会。如P.3730V、S.6537V6(7)《某甲等谨立社条》(文样):"逐年正月印沙佛一日,香花佛食,

---

① 宁可,郝春文:《敦煌社邑文书辑校》,南京:江苏古籍出版社,1997年,第652-653页。
② 《英藏敦煌文献》第十四卷,成都:四川人民出版社,1995年,第183页。
③ 唐耕耦,陆宏基:《敦煌社会经济文献真迹释录(第三辑)》,北京:全国图书馆文献缩微复制中心,1990年,第192页。

斋主供备。"这说明印沙佛会每年正月举行一次，斋主为此需准备香花和食物等。

谭蝉雪曾就敦煌的印沙、脱塔等活动进行过较充分的研究。据其介绍，"'印沙'是指'于大海边或河渚间、沙滩之上，以塔形、像印，印沙滩，为塔形象'。印沙只需把有佛像或塔形的模子（亦称模木）往沙上一捺，即可完成。当然需依一定的仪轨：用右手印，左手持念珠记数，口诵真言。印沙起源于五百童子以聚沙兴塔为游戏，由是为成佛之结缘。《法华经·方便品》曰：'乃至童子戏，聚沙为佛塔，如是诸人等，皆已成佛道。'在壁画'法华经变'中绘有一群童子在作聚沙游戏。"① 脱塔或脱佛则是与印沙相关的活动，是用泥团打入佛像、塔形的模子中，然后脱出一个个小泥塔、小泥佛。与印沙所不同的是，脱塔、脱佛可保留实物。20世纪40年代后期，当时的敦煌研究所在清理莫高窟285窟的西夏至元时期的半塔时，于半塔内检出数以千计的脱佛、脱塔。②

敦煌存有不少《印沙佛文》，即印沙佛会的斋文。如S.4458、S.6923V（2）的《社邑印沙佛文》：

> [夫]旷贤大劫，有圣人焉：出释氏宫，名薄伽梵，心凝大寂，身意无边，慈氏众生号诸（之）为佛。厥今乃于齐年邑义，故于新年首朔，四序初分，脱塔印沙，启嘉愿者：先奉为国安人泰、四界清平诸（之）福会也。伏惟诸社众乃英灵俊杰，应间超轮（伦），忠孝两全，文武双具。晓知五蕴，悠忽不亭（停）；脱塔印沙，让灾却疹。更能焚香郊外，请凡圣于福事之间；散食香餐，遍施于水陆之分。以兹印佛功德，启愿胜因，先用奉资，梵释四王、天龙八部，伏愿威光转胜，护国救人，郡主官僚，并延遐寿。伏持胜善，用此庄严，诸贤社[等][即]体，惟愿身如玉树，恒净恒明；体如金钢，常坚常固；今世后世，莫绝善缘；此世他生，善牙（芽）增长，然后散沾法界，溥（普）及有情，赖此胜因，齐登觉道。摩诃般若，离（利）落（乐）元（无）边；大众虔诚，一切普诵。③

由此文可知，印沙佛会的举办时间是在"新年首朔，四序初分"之时，即正

---

① 谭蝉雪：《敦煌民俗：丝路明珠传风情》，兰州：甘肃教育出版社，2006年，第48页。
② 谭蝉雪：《印沙·脱佛·脱塔》，《敦煌研究》1989年第1期，第22页。
③ 宁可，郝春文：《敦煌社邑文书辑校》，南京：江苏古籍出版社，1997年，第622-623页。

月初一。(但据敦煌文书,印沙佛会也会在正月里的不同时间进行。)其参与者是"诸社众",目的是"让灾却殄"。其程序是:在郊外水陆交界处,焚香祈祷,请凡圣降临,再供奉香花美食,随后开始行印佛脱塔之举,以此功德,求取国泰民安、郡主延寿、社众安康、齐登觉道等回报。

燃灯和脱塔印沙都属于建福活动,两者可能会连续举行,即在白天脱塔印沙、晚间燃灯。这也正是显德六年女人社社条中所说的"社内正月建福一日,人各税粟壹斗,灯油壹盏,脱塔印砂(沙)"。我们可将其需要准备的"物色"与其他社邑的同类活动做一个对比。P.3503V《公元911年前后(?)建福转帖抄》记:"右缘建福一日,人各卢(炉)并(饼)一双,粟一斗,幸请诸公等,帖至,限今月卯时于龙兴寺门前(下缺)。"① 又 P.4525(11)《太平兴国七年(982)立社条一道》记:"又有新年建福一日,人各炉饼壹双、粟壹斗、燃灯壹盏。"② 两相比较,女人社只少了"炉饼一双"而已,可见女人社对建福活动的出资情况与一般社邑的出资情况没有太大区别,敦煌佛事活动并不会因参与者是女人而有所变通,女性争取以对等的姿态参与社会活动的努力由此也可见一斑。

除去燃灯、脱塔印沙等建福活动外,女人社还会参与其他类型的佛事活动,如斋会。《众阿婆社条》:

28.(缺)月别斋日共众人斋(缺)
29.合众婆等至□□(五月)内,各出大麦□(贰)(缺)
30.□(至)十月内,各与秋贰□(斗)(缺)

从这些文字可以判断,众阿婆社的一个功能是在五月和十月分别做斋会,另一个功能是对其中的死亡者出资安葬。后一功能我们将在后文详论,此处先论斋会一事。

按照佛教的说法,俗众施饭予僧人称为斋僧,如果是集会斋僧,则称为斋会。通常施主设斋要先请僧人至家,从僧受三皈五戒,然后向僧人提供斋食物品,僧人则向施主诵经说法,且表祝福。有的斋会规模很大,如唐虞世南《设斋疏》:"弟子早年忽遇重患,当时运心,瘥愈之日,奉设千人斋,今谨于道场供千僧蔬会,以斯愿力,希生生世世,常无疾恼,七世久远,六道怨亲,并同

---

① 宁可,郝春文:《敦煌社邑文书辑校》,南京:江苏古籍出版社,1997年,第248页。
② 宁可,郝春文:《敦煌社邑文书辑校》,南京:江苏古籍出版社,1997年,第34页。

今愿。"① 设千人斋需要有相当的财力,虞世南历仕陈、隋、唐三朝,在唐贞观年间,又历任著作郎、秘书少监、秘书监等职,自然有能力承担。在敦煌,归义军节度使曹元忠曾于广顺三年(953)于莫高窟举办了一次两千人的大型斋会。② 但在敦煌民间,举办斋会则常需众人共同出资,因此在敦煌社邑文书中,经常可以看到将斋会列为社邑的常规活动的情况。P.3544《大中九年(855)九月廿九日社长王武等再立条件》指出立社的原因,"一为圣主皇帝,二为建窟之因,三为先亡父母追凶就吉",而立社的主要活动之一是:

> 社内每年三斋二社,每斋人各助麦一斗,每社各麦壹斗、粟一斗。其社官录[事]行下文帖,其物违时,罚酒一角。其斋正月、五月、九月,其社二月、八月,其斋社违月,罚麦壹硕,决杖卅。行香不到,罚麦一斗。③

也就是说,该社每年在正月、五月、九月设斋会,在二月、八月举办春秋二社。敦煌有不少《设斋文》都记录了社邑斋会活动的各个方面。P.3545《设斋文》④云:"厥今坐前斋主,捧炉启愿所申意者,奉为三长邑仪(义)保(报)愿功德之嘉会也。"这表明此次斋会由"三长邑义"主持。斋文表彰了斋主们的高贵出身及对三宝的倾心,尤其是他们"能年三不阙,月六无亏,建竖坛那,聿修法会",即在一年中的三长斋月和每月的六斋日,均能建坛设斋。设斋的目的在于斋意回向。"斋意回向是对设斋功德的回向,也就是将功德进行转让。这种功德转让的回向观念,在印度初期大乘时期即见端倪,传至汉地后日渐成为大乘佛教信仰的一个主要层面。只修功德而不回向,则无法确证功德的所属。"⑤ 在本件社斋文疏中,斋意回向的内容为:

> 以此设斋功德,无限胜因,先用庄严,上界四王,下方八部。伏愿威光炽盛,护国求(救)人。使主千秋,年丰岁稔。伏持胜善,次用庄严,诸贤社即体,惟愿灾殃珍灭,是福咸臻。天仙降灵,神祇效耻。菩提种子,

---

① 周绍良:《全唐文新编》第一部第三册卷一百三十八,长春:吉林文史出版社,2000年,第1573页。
② 马德:《敦煌莫高窟史研究》,兰州:甘肃教育出版社,1996年,第194页。
③ 宁可、郝春文:《敦煌社邑文书辑校》,南京:江苏古籍出版社,1997年,第1-2页。
④ 宁可、郝春文:《敦煌社邑文书辑校》,南京:江苏古籍出版社,1997年,第514-515页。
⑤ 湛如:《论敦煌斋文与佛教行事》,《敦煌学辑刊》1997年第1期,第67-68页。

配佛[性]以开牙(芽),烦恼稠林,惠风飘而叶落。又持胜福,次用庄严,持炉施主即体,惟愿福同春卉,吐叶生花。罪等浮云,随风变灭。然后三界六趣,有刑(形)无刑(形),俱沐胜因,齐成佛果。摩诃般若。

这其中,祈求国泰民安、"使主千秋"等,显然都是斋文套语,其真正祈愿的是"诸贤社即体"和"持炉施主即体"的增福修慧,灾罪涤除,最终达到"齐成佛果"的目的。此篇斋文显然是大社的活动,规模可观,而《众阿婆社条》中的阿婆们的设斋定然不会有此规模,但其"设斋功德"完全是一样的,她们设定在每年五月和十月"共众人斋",应当是已经尽了自己的全力来筹办该项活动了。

从以上分析来看,四件有内容的敦煌女人社的文书中,有三件与佛事活动有关,而且体现了佛事活动的多样性,如博望坊巷女人社专为上窟燃灯而成立,显德六年女人社的建福活动则包括了燃灯和脱塔印沙,众阿婆社重在做斋会。可见事佛祈福显然是女人社的一个基本功能,只是由于其规模较小,所以单个女人社所从事的佛事活动多是资费筹措相对容易的较简单的佛事活动,至于造像修窟等活动,则似乎超出了她们的能力范围。

除了佛事活动外,诸女人社还有一个功能:丧葬互助。在四件文书中,除博望坊巷女人社外,其他三件文书都涉及了这一功能,且旌坊巷女人社仅涉及了这一功能:

各自荣生死者,纳面壹斗,须得齐同,不得怠慢。或若怠慢者,捉二人后到,罚[酒]壹角。全不来者,罚[酒]半瓮。众团破除。一、或有大人颠言到(倒)仪,罚醴腻[壹]筳,小人不听上人,罚羯羊壹口,酒壹瓮。一、或有凶事荣亲者,告保(报)录事,行文放帖,各自兢兢,一一指实,记录人名目。

显德六年女人社的丧葬互助的规定较详细:

一、社内荣凶逐吉,亲痛之名,便于社格。人各油一合,白面壹斤,粟壹斗。便须驱驱,济造食饭及酒者。若本身死亡者,仰众社盖白耽拽便送,赠例同前一般。其主人看侍(待),不谏(拣)厚薄轻重,亦无罚则。

众阿婆社的这方面内容较简略:

众阿婆等中有身亡□(者)(缺)麦壹斗,出饼五个。

这些文件中,前两件中有"各自荣生死""凶事荣亲""荣凶逐吉"等词语,这其中的"荣",当通"营",指经营的意思。《敦煌学大辞典》"荣亲"条中解释说:"'荣'与'营'通。《广韵》:'荣,永兵切,平庚,通营。'荣亲即迎亲,即办理婚事。荣亲时社人常相互帮助。其他亲友对荣亲者亦有礼物赠送,主人家则设酒席宴请宾客。"①董志翘等主编的《古代汉语》解释"荣凶逐吉"时注曰:"荣凶逐吉,即'营凶逐吉',即帮助操办红白事务,又作'追凶逐吉'。荣,通'营',经营。"②但这里存在的一个困惑是,凶事荣亲、荣凶逐吉等,是兼指凶事和喜事,还是仅指凶事。宁可、郝春文先生认为"荣亲"与"凶事"都是指丧事,在《敦煌社邑文书辑校》之 S.6981《壬戌年十月十七日南街都头荣亲转帖》的说明中说:"本件与其他身亡社司转帖不同,没有某某社人与家属身亡一语,却云'南街都头荣亲',但本书中所收 P.3489《戊辰年正月廿四日女人社社条》中有'或有凶事荣亲者,告保(报)录事,行文放帖','荣亲'或即指社人因家中发生凶事而举行的营葬活动,荣亲社司转帖亦可能是身亡社司转帖。"③赵玉平认为:"从现有资料看,'荣亲'当属社邑活动范畴,且应与'丧葬活动'有关。"④笔者认为,唐代常有以"婚葬"指"葬"者,如《唐会要》卷三十八《葬》记:"旧制:应给卤簿,职事四品以上、散官二品以上及京官职事五品以上,本身婚葬皆给之。""至景龙三年十二月,皇后上言:自妃主及五品以上母妻,并不因夫子封者,请自今婚葬之日,特给鼓吹。"从《敦煌社邑文书辑校》中收录的转帖文书来看,身亡转帖占相当比例,并没有一件明确涉及办理婚事的。又显德六年女人社中,在"社内荣凶逐吉"之后,接着的是"亲痛之名,便于社格",直接指亲属死亡之事。随后又云:"若本身死亡者,仰众社盖白耽拽便送,赠例同前一般。"由此来看,所谓荣凶逐吉,实为偏义复词,"逐吉"只是"荣凶"

---

① 季羡林:《敦煌学大辞典》,上海:上海辞书出版社,1998年,第440页。
② 董志翘,杨琳:《古代汉语(下册)》,武汉:武汉大学出版社,2014年第2版,第816页。
③ 宁可,郝春文:《敦煌社邑文书辑校》,南京:江苏古籍出版社,1997年,第102页。
④ 赵玉平:《敦煌文书P.3942定名刍议》,《中华文化论坛》2009年第3期,第17-18页。

的陪衬。同样,"凶事荣亲"也当意在"凶事"。所以,显德六年女人社和旌坊巷女人社的社条都涉及的是丧葬互助的问题,与吉事无关。众阿婆社的社条则径写"众阿婆等中有身亡□(者)",没有什么修饰性的语言。由此带来的问题是:诸女人社为什么会将丧葬互助作为一个主要内容写入社条呢?

唐代社会厚葬习俗盛行。韦挺《论风俗失礼表》云:"又闾里细人,每有重丧,不即发问,先造邑社,待营办具,乃始发哀。至假车乘,雇棺椁,以荣送葬。既葬,邻伍会集,相与酣醉,名曰出孝。"① 穆宗长庆三年(823)十二月李德裕奏:"缘百姓厚葬,及于道路,盛设祭奠,兼置音乐等。闾里编氓,罕知报义,生无孝养可纪,殁以厚葬相矜。丧葬僭差,祭奠奢靡,仍以音乐荣其送终。或结社相资,或息利自办,生业以之皆空。习以为常,不敢自废。人户贫破,抑此之由。……结社之类,任充死亡丧服粮食等用,伏以风俗之弊,诚宜改张。"② 可见,在唐朝,众人通过结社相互资助以大办丧事的行为是常态,甚至被视为"风俗之弊"。这种情况在五代至宋初应当如旧,且反映在了敦煌的社邑文书中。宁可、郝春文统计:

> 敦煌发现的社邑文书中,有关营葬的材料很多。在作为社邑规约的二十件社条、补充条件及凭约中,有十六件有关于营葬互助的规定,有的相当详细(如S.5520、S.6537背的三件、P.3730背),有的则以此为最主要的内容(如P.3489)。在通知社人参加社邑活动的社司转帖中,有关营葬的有三十一件,确为记录社人在营葬活动中纳赠物品的品种数量的纳赠历有十一件,还有一件则是有社邑参加的僧统和尚营葬榜(P.2856背)。③

此处还需指出的是,在《敦煌社邑文书辑校》所收的二十件社条文书中,有五件社条文样,其中只有一件未涉及丧事经营。文样是立社用的参考范本,虽非实用文书,却具普遍性和代表性。以S.5520《社条》(文样)为例:

1. 社条本 社子并是异性(姓)宗枝,舍俗枝缊,以为法乳,今乃

---

① [清]董诰等:《全唐文》卷一百五十四,上海:上海古籍出版社,1990年,第693页。
② [宋]王溥:《唐会要》卷三十八《葬》,上海:上海古籍出版社,2006年,第697页。
③ 宁可,郝春文:《敦煌社邑的丧葬互助》,《首都师范大学学报(社会科学版)》,1995年第6期,第32页。

2. 时登末代,值遇危难,准章呈(程)须更改易。佛法仪识,
3. 誓无有亏,世上人情,随心机变,憎和共住,判养同均。若不
4. 结义为因,易(焉)能存其礼乐? 所以孝从下起,恩乃上流,
5. □(众)意商仪(议),递相追凶逐吉,各取意美睦,立条例之于后:
6. □(结)义已后,但有社内(人)身迁故,赠送营办丧义(仪)车舆,
7. [一]仰社人助成,不德(得)临事疏遗,勿合乖叹,仍需社众改
8. □送至墓所,人各借布一匹,色物一匹。准例,欠小(少)一尺,罚麦
9. □□。一、结义以后,须存义让,大者如兄,小者如弟。若无礼
10. □,临事看过愆轻重,罚醴腻一延(筵)。
11. 社内各取至亲父娘兄弟一人轻(经)吊例,人各粟五升,借色
12. 物一匹,看临事文帖为定。若不顺从上越者,罚解
13. 斋一筵。①

该社条说明了"结义"的原因:在"时登末代,值遇危难"之时,"存其礼乐",维持"孝""恩",而其表现即为"追凶逐吉"。条文中规定了助丧时需缴纳的物品,以及吊丧时的礼仪规范,并规定了相关的处罚。由此可以看出丧葬互助在敦煌民间社邑中的重要性。

很显然,在这样的大环境下,敦煌女人社遵循了一般社邑的做法,将立社的目的与生死结合在一起:对于活着的人而言,努力地做佛事,为今生求福,为逝者祈祷,而对于身后之事,则希望能够在社邑的帮助下体面而风光地安葬。所以无论在结社的目的、结社的活动等方面,女人社均与其他社邑相同。它们与其他社邑的稍有差别之处,主要表现在经济方面。

孟宪实在考察敦煌女人社的经济问题时,对敦煌社邑文书中的身亡转帖进行了列表统计②,得出的结果是:"在28件社司转帖中,可以统计的都有粮食赠纳,如麦、粟、酒和饼,有的还有柴。其中另有色物即布匹、绫绢的占一定数量,共15件,超过50%。在没有色物赠纳的13件结社转帖中,9件属于亲情社或兄弟社。这类结社的身亡转帖一共是12件,也有3件兄弟社和亲情社是有

---

① 宁可、郝春文:《敦煌社邑文书辑校》,南京:江苏古籍出版社,1997年,第47页。
② 孟宪实:《论敦煌的妇女结社》,载于刘后滨:《日常秩序中的汉唐政治与社会》,北京:社会科学文献出版社,2012年,第296-297页。

第六章　普通女性的社会经济生活——以敦煌吐鲁番的女人结社文献为中心　325

色物赠纳的,当然所占比例不高。"① 但我们也可以从另一个角度来看这个列表的数字分析。在孟宪实的列表的基础上,我们将其中涉及女性的身亡转帖赠纳物品列出,如表6-1所示:

表6-1　社人女性亲属身亡转帖赠纳物品一览

文书号	死者身份	色物	粮食	时代
P.3211V	社人妻子	色物一匹	饼廿、粟一斗、柴一束	乾宁年间
S.6981	社人阿婆		吊酒壹瓮、粟一斗	903
P.3164	社人妻子		吊酒壹瓮、粟壹斗	925
S.5139V4	社人妻子		吊酒壹瓮、粟一斗	825
P.5032	社人妻子	绫绢二丈	粟壹斗、饼廿、柴一束	10世纪上半叶
P.3555+3288	社人妻子		饼廿、升油柴粟	957
P.3707	社人母亲		粟壹斗	958
P.5032	社人阿嫂		粟一斗	958
北周字66	社人妻子	褐布两匹	麦一斗、粟一斗、饼廿	961
S.5632	社人母亲		吊酒壹瓮、粟壹斗	967
S.6003	社人新妇	褐布一匹	油一合,其他不清	972
S.2894V3	社人妻子	绫绢叁丈	面壹斤、油壹合、粟壹斗、柴一束	973
S.2894V4	社人妻子	绫绢叁丈	面壹斤、油壹合、粟壹斗、柴一束	973
Дx.1439A	社人妻子		吊酒壹瓮、粟一斗	986?
S.4660	社人阿姊		粟一斗	988
S.7931	社人母亲		吊酒壹瓮、粟一斗	?

从该列表我们可以看出,有色物赠纳和无色物赠纳的社人女性亲属从乾宁年间至10世纪末都有,所以时间因素可以不做考量。在所有16位社人女性亲属中,有色物赠纳的计6人,约占女性总人数的三分之一。在6位有色物赠纳的女性中,有2位的色物均为"鲜净绫绢色物叁丈",粮食均为"面壹斤、油壹合、粟壹斗、柴一束",在包括社人男性亲属在内的所有身亡转帖中都是最高的。两份转帖抄在一处,其时间、格式、用语等都基本一致,应当属于同一社邑。P.5032的女子丈夫是"索押牙",其色物赠纳为绫绢二丈,粮食赠纳为粟壹斗、饼廿、柴一束,仅次于前两者。很显然,这3位女性所在的社邑都是由社会地位比较高且比较富裕的家庭组成的,故赠纳物品的品种齐全,物色质量

---

① 孟宪实:《论敦煌的妇女结社》,载于刘后滨:《日常秩序中的汉唐政治与社会》,北京:社会科学文献出版社,2012年,第296页。

高、数量多。这样的社邑成员应当属少数,不具普遍性和代表性。如果将她们3位排除在外,则在社人女性死亡亲属中,只有3位获得了一至两匹的色物赠纳,其粮食赠纳相应地也略多一点。而在10位没有色物赠纳的女性中,有6位的粮食赠纳都是"吊酒壹瓮、粟一斗",有3位的赠纳仅"粟一斗",有1位的赠纳是"饼廿、升油柴粟"。用此可比较一下敦煌女人社成员死亡的赠纳规定。在三个涉及丧葬互助的女人社中,均无色物赠纳要求,在粮食方面,众阿婆社成员死亡后的赠纳是"麦壹斗,出饼五个";在显德六年女人社,社人的亲属和社人本身死亡后,赠纳均为"人各油一合,白面壹斤,粟壹斗";在旌坊巷女人社,是"纳面壹斗"。这样看来,敦煌女人社的赠纳应当在其他社邑为社人的死亡女性亲属提供的赠纳的平均水平上下。

与之形成对照的是,在敦煌28件身亡转贴中,死亡者为男性社人本身或其男性亲属的有11人(另有一位身份不明,但有色物赠纳),其中无色物赠纳的只有3人,这3人的粮食赠纳均为吊酒一瓮,粟一斗,在男性的赠纳水平的最低一级,与女性的平均赠纳水平相当。这样看来,如果排除社会地位高、经济条件好的家庭,敦煌男性死亡后所获得的赠纳整体要高于女性。据此我们可以推断,敦煌诸女人社的社条在做赠纳规定时,是主动向敦煌及周边地区的普通女性的水平靠拢的,从而有意识地拉开了其与男性的距离。从这个角度看,敦煌女性即使是在有一定经济自主权的情况下,也并没有形成男女平等意识,而是主动遵守了社会约定俗成的行为规范。

前文曾提到过一个问题:旌坊巷女人社的负责人是录事孔阇梨和虞侯安阇梨,而偏偏这个女人社是单为丧葬互助而设立的,没有像其他女人社那样还有佛事活动的要求,这是为什么?要弄清这个问题,就得对敦煌地区的僧尼生活有个大致的了解。

据郝春文等人的研究,在唐后期至五代宋初的敦煌,很多僧人虽然在寺院挂籍,却常住在世俗家中,与家人共同生活,过着一种"同活"或"共活"的居家生活。① 石小英在此基础上,进一步对敦煌尼僧的家居生活进行了较全面的梳理,指出"在8至10世纪的敦煌,大部分尼僧虽然名为出家人,但实际上却过着地地道道的居家生活,住在世俗家中,从事各种社会生产活动,可以蓄

---

① 郝春文:《唐后期五代宋初敦煌僧尼的社会生活》,北京:中国社会科学出版社,1998年,第76-88页。

奴、收养子女、拥有自己的田产、饲养牲畜等,和俗人的生活相差不大"①。在这种情况下,尼僧参与社邑活动,甚至成为女人社的社官、录事等也就不足为奇了。但与家人共活带来的问题是,这些尼僧在去世时,寺院便不会对其有所帮助。据郝春文研究,"对寺院而言,普通僧人亡故,如不属本寺,一般不必'纳赠'。所以普通僧人的丧葬活动很难从其寺院得到物力支持"②。S.2199《咸通六年(865)沙州尼灵惠唯(遗)书》载:

1. 尼灵惠唯(遗)书
2. 咸通六年十月廿三日,尼灵惠忽染疾病,日日渐加,恐
3. 身无常,遂告诸亲,一一分析,不是昏沉之语,并是醒
4. 苏之言。灵惠只有家生婢子一名咸娘,留与侄女潘娘,
5. 更无房资。灵惠迁变之日,一仰潘娘葬送营办,已
6. 后更不许诸亲吝护。恐后无凭,并对诸亲,遂作唯(遗)
7. 书,押暑(署)为验。③

没有"房资"的尼僧灵惠将自己的身后事交给了侄女潘娘办理,同时也将其奴婢留给了她,这说明她并未想到要仰仗寺院来营办自己的丧事。她应该在与家人同活的僧尼中较具代表性。所以,"普通僧人营葬所需的大部分人力、物力均需由其世俗家庭成员、亲戚负担,或者另谋其他路径解决,在这样的背景下,社邑的作用就更加突出了"④。在这种情况下,许多僧尼都参加了以丧葬互助为主要活动的社邑。那么,女人社里有比丘尼功德进、孔阇梨、安阇梨等的加入,也就是再自然不过的事了,而孔阇梨和安阇梨对身后事的关心似乎更大于对佛事活动的关心,也是完全可以理解的。

---

① 石小英:《浅析8至10世纪敦煌尼僧居家生活》,《宗教学研究》2016年第2期,第96-101页。
② 郝春文:《唐后期五代宋初敦煌僧尼遗产的处理与丧事的操办》,《敦煌研究》1998年第3期,第41页。
③ 录文见杨宝玉:《英藏敦煌文书S.2199〈尼灵惠唯(遗)书〉解析》,载于《形象史学研究(2015年上半年)》,北京:人民出版社,2015年,第174-175页。
④ 郝春文:《唐后期五代宋初敦煌僧尼遗产的处理与丧事的操办》,《敦煌研究》1998年第3期,第42页。

四、从女人社与其他社邑的社条对比看敦煌女性的自我意识

在四件女人社社条中,显德六年女人社的社条是最完整、最规范的。拿它与其他社邑的社条进行比较,应当可以发现在单独阅读它时不易发现的特别之处。而在敦煌社邑文书中,恰有一件文书与它高度相似,而又在某些地方与它截然不同。这就是S.6537V6(7)《上祖社条》(文样):

1. 上祖条:至城(诚)立社,有条有格。夫邑义者,父母生
2. 其身,朋友长其值(志),危则相扶,难则相久(救)。与朋友
3. 交,言如信。结交朋友,世语相续。大者若兄,少者若
4. 弟,让议(义)先灯(登),其社稷坏,乾坤至在,不许散败。
5. 立条与件,山何(河)罚誓,中(终)不相违。一、社内有当家
6. 凶祸,追胸(凶)逐吉,便事亲痛之名,传亲外喜,一于
7. 社格。人各赠例麦粟等。若本身死者,仰众社盖
8. 白耽拽便送,赠例同前壹般。其主人看侍(待),厚薄
9. 不谏(拣)轻重,亦无罚青(责)。若三驮,传亲外喜回壹赠,
10. 若两驮者,各出胡饼卅败(枚)、酒壹瓮,仰众社破用。
11. 凡有七月十五日造盂兰盘兼及春秋二局,各纳油面,
12. 仰缘(录)事于时出帖纳物,若主人不于时限日出者,
13. 一切罚麦三斗,更无容免者。一、社内不谏(拣)大少,无格,
14. 席上喧(揎)拳,不听上下,众社各决丈(杖)卅棒,更罚浓(酸)腻一口(筵),
15. 众社破用。其身宾(摈)出社外,更无容始(免)者。一、社有
16. 严条,官有政格,立此条流,如水如鱼,不得道东说西。
17. 后更不于愿者,山何(河)为誓,日月证知,三世莫见佛
18. 面,用为后验。①

---

① 宁可、郝春文:《敦煌社邑文书辑校》,南京:江苏古籍出版社,1997年,第55-56页。

宁可、郝春文在《敦煌社邑文书辑较》中给这篇文书所做的说明中判断，其流行时代应在归义军曹氏时期，然后说：

> 斯五二七《显德六年正月三日女人社社条》是一件实用社条，其总则的文字与本件基本相同，后面的具体规定文字有的与本件也相同。这说明社人立社时往往是找一件流行的社条文样做蓝本，再据具体情况做一些变动，所以社条文样虽不是实用件，但对了解社邑的情况与实用件具有同样的价值，甚至更具普遍意义。①

孟宪实将显德六年女人社社条的开头部分与这件文样的开头部分进行过简单的对比，认为："我们无法证实以上两件社条的关系，但是，社条文样存在的事实令人相信，有些社条的起草确实参考了现成的社条样文。但是，对于女人社的社条而言，这里就不简单是参考的问题。因为我们看到的社条中'大者如兄，少者如弟'，是针对男性设计的社条文样。而女性结社对这样社条的模仿和采纳，其实就转换成女性对男性的模仿了。"②

笔者认为，从两件文书文字的相似程度来判断，说显德六年女人社社条参考了《上祖社条》是成立的。两件文书的具体对比如下：

显德六年女人社社条在开头部分较《上祖社条》多出"显德六年己未岁正月三日女人社因滋（兹）新岁初来，各发好愿，再立条件"一行字，这是实用社条的基本构成部分。在接下来的约三行文字中，两件文书基本相同，甚至都将"至诚"的"诚"写作了"城"，都将"朋友长其志"的"志"写作了"值"，这种巧合绝非偶然。

在接下来的内容中，《上祖社条》写作"大者若兄，少者若弟，让议（义）先灯（登），其社稷坏，乾坤至在，不许散败。立条与件，山何（河）罚誓，中（终）不相违"；女人社社条则写作："大者若姊，小者若妹，让语先登。立条件与（已）后，山河为誓，中（终）不相违"，将兄弟换成了姊妹，无"其社稷坏，乾坤至在，不许散败"句，"终不相违"的"终"亦写作了"中"。女人社的模仿痕迹十分明显。

---

① 宁可，郝春文：《敦煌社邑文书辑校》，南京：江苏古籍出版社，1997年，第57页。
② 孟宪实：《论敦煌的妇女结社》，载于刘后滨：《日常秩序中的汉唐政治与社会》，北京：社会科学文献出版社，2012年，第301页。

《上祖社条》第5行末至第9行末的文字为："一、社内有当家凶祸，追胸（凶）逐吉，便事亲痛之名，传亲外喜，一于社格。人各赠例麦粟等。若本身死者，仰众社盖白耽拽便送，赠例同前壹般。其主人看侍（待），厚薄不谏（拣）轻重，亦无罚青（责）。"女人社社条第5行中至第8行中的文字为："一、社内荣凶逐吉，亲痛之名，便于社格。人各油一合，白面壹斤，粟壹斗。便须驱驱，济造食饭及酒者。若本身死亡者，仰众社盖白耽拽便送，赠例同前一般。其主人看侍（待），不谏（拣）厚薄轻重，亦无罚则。"两者都是先述及"亲痛之名"的赠纳，再提及"若本身死者"或"若本身死亡者"，"仰众社盖白耽拽便送，赠例同前壹般"。结构、内容和文字的相似度依然很高。只不过，在这段文字中，《上祖社条》中的"人各赠例麦粟等"，变成了女人社社条中的具体赠纳物品。接下来两者又都提到了"主人"的相同态度，其中"不拣"都写作了"不谏"。另外值得一提的是，在大多数兼具数项功能的敦煌社邑的社条中，追凶逐吉的内容都会放在佛事等活动的后面，而现在的这两篇文书则都将其放在了前列，形成了两者与其他文书的区别。

《上祖社条》第9行中至第10行提到了三驮和两驮之什，但女人社社条中无此内容，这是两件文书的第一处极大的不同。

《上祖社条》第11行至第13行中提到了"七月十五日造盂兰盘兼及春秋二局"的赠纳规定和不按时交纳的处罚；女人社社条则说的是"社内正月建福一日"的赠纳的具体数目。这是两件文书的第二处较大的不同。

《上祖社条》第13行中至第15行是对社人行为仪范的要求："一、社内不谏（拣）大少，无格，席上喧（揎）拳，不听上下，众社各决丈（杖）卅棒，更罚浓（醲）（腻）一口（筵），众社破用。其身宾（摈）出社外，更无容始（免）者。"女人社社条的这部分对应文字为："或有社内不谏（拣）大小，无格，在席上喧（揎）拳，不听上人言教者，便仰众社就门罚醲腻局席一筵，众社破用。若要出社之者，各人快（决）杖叁棒，后罚醲腻局席一筵，的无免者。"两者在前面部分基本相当，只是前者对不守规矩者的惩罚是各人决杖三十棒加酒筵，后者只罚酒筵。两者在后部分有了区别：前者指出要将不守规矩者"摈出社外"，而后者则改作了惩罚"出社之者"：各人决杖三棒加酒筵。这是两件文书的第三处较大的不同。

女人社社条的第12行至26行为"社人名目"，《上祖社条》作为文样自然不会有这些内容，所以不能算作两件文书的不同之处。

《上祖社条》的最后几行内容为："一、社有严条，官有政格，立此条流，如水如鱼,不得道东说西。后更不于愿者,山何(河)为誓,日月证知,三世莫见佛面,用为后验。"女人社社条最后几行的内容为:"右通前件条流,一一丁宁,如水如鱼,不得道说事(是)非,更不于(如)愿者,山河为誓,日月证知。恐人无信,故勒此条。用后记耳。"两者的文字相似度依旧高得惊人。

通过以上比较,我们发现两件文书确实在结构安排、内容表述、遣词造句等诸方面存在太多的相似性,而《上祖社条》作为社条文样,只能使我们得出显德六年女人社社条仿照了它的结论。但也正如以上对比所发现的那样,两件文书有三处较大的不同,而这些不同之处,正是我们可以发现女人社特点的地方。

两件文书的第一处不同之处,是《上祖社条》在述及丧葬互助条款时提到的"三驮"和"两驮"等并未在女人社文件中出现。三驮又作"三大"或"三件",敦煌社邑文书中有约十二件涉及"立三驮目举名请赠"之丧葬互动法,"办法大致是社人可向社邑请求'立三驮名目',列名登记在案,缴纳三驮(粮食之类)之后,再请'上驮局席',宴请社众一次,便取得了'请赠'的权利,死亡时,社众按规定纳赠物品(可能还帮助营葬)。"①宁可、郝春文指出:

> 这种立三驮名目、举名请赠的办法,有利于入社的富户、官僚、军将而不利一般劳动者。按前文估计,三驮粮食约合汉制两石多点,而当时敦煌田地亩产不过一驮略多,雇工价一般为每月一驮。则三驮当三亩地的年产或三个月的工价。富户、官僚、军将自易缴纳,一般平民则负担非轻,贫苦者更为困难。而一社之内,立三驮名目者死亡时可享受远较三驮为丰的纳赠及隆重葬仪,而未立三驮名目的社人则只有厚赠助葬的义务而自身无请赠的资格。这实质上是入社的富户、官僚、军将对贫苦社人的一种变相的剥削。三驮名目只在部分社邑实行,或即由此。而贫苦社人亦因此而不免有被迫退社者。②

由此可见,立三驮名目,必须有较厚实的经济基础,而根据前面的研究结

---

① 宁可,郝春文:《敦煌社邑的丧葬互助》,《首都师范大学学报(社会科学版)》,1995年第6期,第34页。
② 宁可,郝春文:《敦煌社邑的丧葬互助》,《首都师范大学学报(社会科学版)》,1995年第6期,第36页。

果,女人社的丧葬互助条文所规定的赠纳水平只在当地敦煌女性死亡时的社邑赠纳的平均水平上下,即在"粟一斗"的基础上加一瓮酒或饼若干,而无论是"三驮"还是"两驮",都超出了女人社成员所能负担的范围。在这种情况下,女人社社条删去了《上祖社条》的此部分内容。这说明,敦煌及周边地区的一些女性虽然可能拥有一定的经济自主权,但其实力十分有限,所以她们根本就未考虑过立三驮名目的问题。由此可知,女性对自我较低的经济地位有着清楚的认知。

两件文书的另一个不同之处仍与敦煌地区男性和女性的不同社会经济地位有关。《上祖社条》在规定社邑的活动时提道:"凡有七月十五日造盂兰盘兼及春秋二局,各纳油面,仰缘(录)事于时出帖纳物,若主人不于时限日出者,一切罚麦三斗,更无容免者。"女人社社条则将这一内容改作:"社内正月建福一日,人各税粟壹斗,灯油壹盏,脱塔印砂(沙)。"七月十五日造盂兰盘与正月建福都属于佛事活动。据谭蝉雪介绍,"盂兰盆敦煌当地俗称佛盆,从七月十三日开始筹办,面和油用来制作各式供品,另外还买瓜果,十五日正式供养佛盆。此时也是众僧尼坐夏的最后一天,礼佛转经,至十七日,也有十六日者为破盆日,即供养的盂兰盆归众僧享用,并造食美餐,僧人解夏自恣,可行饮酒作乐"。造盂兰盆有三个经济来源:"一是僧团和寺院。二是衙府的资助。……三是施主及社众,其实社众也是施主,只不过以集体组织的名义进行。"① 可见,敦煌社邑参与造盂兰盆的活动是较常见的行为,故被写入《上祖社条》中。但女人社可能因为自身的原因,将佛事活动的时间改在了正月,进行燃灯、脱塔印沙等活动。前面已经说过,燃灯和脱塔印沙所耗资费较少,是女人们能够负担得起的佛事活动,这可能是她们将七月十五日造盂兰盆改为正月建福一日的原因。不管怎样,造盂兰盆与建福都是佛事活动,两者足可相抵,但为什么女人社社条中未保留"春秋二局"的内容呢?

《上祖社条》中的所谓"春秋二局"指的是唐五代宋初敦煌社邑举行的春座、秋座局席,又写作春坐、秋坐局席,或作秋座筵设、春座筵局,等等。郝春文认为它们是源于古老的春秋二社祭祀的饮宴活动,"但在传承过程中,一部分历史记忆(该活动具有神性的部分)逐渐淡化了,甚至可以说被忘记了;同时,另一部分历史记忆(属于人界活动的部分)则被突出和放大。于是,春秋二社的祭祀活动变成了以饮宴欢娱为中心的春秋坐局席活动,神秘的人神间的沟

---

① 谭蝉雪:《敦煌民俗:丝路明珠传风情》,兰州:甘肃教育出版社,2006年,第102页。

通活动变成了完全是不具有神秘性和神圣性的'人界'活动……"①敦煌社邑中的春秋座局席活动相当流行和普遍。据郝春文统计,在敦煌社邑文书的社司转帖中,"以'春秋坐局席转帖'为多,达七十几件(包括复本和抄本等)",只是"多为不完整的抄件"②。通过查看此类敦煌文书,笔者发现,敦煌春秋座局席转帖大体有两种格式:一种是直接要求社众按时纳物集结,但未述及具体纳物数量的,如P.3764《乙亥年(855?)九月十六日秋座局席转帖》:

> 右缘秋坐局席,次至社官家,帖至,限今月十七日辰时于报恩寺门前取齐。捉二人后到,罚酒壹角;全不来者,罚酒半瓮。其帖速递相分付,不得亭(停)滞,如滞贴者,准条科罚。帖周却付本司,用凭告罚。③

另一种则会交代社众所需交纳食物的数量,如P.3145《戊子年闰五月年支春座局席社司转帖》:

> 右缘年支春座局席,次至曹保奴家。人各粟壹斗,面壹斤,油半升。幸请诸公等,帖至,限今月十七日卯时于主人家送纳。捉二人后到,罚酒一角;全不来者,罚酒半瓮。其帖速递相分付,不得停滞,如滞帖者,准条科罚。帖周却赴(付)本司,用凭告罚。④

之所以会有这两种格式,应当是因为前种转帖所在社的社条中对春秋座局席的物纳已有规定,如P.3544《大中九年(855)九月廿九日社长王武等再立条件》:"社内每年三斋二社,每斋人各助麦一斗,每社各麦壹斗、粟一斗。其社官录[事]行下文帖,其物违时,罚酒一角。"⑤社众既然在立社时对物纳规定都已知晓,所以转帖只要通知大家缴纳即可。而后一种,则是临时决定缴纳数量,或是为防社众不按规定缴纳,故明确写出纳物数量。我们可以根据《敦煌社邑文书辑校》中有明确纳物数量规定的转帖,来看看敦煌社邑在举办此类活动时对社众纳物的要求(表6-2)。

---

① 郝春文:《再论敦煌私社的"春秋坐局席"活动》,《敦煌学辑刊》2006年第1期,第4页。
② 郝春文:《再论敦煌私社的"春秋坐局席"活动》,《敦煌学辑刊》2006年第1期,第1页。
③ 宁可,郝春文:《敦煌社邑文书辑校》,南京:江苏古籍出版社,1997年,第132页。
④ 宁可,郝春文:《敦煌社邑文书辑校》,南京:江苏古籍出版社,1997年,第194页。
⑤ 宁可,郝春文:《敦煌社邑文书辑校》,南京:江苏古籍出版社,1997年,第1-2页。

表 6-2　敦煌社邑局席物纳规定

文书卷号	局席	纳物	写卷时间
P.3319V	春座	人各麦壹斗,粟壹斗,面贰斤,油半升	9世纪后半叶
P.3391V	春秋	人各油面斤麦粟	937年
S.5139V3	春座	人各面壹斤半,油一合,净粟伍升	10世纪20—30年代
S.6236V1	春座	人各面壹斤,油壹合,粟壹斗	10世纪20—30年代?
P.3623V	秋座	人各粟壹斗,面贰升,油半斤	936—940年(?)
S.728V3	春座	人各面二斤,油半升,粟一斗	936—940年前后
S.395	座社	人各麦壹斗,粟一斗,面(后缺)	943年(?)
S.1386V1	秋座	人各面贰斤,油壹合,粟壹斗	943—944年
P.4019V	常年	人各麦一斗,粟一斗	886年或946年
P.3441V	社司	人各麦壹斗,粟壹斗	947年前后
P.3757V	春座	人各麦壹斗,粟壹斗	943年前后(?)
北图殷字41号背	春座	人各粟一斗,油半升,麦一斤	10世纪上半叶(?)
S.6214	春座	人各麦粟面准条	895年或955年
P.3691	秋座	人各麦壹(下缺)	898年或958年
P.4063	春座	人各粟壹斗	966年
S.4037V2	春座	人各面一斤,油一合,粟一斗	975年(?)
P.3875	秋座	人各麦一斗,粟壹斗,面二斤,油半升	归义军时期
北京大学图书馆藏	春座	人各麦壹斗,粟壹斤,油一合	归义军时期
S.274	春座	人各粟壹斗,面壹斤	988年
P.3145	春座	人各粟壹斗,面壹斤,油半升	988年
S.6066V	春座	人各粟一斗(下缺)	10世纪末—11世纪初
S.5813	二月坐社	人各助麦一斗五升,粟二斗	待考
P.2880	春座	人各粟一斗,面一斤,油一合	待考
S.327V	社司	人各面一斤,粟一斗	待考
Дx.3114、Дx.1359	春座	□□(人各)面壹贰斤,麦壹斗,□(粟)壹斗,油半升	待考
S.1163V1	秋座	人各面二斤,油半□(升),粟一斗	待考
S.6008	春座	人各□(面)□斤,油半升,粟壹斗	待考

续表

文书卷号	局席	纳物	写卷时间
S.6104	座社	人各粟壹斗,面斤米(半),油米(半)胜(升)	待考
P.2975V	春座	人各面壹斤,粟壹斗,油半升	待考
P.4017	春座	人各麦壹斗,粟壹斗,面贰斤,油半升	待考
S.1163V2	春座	每人各粟壹斗,麦壹斗,面壹斤,油半升	待考
P.3498	秋座	(前缺)□斤,粟一斗,麦(后缺)	待考
S.6461V1	春座	[人]各麦一斗,粟一斗,面[□],油半升	待考
P.3666V	秋座	人□(各)粟一斗,面壹斤,油半升	待考
S.1163V2	春座	人(中缺)油半升,粟一斗	待考
P.4017	春座	人各麦[壹]斗,粟贰斤,油半斤	待考
北京大学图书馆藏	春座	人各面壹斤,粟壹斗,油壹合	待考
P.3094V、S.1048V	春座	人各粟壹斗,油半斤	待考
P.2439V	春座	人各粟一斗,面二斤,由(油)一合	待考
S.173V4	春座	人各油半升,面壹斗	待考
P.4017	春座	人各粟一[斗]	待考
P.3621V	春座	人各宋(送)□麦一斗,粟一斗,面二巾(斤),油一合	待考
S.865V	秋座	麦壹一(斗),粟壹一(斗),油半升,面贰斤	待考

从表6-2中可以看出,敦煌社邑春秋座局席一般要求社众赠纳麦、粟、面、油四种食品,如P.3319V的春座局席要求"人各麦壹斗,粟壹斗,面贰斤,油半升";但因为各社的情况不同,赠纳的食品也会有所变化,但一般都至少有三种,如P.2975V的春座局席要求"人各面壹斤,粟壹斗,油半升";还有少数为两种,如S.274的春座局席要求"人各粟壹斗,面壹斤";只有P.4063春座局席的要求最低,"人各粟壹斗"。P.4063为《丙寅年(966)四月十六日官健社春座局席转帖》,也就是说,这是个由士卒组成的社邑,因为官健是唐代后期的由官府供给的士兵。《资治通鉴》卷二百二十五大历十二年(777)五月条:"又定诸州兵,皆有常数,其召募给家粮、春冬衣者,谓之官健。"胡三省注曰:"兵农既分,县官费衣粮以养军,谓之官健,犹言官所养健儿也。"敦煌归义军时期实行

长行官健制,即士兵常年都在军中服役,具有浓厚的职业雇佣兵性质。[①]在敦煌,官健除征战之外,还会到官府上役并获得一定的报酬。S.5947《宋家宅南宅官健十寺厮儿百姓用面历》记述的上役开支云:"宋家宅官健廿七人,计三日每人壹斗,得面两石七斗。南宅官健,计三日每人壹斗,廿四人得面两石四斗。十寺厮儿十六人得面一石六斗,每人擎四十。宋宅官健三十人,五日中间计用面四石五斗,南宅官健二十四人计用面三石六斗。"[②]也就是说,上役官健每人三日得面一斗,或五日得面一斗五升,与所谓的十寺厮儿的役价相当。而P.4063的官健社成员除社官张押衙外,还有"押衙孟衍中、押衙王员昌、兵马使张住子、兵马使宋粉堆"等军将,所以贫穷不应该是该社春座局席社众赠纳较少的原因,而可能是某种特例。这样一来,各社春秋座局席的最低赠纳当为P.4019V、P.3441V和P.3757V的"人各麦壹斗,粟壹斗"或S.274和S.327V的粟一斗、面一斤等,与P.3544《大中九年(855)九月廿九日社长王武等再立条件》规定的"社内每年三斋二社,每斋人各助麦一斗,每社各麦壹斗、粟一斗"的社约规定相当。如果是春秋两社,则费用要在此基础上翻一倍。前文已经说明,女人社无论是为举办佛事活动还是为丧葬互助所赠纳的物品的层级在各社邑中都是最低的,春秋座局席的费用对她们而言无疑是个极重的负担。在这种情况下,在社条中取消春秋座局席的活动,也就相对合理了。

显德六年女人社的社条中取消了《上祖社条》中的"春秋二局"内容的原因可能还有一个,那就是她们的女性身份使她们受到约束,无法组织以春秋二社为名义的乡村礼仪活动。如前所述,"春秋二局"实际当是春秋二社的祭礼活动结束后的宴乐部分,只是敦煌的社邑强化了其娱乐性而淡化了其神圣性,但这并不意味着它们已变成了纯粹的娱乐性活动。S.6537V3(5)《拾伍人结社社条》(文样):"春秋二社旧规,逐根原赤(亦)须饮宴,所要食味多少,计饭料各自税之。五音八乐进行,切须不失礼度。一取录事观察,不得错乱事(是)非,稍有倚醉胸(凶)粗,来晨直须重罚。"[③]这表明,"春秋二局"还是要遵循"春秋二社"的"旧规",甚至还配以音乐,强调"礼度"。在这样的情况下,

---

① 暨远志:《张议潮出行图研究(续)——论沙州归义军的长行官健制和蕃汉兵制》,《敦煌研究》1992年第4期,第79-82页。
② 唐耕耦,陆宏基:《敦煌社会经济文献真迹释录(第三辑)》,北京:全国图书馆文献缩微复制中心,1990年,第291页。
③ 唐耕耦,陆宏基:《敦煌社会经济文献真迹释录(第四辑)》,北京:全国图书馆文献缩微复制中心,1990年,第51页。

女人社以女性身份组织类似的祭社活动，显然不合"旧规"，所以即使其经济能力允许，其社会地位也会对其行为产生束缚作用。

两件文书的第三处不同之处在于，《上祖社条》在规定对违背社格等行为的处罚时，将最重的惩罚设为"摈出社外"，即开除其社籍，但女人社不但没有将社人开除的条款，反而将惩罚对象设定为"出社之者"，即想要退出女人社的人，其惩罚为各人决杖三棒，然后还要设筵席赔罪。关于女人社的这种更改，前文已经做过推测，即一般社邑并不重视退社惩罚的原因可能是，一般社邑以男性为主体成员，他们对社邑的依附性较强，社众身份甚至代表了其在某个群体中的存在感和地位，所以他们不会轻易地退社，反而畏惧被社除名。而女人社因其构成成员多为有一定经济自主权的尼僧、单身女性或寡妇，其生活中的变数较多，退社的概率较大，为了维持社邑的稳定性，便需要通过对退社的处罚来加以约束。此处可补充的一点是，女人社惩罚退社者的行为，表明了其维持其自身持续发展的渴望，也表明结社者具有十分明确的女性群体意识，知道其与以男性为主的社邑的差别所在，故在模仿《上祖社条》时，并未照搬教条，而是根据现实情况，做出了针对女性的规定。当然，这种对退社者的惩罚也反映了女人社的不稳定性。

通过以上分析，我们可以了解到，女人结社是唐五代宋初敦煌地区的一种既特殊又并不罕见的现象。它的成员以有一定经济自主权的尼僧、父母已亡但未出嫁的单身女性或家中无男丁的寡妇为主，具有与其他社邑一样完备的组织结构。女人社的主要功能是定期组织佛事活动，为往生者或自己的来生求福祈愿，以及进行丧葬互助，这与大多数敦煌及周边地区的社邑的基本功能相当。但女人社受到其经济能力和社会地位的限制，又无法具备所有的社邑功能，如立三驮名目，或进行春秋座局席活动。也因为女人社的身份、地位的不稳定，所以一旦结社，它们便会设法通过惩罚退社者等方式来维持自身的运作，这表明女人社并非短期行为。

女人社在某种程度上可以说是唐五代宋初敦煌地区女性意识的反映。通过显德六年女人社与《上祖社条》的对比，我们发现女人社在建社之初，就因为对自身的社会经济地位的认知而刻意删改了社条文样，使之更适合自身的状况。但与此同时，它又竭力争取与其他社邑的同等地位，故在其社条中刻意模仿一般社条中的语言，写下"夫邑仪（义）者，父母生其身，朋友长其值（志），遇[危]则相扶，难则相救。与朋友交，言如信。结交朋友，世语相续。

大者若姊,小者若妹,让语先登"等内容。这种把其仿制文本中的"大者若兄,少者若弟"改为"大者若姊,小者若妹"的做法,这种对"朋友"之交的强调,都表明女人社的女性们渴望得到同性的关心与扶助,在设法进行物质上的互助的同时也争取精神上的共鸣的努力。女人社的女人们在明知自己的社会经济地位都不如男性的情况下,并没有通过投靠男性来改善这种状况,而是与同性结为联盟,以共同应对一个不公平的社会所带来的各种压力,这可说是中国古代社会中的早期女性意识的绝佳体现。

第七章　战乱中的落难女性
——以《秦妇吟》为中心

《秦妇吟》是晚唐著名诗人韦庄的长篇叙事诗歌。唐僖宗广明元年（880）十二月，黄巢军队攻入长安，僖宗出逃成都，韦庄时在长安城中，亲眼目睹了长安城内的变乱。中和三年（883），韦庄在东都洛阳将当时耳闻目见的种种乱离情形，通过一位从长安逃难出来的女子即"秦妇"的自述，写成了这篇长篇叙事诗。作品曾风靡一时。但因韦庄之讳，其弟韦蔼在为他编《浣花集》时未收录《秦妇吟》，致使其长期失传，幸因敦煌遗书的发现，《秦妇吟》这首伟大的诗歌作品才得以重现天日。

《秦妇吟》是敦煌遗书中最重要的诗歌作品之一，今存多个写本：S.692、S.5476、S.5477、S.5834、P.2700、P.3381、P.3780、P.3953、P.3910、李盛铎旧藏本、俄罗斯藏残卷。其中P.2700与S.5834实为一卷，断裂后分别藏于巴黎、伦敦两地。在所有这些写本中，P.3381天复五年（905）敦煌郡金光明寺学仕张龟写本的抄写时间最早，距《秦妇吟》创作时间仅22年时间。

有关《秦妇吟》的校勘、考释、注释的论著，自王国维先生的《敦煌发见唐朝之通俗诗及通俗小说》[1]以来，为数甚多，这也就使得《秦妇吟》一诗越来越接近诗作原貌。此处文本据《敦煌诗集残卷辑考》录文抄校而成。[2]

中和癸卯春三月，洛阳城外花如雪。东西南北路人绝，绿杨悄悄香尘灭。
路旁忽见如花人，独向绿杨阴下歇。凤侧鸾欹鬓脚斜，红攒黛敛眉心折。
借问女郎何处来？含颦欲语声先咽。回头敛袂谢行人，丧乱漂沦何堪说！
三年陷贼留秦地，依稀记得秦中事。君能为妾解金鞍，妾亦与君停玉趾。

---

[1] 王国维：《敦煌发见唐朝之通俗诗及通俗小说》，《东方杂志》1920年第17卷第8期。
[2] 徐俊：《敦煌诗集残卷辑考》，北京：中华书局，2000年，第234-238页。

前年庚子腊月五,正闭金笼教鹦鹉。斜开鸾镜懒梳头,闲凭雕栏慵不语。
忽看门外起红尘,已见街中擂金鼓。居人走出半仓惶,朝士归来尚疑误。
是时西面官军入,拟向潼关为警急。皆言博野自相持,尽道贼军来未及。
须臾主父乘奔至,下马入门痴似醉。适逢紫盖去蒙尘,已见白旗来匝地。
扶羸携幼竞相呼,上屋缘墙不知次。南邻走入北邻藏,东邻走向西邻避。
北邻诸妇咸相凑,户外崩腾如走兽。轰轰昆昆乾坤动,万马雷声从地涌。
火迸金星上九天,十二官街烟烘烔。日轮西下寒光白,上帝无言空脉脉。
阴云晕气若重围,宦者流星如血色。紫气潜随帝座移,妖光暗射台星坼。
家家流血如泉沸,处处冤声声动地。舞伎歌姬尽暗捐,婴儿稚女皆生弃。
东邻有女眉新画,倾国倾城不知价。长戈拥得上戎车,回首香闺泪盈把。
旋抽金线学缝旗,才上雕鞍教走马。有时马上见良人,不敢回眸空泪下。
西邻有女真仙子,一寸横波剪秋水。妆成只对镜中春,年幼不知门外事。
一夫跳跃上金阶,斜袒半肩欲相耻。牵衣不肯出朱门,红粉香脂刀下死。
南邻有女不记姓,昨日良媒新纳聘。琉璃阶上不闻行,翡翠帘间空见影。
忽看庭际刀刃鸣,身首支离在俄顷。仰天掩面哭一声,女弟女兄同入井。
北邻少妇行相促,旋拆云鬟拭眉绿。已闻击托坏高门,不觉攀缘上重屋。
须臾四面火光来,欲下回梯梯又摧。烟中大叫犹求救,梁上悬尸已作灰。
妾身幸得全刀锯,不敢踟蹰久回顾。旋梳蝉鬓逐军行,强展蛾眉出门去。
旧里从兹不得归,六亲自此无寻处。一从陷贼经三载,终日惊忧心胆碎。
夜卧千重剑戟围,朝餐一味人肝脍。鸳帏纵入岂成欢?宝货虽多非所爱。
蓬头面垢睒眉赤,几转横波看不得。衣裳颠倒言语异,面上夸功雕作字。
柏台多士尽狐精,兰省诸郎皆鼠魅。还将短发戴华簪,不脱朝衣缠绣被。
翻持象笏作三公,倒佩金鱼为两史。朝闻奏对入朝堂,暮见喧呼来酒市。
一朝五鼓人惊起,叫啸喧争如窃语。夜来探马入皇城,昨日官军收赤水。
赤水去城一百里,朝若来兮暮应至。凶徒马上暗吞声,女伴闺中潜失喜。
皆言冤愤此时销,必谓妖徒今日死。逡巡走马传声急,又道官军全阵入。
大彭小彭相顾忧,二郎四郎抱鞍泣。沉沉数日无消息,必谓军前已衔璧。
簸旗掉剑却来归,又道官军悉败绩。四面从兹多厄束,一斗黄金一升粟。
尚让厨中食木皮,黄巢机上刲人肉。东南断绝无粮道,沟壑渐平人渐少。
六军门外倚僵尸,七架营中填饿殍。长安寂寂今何有?废市荒街麦苗秀。
采樵斫尽杏园花,修寨诛残御沟柳。华轩绣毂皆销散,甲第朱门无一半。
含元殿上狐兔行,花萼楼前荆棘满。昔时繁盛皆埋没,举目凄凉无故物。

内库烧为锦绣灰,天街踏尽公卿骨。来时晓出城东陌,城外风烟如塞色。
路傍(旁)时见游奕军,坡上寂无迎送客。霸陵东望人烟绝,树锁骊山金翠灭。

大道俱成棘子林,行人夜宿墙匡月。明朝晓至三峰路,百万人家无一户。
破落田园但有蒿,摧残竹树皆无主。路旁试问金天神,金天无语愁于人。
庙前古柏有残枿,殿上金炉生暗尘。一从狂寇陷中国,天地晦冥风雨黑。
案前神水咒不成,壁上阴兵驱不得。闲日徒歆奠飨恩,危时不助神通力。
我今愧恧拙为神,且向山中深避匿。寰中箫管不曾闻,筵上牺牲无处觅。
旋教魑鬼傍乡村,诛剥生灵过朝夕。妾闻此语愁更愁,天遣时灾非自由。
神在山中犹避难,何须责望东诸侯!前年又出杨震关,举头云际见荆山。
如从地府到人间,顿觉时清天地闲。陕州主帅忠且贞,不动干戈唯守城。
蒲津主帅能战兵,千里晏然无犬声。朝携宝货无人问,夜插金钗唯独行。
明朝又过新安东,路上乞浆逢一翁。苍苍面带苔藓色,隐隐身藏蓬荻中。
问翁本是何乡曲?底事寒天霜露宿?老翁暂起欲陈词,却坐支颐仰天哭。
乡园本贯东畿县,岁岁耕桑临近甸。岁种良田二百廛,年输户税三千万。
小姑惯织褐绝袍,中妇能炊红黍饭。千间仓兮万丝(斯)箱,黄巢过后犹残半。

自从洛下屯师旅,日夜巡兵入村坞。匣中秋水拔青蛇,旗上高风吹白虎。
入门下马若旋风,罄室倾囊如卷土。家财既尽骨肉离,今日垂年一身苦。
一身苦兮何足嗟,山中更有千万家。朝饥山草寻蓬子,夜宿霜中卧荻花!
妾闻此父伤心语,竟日阑干泪如雨。出门唯见乱枭鸣,更欲东奔何处所?
仍闻汴路舟车绝,又道彭门自相杀。野色徒销战士魂,河津半是冤人血。
适闻有客金陵至,见说江南风景异。自从大寇犯中原,戎马不曾生四鄙。
诛锄窃盗若神功,惠爱生灵如赤子。城壕固护教金汤,赋税如云送军垒。
奈何四海尽滔滔,湛然一境平如砥。避难徒为阙下人,怀安却羡江南鬼。
愿君举棹东复东,咏此长歌献相公。

中国古代诗歌通常强调"诗言志""诗缘情",故历来以抒情诗为主,叙事诗相对较少,而从女性视角叙述战乱之过程和影响的更是凤毛麟角,其中最具代表性的,非蔡琰之《悲愤诗》与韦庄之《秦妇吟》莫属。两者都是以女子身份叙事(前者的主人公自称"我",后者的主人公自称"妾"),都讲述了战乱的起因和过程,描写了自己在战乱中的生活,也都述及战乱过后的状况和心理。

但两者又具有很大的差异：《悲愤诗》只存在单一层次的叙述，且叙述者与作者蔡琰的身份相统一，故其女性叙事视角从未遭受过质疑，而《秦妇吟》中存在多层次叙述，其中超叙述层的叙述者为男性，且其作者韦庄也是男性，这就使人们对该诗的女性视角多有异议。历来研究《秦妇吟》者，多从作品亡佚原因、思想内容或传播学的角度入手，① 从女性研究的角度进行考察者，仅见刘波《韦庄〈秦妇吟〉之女性主义解析》② 一文，但文章虽有"女性主义解析"之名，却只是对陈寅恪先生的《读〈秦妇吟〉》一文进行分析，并无女性主义解析之实。本章试图围绕个人型叙述声音和叙述层次对《秦妇吟》进行再解读，了解其女性视角在文本中所具有的决定性作用。

美国学者苏珊·S.兰瑟在其《虚构的权威——女性作家与叙述声音》中用"个人声音（personal voice）这个术语来表示那些有意讲述自己的故事的叙述者。……这个术语仅仅指热奈特所谓的'自身故事的'（autodiegetic）的叙述，其中讲故事的'我'（'I'）也是故事中的主角，是该主角以往的自我"③。从这个意义上说，《悲愤诗》的作者蔡琰就是在发出这种个人型叙述声音。蔡琰曾在匈奴入侵之时，被匈奴左贤王掳走，在异域生育了两个孩子。十二年后，曹操统一北方，用重金将蔡琰赎回，并将其嫁给董祀。在《悲愤诗》中，她的这一经历得到了完整的叙述。诗歌在开头部分追述汉末"董卓乱天常"所导致的内忧外患，尤其是其为了对抗海内的"义师"，与胡羌相勾结，导致"斩截无孑遗，尸骸相撑拒。马边悬男头，马后载妇女"之结果。随后交代了作者本人被虏入胡地的生活，好容易有人来救赎，却是"己得自解免，当复弃儿子"。回到家后，"既至家人尽，又复无中外。城廓为山林，庭宇生荆艾"，不得已"托命于新人，竭心自勖励。流离成鄙贱，常恐复捐废"。尤其是其从母亲和再嫁妇女的心理出发的叙事，发自肺腑，感人至深。很多论者自然而然会从女性主义的角度对《悲愤诗》进行解读。④

---

① 颜廷亮，赵以武：《〈秦妇吟〉研究汇录》，上海：上海古籍出版社，1990年；李新：《近百十年来韦庄研究综述》，《文教资料》1998年第1期，第96-105页；田卫卫：《〈秦妇吟〉敦煌写本研究综述》，《敦煌学辑刊》2014年第4期，第153-161页。

② 刘波：《韦庄〈秦妇吟〉之女性主义解析》，《兰州学刊》2006年第4期，第56-58页。

③ ［美］苏珊·S.兰瑟：《虚构的权威——女性作家与叙述声音》，黄必康译，北京：北京大学出版社，2002年，第20页。

④ 如于琦：《蔡琰〈悲愤诗〉的女性主义解读》，《贵州师范大学学报（社会科学版）》2002年第4期，第69-71页。

相对于《悲愤诗》，韦庄的《秦妇吟》的叙述声音要复杂得多。其第一顺位的个人型叙述声音由男性发出，他"路旁忽见如花人，独向绿杨阴下歇"，于是"借问女郎何处来？"，从而引出第二顺位的个人型叙述声音——秦妇的叙述，即所谓"君能为妾解金鞍，妾亦与君停玉趾"。此后男性叙述者的"我"似乎不再出现，完全由秦妇的"我"主导了整个叙事过程。这样的结构令人联想到苏珊·S. 兰瑟的另一句话："由于男性作家已经建构了女性声音，在争夺个人型叙事权的竞技场上又会增加一场新的争斗，以决定到底谁是合法正统的女性声音代言人。"① 那么韦庄是否是"合法正统的女性声音代言人"呢？也就是说，《秦妇吟》是否是纯女性叙事呢？这正是本章所要探讨的重点。

一、《秦妇吟》的叙述层次

对于《秦妇吟》的由多重个人型叙述声音进行的叙事，我们可以借助赵毅衡的"叙述分层"概念来进行分析。赵毅衡指出："高叙述层次的任务是为低一个层次提供叙述者，也就是说，高叙述层次中的人物是低叙述层次的叙述者，一部作品可以有一个至几个叙述层次，如果我们在这一系列的叙述层次中确定一个主叙述层次，那么，向这个主叙述层次提供叙述者的，可以称为超叙述层次，由主叙述提供叙述者的就是次叙述层次。"② 作为一首成功的长篇叙事诗歌，《秦妇吟》的叙事结构即存在这样的叙述分层。诗歌中的叙述者有五个：最先出场的是诗歌的超叙述层次的主叙述者，亦即我们前文所说的第一顺位的个人型叙述者，由他来交代时间地点，以及"路旁忽见如花人"的偶遇。由"借问女郎何处来？"引出"秦妇"（即前文所说的第二顺位的个人型叙述者，或由男性作家建构的女性声音）"君能为妾解金鞍，妾亦与君停玉趾"的讲述。在"秦妇"回忆了陷贼三年的生活后，接写她离开长安向东行进，一路所看到的满目疮痍的情形。但显然这时的"秦妇"又成了旁观者，要知晓这些地方的具体情形，就需要有更了解情况的人来讲述。于是作者先令"秦妇""路旁试问金天神"，由华山之神来讲述"一从狂寇陷中国"后的情况。"秦

---

① ［美］苏珊·S. 兰瑟：《虚构的权威——女性作家与叙述声音》，黄必康译，北京：北京大学出版社，2002年，第21页。

② 赵毅衡：《当说者被说的时候——比较叙述学导论》，北京：中国人民大学出版社，1998年，第58页。

妇"继续向前,"明朝又过新安东,路上乞浆逢一翁","问翁本是何乡曲？底事寒天霜露宿?"这样就引出了又一叙事者：东畿县老翁。借老翁之口,诗歌回顾了黄巢之乱前后的生活状况,更叙述了"自从洛下屯师旅","家财既尽骨肉离"的情形,将诗歌推向了又一高潮。最后,秦妇在"更欲东奔何处所?"的犹疑间,"适闻有客金陵至,见说江南风景异",从而将其最终的目的地设置在了江南。所以《秦妇吟》以诗歌主叙述人引出第二叙述人"秦妇",又以"秦妇"引出第三叙述人金天神、东畿老翁和金陵客,搭建了三层的叙述层次。杜甫的《石壕吏》《兵车行》等、白居易的《琵琶行》《新丰折臂翁》等和元稹的《连昌宫词》等诗歌也都出现过两个以上的叙事者,但只限于两级的叙述分层,像《秦妇吟》这样的三层结构带来的多重视角叙事,在当时可谓独树一帜。这样做的好处：一是使叙事层次分明,富于内在逻辑关联；二是可摆脱作者的叙述主观性,使叙述事件更具可信度；三是提供了多个视角和声音,对战乱进行全方位的立体观察。而这第三个作用,正是判断《秦妇吟》是否能够成为"合法正统的女性声音代言人"的关键。

二、《秦妇吟》主叙述层叙述者身份的确认

《秦妇吟》的主叙述层之叙事是围绕"秦妇"的女性视角展开的,所以,我们首先应确定"秦妇"的身份。诗歌在开始部分交代了她的相貌和来历：

路旁忽见如花人,独向绿杨阴下歇。凤侧鸾欹鬓脚斜,红攒黛敛眉心折。借问女郎何处来？含颦欲语声先咽。回头敛袂谢行人,丧乱漂沦何堪说！三年陷贼留秦地,依稀记得秦中事。君能为妾解金鞍,妾亦与君停玉趾。

癸卯三月的洛阳城外,杨花如雪,寂寂无人,此时于杨树阴下看到独自歇脚的如花美人,自然是引人注目的。她虽衣饰不整,但"凤侧鸾欹"的头饰,说明她并不穷困；面对问话,她虽未语先咽,却并不羞怯,显然是经过世面、善于言谈的人。她的"丧乱漂沦"的身世,对于诗歌的叙事而言至为重要。她首先回忆了自己战乱前的生活状态："正闭金笼教鹦鹉","斜开鸾镜懒梳头,闲凭雕栏慵不语"。"金笼""鸾镜""雕栏"都说明女子所在的是个豪门贵胄之家,而"懒""闲""慵"肯定不是家中婢女应有的状态,所以首先应当排除其婢女

身份。她也不是这家的女儿或主妇,因为下文提及家里的男主人时说:"须臾主父乘奔至,下马入门痴似醉。""主父"之谓,在古代一般是奴婢或侍妾对男主人的称呼。郝立权认为,"主父为夫也,古时妾称夫曰主父",并举《史记·苏秦传》中的记载为例。① 元稹后以《将进酒》演绎了《苏秦传》中的这个故事:"将进酒,酒中有毒鸩主父,言之主父伤主母。……将进酒,酒中无毒令主寿,愿主回思归主母,遣妾如此事主父。"这里"主父""主母"并称,指家中的男主人及其正室,而诗中自谓之"妾",当是家中侍妾,所以后文又有"推摧主母牵下堂,扶妾遣升堂上床"和"主今颠倒安置妾,贪天僭地谁不为"之句,表明"主父"以侍妾代替了"主母"之位,有"颠倒安置"之嫌。既然"秦妇"的婢女身份已被排除,那么就只剩下侍妾这个比较合理的身份了。

在黄巢军队攻入长安后,"秦妇"目睹左邻右舍的女子或被掠走,或被奸污,或投井,或自缢,或被活活烧死,为了保全性命,她选择了另一条出路:"妾身幸得全刀锯,不敢踟蹰久回顾。旋梳蝉鬓逐军行,强展蛾眉出门去。"在别的女子"旋拆云鬟拭眉绿"的情况下,她却梳妆打扮,强颜欢笑,逐军而行。从下文"凶徒马上暗吞声,女伴闺中潜失喜"的描写来看,她似乎并非只跟从了一位军人,而是成了军妓。诗中的"东邻"女子与她有着同样的命运:"东邻有女眉新画,倾国倾城不知价。长戈拥得上戎车,回首香闺泪盈把。旋抽金线学缝旗,才上雕鞍教走马。有时马上见良人,不敢回眸空泪下。"这说明,这些被掠为妓的女子,除了要承欢侍人之外,平时还要做一些浆洗缝补的杂役。这种身份的变换,使得"秦妇"的视野不再限于左邻右舍,而可以另一种熟悉黄巢军队内部情况的身份来谈及时势的变化。最后,当唐朝官军收复长安后,"秦妇"可能又因其与黄巢军队有涉,反而不能留在长安,而走上了背井离乡的道路,在这种情况下,她才可目睹长安之外的整体境况。

"秦妇"是否实有其人?

《北梦琐言》卷九引《金溪闲谈》之"李氏女":

> 唐广明中,黄巢犯阙,大驾幸蜀,衣冠荡析,寇盗纵横。有西班李将军女,奔波随人,迤逦达兴元,骨肉分散,无所依托。适值凤翔奏将军董司马者,乃晦其门阀,以身托之,而性甚明敏,善于承奉,得至于蜀。寻访

---

① 郝立权:《韦庄〈秦妇吟〉笺》,载于颜廷亮、赵以武:《〈秦妇吟〉研究汇录》,上海:上海古籍出版社,1990年,第41页。

亲眷，知在行朝，始谓董生曰："丧乱之中，女弱不能自济，幸蒙提挈，以至于此。失身之事，非不幸也。人各有偶，难为偕老，请自此辞。"董生惊愕，遂下其山矣。识者谓女子之智亦足称也。见刘山甫《闲谈》。①

陈寅恪先生分析认为："《北梦琐言》'李氏女条'所记，亦当日避难妇女普通遭遇，匪独限于李氏女一人。"②也就是说，如"秦妇"或"李氏女"这样的逃难妇女在黄巢乱后十分常见，所以"秦妇"未必实有其人，但经过韦庄的艺术加工，成为典型环境中的典型形象。由此我们至少可以认为，作为个人型叙述声音的发言者，"秦妇"在某种程度上所讲述的正是其"自身故事"。

三、《秦妇吟》的女性视角叙事

随着"秦妇"身份的数次转换，其女性叙事视角得以一一展开。当她还是豪门侍妾之时，经历了突如其来的战乱，但作为一个女子，其对于战乱的切身感受限于门户之内，来自左邻右舍："扶羸携幼竞相呼，上屋缘墙不知次。南邻走入北邻藏，东邻走向西邻避。北邻诸妇咸相凑，户外崩腾如走兽。"户外的混乱很快侵入户内，"秦妇"的叙事焦点落在邻家女子身上：

东邻有女眉新画，倾国倾城不知价。长戈拥得上戎车，回首香闺泪盈把。
旋抽金线学缝旗，才上雕鞍教走马。有时马上见良人，不敢回眸空泪下。
西邻有女真仙子，一寸横波剪秋水。妆成只对镜中春，年幼不知门外事。
一夫跳跃上金阶，斜袒半肩欲相耻。牵衣不肯出朱门，红粉香脂刀下死。
南邻有女不记姓，昨日良媒新纳聘。琉璃阶上不闻行，翡翠帘间空见影。
忽看庭际刀刃鸣，身首支离在俄顷。仰天掩面哭一声，女弟女兄同入井。
北邻少妇行相促，旋折云鬟拭眉绿。已闻击托坏高门，不觉攀缘上重屋。
须臾四面火光来，欲下回梯梯又摧。烟中大叫犹求救，梁上悬尸已作灰。

东邻和北邻都是嫁为人妇的少妇，西邻和南邻则是或少不更事或婚约才成的少女。她们中，除了东邻女子被掠走而得保性命外，西邻女子因不愿受辱

---

① ［五代］孙光宪：《北梦琐言》，上海：上海古籍出版社，1981年，第72页。
② 陈寅恪：《读〈秦妇吟〉》，《清华学报》1936年第11卷第4期。

而死于刀下,南邻女子似无理由地"身首支离",她的姊妹们则投井自尽,北邻少妇被火活活烧死。这种叙事具有一定的真实性。《新唐书·黄巢传》:"甫数日,因大掠,缚棰居人索财,号'淘物'。富家皆跣而驱,贼酋阅甲第以处,争取人妻女乱之,捕得官吏悉斩之,火庐舍不可赀,宗室侯王屠之无类矣。"① 相比之下,诗歌的描写更为细致形象,也就更加触目惊心。另《新唐书·列女传》记:

> 殷保晦妻封,敖孙也,名绚,字景文。能文章、草隶。保晦历校书郎。黄巢入长安,共匿兰陵里。明日,保晦逃。贼悦封色,欲取之,固拒。贼诱说万词,不答。贼怒,勃然曰:"从则生,不然,正膏我剑!"封骂曰:"我,公卿子,守正而死,犹生也,终不辱逆贼手!"遂遇害。保晦归,左右曰:"夫人死矣!"保晦号而绝。②

《旧唐书·列女传》:

> 又有尉氏尉王泛妻裴氏,仪王傅巨卿之女也。素有容范,为贼所俘,贼逼之,裴曰:"吾衣冠之子,当死即死,终不苟全一命,受污于贼。"贼胁之以兵,逼之以刀,裴坚骂抗之,贼怒,乃支解裴氏,至死不屈。③

李华《哀节妇赋·序》:

> 武康尉薄自牧尝谓余曰:仆有贤女,适江阴尉邹待徵。徵亦良士,仆志之矣。邹子孤立,时无古人,谁复知之,余尝记其言。及江左之乱,待徵解印窜匿。其妻为盗所驱,将辱之。妻密以待徵官告托付村媪,寻待徵付焉,而后就死。呜呼!自丧乱以来,士女以贞烈殒毙者众,余不尽知之。若薄氏者,与其父游,闻其声义动于江南,又焉得不赋之,命曰《哀节

---

① [宋]欧阳修,[宋]宋祁:《新唐书》卷二百二十五下《逆臣下·黄巢传》,北京:中华书局,1975年,第6458页。
② [宋]欧阳修,[宋]宋祁:《新唐书》卷二百零五《列女传》,北京:中华书局,1975年,第5830页。
③ [后晋]刘昫等:《旧唐书》卷一百九十三《列女传》,北京:中华书局,1975年,第5148页。

妇赋》云尔。①

新旧《唐书》等都对节妇烈女的行为大加褒扬。《旧唐书·列女传》序云："女子禀阴柔之质，有从人之义。前代志贞妇烈女，盖善其能以礼自防。至若失身贼庭，不污非义，临白刃而慷慨，誓丹衷而激发，粉身不顾，视死如归，虽在壮夫，恐难守节，窈窕之操，不其贤乎！"②《新唐书·列女传》亦序云："女子之行，于亲也孝，妇也节，母也义而慈，止矣。……唐兴，风化陶淬且数百年，而闻家令姓窈窕淑女，至临大难，守礼节，白刃不能移，与哲人烈士争不朽名，寒如霜雪，亦可贵矣。"③这些都特别强调女子在身陷贼中、面临刀枪威胁时仍守节不移的可贵。以此来与《秦妇吟》中的叙事对比，我们发现，两者在态度上存在微妙的差异。两《唐书》采用的是全知视角叙事，两位烈女都强调自己"公卿子"或"衣冠之子"的身份，怒斥对方为"贼"，最终不屈而死。这种大义凛然的形象固然可贵，但一望而知是在男权话语主导下的产物，强调高贵身份下的贞烈之举，具有道德说教的色彩。"秦妇"在叙述见闻时，采用的是女性的限知叙事视角，只直陈事实，既未对西邻女子的宁死不屈予以道德上的旌扬，更未对东邻女子的忍辱偷生做出任何鄙夷评判，而是以同情的目光注视着这一切，将她们当作战乱的共同受害者加以描述，因而同情才是其叙事的基本情感出发点。再者，"秦妇"本身就是为了活命而委身乱军的女子，她置身于混乱的中心，对周围女子的一切遭遇都感同身受，所以她顾不上对她们的选择说三道四，而是急切地诉说着保命的艰难与求生的渴望。她述说北邻女子在惊慌之中上楼，又在四面火起的情况下想下楼，可是楼梯已经摧毁，她于"烟中大叫犹求救"的情形，真是惨绝人寰，与大义凛然地赴死之举相比，这种求生不得的惨状更令人痛心疾首。所以，《秦妇吟》的女性视角叙事，反而使兵乱中女子的命运更显悲惨，更令人同情，也更具美学表现之张力。

"秦妇"成为黄巢军中的军妓之后，她的视野范围不再是左邻右舍的女子，而是换作了黄巢手下的军人。

---

① ［清］董诰等：《全唐文》卷三百一十四《李华》，上海：上海古籍出版社，1990年，第1409-1410页。

② ［后晋］刘昫等：《旧唐书》卷一百九十三《列女传》，北京：中华书局，1975年，第5138页。

③ ［宋］欧阳修，［宋］宋祁：《新唐书》卷二百零五《列女传》，北京：中华书局，1975年，第5816页。

一从陷贼经三载,终日惊忧心胆碎。夜卧千重剑戟围,朝餐一味人肝脍。
鸳帏纵入岂成欢?宝货虽多非所爱。蓬头面垢猲眉赤,几转横波看不得。
衣裳颠倒言语异,面上夸功雕作字。柏台多士尽狐精,兰省诸郎皆鼠魅。
还将短发戴华簪,不脱朝衣缠绣被。翻持象笏作三公,倒佩金鱼为两史。
朝闻奏对入朝堂,暮见喧呼来酒市。

女性生活范围的局限决定了"秦妇"只能从衣食住行这些方面对周围的环境和人物做出评判。重重剑戟之中的夜卧与切细的人肝做成的早餐意味着险恶与粗蛮,对爱情的向往被肉欲的欺凌所摧残,对于那些蓬头垢面、红眉粗乱、衣裳颠倒、言语难懂、满面刺青的军人,她虽再三勉强自己去接受,可真是"几转横波看不得",为求生而做出的肉体牺牲,哪里指望会换来真正的幸福?女子是乱世之中的弱者,这时的她们只是与"宝货"等同的劫掠对象,她们的遭遇最直观地反映了战乱的恐怖性质。"秦妇"之前是大户人家的侍妾,其"主父"显然颇有身份和地位,所以她对朝廷官员的着装打扮相对熟悉。但黄巢军队的军人完全不知礼数,出现在她视野的,是沐猴而冠的滑稽形象。这种形象描绘过去曾被视为对农民起义军的蔑视而遭到批判,但从一个被掠为妓的女性的视角来看,这一切却是再现实不过的描画。

诗歌接下来写了官军的一次几近成功的反扑:"一朝五鼓人惊起,叫啸喧争如窃语。夜来探马入皇城,昨日官军收赤水……逡巡走马传声急,又道官军全阵入。大彭小彭相顾忧,二郎四郎抱鞍泣。沉沉数日无消息,必谓军前已衔璧。簸旗掉剑却来归,又道官军悉败绩。"《新唐书·黄巢传》记载,中和二年初,"弘夫拔咸阳,筏渭水,破尚让军,乘胜入京师。巢窃出,至石井。……都人共噪曰:'王师至!'……巢伏野,使觇城中弛备,则遣孟楷率贼数百掩邠、泾军,都人犹谓王师,欢迎之。……巢复入京师,怒民迎王师,纵击杀八万人,血流于路可涉也,谓之'洗城'"①。两相对比便不难看出,诗中的描写印证了史书中所记录的每一个步骤。但是,因为诗歌以时在黄巢军中的"秦妇"的视角进行叙事,所以使用了"又道""必谓"等猜测之语。黄巢军队再次入京后,情况变得更糟:"四面从兹多厄束,一斗黄金一升粟。尚让厨中食木皮,黄巢机

---

① [宋]欧阳修,[宋]宋祁:《新唐书》卷二百二十五下《逆臣下·黄巢传》,北京:中华书局,1975年,第6459-6460页。

上刲人肉。东南断绝无粮道,沟壑渐平人渐少。"《新唐书·黄巢传》:"于时畿民栅山谷自保,不得耕,米斗钱三十千,屑树皮以食,有执栅民鬻贼以为粮,人获数十万钱。"[①] 对比来看,诗歌几乎完全写实。由于"秦妇"生活在黄巢军中,所以她的这番叙事自然是合理而可信的,这也令人联想到,黄巢本人及其高级将领的生活都如此艰难,那么长安的百姓又会过着何等困苦的生活?

诗歌一直到此处,都是顺着"秦妇"的女性限知视角加以叙事,但接下来的一段却是对长安的全景描写:"长安寂寂今何有?废市荒街麦苗秀。采樵斫尽杏园花,修寨诛残御沟柳。华轩绣毂皆销散,甲第朱门无一半。含元殿上狐兔行,花萼楼前荆棘满。昔时繁盛皆埋没,举目凄凉无故物。内库烧为锦绣灰,天街踏尽公卿骨。"从叙事角度看,诗歌至此,似乎逐渐脱离了"秦妇"的女性限知视角,而进入一种全知叙事,令人怀疑这一切是否都是"秦妇"亲眼所见。实际上,这反映了女性限知视角的局限性:作为一个行动受限的女性,如何能够说出"内库烧为锦绣灰,天街踏尽公卿骨"这样的话来?如果不解决这一问题,诗歌叙事的真实性与合理性都将受到质疑。对此,诗作者韦庄做了处理——女性视角的延伸。

四、《秦妇吟》女性视角的延伸及与男性视角的重合

首先,诗歌由"秦妇"的女性视角,延伸出了金天神的天神视角。"路旁试问金天神,金天无语愁于人。"这是个非常有意思的视角——高高在上的天神本来应当超脱于人世而俯瞰人间,可在这里却被拉下了神坛,也成了人间战乱的受害者,成了限知叙事者。金天神在大乱之中竟也失了法力,咒不成神水,驱不动阴兵,竟致"我今愧恧拙为神,且向山中深避匿"。但山中的日子也不好过,"寰中箫管不曾闻,筳上牺牲无处觅",于是"旋教魑鬼傍乡村,诛剥生灵过朝夕"。山神得不到人间供奉,不得已以人为食,可见情况恶化到了什么样的地步。在中国古代的神鬼迷信氛围中,女子似乎在绝望中更容易向天神求助,但当神也是"泥菩萨过河,自身难保"时,就说明连最后的一点救赎的希望也消失了。

诗歌继而再由秦妇的女性视角,延伸出了东畿老翁的视角。"明朝又过新

---

① [宋]欧阳修,[宋]宋祁:《新唐书》卷二百二十五下《逆臣下·黄巢传》,北京:中华书局,1975年,第6460页。

安东,路上乞浆逢一翁。苍苍面带苔藓色,隐隐身藏蓬荻中。问翁本是何乡曲?底事寒天霜露宿?"作者为这一视角的延伸提供了合理的安排:女子在讨水喝时遇到面带菜色的老翁,生出同情之心,忍不住询问起他的身世来。这个视角带出了两重对比:乱前与乱后的生活对比;黄巢军队与官军的对比。

乡园本贯东畿县,岁岁耕桑临近甸。岁种良田二百廛,年输户税三千万。
小姑惯织褐绝袍,中妇能炊红黍饭。千间仓兮万丝(斯)箱,黄巢过后犹残半。
自从洛下屯师旅,日夜巡兵入村坞。匣中秋水拔青蛇,旗上高风吹白虎。
入门下马若旋风,罄室倾囊如卷土。家财既尽骨肉离,今日垂年一身苦。
一身苦兮何足嗟,山中更有千万家,朝饥山草寻蓬子,夜宿霜中卧荻花!

正所谓"寇来如梳,兵来如篦",官兵的劫掠更甚于所谓的反贼。《新唐书·黄巢传》记载,黄巢军队刚入长安时,"贼见穷民,抵金帛与之。尚让即妄晓人曰:'黄王非如唐家不惜而辈,务安毋恐。'"也就是说,黄巢军队的烧伤劫掠主要是针对"富家"和"宗室王侯",对穷苦之人,反而有金帛之助。中和二年,黄巢败出长安后,"邠、泾军争入京师,诸军亦解甲休,竞掠货财子女"。黄巢反攻时,官军之中"时军士得珍贿,不胜载,闻贼至,重负不能走,以是甚败"。抢夺的财物到了"不胜载"的地步,相形之下,官军的作为较黄巢军队有过之而无不及。作为这一事实的叙述者的老翁显然曾是一家之主,对于家中的财产与税赋状况掌握得一清二楚,所以黄巢军队和官军所带来的损失也可以完全量化,两相对照,真是异常沉痛。而"山中更有千万家"的诗句,推己及人,大有以天下为忧的怀抱。可以说,东畿老翁代表了更为理性的男性视角。但这一男性视角,如果离开了"秦妇"的女性视角,是无法展开的。

最后,诗歌又从"秦妇"的女性视角延伸出"金陵客"对江南和平生活的叙述,说出"愿君举棹东复东,咏此长歌献相公"之语,将视角落回诗歌的主叙述人身上。而由此读者会发现,此前秦妇的女性限知视角,其实是对超叙述层次的主叙述人之叙事的补充,借以实现全知叙事的效果。

至此,我们基本可以确定,《秦妇吟》采用的不是纯女性视角叙事。正如金天神、东畿老翁、金陵客的视角是"秦妇"女性视角的延伸一样,"秦妇"的女性视角也正是作者作为超叙述层叙述者的男性视角的延伸。这个超叙述层叙述者的男性视角其实一直穿插在女性视角之中。如黄巢军队刚入长安时的混乱局面:"轰轰昆昆乾坤动,万马雷声从地涌。火迸金星上九天,十二官街烟烘焖。日轮西下寒光白,上帝无言空脉脉。阴云晕气若重围,宦者流星如血色。紫气潜随帝座移,妖光暗射台星拆。家家流血如泉沸,处处冤声声动地。舞伎歌姬尽暗捐,婴儿稚女皆生弃。"这显然是种全知视角叙事,不但在叙事空间上大大超出了"秦妇"的限知视角范围,而且在认知空间上也是如此,因为宦星和台星与宦者和三公之比,显然不在"懒""慵"的豪门侍妾的知识范围内。再如前文提及的有关长安城的破败景象的描述,也应当是主叙述者在以全知视角加以叙述。但作者对这种全知视角叙事进行了控制,使之尽量不干扰女性视角叙事,从而保持了诗歌女性视角的完整性。

从某种程度上说,《秦妇吟》一直存在女性视角与男性视角的重合,这与作者韦庄的经历密不可分。《北梦琐言》卷六云:

> 蜀相韦庄应举时,遇黄寇犯阙,著《秦妇吟》一篇,内一联云:"内库烧为锦绣灰,天阶踏尽公卿骨。"尔后公卿亦多垂讶,庄乃讳之。时人号"《秦妇吟》秀才"。他日撰《家戒》内,不许垂《秦妇吟》障子。以此止谤,亦无及也。①

也就是说,当黄巢于广明元年(880)十二月带兵攻入长安自称齐帝时,韦庄正在长安应举,因而身陷困境。据后人研究,韦庄在困居长安期间一度与家人失散,又曾卧病多时,后于中和三年(883)三月离开长安,流寓洛阳。而李克用击败黄巢兵马、收复长安是在中和三年三月。这首诗开始就说明"中和癸卯春三月",可知诗中叙述的女郎是在长安被困三年,直到黄巢败逃后才脱身东行,漂泊到洛阳来的。这与韦庄本人的遭遇几乎一致。诗的结句说:"愿君举棹东复东,咏此长歌献相公",这里的"相公"是指镇海军节度使同平章事周宝。韦庄在洛阳住了一段时间后,便前往江南。这首诗大概是他为献给周宝而作,因此以颂扬周宝为结束。如此一来,这首诗中的叙事女子"秦妇"就代表了韦庄本人。也就是说,从个人型叙述声音的角度看,在某种程度上,《秦妇吟》中第一顺位的个人型叙述声音与第二顺位的个人型叙述声音实际上是重合的,都是作者自我声音的传达。

那么,韦庄成了苏珊·S.兰瑟所说的"合法正统的女性声音代言人"了吗?

---

① [五代]孙光宪:《北梦琐言》,上海:上海古籍出版社,1981年,第47页。

整体上看,《秦妇吟》因其分层叙述结构的关系,其叙事视角也是流动的,出现了男性视角—女性视角—男性视角的转移,但男性视角是终极视角。由此可见,《秦妇吟》并非单纯地以女性声音发言,其所阐述的事实也不限于女性生活范围,所以我们无法肯定其作为女性声音代言人的"合法正统"性。不过,女性视角确实在《秦妇吟》中发挥了至关重要的主体作用。如果没有女性视角,那么女性在战乱中饱受蹂躏的事实就无法得到主观呈现,作品也便会失去其打动人心的力量。

第八章 遥望边塞的女性
——以敦煌征妇题材作品为中心

敦煌边塞文学作品指的是敦煌文学中与边塞有关的作品,其前提条件是这些作品必须见于敦煌遗书,其内容必须与边塞有关联,或者反映与边塞战争有关的军旅生活(如从军出塞、操戈对敌、送别酬答),或者传达人们的边塞心理(如报国之志、厌战之怨、反战之声),或者描绘异域风光、风土人情、民族关系,等等。在传统上,边塞文学作品通常由男性书写,因为他们是边塞戍守和征战的亲历者,似乎更有资格去述及与边塞有关的一切。但是,在这些纵横边塞的男性的背后,是一个个苦苦等待的女子,她们怨,她们恨,她们相思,她们悲叹,她们虚度的青春中,有多少征人远离所带来的遗憾。她们对于战争、对于功名都有着不同于男性的看法。所以从她们的视角去解读敦煌边塞文学作品,会给我们带来不同于男性视角的阅读感受。

一、P.2555及其他敦煌诗集中的征妇题材作品

唐朝闺怨诗中,有一部分是征人之妇的叹怨:独守空房,永夜无眠,泪湿孤枕,容华徒逝。于是她们怀远思人,非怨战争,盼望与征夫早日团圆,过上正常的夫妻生活。这类诗歌从一个侧面反映了边境战争给人们带来的苦难,与描写其他内容的边塞诗相呼应,成为唐边塞诗歌的一个重要组成部分,我们可称之为"征妇怨"诗。"征妇怨"诗在唐代创作特盛。据粗略统计,《全唐诗》中类似作品共有二百首左右。但在当时的中原地区,我们尚未见到有谁将其专门归类成集,颇为遗憾。然而在敦煌这一饱受战争涂炭的塞垣之地,却有了这样一个端倪。如P.2555《敦煌唐人诗文残卷》中,就出现了连续的八首闺怨

诗①：

娥眉怨

孤坐正含颦(颦)，娇莺啼向人。管弦悲渌水，罗绮怨青春。轻絮凝妆匣，飞花绕镜轮。寻思烟海成，双泪湿红巾。

画屏怨

荡子戍辽东，连年信不通。尘生锦步障，花绕玉屏风。只怨红颜改，无辞绿箪空。系书春雁足，早晚到云中。

彩书怨

叶下动(洞)庭初，思君万里余。露浓香被冷，月落锦屏虚。欲奏江南曲，贪封蓟北书。书中无别意，惟怅久离居。

珠帘怨

佳人名莫愁，珠箔上花钩。揽(览)镜鸳鸯匣，新妆翡翠楼。捣衣明月夜，吹管白云秋。惟恨金吾子，年年向陇头。

别望怨

征客戍龙砂，倡楼晓望赊。宝筝红袖拂，香褥翠屏遮。有使从边塞，传书到侠(狭)斜。为君横急吹，更作落梅花。

锦词(帏)怨

征马蹀金珂，飘飘在北河。绿帏行迹人，红粉泪痕多。宝幌粘花絮，银筝覆网罗。别君如昨日，春燕已频过。

清夜怨

含泪坐春消(宵)，闻君欲度辽。绿池荷叶嫩，红砌杏花娇。曙月当窗满，征云出塞遥。画楼终日闭，青(清)管为谁调。

---

① 录文参徐俊：《敦煌诗集残卷辑考》，北京：中华书局，2000年，第739-742页。

闺情怨

日暮裁缝罢,深嫌气力微。才能收篋笥,懒起下帘帷。怨坐空然烛,愁眠不解衣。昨来频梦见,夫婿莫应归。

经柴剑虹考订,这八首诗中,《画屏怨》即郑遂初《别离怨》;《彩书怨》即上官昭容同名之作,一作《彩毫怨》;《珠帘怨》即颜舒《凤栖怨》,一作《凤楼怨》;《闺情怨》即王諲《闺情》诗。至于《清夜怨》,"按此诗又见《全唐诗》卷五四一李商隐集中。然此诗后四句又载于《乐府诗集》卷七十九《陆州歌》第四叠。清代冯浩即已认为此诗'声调清亮,而用意运笔不似义山'。从此诗中'度辽''出塞'的内容看,从伯二五五五卷的抄写年代来判断,这是一首盛唐时已广为流传的闺怨诗,后人误收入李商隐集中"[1]。《锦词(墀)怨》经徐俊考订,即李元纮《绿墀怨》[2]。虽然这八首诗中的大多数都见于《全唐诗》,并非佚诗,但将它们编在一处的做法却非常特别,体现了抄写者对它们的偏爱。这八首诗同为五言诗,其中除第一首没有明确的地理坐标外,其他七首均将人们的视线引向边塞。诗里面或提到边塞地名,"荡子戍辽东,连年信不通"(《画屏怨》),"欲奏江南曲,贪封蓟北书"(《彩书怨》);或以"征"字示人,"征客戍龙砂,倡楼晓望赊"(《别望怨》),"征马蹀金珂,飘飘在北河"(《锦词(墀)怨》);或以捣衣、裁缝征衣为表征,"捣衣明月夜,吹管白云秋"(《珠帘怨》),"日暮裁缝罢,深嫌气力微"(《闺情怨》);等等。这难免会让人猜测,第一首《娥眉怨》,作者也是把它作为一首征妇之诗来看待的。

这八首诗诗题中都有"怨"字,而诗歌中也离不开"怨""恨""悲""怅"等情感,如"管弦悲渌水,罗绮怨青春"(《娥眉怨》),"只怨红颜改,无辞绿簟空"(《画屏怨》),"书中无别意,惟怅久离居"(《彩书怨》)。有的诗并不如此直抒情怀,如不载于《全唐诗》的《别望怨》,因为女子知道征客远别,倡楼晓望也没有什么结果,所以"宝筝红拂袖,香褥翠屏遮",似乎想要回归正常的生活。可偏偏"有使从边塞,传书到侠(狭)斜"(古乐府有《长安有狭斜行》,述少年冶游之事,后称娼妓居处为"狭斜"),它打破了那表面上的若无其事,令

---

[1] 柴剑虹:《敦煌唐人诗文选集残卷(伯2555)补录》,《文学遗产》1983年第4期,第152页。

[2] 徐俊:《敦煌诗集残卷辑考》,北京:中华书局,2000年,第741页。

倡女吹奏起《梅花落》的笛曲，将无限的相思都寄予其中。《锦词（堚）怨》则是另一种场景：自从征人去后，"宝幄粘花絮，银筝覆网罗"，冷冷清清，寂寞的日子完全是在思念中度过的。《清夜怨》一诗以嫩荷娇杏这样春意闹的景致，衬出终日紧闭的画楼之中的思妇之枯寂；清脆的管弦之声因为没有征人的倾听而断了音响，思妇对征人的思念便在春宵的不寐之中传扬开来：虽无怨字，其怨之深可知。令思妇们最遗憾和悲伤的是青春的虚度，而造成这一切的，是"惟恨金吾子，年年向陇头"（《珠帘怨》）。所以，她们是最希望没有战争的一群人，只有这样，她们才能够与常在梦中相见的征人重新团聚。

紧接着这八首闺怨诗的，是题为《闺情》的诗：

> 自别隔炎凉，君衣忘短长。欲裁无处等，回尺忖情量。畏瘦伤缝窄，猜寒稍厚装。伴啼封裹了，知欲寄谁将。

查《全唐诗》卷一百六十知其为孟浩然诗，只是文字稍有出入。《全唐诗》中的孟诗原文为：

> 一别隔炎凉，君衣忘短长。欲裁无处等，以意忖情量。畏瘦疑伤窄，防寒更厚装。半啼封裹了，知欲寄谁将。①

两相对比，敦煌抄本中的"猜寒稍厚装"比《全唐诗》本的"防寒更厚装"显得更加用心，因而敦煌抄本似更优。诗中通过对征妇裁缝征衣时的心绪描写，表现出她对征人的久别相思与体贴慰藉：因为分别的时间太久，都已经回想不起征人的体貌了，只能靠想象来计算尺寸，想到征人"苦战应憔悴，寒衣不要宽"（白居易《闺怨词三首》其三），所以制成的衣服窄肩细腰，尽管无人可试，但一定是十分合身的吧？边地一定非常寒冷，要把征衣缝得厚一些才好吧？可是，最令人难过的是，这样饱含深情赶制出来的征衣，却不知道寄往哪里，这意味着思妇根本不知道征人的行踪甚至死活，这才是最令人悲伤的地方。这首诗又出现在P.3812号卷敦煌唐人诗文集中，可见它在敦煌地区是广为传颂的。

此外，P.2555诗文集里的四十七首七言诗中，有不少是闺情诗，涉及边塞

---

① ［清］彭定求等：《全唐诗》卷一百六十，上海：上海古籍出版社，1986年，第377页。

的又占其中之多数。如其第二十四首：

八月金风万里秋，起□罗帐不缘愁。与（为）相（想）长安关东妇，海（悔）交（教）夫婿觅封侯。①

这首诗的结尾与王昌龄《闺怨》末句完全一样，与李频《春闺怨》末句"悔教征戍觅封侯"略同，但将时序从春天换至了秋日，思妇身居长安，心随秋风直至万里之外，明里说"不缘愁"，内心里却充满悔意。

第三十一首：

思忆瑶瑶（遥遥）房屋虚，缓步庭前恐独居。君向陇西经几载，愁来寒雁与传书。②

深夜庭前，思妇缓步踟蹰，始终不愿回到屋中，只怕面对空洞而凄凉的室内场景，其原因是征夫在"陇西"已有数载，她终日怅望，寄希望于传书的鸿雁，岂不知鸿雁传书只不过是一个传说而已。

第三十二首：

沉吟疑悟渐更深，玉漏催妆未可吟。财（裁）衣寄向边庭塞，唯愿强夫照妾心。③

"沉吟疑悟"四字，道尽思妇百转千回的心理，可最终能做的也只是裁衣寄向边庭，向征夫表明心迹，却不知对方有何反应，只能说"唯愿"罢了。

第三十三首：

夜闻孤雁切人肠，忽忆征夫在远乡。直为关山多屈滞，造得寒衣谁与将？④

---

① 徐俊：《敦煌诗集残卷辑考》，北京：中华书局，2000年，第699页。
② 徐俊：《敦煌诗集残卷辑考》，北京：中华书局，2000年，第699页。
③ 徐俊：《敦煌诗集残卷辑考》，北京：中华书局，2000年，第699页。
④ 徐俊：《敦煌诗集残卷辑考》，北京：中华书局，2000年，第700页。

第八章　遥望边塞的女性——以敦煌征妇题材作品为中心　359

上一首征衣尚有处可寄,此首却不知将征衣寄往何方。思妇由孤雁想到征夫,想到"关山多屈滞",不诉说自己的委屈,只为征人着想,只是这番深情就像不知寄往哪里的寒衣一样,也没有可寄予的方向,这是多么令人悲哀的境况。

第四十首:

> 自从夫婿戍楼闲(兰),啼泪连连(涟涟)识(拭)不干。他家闺阁东(冬)由(犹)冻(暖),贱妾房风春亦寒。①

这首诗结尾两句写别家夫妻团聚,其乐融融,所以即使是冬天也充满温暖,而思妇孤居,终日以泪洗面,即使是春光和煦之时,也倍觉寒凉。这种热闹与寂寞的对比,令人不由对思妇生出无限的同情。

除去这些有意集在一起的组诗外,敦煌本地人也有零星的"征妇怨"诗作。如P.2555中没蕃诗人的两首《闺情》:

> 千回万转梦难成,万遍千回梦里惊。总为相思愁不寐,纵然愁寐忽天明。
> 百度看星月,千回望五更。自知无夜分,乞愿早天明。②

这是一位由敦煌出使吐蕃而被拘羁的没蕃诗人的作品,附在他的其他边塞诗后。这位敦煌没蕃诗人,因亲历了与爱妻的生离死别,对征夫征妇的怨苦就比一般诗人体会更深,所以他笔下的闺情诗,虽然语言质朴显白,体现出的情境却并不比任何中原诗人的作品逊色。

由以上分析来看,P.2555确实有专门辑集"征妇怨"诗的意识和做法,表明当时敦煌人已有意识地将此类题材的诗歌作为边塞诗作之一类而加以强调,这就弥补了中原人未做的缺憾,而这一努力,无疑与敦煌地处边塞这一客观环境有关。

在敦煌的其他文集中,也可看出类似于P.2555的这种端倪。P.3812《唐

---

① 徐俊:《敦煌诗集残卷辑考》,北京:中华书局,2000年,第700页。
② 徐俊:《敦煌诗集残卷辑考》,北京:中华书局,2000年,第719页。

诗丛钞》一开始就是描写征妇相思的《十二月诗》①,之后又有:

代闺情

春色虽来拟伴人,妾心贞素转加新。饶伊黄鸟声声唤,要籍情中不动帽。

自从夫别懒调筝,独寝空房愁转生。每恨孤情无处对,常思远信意纵横。②

闺情为落殊蕃陈上相知人

自从沦落到天涯,一片真心恋着查。憔悴不缘思旧国,行渧(啼)只是为冤家。③

同前

相随万里泣胡风,匹绸(偶)将期一世终。早知中路生离别,悔不深怜沙碛中。④

奉(春)闺怨

幽闺情自苦,何事更逢春?萱草侵阶绿,垂杨暗户新。镜中丝发乱,窗外鸟声频。对此芳菲景,长霄(宵)转忆君。

春至感心伤,低眉入洞房。征夫天外别,抛妾镇鱼(渔)阳。有意连(怜)新月,无情理旧妆。长流双脸泪,独恨对芬芳。⑤

以上这些诗中,两首《闺情为落殊蕃陈上相知人》显得较为特殊,因为其中的思妇不是守在闺中,而是沦落天涯,丈夫却远在"旧国",这种身份的置换,让人体味到一种在外力干预下的分别,真是可怜可叹!第二首中的女子万里相随,对幸福充满希望,却没料到有情人在沙碛之地仍被迫分手,于是心情就更沉重、更痛苦、更怨悔。这是有着亲身经历的没蕃人的作品,诗中带有较

---

① 徐俊:《敦煌诗集残卷辑考》,北京:中华书局,2000年,第379-381页。
② 徐俊:《敦煌诗集残卷辑考》,北京:中华书局,2000年,第381页。
③ 徐俊:《敦煌诗集残卷辑考》,北京:中华书局,2000年,第383页。
④ 徐俊:《敦煌诗集残卷辑考》,北京:中华书局,2000年,第383页。
⑤ 徐俊:《敦煌诗集残卷辑考》,北京:中华书局,2000年,第385页。

其他诗歌更强烈的边陲地方色彩。

其余零散的以征妇视角撰写的诗歌也往往如此。P.2762V 卷是归义军时期一位由江南流寓敦煌者的作品,诗集中第一首诗为《夫字为首尾》:

> 夫婿一去远征徂,贱妾思君情转孤。凤楼惆怅多□忆,雁信传书到豆卢。遥想扬[□]空寂寞,那堪独守泪呜呜。当今圣主回銮驾,逆贼黄巢已就诛。恩光料合师莫欢,君[□]幸勿恋穷庐。战袍著尽谁将去,万里迢迢碛路纡。天山旅泊思江外,梦里还家入道墟。镜湖莲沼何时摘,柳岸垂泛杨碧朱。宴向江楼长掩泪,采莲无复奏笙竽。闺中面想肖场苦,却羡西江比目鱼。红颜憔悴付脂粉,寂寞杨台满隍芜。秋深但见鸿归巢,愿织回文寄远夫。①

诗以"夫"字始,以"夫"字终,将江南思妇婉转惆怅的心情表达得十分细腻。《夫字为首尾》是一首思妇诗,由诗歌内容来看,显然是作者的借咏之作。据研究,作者本人是由江南流寓敦煌三十年的客子②,结合此身份来看,其中的寄托之情便不言自明了。诗里在"夫婿一去远征徂,贱妾思君情转孤"的叙述及"宴向江楼长掩泪,采莲无复奏笙竽"的倾诉之间,插入了"天山旅泊思江外,梦里还家人道墟。镜湖莲沼何时摘,柳岸垂泛杨碧朱"的征夫之思。这种突兀之笔,正是作者由写征妇而念及自身,情感无法抑制的结果。这种以"征妇怨"诗的形式表达边塞士子对家乡的忆念之情和有家不能归的痛苦之心的做法,深谙"征妇怨"题材之真谛。

二、敦煌曲子词中的征妇之作

与以征妇视角所作诗歌可加类比的是敦煌曲子词。敦煌不少曲子词中具有"征妇怨"性质,如敦煌 S.1441 及 P.2838《云谣集》中的三十首曲子词内,"征妇怨"便近十首。敦煌曲子词创自民间,虽然在语言上略粗糙,但其所取的基本景象、物象、意象都与文人诗人有同工之处。

首先,敦煌曲子词与唐诗一样,多取春日秋夜为场景。春天是万物萌发

---

① 邵文实:《敦煌 P2762 等卷诗集试探》,《文献》2000 年第 1 期,第 234-235 页。
② 邵文实:《敦煌 P2762 等卷诗集试探》,《文献》2000 年第 1 期,第 237-238 页。

之时，但春之蠢动对闺里思妇却是一种折磨：一见鹅蕊乍吐，征妇心中便徒增惆怅，因为"年华枝上见，边思曲中来"，无论是新雨浇洒的嫩绿，还是落梅过后的轻花，都让征妇想起一个问题："征戍几时回？"（欧阳瑾《折杨柳》）与柳枝婆娑的青春景象相对照的是征妇日益消殒的面容，明媚的春光只能使征妇心怀叹怨："岁华空自掷，忧思不胜颜"（沈佺期《春闺》）；"更愁征戍客，鬓老边城尘"（张九龄《折杨柳》）；"好风吹长条，婀娜何如妾。妾见柳园新，高楼四五春"（余延寿《折杨柳》）。袅袅娉婷的腰肢，比得过风摆杨柳，然而柳枝年年都是新的，高楼思妇却在相思惆怅中老去。如此比况，只剩下心灰意冷，意中怨深。这是"征妇怨"诗中的春景。在敦煌曲子词中，这样写春天：

  日暖风轻佳景，流莺似问人。正是越溪花捧艳，独隔千山与万津。单于迷虏尘。（《云谣集·破阵子》其二）

  迢递可知闺阁，吞声忍泪孤眠？春去春来庭树老，早晚王师归却还，免教心怨天。（《云谣集·破阵子》其四）

  昨夜春风入户来，动人怀。只见庭前花欲发，半含咍。直为思君容貌改，征夫镇在陇西坏。（S.6537、P.3271《阿曹婆辞》第一）

对春日景象的描写虽不似"征妇怨"诗那样细致，对春日思妇的心理活动的描写也不如"征妇怨"诗那样细腻，但枝大叶疏的粗线条却速描般地把"独隔千山与万津"的两地相思勾勒出来，由春日比兴而带来的怨艾之情，依然深沉而痛苦。

"独坐幽闺思转多，意如何？秋夜更长难可度，慢怜他。"（《阿曹婆辞》第二）春天已带来无尽的愁怨，秋夜则更让征妇难挨。《云谣集·凤归云》其一道：

  征夫数载，萍寄他邦。去便无消息，累换星霜。月下愁听砧杵，拟塞雁行。孤眠鸾帐里，枉劳魂梦，夜夜飞飏。 想君薄行，更不思量，谁为传书与，表妾衷肠？倚牖无言垂血泪，暗祝三光。万般无那处，一炉香尽，又更添香。

《洞仙歌》其二：

  悲雁随阳，解引秋光，寒蛩响夜夜堪伤。泪珠串滴，旋流枕上。无计恨征人,争向金风飘荡,捣衣嘹亮。

这是秋天的月夜景象:月光如水,照得见空房孤眠的征妇。她伏枕长叹,泪珠伴着秋虫的嘶鸣与砧杵的泠响串串滴落;倏忽一梦,即幡然惊醒,留下的是更加痛苦的思念与哀伤。词人把征妇放在洞视一切的月光照射下,更显得她异常地单薄、孱弱与无助。在唐诗人笔下,情景亦不出此:"玉关遥隔万里道,金刀不剪双泪泉。香囊火死香气少,向帷合眼何时晓。城乌作营啼野月,秦川少妇生离别。"(王建《秋夜曲》)"寒空动高吹,月色满清砧。残梦夜魂断,美人边思深。孤鸿秋出塞,一叶暗辞林。又寄征衣去,迢迢天外心。"(杜牧《秋梦》)秋叶飘零、秋月凄明,这与春日的暖色调又是一种不同,正应合了征妇凄凉的内心感触。诗歌以此为比兴,将征妇的孤寂之态描摹出来。不难看出,敦煌曲子词与唐人诗歌在取景及艺术表现手法方面都是一致的。

敦煌曲子词与唐人诗中都取了征衣为"征妇怨"的一个最基本的物象。以捣衣、缝衣、送衣为标题及内容的歌诗,自南朝萧梁时代就已基本固定在了征妇身上[1],到唐代,按着府兵制的规定,征人军资器物自备,如吐鲁番阿斯塔那178号墓出土的《唐袁大寿等军资装簿》[2]记录:

1. 袁大寿 布袄子一,小袄子一,黄衫、袴奴、末额各一,毡袋一。
2. □善保 绁袄子一,帛衫一,单袴一两量,鞋一量,黄衫、袴奴、末额各一。
3. 徐 □ 袴奴、末额、黄衫各一,绁袄子一,靴一量,鞋一量。
(后略)

这是一篇关于府兵自备衣资的统计,袁大寿的东西是这个簿籍中最少的,也有五件。而所有这些衣袄之类,自然无不出自家中思妇之手,于是征衣便成为长期分离的征夫征妇间的情感维系,与之有关的一切构件与环节,均染上了浓厚的情感色彩,对征衣的吟咏,也便成为约定俗成的"征妇怨"作品的程式。

---

① 王宜瑷:《创造与因袭——论六朝"捣衣诗"同题之作》,《文学遗产》1992年第6期,第37-43页。

② 国家文物局古文献研究室等:《吐鲁番出土文书》第八册,北京:文物出版社,1987年,第395页。

李白《子夜吴歌·秋歌》中,以"长安一片月,万户捣衣声"的构景为人们所称道。这是一幅全景式的画面:同样一片月光,照到长安城内千家万户思妇手中的砧杵,此起彼伏的砧声传达的是万户千家的"玉关情"。我们不由把这种全景的视野逐渐推聚到某个具体院落的思妇身上,进而联想到:在捣衣、裁衣、缝衣、送衣的每个步骤上,征妇都会时时住手凝想,陷入深深的思念之中。而诗人们也正是这样把一个个镜头定格,或以慢镜头的方式将此情此景展现在我们的面前。如捣衣:"亦知戍不返,秋至拭清砧。已近苦寒月,况经长别心。宁辞捣熨倦,一寄塞垣深。用尽闺中力,君听空外音。"(杜甫《捣衣》)如裁缝:"时闻寒雁声相唤,纱窗只有灯相伴。几展齐纨又懒裁,离肠恐逐金刀断。细想仪形执牙尺,回刀剪破澄江色。愁捻银针信手缝,惆怅无人试宽窄。"(裴说《寄边衣》)如寄送:"明朝驿使发,一夜絮征袍。素手抽针冷,那堪把剪刀。裁缝寄远道,几日到临洮?"(李白《子夜吴歌·冬歌》)更有征衣制成却无由送达的:"无因见边使,空待寄寒衣。"(张籍《望行人》)"征客近来音信断,不知何处寄寒衣。"(张纮《怨诗》)敦煌 S.8466、S.8467 两卷中载有数首"征妇怨"诗,为项楚先生发现并抄录公布①,徐俊在《敦煌诗集残卷辑考》中对诗作进行了更完整的校录,②其中比较典型的是 S.8467《赠捣练篇一首》:

秋树寒飞夜消(萧)索,寒(塞)雁哀鸣□□□。不卢(虑)闺律(闱帏)罗帐单,遥愁寒地征衣薄。今年征客未言皈,秋来须与造□□。玳瑁棱(案)前叠玉练,珍珠帘外磲余律(沥)。可年(怜)夜脸带红妆,徒伴骞伟(帏)□□□。争向砧前竞弄杵,一队风来一队香。更深北斗参转回,罗袖风吹捻□□。□月砧前处(杵)影摇,风吹陌上声得远。一时鼎座(坐)堂阶下,鼎定还来□□□。□知摇落凤凰钗,眼看振破盘龙计(髻)。明日(月)更深西龙邜,北斗横河参□□。□练擎将尽(画)堂内,珊瑚床内急袤(裱)衣。玉户珠帘须巷(卷)却,窗边宝□□□□。今朝各自皈家去,明朝还共一时来。归去洞居(房)更已久,女伴相将助□□。□暗频铫(挑)金烛灯,怕热时时私(支)尉(熨)针。纵横尉(熨)针占文章,欲逢(缝)直为□□□。

---

① 项楚:《敦煌诗歌导论》,台北:新文丰出版公司,1993年,第82-85页。
② 徐俊:《敦煌诗集残卷辑考》,北京:中华书局,2000年,第664-665页。

珊瑚匣(匣)里取尺量,玳瑁箱中检□□。明朝择(驿)使榆林过,此夜表(裱)缝□□□。匆匆忘结三条绵,往往虚行一度针。沙场寒多人总闻,露变霜□□□□。表中厚絮重重暖,炉上添香遍遍薰。咸咸远寄向金微,含啼问使□□□。殷勤为报征夫道,明[□]还著别时裳。一叹一长呼,月落上□□。□□俄闻钟鼓声,忽觉街衢车马闲。引顶门前侧耳听,见使□□□□问,答言今欲向长城。长将士卒皆劳苦,利(离)家兄弟从戎伍。秦王间□□□恬,北筑长城押(压)柱(狂)房。壮平(卒)提戈行幽塞,弱者驱驰令运□。□□□托送寒衣。未委夫人问何义(下缺)

此篇名为"捣练",却将由捣至缝至送的情节俱一一顺次写到,是长篇歌行的形制,虽然残甚,但价值并不因此而有所减。从中我们也可看到一件征衣之上,饱含了征妇多少深情。所有这些,在敦煌曲子词中都有反映:

良人去,住边庭,三载长征。万家砧杵捣衣声,坐寒更,添玉漏,懒频听。(S.2607《捣衣声》)[①]

懒寄回文先住。战袍待稳,絮重更熏香,殷勤凭驿使追访。(《云谣集·洞仙歌》其二)

厅前天桃柳线,频为送征衣。每年差良人见(下缺)(P.3156V《喜秋天》)[②]

寒北征战几时休？罢风流,汝家夫婿□□□,荏苒已经秋。寒衣造了无人送,凭□□书将,纱窗孤雁叫,泣泪数千行。(S.5643《定乾坤》)[③]

征衣是征妇爱的表达,而因爱生怨,因怨生恨,因恨生怜,因怜生情,这样一个矛盾循环,正是"征妇怨"诗词中的普遍情结。于是,由织、捣、裁、缝、寄、送这样一系列动作完成的征衣,就这样共同走入"征妇怨"诗及曲子词,成为其基本的物征。

相同的景致、相同的物征,产生的意象便也会相同。S.6537V 及 P.3271V 之《何满子辞》第二云:"秋水澄澄深复深,喻如贱妾岁寒心。江头寂寞无音

---

① 任半塘:《敦煌歌辞总编》卷二,上海:上海古籍出版社,2006年,第309页。
② 张锡厚:《全敦煌诗》第二编,北京:作家出版社,2006年,第4951页。
③ 任半塘:《敦煌歌辞总编》卷二,上海:上海古籍出版社,2006年,第311页。

信,薄暮惟闻黄鸟吟。"①诗人贺兰进明《行路难》则道:"君不见芳树枝,春花落尽蜂不窥。君不见梁上泥,秋风始高燕不栖。荡子从军事征战,蛾眉婵娟守空闺。独宿自然堪下泪,况复时闻乌夜啼。"外界客观的景象与内心主观的情思相合,组成神思缥缈的意象,在此,诗与曲子词走到了一处,其情感终端,无疑都有一个大大的"怨"字,这正是"征妇怨"作品的主旨所在。所以在征妇心境表达方面,诗与曲子词也有相似之处,如:诗有"旧来十月初点衣,与郎著向营中集。絮时厚厚绵纂纂,贵欲征人身上暖。愿身莫著裹尸归,愿妾不死长送衣"(王建《送衣曲》);曲子词有"向深闺远闻雁悲鸣,遥望行人。三春月影照阶庭,帘前跪拜,人长命,月长生"(S.2607《捣衣声》)。唐诗有"君望功名归,妾忧生死隔。谁家无夫妇,何人不离坼。所恨薄命身,嫁迟别日迫。妾身有存殁,妾心无改易。生作闺中妇,死作山头石"(白居易《续古诗》其一);曲子词有"娉得良人,为国远长征。争名定难,未有归程。徒劳公子肝肠断,谩生心。妾身如松柏,守志强过,鲁父坚贞"(《云谣集·凤归云》其四)。这些埋在"怨"字之下的情感,都是在怨而不怨的宗旨下的表述。

  因为有怨,所以便有与怨相对的希望。"何日平胡虏,良人罢远征?"(李白《子夜吴歌·秋歌》)"何时狂虏灭,免得更留连?"(《伊州歌·石州》)"为问元戎窦车骑,何时返旆勒燕然?"(皇甫冉《春思》)这是唐代诗人们借问句发出的和平呼唤。在敦煌曲子词中,希望是相同的,而表达是直接的:"愿四塞来朝明帝,令戍客休施流浪。"(《云谣集·洞仙歌》其二)"早晚三边无事了,香被重眠比目鱼,双眉应自舒。"(《云谣集·破阵子》其三)"早晚王师归却还,免教心怨天。"(《云谣集·破阵子》其四)从某种意义上来说,希望战争取胜是爱国思想的表现,但在更深的层次上,这又是一种厌战情绪的反映:人们希望战争结束,而战争结束,又往往是建立在战争胜利的基础之上的。可见,敦煌曲子词如唐诗一样,在"征妇怨"作品中透露出非战、厌战的情绪,表达了对和平的渴望,而敦煌曲子词因为其语言更朴素率真,倒使得其和平愿望显得更加强烈了。可是,和平愿望的实现又是那样遥远:"当本只言三载归,灼灼期,朝暮啼多淹损眼,信音稀。　妾守空闺恒独寝,君在塞北亦应知。懊恼无辞呈肝胆,留心会合,待明时。[□□□□]。"(S.6537《阿曹婆辞》第三)②应知征妇空闺独寝的,除征夫外,还应有"明时"的明君,那么,征妇无尽的等待,

---

  ① 任半塘:《敦煌歌辞总编》卷七,上海:上海古籍出版社,2006年,第1684页。
  ② 王重民:《敦煌曲子词集(修订本)》,北京:商务印书馆,1956年,第88页。

无疑是对战争及战争制造者的无言谴责,同时,征妇就愈加令人同情了。

　　文人诗与敦煌曲子词毕竟又有不同,除了语言方面的差别外,敦煌曲子词还有其他不同于"征妇怨"诗的自我特色。

　　"征妇怨"诗的一大判识线索,是多用边塞地名入诗,如:"九月寒砧催木叶,十年征戍忆辽阳。"(沈佺期《独不见》)"征客戍金微,愁闺独掩扉。"(徐彦伯《闺怨》)"浮云遮却阳关道,向晚谁知妾怀抱。"(刘氏云《有所思》)"频想玉关人,愁卧金闺里。"(刘希夷《春女行》)"交河一万里,仍隔数重云。"(李元紘《相思怨》),等等。这种以地名入诗的做法,除了提供"征妇怨"的线索外,另有通代之用。诗中对地名的强调,实际上是对距离的强调,别离因距离而生,悲感又缘于别离,所以身在中原的诗人如征妇那样从距离中得到悲剧美感。而敦煌曲子词则不同。细审曲子词中数十首"征妇怨"作品,少有直道边塞地名的,最具体的一个地名就是《阿曹婆辞》中"征夫镇在陇西坏"的"陇西"这个泛指概念,更多的是以"沙碛"为边地代称,如"终朝沙碛里"(《凤归云》其二)、"携剑弯弓沙碛边"(《破阵子》其四)等,也有以征战对象为标识的,如"恨征人久镇边夷"(《洞仙歌》其一)、"单于迷虏尘"(《破阵子》其二)等。究其原因,当与敦煌所处的地理方位有关。敦煌是西北边塞重镇,四周多沙碛,且被突厥、回纥、吐蕃等周边民族所包围,于是在以敦煌为创作中心的民间歌辞中,距离消失了,所以通常只取其特殊环境为背景,而不确指地名。

　　敦煌民间"征妇怨"词较"征妇怨"诗有着更多的乐观主义精神。如S.2607《宫怨春》①:

　　　　柳条垂处处,喜鹊语零零,焚香稽首表君情。慕得萧郎好武,累岁长征,向沙场里,轮宝剑,定欃枪。　去时花欲谢,几度叶还青,相思夜夜到边庭。愿天下销戈铸戟,舜日清平。待功成日,麟阁上,画图形。

　　上阕中,征妇以炫耀的口吻向人们展示其好武萧郎的勃勃英姿,大有"偏坐金鞍调白羽,纷纷射杀五单于"(王维《少年行》)的五陵少年风度。下阕则述自己的思念之情,愿夫君早日扫却边尘,功成名就,荣归故里。这里面看不到太多的伤感色彩,征妇显得那样兴高采烈,颇具"征妇乐"倾向,这与唐诗中普遍存在的"君望功名归,妾忧生死隔""悔教夫婿觅封侯"的悲观不同。又

---

① 任半塘:《敦煌歌辞总编》卷二,上海:上海古籍出版社,2006年,第313页。

如 S.5643《送征衣》①云：

> 今世共你如鱼水，是前世因缘，两情准拟过千年。转转计较难，教汝独自眠。　　每见庭前双飞燕，他家好自然，梦魂往往到君边。心专石也穿，愁甚不团圆。

词中对自己和征夫的爱情充满了信心。虽然曲子词中也有"待卿回归日，容颜憔悴，彼此何如？"（《凤归云》其二）的疑问，但更多的是"心专石也穿""两情准拟过千年"的肯定与自信，这与唐诗中"及至见君归，君归妾已老，物情弃衰歇，新宠方妍好"（顾况《弃妇词》）的忧虑相比，是乐观向上的，在精神上是胜者。历来为人们所称道的《鹊踏枝（叵耐灵鹊多瞒语）》词，也是一首"征妇怨"作品。闺中思妇想念远行征人，嫌窗前叽叽喳喳的喜鹊枉报平安，捉来锁在金笼中。于是喜鹊怨言："比拟好心来送喜，谁知锁我在金笼里。欲他征夫早归来，腾身却放我向青云里。"生动活泼的语言，释放了一种青春自由的气息。这种寓言体的运用，在唐人诗中则是不多见的。

唐人"征妇怨"诗，多是征妇独白式的，作为封闭的内心活动，充其量只是征妇在心底与征夫的对话，所以常以"君""子"等第二人称称征人。在这种独白中，有的是表述其相思之苦："君若无定云，妾若不动山，云行出山易，山逐云去难。愿为边塞尘，因见委君颜，君颜良洗多，荡妾浊水间。"（雍陶《明月照高楼》）也有的是对征夫的不满与责难："男儿生身自有役，那得误我少年时。不如逐君征战死，谁能独老空闺里。"（张籍《别离曲》）"自是爱封侯，非关备胡虏。知子从军去，何处无良人。"（于濆《古别离》）还有的，如："生为闺中妇，死作山头石"，信誓旦旦；"万里寂寥音信绝，寸心争忍不成灰"（胡曾《独不见》），情思邈邈；"愿随孤月影，流照伏波营"（沈如筠《闺怨》其一），深情款款……这些诗句的听众是征妇在精神的恍惚迷离中分离出的另一个自我，面对着远戍的征人，所以"征妇怨"诗中征妇的内心独白是不让旁人介入的情感表达。但民间词中的"征妇怨"作品，本身就具有演唱性质，是说给旁人听的，所以称征夫多用"征夫""良人""征人"等第三人称，如"征夫数载，萍寄他邦。去便无消息，累换星霜""年少征夫堪恨，从军千里余。为爱功名千里去，携剑弯弓沙碛边，抛人如断弦""良人去，住边庭，三载长征"，等等。

---

① 任半塘：《敦煌歌辞总编》卷二，上海：上海古籍出版社，2006年，第337页。

研究者发现庄严龛敦煌遗书的零散卷子里有一失词名曲子词:

> 离却沙场别却妻,教我儿婿远征行。乃可儋鞍梯(替)汉婿,大王不容许女人妆。 女人束妆又何妨,妆束出来似神王。乃可刀头剑下死,夜夜不办守空房。①

这种可以演唱的曲子词具有叙事功用,目的是把征妇的相思别苦说与听众,比"征妇怨"诗的倾诉对象扩大了许多,这就决定了唐人诗与敦煌词的两种不同风格:一委婉含蓄,一直露率真;一巧饰心绪,一素心快语。所以敦煌"征妇怨"词虽然在语言的精致、情感的细腻等方面稍逊于文人诗作,但在心气一面却颇具优势。

三、敦煌其他文学形式中的征妇怨作品

除曲子词外,还有一些被称为"俚曲小调"的敦煌歌辞也以征妇为主体,如P.3812号卷首之《十二月调》,即为按月唱咏、怀念征人的"征妇怨"类作品。

> 正月孟春春渐暄,一别狂夫经数年。□□□□□□□,遣妾寻常独自眠。
> 二月仲春春盛暄,深闺独坐绿窗前。□□□□□□赖,教儿夫婿远巡边。
> 三月季春春极暄,花开处处竞争鲜。花□□□□□笑,贱妾看花双泪还。
> 四月孟夏夏初热,为忆狂夫难可彻。愁□□□□秦筝,更取瑶琴对明月。
> 五月仲夏夏盛热,狂夫归复问时节。庭□□□□□,□见莺啼声哽咽。
> 六月季夏夏共同,妾心恨与(如)对秋□(风)。□□□□□改,教

---

① 录文参周绍良:《补敦煌曲子词》,载于《敦煌学论集》,兰州:甘肃人民出版社,1985年,第70-71页;任半塘:《敦煌歌辞总编》补遗,上海:上海古籍出版社,2006年,第1759页;项楚:《敦煌歌辞总编匡补》,成都:巴蜀书社,2000年,第241页。

儿憔悴只缘公。

七月孟秋秋渐凉,教儿独寝守空房。君在寻常嫌夜短,君无恒觉夜能长。

八月仲秋秋欲凉,寒雁南飞数万行。贱妾犹存旧日意,君何无幸(信)不还乡。

九月季秋秋已末,狂夫一去独难活。愿营方便觅归□,使妾愁心暂时豁。

十月孟冬冬渐寒,为君捣练不辞难。莫怪裁缝不开领,愁君肥瘦恐嫌宽。

十一月仲冬冬雪寒,戎衣造得数般般。见今专访巡边使,寄向君边着复看。

十二月季冬冬已极,寒衣欲送愁情逼。莫怪裁缝针脚粗,为忆涕(啼)多竟无力。①

《全唐诗》卷一百一十一有袁晖的正月、二月、三月、七月四首《闺情》诗,也是按月述写征妇情思的,如:

二月韶光好,春风香气多,园中花巧笑,林里鸟能歌。有恨离琴瑟,无情著绮罗。更听春燕语,妾亦不如他。

七月坐凉宵,金波满丽谯,容华芳意改,枕席怨情饶。锦字沾愁泪,罗裙缓细腰。不如银汉女,岁岁鹊成桥。

这是典型的文人之作,用语比较藻丽,多铺设。相比之下,《十二月调》则遵循歌辞的要求,格式划一,起句都很简单,指明月份季候,然后唱咏征妇怨情。但在起兴比赋方面,则与袁晖诗有异曲同工之妙。敦煌S.6208中又另有一《十二月调》②,也同样是一套"征妇怨"月令,与前之《十二月调》有许多相似之处。如:"正月孟春春渐暄,狂夫一别□□□。无端嫁得长征婿,教妾寻常独自眠";"三月季春春极暄,忽念辽阳愁转添。贱妾思君肠欲断,君何无行

---

① 徐俊:《敦煌诗集残卷辑考》,北京:中华书局,2000年,第379-381页。
② 任半塘:《敦煌歌辞总编》卷五,上海:上海古籍出版社,2006年,第1254-1255页。

（幸）不归还";"十一月仲冬冬渐寒,幽闺犹坐绿窗前。战袍缘何不开领,愁君肌瘦恐嫌宽";等等。这类敦煌"征妇怨"歌辞,创自民间,唱在民间,曲调反复,通俗易懂,将征妇之怨思在逐月逐时的吟唱中表现得十分细腻深刻。

敦煌"征妇怨"作品,一般都是以自咏的方式出现的,有吟者的怨情,而无吟者的名姓,但在众多作品中,却有一个人物被反复提到,或以之自拟,或为之唱叹,这个人物就是民间家喻户晓的孟姜女。孟姜女可以说是几千年来征妇的一个典型形象,她千里送寒衣、哭倒长城之事被广为传唱,在乐府诗中,也有《杞梁妻》这样一个题目,为历代诗人反复吟咏。关于孟姜女的作品都可以划入"征妇怨"的范畴,在敦煌文书中,对孟姜女故事的吟述是屡见不鲜的。

在敦煌民间曲子词中,有《捣练子》数首,合咏孟姜女事,其中P.3718中的一组为:

云疑盖,月已升,朦胧不眠已三更。面上褐绫红分散,号咷大哭呼三星。

对白锦,二丈长,裁衣长短尺上量。夜来梦见秋交末,自怕君身上□□。

孟姜女,秦杞梁,声声懊恼小秦王。秦王敢质三边滞,千番万里筑城长。

长城下,哭声哀,感得长城一垛摧。里畔髑髅千万个,十方骸骨不教回。

刃□亮,两拳拳,十个指头血沾根。青竹干投上玄背子,从今以后信和藩。

娘子好,体一言,离别耶娘十数年。早晚到家乡勤饣孛饣敕,月尽日交管黄纸钱。少长无□□□□,月尽日交管黄纸钱。①

任半塘先生认为此处之"小秦王",实指唐朝皇帝,是托古讽今的笔法,笔者颇以为是。词中"里畔髑髅千万个,十方骸骨不教回"之语,表现了边塞征夫的悲惨命运,而那些自送寒衣的征妇,亲眼看见征夫的森森白骨,内心的煎痛又向谁去倾诉呢?敦煌民间文学中又有《孟姜女变文》,把这种痛苦更加以发挥。变文同样是述唱杞梁身死、孟姜女哭倒长城、滴血辨骨、殓葬哭祭之事,

---

① 任半塘:《敦煌歌辞总编》卷三,上海:上海古籍出版社,2006年,第563-564页。

但除去已被人们反复吟唱的情节,变文中更多出一节孟姜女啼问枯骨的段落:

……更有数个髑髅,无人搬运。姜女悲啼,向前借问:"如许髑髅,佳俱(家居)何郡?因取夫回,为君传信。君若有神,儿当接引。"
髑髅既蒙问事意,已得传言达故里。
魂灵答应杞梁妻:"我等并是名家子,
被秦差充筑城卒,辛苦不襟(禁)俱役死。
铺尸野外断知闻,春冬镇卧黄沙里。
为报闺中哀怨人,努力招魂存祭祀。
此言为记在心怀,见我耶娘方便说。"①

枯骨有灵,竟与孟姜女对话,所存愿望,是"为报闺中哀怨人",为自己招魂祭祀,而荒野枯骨,是难被收尽了。于是《孟姜女变文》中,说唱的就不只是孟姜女一人的悲苦,而是千千万万个征妇的痛苦。所以,《孟姜女变文》是更广泛意义上的"征妇怨"作品。

敦煌诗歌、曲子词、民间讲唱文学作品中都无一例外地出现"征妇怨",显然就不仅仅是文学作品的形式问题了。这种"怨"的情绪在各类文学体裁中的渗透,必然与当时的历史背景有关。高骈《闺怨》诗云:"人世悲欢不可知,夫君初破黑山归。如今又献征南策,早晚催缝带号衣。"北方边境才平,南边烽烟又起,说明唐朝征伐之频繁。《资治通鉴》卷二百一十三记:开元十五年(727)十二月,"制以吐蕃为边患,令陇右道及诸军团兵五万六千人,河西道及诸军团兵四万人,又征关中兵万人集临洮,朔方兵万人集会州防秋。至冬初,无寇而罢;伺房入寇,互出兵腹背击之"。只为了"防秋",便动用十余万兵力集结两地,可见用兵之多。又同书卷二百一十五记:天宝元年(742),"天下声教所被之州三百三十一,羁縻之州八百,置十节度、经略使以备边……凡镇兵四十九万人,马八万余匹。"其中,"安西节度抚宁西域",兵二万四千人;"河西节度断隔吐蕃",兵七万三千人;"朔方节度捍御突厥",兵六万四千七百人;"陇右节度备御吐蕃",兵七万五千人。仅这几个节度使下的兵力,就达二十三万六千七百人。天宝八载(749),陇右节度使哥舒翰率六万三千人攻

---

① 黄征,张涌泉:《敦煌变文校注》,北京:中华书局,1997年,第60-61页。

吐蕃石堡城,"唐士卒死者数万","顷之,翰又遣兵于赤岭西开屯田,以谪卒二千戍龙驹岛。冬,冰合,吐蕃大集,戍者尽没"①。随着用兵的不断增加,军费开支也越来越大,《通典》卷一百四十八记:"开元初,每岁边费用钱二百万贯,开元末已至一千万贯,天宝末更加四五百万矣……关辅及朔方、河陇四十余郡、河北三十余郡,每郡官仓粟多者百万石,少不减五十万石,给充行官禄。暨天宝末,无不罄矣。糜耗天下,若斯之甚。"②更有甚者,唐政府还为开边拓土,展开了一些非正义的战争。这样徒费人力物力,换来的只是一片血腥。这便引起许多有思想、有头脑的人的反对,也遭到饱受战乱之苦的百姓的反对。深重的苦难需要解脱,压抑的情绪需要宣泄,对唐边塞政策的反对需要借题发挥,于是,就有了众多形式的"征妇怨"作品的出现。那些遥望边塞发出悲吟之声的征妇,代表了对边塞战争政策的另一种意见和声音。

---

① [宋]司马光:《资治通鉴》卷二百一十六,上海古籍出版社,1987年,第1468页。
② [唐]杜佑:《通典》卷一百四十八《兵一》,北京:中华书局,1988年,第3780页。

敦煌学参考书目

［1］敦煌宝藏（1—141）.台北：新文丰出版公司,1981-1986.

［2］英藏敦煌文献（1—14）.成都：四川人民出版社,1990-1995.

［3］英藏敦煌西域文献（1—5）.上海：上海古籍出版社,1995-1997.

［4］英国国家图书馆藏敦煌遗书（1—40）.桂林：广西师范大学出版社,2011-2014.

［5］法藏敦煌西域文献（1—34）.上海：上海古籍出版社,1995-2005.

［6］俄藏敦煌文献（1—17）.上海：上海古籍出版社,1992-2002.

［7］国家图书馆藏敦煌遗书（1—146）.北京：北京图书馆出版社,2005-2012.

［8］上海图书馆藏敦煌吐鲁番文献（1—4）.上海：上海古籍出版社,1999.

* * *

［9］柴剑虹.敦煌学与敦煌文化.上海：上海古籍出版社,2007.

［10］柴剑虹.丝绸之路与敦煌学.杭州：浙江大学出版社,2015.

［11］陈人之,颜廷亮.云谣集研究汇录.上海：上海古籍出版社,1998.

［12］陈烁.敦煌文学.北京：中国社会科学出版社,2013.

［13］陈秀兰.敦煌变文词汇研究.成都：四川人民出版社,2002.

［14］陈垣.敦煌劫余录.北京：中央研究院历史证言研究所,1931.

［15］陈祚龙.敦煌文物随笔.北京：商务印书馆,1979.

［16］陈祚龙.敦煌学海探珠.北京：商务印书馆,1979.

［17］陈祚龙.敦煌资料考屑.北京：商务印书馆,1979.

［18］戴密微.吐蕃僧诤记.耿昇,译.兰州：甘肃人民出版社,1984.

［19］董艳秋.敦煌宫词研究.沈阳：辽海出版社,2007.

［20］杜朝晖.敦煌文献名物研究.北京：中华书局,2011.

［21］杜琪.敦煌文学论集.兰州：甘肃人民美术出版社,2009.
［22］敦煌市地方志编纂委员会.敦煌志.北京：中华书局,2007.
［23］敦煌文物研究所.敦煌研究文集.兰州：甘肃人民出版社,1982.
［24］敦煌文物研究所.敦煌译丛：第一辑.兰州：甘肃人民出版社,1985.
［25］敦煌研究院.敦煌遗书总目索引新编.北京：中华书局,2000.
［26］樊锦诗.敦煌与隋唐城市文明.上海：上海教育出版社,2010.
［27］樊锦诗.中国敦煌学论著总目.兰州：甘肃人民出版社,2010.
［28］冯培红.敦煌的归义军时代.兰州：甘肃教育出版社,2013.
［29］伏俊连.敦煌赋校注.兰州：甘肃人民出版社,1994.
［30］伏俊琏.敦煌文学文献丛稿.北京：中华书局,2004.
［31］伏俊琏.敦煌文学文献丛稿.北京：中华书局,2011.
［32］富世平.敦煌变文的口头传统研究.北京：中华书局,2009.
［33］甘肃省社会科学院文学研究室.关陇文学论丛：敦煌文学专集.兰州：甘肃人民出版社,1983.
［34］高国藩.敦煌曲子词欣赏.南京：南京大学出版社,2001.
［35］高嵩.敦煌唐人诗集残卷考释.银川：宁夏人民出版社,1982.
［36］郭在贻,等.敦煌变文集校议.长沙：岳麓书社,1990.
［37］杭州大学古籍研究所,等.敦煌语言文学论文集.杭州：浙江古籍出版社,1988.
［38］郝春文.敦煌学概论.北京：高等教育出版社,2010.
［39］洪帅.敦煌诗歌词汇研究.北京：光明日报出版社,2013.
［40］胡连利.敦煌变文传播研究.北京：人民出版社,2008.
［41］荒见泰史.敦煌变文写本的研究.北京：中华书局,2010.
［42］荒见泰史.敦煌讲唱文学写本研究.北京：中华书局,2010.
［43］黄永武.敦煌文献与文学丛考.杭州：浙江大学出版社,2017.
［44］黄征.敦煌俗字典.上海：上海教育出版社,2005.
［45］黄征.敦煌语言文献研究.杭州：浙江大学出版社,2016.
［46］黄征.敦煌语言文字学研究.兰州：甘肃教育出版社,2002.
［47］黄征.浙藏敦煌文献校录整理.上海：上海古籍出版社,2012.
［48］黄征,吴伟.敦煌愿文集.长沙：岳麓书社,1995.
［49］黄征,张涌泉.敦煌变文校注.北京：中华书局,1997.
［50］纪忠元.敦煌诗选.北京：中国文联出版社,2008.

［51］纪忠元. 敦煌文选. 北京：作家出版社，2013.
［52］季羡林. 敦煌学大辞典. 上海：上海辞书出版社，1998.
［53］姜亮夫. 敦煌：伟大的文化宝藏. 上海：古典文学出版社，1956.
［54］姜亮夫. 敦煌学概论. 北京：北京出版社，2004.
［55］姜亮夫. 莫高窟年表. 上海：上海古籍出版社，1985.
［56］蒋礼鸿. 敦煌变文字义通释. 北京：中华书局，1959.
［57］蒋礼鸿. 蒋礼鸿集. 杭州：浙江教育出版社，2001.
［58］蒋礼鸿. 语言文字研究论丛. 杭州：浙江古籍出版社，1994.
［59］寇凤凯. 敦煌道教讲经文研究. 成都：四川大学出版社，2014.
［60］李骞. 敦煌变文话本研究. 沈阳：辽宁大学出版社，1987.
［61］李小荣. 敦煌变文. 兰州：甘肃教育出版社，2013.
［62］李小荣. 敦煌道教文学研究. 成都：巴蜀书社，2009.
［63］李正宇. 古本敦煌乡土志八种笺证. 兰州：甘肃人民出版社，2008.
［64］李正宇. 敦煌学导论. 兰州：甘肃人民出版社，2008.
［65］刘传启. 敦煌歌辞文献语言研究. 北京：中国社会科学出版社，2016.
［66］刘后滨. 日常秩序中的汉唐政治与社会. 北京：社会科学文献出版社，2012.
［67］刘进宝. 藏经洞之谜：敦煌文物流散记. 兰州：甘肃人民出版社，2004.
［68］刘进宝. 敦煌学通论. 兰州：甘肃教育出版社，2002.
［69］刘晓玲. 敦煌僧诗研究. 北京：中国社会科学出版社，2016.
［70］罗振玉. 敦煌石室遗书. 1909年诵芬室刊本. 北京：北京图书馆出版社，2000.
［71］罗振玉. 敦煌零拾. 上虞罗氏1924年铅印本. 北京：北京图书馆出版社，2006.
［72］罗振玉. 流沙访古记. 上虞罗氏1909年排印本. 北京：北京图书馆出版社，2000.
［73］毛昭晰，等. 浙藏敦煌文献. 杭州：浙江教育出版社，2000.
［74］敏春芳. 敦煌愿文词汇研究. 北京：民族出版社，2013.
［75］宁可. 敦煌的历史和文化. 北京：中国国际广播出版社，2010.
［76］潘重规. 敦煌变文集新书. 台北：台湾中国文化大学，1984.

[77] 齐陈骏. 敦煌学与古代西部文化. 杭州：浙江大学出版社，2015.
[78] 齐裕焜. 中国古代小说演变史. 兰州：敦煌文艺出版社，2008.
[79] 饶宗颐. 敦煌邈真赞校录并研究. 台北：新文丰出版公司，1994.
[80] 饶宗颐. 饶宗颐二十世纪学术文集：卷8 敦煌学. 北京：中国人民大学出版社，2009.
[81] 任半塘. 敦煌歌辞总编. 上海：上海古籍出版社，1987.
[82] 任二北. 敦煌曲初探. 上海：上海文艺联合出版社，1954.
[83] 任二北. 敦煌曲校录. 上海：上海文艺联合出版社，1955.
[84] 任中敏. 敦煌歌辞总编. 南京：凤凰出版社，2014.
[85] 荣新江. 敦煌学十八讲. 北京：北京大学出版社，2001.
[86] 荣新江. 敦煌学新论. 兰州：甘肃教育出版社，2002.
[87] 荣新江. 归义军史研究：唐宋时代敦煌历史考索. 上海：上海古籍出版社，1996.
[88] 商务印书馆. 敦煌遗书总目索引. 北京：中华书局，1983.
[89] 邵文实. 敦煌边塞文学研究. 兰州：甘肃教育出版社，2007.
[90] 石小英. 八至十世纪敦煌尼僧研究. 北京：人民出版社，2013.
[91] 苏莹辉. 敦煌论集续编. 台北：台湾学生书局，1983.
[92] 孙楷第. 俗讲·说话与白话小说. 北京：作家出版社，1955.
[93] 孙彦. 敦煌学研究. 北京：国家图书馆出版社，2009.
[94] 谭蝉雪. 敦煌民俗：丝路明珠传风情. 兰州：甘肃教育出版社，2006.
[95] 唐耕耦，陆宏基. 敦煌社会经济文献真迹释录（1—5辑）. 北京：全国国书馆文献缩微复制中心，1986-1990.
[96] 唐涒. 敦煌曲子词地域文化研究. 上海：上海古籍出版社，2004.
[97] 汪泛舟. 敦煌诗解读. 北京：世界图书出版有限公司，2015.
[98] 王斐弘. 敦煌法论. 北京：法律出版社，2008.
[99] 王昊. 敦煌小说及其叙事艺术. 合肥：安徽人民出版社，2005.
[100] 王庆菽. 敦煌文学论文集. 长春：吉林大学出版社，1987.
[101] 王志鹏. 敦煌佛教歌辞研究. 北京：高等教育出版社，2013.
[102] 王仲荦. 敦煌石室地志残卷考释. 上海：上海古籍出版社，1993.
[103] 王重民. 敦煌古籍叙录. 北京：中华书局，1979.
[104] 王重民. 敦煌曲子词集. 北京：商务印书馆，1956.
[105] 王重民. 敦煌遗书论文集. 北京：中华书局，1984.

［106］王重民,等.敦煌变文集.北京：人民文学出版社,1984.

［107］吴福祥.敦煌变文12种语法研究.郑州：河南大学出版社,2004.

［108］吴格言.敦煌归义军文学研究.北京：蓝天出版社,2011.

［109］吴肃森.敦煌歌辞通论.合肥：黄山书社,2010.

［110］向达.唐代长安与西域文明.北京：生活・读书・新知三联书店,1957.

［111］项楚.敦煌变文选注.北京：中华书局,2006.

［112］项楚.敦煌变文选注.成都：巴蜀书社,1989.

［113］项楚.敦煌歌辞汇编匡补.成都：巴蜀书社,2000.

［114］项楚.敦煌诗歌导论.台北：新文丰出版公司,1993.

［115］项楚.敦煌文学丛考.上海：上海古籍出版社,1991.

［116］项楚.项楚论敦煌学.上海：上海科学技术文献出版社,2008.

［117］项楚,张涌泉.中国敦煌学百年文库・语言文字卷.兰州：甘肃文化出版社,1999.

［118］项楚,郑阿财.新世纪敦煌学论集.成都：巴蜀书社,2003.

［119］徐俊.敦煌诗集残卷辑考.北京：中华书局,2000.

［120］许国霖.敦煌石室写经题记与敦煌杂录.北京：商务印书馆,1936.

［121］许建平.敦煌文献丛考.北京：中华书局,2005.

［122］颜廷亮.敦煌文学千年史.北京：人民文学出版社,2013.

［123］颜廷亮.敦煌西汉金山国文学考述.兰州：甘肃人民出版社,2009.

［124］颜廷亮,等.敦煌文学.兰州：甘肃人民出版社,1989.

［125］颜廷亮,等.敦煌文学概论.兰州：甘肃人民出版社,1993.

［126］颜廷亮,赵以武.秦妇吟研究汇录.上海：上海古籍出版社,1990.

［127］杨宝玉.敦煌本佛教灵验记校注并研究.兰州：甘肃人民出版社,2009.

［128］杨宝玉.敦煌文献探析.北京：人民美术出版社,2005.

［129］杨小平.敦煌文献词语考察.北京：中国社会科学出版社,2013.

［130］于向东.敦煌变文与变相研究.兰州：甘肃教育出版社,2009.

［131］张春秀.敦煌变文名物研究.成都：西南交通大学出版社,2015.

［132］张弓.敦煌典籍与唐五代历史文化.北京：中国社会科学出版社,2006.

［133］张鸿勋.敦煌讲唱文学作品选注.兰州：甘肃人民出版社,1987.

［134］张鸿勋.敦煌俗文学研究.兰州：甘肃教育出版社，2002.

［135］张鸿勋.张鸿勋跨文化视野下的敦煌俗文学.上海：上海古籍出版社，2014.

［136］张锡厚.敦煌文学.上海：上海古籍出版社，1980.

［137］张锡厚.全敦煌诗.北京：作家出版社，2006.

［138］张锡厚.王梵志诗校辑.北京：中华书局，1983.

［139］张锡厚.王梵志研究汇录.上海：上海古籍出版社，1990.

［140］张小艳.敦煌书仪语言研究.北京：商务印书馆，2007.

［141］张涌泉.敦煌俗字研究.上海：上海教育出版社，1996.

［142］张涌泉.敦煌文献整理导论.杭州：浙江大学出版社，2015.

［143］张涌泉.敦煌小说合集.杭州：浙江文艺出版社，2010.

［144］张涌泉.汉语俗字丛考.北京：中华书局，2000.

［145］张涌泉.汉语俗字研究.长沙：岳麓书社，1995.

［146］张涌泉.张涌泉敦煌文献论丛.上海：上海古籍出版社，2011.

［147］张志勇.敦煌邈真赞释译.北京：人民出版社，2015.

［148］赵和平.敦煌表状笺启书仪辑校.南京：江苏古籍出版社，1997.

［149］赵和平.敦煌写本书仪研究.台北：新文丰出版公司，1994.

［150］郑阿财.敦煌佛教文学.兰州：甘肃教育出版社，2013.

［151］郑阿财.郑阿财敦煌佛教文献与文学研究.上海：上海古籍出版社，2011.

［152］郑炳林.敦煌碑铭选辑释.兰州：甘肃教育出版社，1992.

［153］郑炳林.敦煌地理文书汇辑校录.兰州：甘肃教育出版社，1989.

［154］郑振铎.插图本中国文学史.北京：中华书局，2006.

［155］郑振铎.中国俗文学史.北京：商务印书馆，2010.

［156］中国敦煌吐鲁番学会语言学分会，等.敦煌语言文学研究.北京：北京大学出版社，1988.

［157］钟海波.敦煌讲唱文学叙事研究.西安：陕西人民出版社，2008.

［158］钟书林.敦煌文研究与校注.武汉：武汉大学出版社，2014.

［159］周绍良.敦煌变文汇录.上海：上海出版社公司，1954.

［160］周绍良.敦煌文学刍议.台北：新文丰出版公司，1992.

［161］周绍良，白化文.敦煌变文论文录.上海：上海古籍出版社，1982.

［162］周绍良，等.敦煌变文集续编.北京：北京大学出版社，1989.

[163] 周绍良等. 敦煌文学作品选. 北京:中华书局,1987.

[164] 朱凤玉. 百年来敦煌文学研究之考察. 北京:民族出版社,2012.

[165] 朱凤玉. 朱凤玉敦煌俗文学与俗文化研究. 上海:上海古籍出版社,2011.

[166] 朱瑶. 敦煌汉文文献题记整理与研究. 北京:中国社会科学出版社,2016.

[134] 张鸿勋. 敦煌俗文学研究. 兰州: 甘肃教育出版社, 2002.

[135] 张鸿勋. 张鸿勋跨文化视野下的敦煌俗文学. 上海: 上海古籍出版社, 2014.

[136] 张锡厚. 敦煌文学. 上海: 上海古籍出版社, 1980.

[137] 张锡厚. 全敦煌诗. 北京: 作家出版社, 2006.

[138] 张锡厚. 王梵志诗校辑. 北京: 中华书局, 1983.

[139] 张锡厚. 王梵志研究汇录. 上海: 上海古籍出版社, 1990.

[140] 张小艳. 敦煌书仪语言研究. 北京: 商务印书馆, 2007.

[141] 张涌泉. 敦煌俗字研究. 上海: 上海教育出版社, 1996.

[142] 张涌泉. 敦煌文献整理导论. 杭州: 浙江大学出版社, 2015.

[143] 张涌泉. 敦煌小说合集. 杭州: 浙江文艺出版社, 2010.

[144] 张涌泉. 汉语俗字丛考. 北京: 中华书局, 2000.

[145] 张涌泉. 汉语俗字研究. 长沙: 岳麓书社, 1995.

[146] 张涌泉. 张涌泉敦煌文献论丛. 上海: 上海古籍出版社, 2011.

[147] 张志勇. 敦煌邈真赞释译. 北京: 人民出版社, 2015.

[148] 赵和平. 敦煌表状笺启书仪辑校. 南京: 江苏古籍出版社, 1997.

[149] 赵和平. 敦煌写本书仪研究. 台北: 新文丰出版公司, 1994.

[150] 郑阿财. 敦煌佛教文学. 兰州: 甘肃教育出版社, 2013.

[151] 郑阿财. 郑阿财敦煌佛教文献与文学研究. 上海: 上海古籍出版社, 2011.

[152] 郑炳林. 敦煌碑铭选辑释. 兰州: 甘肃教育出版社, 1992.

[153] 郑炳林. 敦煌地理文书汇辑校录. 兰州: 甘肃教育出版社, 1989.

[154] 郑振铎. 插图本中国文学史. 北京: 中华书局, 2006.

[155] 郑振铎. 中国俗文学史. 北京: 商务印书馆, 2010.

[156] 中国敦煌吐鲁番学会语言学分会, 等. 敦煌语言文学研究. 北京: 北京大学出版社, 1988.

[157] 钟海波. 敦煌讲唱文学叙事研究. 西安: 陕西人民出版社, 2008.

[158] 钟书林. 敦煌文研究与校注. 武汉: 武汉大学出版社, 2014.

[159] 周绍良. 敦煌变文汇录. 上海: 上海出版社公司, 1954.

[160] 周绍良. 敦煌文学刍议. 台北: 新文丰出版公司, 1992.

[161] 周绍良, 白化文. 敦煌变文论文录. 上海: 上海古籍出版社, 1982.

[162] 周绍良, 等. 敦煌变文集续编. 北京: 北京大学出版社, 1989.

[163] 周绍良等. 敦煌文学作品选. 北京: 中华书局, 1987.

[164] 朱凤玉. 百年来敦煌文学研究之考察. 北京: 民族出版社, 2012.

[165] 朱凤玉. 朱凤玉敦煌俗文学与俗文化研究. 上海: 上海古籍出版社, 2011.

[166] 朱瑶. 敦煌汉文文献题记整理与研究. 北京: 中国社会科学出版社, 2016.